Markus Hahner, Dr. Wolfgang Scheide, Elisabeth Wilke-Thissen

Wissenschaftliche[s] Arbeiten mit Word 2010

Markus Hahner, Dr. Wolfgang Scheide, Elisabeth Wilke-Thissen: Wissenschaftliche[s] Arbeiten mit Word 2010
Copyright © 2011 by O'Reilly Verlag GmbH & Co. KG

15 14 13 12 11 10 9 8 7 6 5 4 3 2 1
12 11 10

ISBN 978-3-86645-845-1

© 2011 O'Reilly Verlag GmbH & Co. KG
Balthasarstraße 81, 50670 Köln
Alle Rechte vorbehalten

Fachlektorat: Thomas Irlbeck, München
Korrektorat: Frauke Wilkens, München
Layout und Satz (mit Word 2010): Markus Hahner, Dr. Wolfgang Scheide, Elisabeth Wilke-Thissen
Umschlaggestaltung: Hommer Design GmbH, Haar (www.HommerDesign.com)
Gesamtherstellung: Kösel, Krugzell (www.KoeselBuch.de)

Inhalt

Abbildungsverzeichnis

Tabellenverzeichnis

Vorwort

Mit der Immatrikulation steigen Sie als Studierender in den Hochschulbetrieb ein. Texte müssen schon früh geschrieben, gestaltet und gedruckt werden. Die Textlänge und die inhaltlichen Anforderungen steigen von der ersten Hausarbeit über Seminar- und Semesterarbeiten bis zur Abschlussarbeit stetig. Bleiben Sie der Hochschule nach dem Studium als wissenschaftlicher Mitarbeiter treu, folgen weitere Arbeiten: Dissertation, Habilitation, Fachartikel, Buchbeiträge, Bücher, Vorlesungsskripte oder Texte für die Öffentlichkeitsarbeit.

Jeder Hochschüler sollte das Werkzeug »Textverarbeitung« daher bestmöglich beherrschen. Davon profitiert man in der Studienzeit genauso wie später im Beruf. Denn gleich, ob an Hochschulen, in der Wirtschaft oder bei Behörden – überall ist Textverarbeitung gefragt. Wer sie nicht beherrscht, blamiert sich schnell.

Und wie ist die Lage? Lernt man an Hochschulen und Universitäten, ein Textverarbeitungsprogramm gekonnt zu beherrschen? Bislang selten. Die Einsicht in Tausende mit Word verfasste Arbeiten zeigt den Autoren, dass die Textverarbeitung mindestens der Hälfte der Word-Anwender an Hochschulen schwerfällt. Gerade das Anfertigen umfangreicherer Werke bereitet große Probleme. Kein Wunder, denn das Erstellen von Texten ist eine komplexe Aufgabe, auch wenn Studierende und Lehrkräfte dies oft anders sehen. Manche Professoren meinen gar: »Das lernen die Studierenden nebenbei.« Oder: »Gute Studenten haben das sowieso drauf.« Aber woher denn? Niemand hat gute Word-Kenntnisse »einfach so«.

Vielleicht unterschätzen Anwender die Aufgabe »Textverarbeitung«, weil sie diese mit dem Schreiben einer langen E-Mail vergleichen. Das führt in die Irre, denn schon das Anlegen eines Word-Dokuments ist anspruchsvoll. Als Autor müssen Sie das entstehende Dokument anschließend strukturieren, Bilder, Tabellen und Verweise einfügen und alles ansprechend gestalten. Ein Word-Anwender leistet allein so viel wie früher Schreibkräfte, Grafiker und Druckvorlagenhersteller zusammen. Ungenügende oder schlicht kaum vorhandene Textverarbeitungskenntnisse kommen einer enormen Zeitverschwendung gleich, die sich in Studium und Beruf zu einer vermutlich erschreckenden Höhe summiert.

Für wen ist dieses Buch geschrieben? Für Studierende in allen Phasen des Studiums und für wissenschaftliche Mitarbeiter und Lehrkräfte inklusive Professoren. Oder anders formuliert:

- Für alle Word-Anwender, die Hilfe beim Schreiben wissenschaftlicher Arbeiten suchen und akute Probleme im Umgang mit Word lösen möchten.
- Für Word-Nutzer, die erkannt haben, dass ihre Word-Kenntnisse noch nicht zum Erstellen großer Dokumente reichen.
- Für alle Word-Anwender, die sich bereits für Word-Profis halten, diese Annahme überprüfen möchten und weitere Tipps für die Arbeit mit Word suchen.
- Für Lehrkräfte, die mit diesem Buch Word-Kenntnisse vermitteln möchten.

Wie ist das Buch aufgebaut? Der Schwerpunkt liegt auf den notwendigen Word-Kenntnissen. Das Buch enthält auch Informationen rund um wissenschaftliche Arbeiten (Schreibstile, Aufbau einer Arbeit, typischer Arbeitsablauf etc.). Zudem erhalten Sie Tipps zum Publizieren und Verwerten Ihrer Arbeit. Hier der Überblick:

- Kapitel 1: Nutzen Sie Informationen rund um wissenschaftliches Arbeiten
- Kapitel 2: Schaffen Sie das Verständnis für saubere Dokumente – Word-Grundlagen
- Kapitel 3: Nutzen Sie Word von Stunde 1 Ihrer Arbeit beginnend mit der Ideensammlung
- Kapitel 4: Gestalten Sie den Entwurf so, dass Ihr Endprodukt daraus reifen kann
- Kapitel 5: Halten Sie Ihre (Forschungs-)Ergebnisse und Auswertungen in Word fest
- Kapitel 6: Stellen Sie Ihr Dokument professionell fertig, wenn alles vorliegt
- Kapitel 7: Publizieren und verwerten Sie Ihre Arbeit – hier finden Sie alle Möglichkeiten

Unser Dank gilt allen, die halfen, die erste sowie diese zweite Auflage des Werkes zu realisieren: Bei Microsoft Press Deutschland haben Thomas Pohlmann und Thomas Braun-Wiesholler das Projekt konstruktiv und fachkundig begleitet. Als Lektor wirkte Thomas Irlbeck mit. Wertvolle Auskunft erhielten wir von vielen Ansprechpartnern, wie etwa bei den Verwertungsgesellschaften VG WORT (Deutschland), Literar-Mechana (Österreich) und ProLitteris (Schweiz). Gerne haben wir auch die Leserrückmeldungen in die zweite Auflage einfließen lassen.

Aus dem wissenschaftlichen und redaktionellen Umfeld danken wir herzlich für die Unterstützung und Hinweise besonders folgenden Lehrstuhlinhabern und Kollegen:
Prof. Dr. Gertrud Buchenrieder (Leibniz-Institut für Agrarentwicklung in Mittel- und Osteuropa (IAMO)), Prof. Dr. Klaus Buchenrieder (Universität der Bundeswehr München), Prof. Dr. Hans-Dietrich Haasis (Universität Bremen), Prof. Dr. Dieter Hertweck (Hochschule Heilbronn), Manuela Hertweck (Redaktion »bildung und wissenschaft«, Stuttgart), Karl-Wilhelm Horstmann (Universität Hohenheim), Gerd Lück (Journalist und Pressereferent, Kirchzarten), Stefanie Lück (Technische Redakteurin, Konstanz), Prof. Dr. Peter Meurer (Hochschule Neubrandenburg), Prof. Dr. Jens Pape (Fachhochschule Eberswalde), Prof. Dr. Roland Pfennig (Hochschule Heilbronn), Prof. Dr. Gabriele Schäfer (Hochschule Heilbronn) und Prof. Dr. Guido Siestrup (Hochschule Furtwangen).

Ihnen, liebe Leserin und lieber Leser, wünschen wir nun viel Erfolg bei Ihrer Arbeit und mit diesem Buch!

Ihr Autorenteam:
Markus Hahner, Dr. Wolfgang Scheide, Elisabeth Wilke-Thissen

Unsere E-Mail-Adresse für inhaltliches Feedback lautet: wissenschaft@word-redaktion.de

1 Wissen schaffen mit »Academic« Word 2010

Das Studium und die Arbeit an der Hochschule, Universität und im Wissenschaftssektor generell erfordern von Ihnen automatisch eines: Sie müssen wissenschaftliche Arbeiten schreiben. Das Spektrum ist vielfältig. Angefangen von Hausarbeiten mit wenigen Seiten über Bachelor-, Master- und Diplomarbeiten bis hin zu umfangreichen Doktorarbeiten, wissenschaftlichen Fachartikeln oder aufwendigen Forschungsberichten. Gleich, welche Art wissenschaftlicher Arbeit Sie zurzeit beschäftigt – der Aufbau und die Bausteine ähneln sich immer. Dieses Buch zeigt Ihnen, wie Sie mit Word zielgerichtet zum gewünschten Endprodukt kommen. In Analogie zu einer wissenschaftlichen Arbeit geht es dabei um Folgendes:

Problemstellung, Motivation: Word bietet Ihnen als Autor einer wissenschaftlichen Arbeit Unterstützung bei jedem Arbeitsschritt. Die Möglichkeiten erschließen sich aber nicht von selbst. Um sie voll auszuschöpfen, ist mehr Know-how im Umgang mit Word notwendig als für »normale Büroarbeiten«. Doch entsprechendes Wissen wird an Hochschulen und Forschungseinrichtungen nur selten vermittelt. Viele Autoren (Studierende, Wissenschaftler, Projektmitarbeiter, Lehrkräfte) stehen daher vor der Frage, wie sie sich das erforderliche Word-Know-how (kurzfristig) aneignen können.

Forschungsfragen: Welche Arbeitsschritte unterstützt Word mit welchen Funktionen? Wie kann der Autor die Word-Funktionen anwenden? Wie soll ein Dokument aufgebaut werden, um den Aufwand beim Schreiben und Layout zu minimieren? Welche Arbeiten kann Word komplett abnehmen, wo ist der Einsatz des Autors gefragt?

Ziel: Dieses Buch soll Autoren helfen, Texte mit Word zu produzieren. Ziel ist es, den Autor bei allen Arbeitsschritten, die eine wissenschaftliche Arbeit zum Abschluss bringen, bestmöglich zu unterstützen. Mithilfe dieses Buches soll der Autor fähig sein, ein fachgerecht erstelltes Endprodukt (= Word-Dokument) abzuliefern.

Vorgehensweise (Methodik, verwendete Methoden): Jede wissenschaftliche Arbeit entsteht entlang eines Arbeitsflusses (Workflows) mit mehreren Schritten. Beginnend bei der Ideensammlung bis zum Layout des finalen Word-Dokuments erläutern Beispiele, wie Sie Word professionell einsetzen. Mehr über einzelne Word-Funktionen erfahren Sie jeweils bei dem Arbeitsschritt, bei dem Sie eine Funktion erstmalig benötigen. Mithilfe der Inhaltsübersichten können Sie dieses Buch auch als Nachschlagewerk verwenden und sich auf die aktuellen notwendigen Schritte konzentrieren.

Nutzen: Sie können als Autor sofort loslegen. In diesem Buch finden Sie genau das Word-Wissen, das Sie zum Erstellen Ihrer wissenschaftlichen Arbeit brauchen. Anhand von Anleitungen und zahlreichen Tipps wird es Ihnen gelingen, Ihr Werk effizient anzufertigen. Hilfsmittel, etwa die auf der CD-ROM dieses Buches enthaltenen Dokumentvorlagen, das Add-In mit verschiedenen Lösungen, Trainings-Videos usw. erleichtern Ihnen die Arbeit.

1.1   »Wissenschaftliche Arbeit« versus »Wissenschaftliches Arbeiten«

Wissenschaftliches Arbeiten bedeutet nicht nur zu recherchieren und zu forschen, sondern alle Schritte und Ergebnisse auch themengerecht aufzubereiten, zu beschreiben und zu verdichten. Das alles mündet in ein schriftliches Endergebnis – Ihre wissenschaftliche Arbeit. Um sie zu erstellen, müssen Sie ein Dokument anlegen, schreiben, prüfen, gestalten und publizieren. Hinter dem Titel dieses Buches stecken also zwei Sachverhalte:

»Wissenschaftliche Arbeit« bezieht sich auf die entstehenden Arbeitsergebnisse. Dabei handelt es sich stets um ein gedrucktes oder elektronisch veröffentlichtes Dokument, gleich ob Seminararbeit, Abschlussarbeit oder Forschungsbericht.

»Wissenschaftliches Arbeiten« hingegen ist der Erstellungsprozess selbst. Dieser weist typische Kennzeichen auf, die ihn vom »nicht wissenschaftlichen« Arbeiten unterscheiden:

- Problemstellung, Fragestellung und Ziel der Arbeit – kurz der Forschungsgegenstand – müssen vorab genau eingegrenzt werden.
- Ausgangspunkt ist der Stand der Wissenschaft; diesen gilt es zu recherchieren; alle Recherchen sollen zurückverfolgbar sein; fremde Erkenntnisse und Meinungen sind zu zitieren.
- Die Vorgehensweise wird offengelegt, alle Arbeitsschritte werden erläutert; die Ergebnisse müssen nachvollziehbar sein.
- Dem Text liegt eine logische, dem Thema angemessene Gliederung zugrunde; Schlussfolgerungen müssen einer stimmigen Argumentation folgen.

> Die Autoren haben dieses Buch – genau wie im Folgenden für wissenschaftliche Arbeiten beschrieben – vollständig in Word konzipiert, geschrieben und gestaltet. Das fertige Word-Dokument wurde in eine nur rund 7 MB große PDF-Datei umgewandelt und zum Publizieren der Druckerei übergeben. Vor Ihnen liegt also der Beweis, dass selbst ein 350 Seiten umfassendes Buch problemlos mit Word erstellt werden kann. Die verwendete Vorlage und weitere Hilfsmittel finden Sie auf der CD-ROM zum Buch.

1.2   Typen wissenschaftlicher Arbeiten

Die Bandbreite wissenschaftlicher Arbeiten ist groß und jeder Publikationstyp hat seine Eigenheiten. Auch was die Umsetzung mit Word anbelangt:

Seminar-, Haus- und Studienarbeit: Die ersten schriftlichen Arbeiten während des Studiums sollen zum wissenschaftlichen Arbeiten befähigen. Dazu üben die Studierenden anhand eng gefasster Aufgabenstellungen, Themen wissenschaftlich zu bearbeiten. Auch im Hinblick auf Word sind solche Arbeiten eine ideale Vorbereitung auf die spätere Abschlussarbeit. Denn Seminar-, Haus- und Studienarbeiten müssen bereits alle Bestandteile einer größeren wissenschaftlichen

Arbeit enthalten. So sind Verzeichnisse für Inhalt, Tabellen, Abbildungen und Literatur zu erstellen. Insgesamt sind Umfang und Anspruch jedoch in aller Regel geringer als bei einer Abschlussarbeit.

Bachelor- und Masterthesis, Magister- und Diplomarbeit: Die schriftliche Abschlussarbeit ist Teil der Abschlussprüfung. Ihre Leistung fließt in die Gesamtnote mit ein. Mit der Abschlussarbeit zeigt der Studierende, dass er eine Aufgabe nach wissenschaftlichen Prinzipien selbstständig und in einem vorgegebenen Zeitrahmen bearbeiten kann. Der Umgang mit Word ist hierbei bereits anspruchsvoll. Denn die Abschlussarbeit kann im Einzelfall über 100 Seiten umfassen. Vom richtigen Zitieren über das Einbinden von Grafiken und Tabellen bis hin zum korrekt erstellten Literaturverzeichnis sind vielfältige Anforderungen zu erfüllen.

Dissertation, Habilitationsschrift: Beide sind eigenständige, vom Doktoranden bzw. Habilitanden zu erstellende wissenschaftliche Arbeiten. Es muss jeweils der Stand der Wissenschaft zum Thema aufbereitet sein. Zudem muss die Arbeit neue wissenschaftliche Erkenntnisse enthalten, die theoretisch, empirisch oder experimentell gewonnen wurden. Die formale Darbietung sollte höchsten Ansprüchen genügen. Eine Dissertation ist über einen Verlag oder eine Hochschuleinrichtung als Printversion oder elektronisch zu publizieren. Je nach Umfang erfordern die erstellten Dokumente einen vorab gut geplanten und professionellen Umgang mit Word. Dissertations- und Habilitationsschriften stellen die anspruchsvollsten schriftlichen Prüfungen im akademischen Sektor dar. Da solche Arbeiten von erfahrenen Professoren und Gutachtern geprüft werden, ist jeder formale oder gestalterische Fehler mehr als ärgerlich.

Forschungsbericht, Konferenzband (Tagungsband, Proceedings), Kompendium: Hierbei handelt es sich meist um äußerst umfangreiche Dokumente, die sogar einen Umfang von 1 000 Seiten überschreiten können. Es werden Beiträge vieler Autoren so zusammengestellt, dass ein umfangreiches Gesamtwerk entsteht. Aus Word-Sicht ist dies eine echte Herausforderung. Hier ist einiges an Word-Know-how gefragt, damit das Publizieren reibungslos klappt. Dies beginnt bei den Vorgaben für die Autoren und reicht über das koordinierte inhaltliche und formale Korrigieren bis zur technischen Zusammenstellung aller Einzeldokumente. Dies alles funktioniert bestens mit Word – vorausgesetzt, Sie beachten die wesentlichen Richtlinien, die Ihnen dieses Buch vorstellt.

Viele Studierende, aber auch manche Wissenschaftler vernachlässigen oft eines: die eigene Arbeit der interessierten Öffentlichkeit und dem Fachpublikum vorzustellen. Dabei kann eine gut präsentierte Arbeit Aufmerksamkeit auf sich ziehen, die Ihnen an anderer Stelle weiterhilft. Und hat nicht die Allgemeinheit ein gewisses »Anrecht« auf verständlich aufbereitete wissenschaftliche Arbeiten? Immerhin finanziert sich ein Großteil wissenschaftlicher Arbeiten indirekt über Steuergelder. Das Plädoyer hier lautet: Sie haben wertvolle Ergebnisse unter hohem Einsatz erarbeitet. Fassen Sie Ihre Ergebnisse doch zusammen und nutzen Sie eine der hier vorgestellten Publikationsmöglichkeiten.

Fachartikel, Tagungs- und Konferenzbeitrag: Studierende sollten die Ergebnisse ihrer Abschlussarbeit zusammenfassen und in einer geeigneten Fachpublikation oder Hochschulreihe veröffentlichen. Diese Arbeit mit dem Betreuer anzugehen, bietet beiden Seiten Vorteile. Der Studierende profitiert von der Erfahrung und kann sich möglicherweise mit einem Betreuernamen auf der Publikation profilieren. Und der Betreuer erhält so eine weitere Publikation.

Veröffentlicht werden kann ein Printwerk oder eine PDF-Publikation in einer entsprechenden Internetbörse. Alle im Wissenschaftsbereich Tätigen sollten im eigenen Interesse regelmäßig Fachartikel publizieren. Allerdings sind die Rahmenbedingungen an Hochschulen und in Forschungsprojekten nicht immer so, dass man nebenbei noch gern an Veröffentlichungen arbeitet. Doch mit den Tipps aus diesem Buch fällt Ihnen zumindest die Textproduktion leichter.

Wissenschaftsbuch, Sammelband, Lehrbuch, Vorlesungsskript: Das Ziel ist hier weniger, den allerneuesten Forschungsstand zu präsentieren, sondern das jeweilige Thema didaktisch aufzubereiten und der Zielgruppe verständlich zu vermitteln. Von Word-Seite her sind die Anforderungen ähnlich wie beim Erstellen einer Dissertation. Im Unterschied dazu haben Bücher und Skripte jedoch oft mehrere Autoren.

Kurzinformation, Management Summary, Flyer, Pressemitteilung: Diese Publikationstypen werden im Wissenschaftssektor wohl am häufigsten vernachlässigt, obwohl man damit auf die eigene Arbeit aufmerksam machen kann. Lediglich einige bekannte Institutionen beherrschen das Metier der Öffentlichkeitsarbeit sehr gut. Doch auch der Absolvent, wissenschaftliche Mitarbeiter, Professor oder Projektleiter kann seine Ergebnisse der Öffentlichkeit oder speziellen Adressaten vorstellen. Multiplikatoren, wie Redaktionen und Journalisten, sind oft froh, wenn sie interessante, prägnant und nutzenorientiert aufbereitete Informationen erhalten. Für Sie ist dies eine Chance. Selbst wenn es kein Schwerpunkt dieses Buches sein kann, erhalten Sie einige Tipps und Word-Hilfen.

Die folgende Tabelle 1.1 stellt die Gemeinsamkeiten und Unterschiede zwischen den wissenschaftlichen Publikationstypen gegenüber:

Publikationstyp	Zweck	Anforderungen (formal, inhaltlich)	Typische Merkmale
Seminar-, Haus-, Studienarbeit	Prüfungsleistung im Rahmen des Studiums; Ziel: wissenschaftliches Arbeiten im Hinblick auf Abschlussarbeit üben	Lehrstuhl/Institut und/ oder Professor/Dozent legen Anforderungen fest.	10 bis 40 Seiten; Ausarbeitung ähnlich einer »Abschlussarbeit im Kleinen«; Einzelautor
Bachelor- und Masterthesis, Magister- und Diplomarbeit, (Staats-)Examensarbeit	Schriftliche Abschlussarbeit im Studium; akademischer Grad	Studien- und Prüfungsordnung der Hochschule	40 bis 120 Seiten; Einzelautor

Publikationstyp	Zweck	Anforderungen (formal, inhaltlich)	Typische Merkmale
Dissertation (Doktorarbeit), Habilitationsschrift	Akademischen Grad eines Doktors erlangen; eigenständige wissenschaftliche Leistung und neue Erkenntnisse dokumentieren	Promotionsordnung der Hochschule	100 bis 400 Seiten (teils länger, selten kürzer); Einzelautor
Forschungsbericht, Report	Neue Erkenntnisse gewinnen; Forschungsarbeiten eines Forschungsprojekts dokumentieren	Vorgaben des Projektträgers; projektintern festgelegte Vorgaben (zu Autorenschaft, Layout etc.)	100 bis 2 000 Seiten; entsteht als gemeinsames Dokument mehrerer Autoren
Konferenzband (Proceedings), Kompendium, Sammelband, Wissenschaftsbuch, Lehrbuch, Vorlesungsskript	Themen fachspezifisch für ein Fachpublikum aufbereiten oder populärwissenschaftlich für alle Interessierten	Vorgaben des Verlags; Inhalt sollte den Stand der Wissenschaft widerspiegeln.	100 bis 1 000 Seiten; in aller Regel mehrere Herausgeber und viele Autoren
Wissenschaftlicher Fachartikel (Aufsatz), Konferenzbandbeitrag, Kapitel/Teil eines Buches	Eigene, neue Forschungsergebnisse im Fachkollegenkreis präsentieren und zur Diskussion stellen	Vorgaben des Herausgebers, Veranstalters oder publizierenden Verlags	5 bis 30 Seiten; Einzelautor oder mehrere Autoren (selten mehr als vier); Artikel durchlaufen teils Reviewprozesse
Pressemitteilung, Kurzinformation (beispielsweise Management Summary, Flyer)	Informationen für die interessierte Öffentlichkeit; Arbeit präsentieren und Multiplikatoren, Partnern und Kunden zugänglich machen	Allgemeine Konventionen; teils Vorgaben von Presseagenturen; kreativer Spielraum	1 bis 2 Seiten; kurz, prägnant, allgemein verständlich; darf Werbecharakter haben

Tabelle 1.1 Charakterisierung von Publikationstypen in vier Gruppen: Hochschularbeiten, Arbeiten in Buchform, Fachartikel und Öffentlichkeitsarbeit

Je nach Publikationstyp sind die Word-Anforderungen etwas anders gelagert. Insbesondere die typische Länge der Dokumente und die Frage, ob nur ein oder mehrere Autoren beteiligt sind, machen die Arbeit mit Word einfacher oder anspruchsvoller.

> Die Komplexität bei wissenschaftlichen Arbeiten nimmt von einer Hausarbeit bis zur Dissertation hin merklich zu. Entsprechend verhält es sich mit den benötigten Word-Funktionen. Lässt sich eine Arbeit mit wenigen Seiten zur Not noch ohne große Word-Kenntnisse erstellen, ist es damit spätestens beim Umfang einer Abschlussarbeit vorbei.

> Wird ein solches Dokument »falsch« aufgebaut, entsteht ein hoher Erstellungs- und Bearbei-
> tungsaufwand. Word reagiert dann mitunter sonderbar und Frust beim Anwender ist vorpro-
> grammiert. Wenn Sie hingegen – wie in diesem Buch beschrieben – Ihr Dokument von Anfang
> an stimmig aufbauen, vereinfachen Sie sich das Schreiben und Überarbeiten. Beispielsweise
> können Sie mit wenigen Klicks ganze Kapitel umstellen und Word die Kapitelnummerierung,
> Inhalts-, Abbildungs- oder Tabellenverzeichnisse oder den Index automatisch anpassen lassen,
> was sich als äußerst praktisch erweist.

1.3   Schreibstil

Immer wieder tauchen an den Hochschulen die gleichen Fragen auf, wenn es um den Schreibstil
geht: Wie kompliziert soll der Text einer wissenschaftlichen Arbeit klingen? Welche Anrede ist
gefragt? Wie soll ich mit der männlichen bzw. weiblichen Form umgehen? Auch wenn es dazu
keine allgemeingültigen Vorschriften geben kann, lichtet sich der Nebel schnell, wie die folgenden Abschnitte zeigen.

1.3.1   Einfach oder kompliziert?

Generationen von Studierenden und Wissenschaftlern beschäftigte schon die Frage: Wie kompliziert darf ich meinen Text formulieren, wie allgemein verständlich muss er »rüberkommen«?
Fachchinesisch oder Klartext – was ist besser?

Im deutschen Wissenschaftssprachgebrauch herrscht(e) in vielen Fachgebieten die Meinung
vor: Komplizierter klingt gewählter. Ein schlechtes Vorbild diesbezüglich ist die Behördenspra-
che, werden doch im Amtsdeutsch Sätze gebildet wie »Bei Verhinderung können Sie einen Dritten mit der Abholung Ihres Ausweises beauftragen«, anstatt einfach zu sagen: »Wenn Sie nicht
selbst kommen können, schicken Sie bitte jemand anders«.

In der englischen Sprache und speziell der englischsprachigen Wissenschaftsliteratur gilt hingegen traditionell die einfache »Schreibe« als Qualitätsmerkmal. Warum ist das so? Es mag an
sprachlichen und historischen Gegebenheiten liegen. Die englische Grammatik und Wortbildung
ist jedenfalls wie geschaffen dafür, um sich einfach auszudrücken.

Dagegen lassen sich in der deutschen Sprache Begriffe fast beliebig aneinanderreihen und Sätze
problemlos verschachteln, bis niemand mehr durchblickt. Selbst wenn das grammatikalisch alles
noch richtig sein mag, zwingt Sie niemand, diese Eigenheiten der deutschen Sprache so anzu-
wenden. Schließlich kann man sich auch im Deutschen klar ausdrücken. Hier noch ein Beispiel
als Antwort auf die rhetorische Frage: Welcher der beiden Sätze ist verständlicher?

- »Beim Verfassen der Dokumentation der Ausarbeitung Ihrer Arbeit sollte von Ihrer Seite aus
  eine maximal reduzierte Komplexität der Textproduktion anvisiert werden.«
- »Schreiben Sie Ihre Arbeit möglichst einfach.«

Bei Abschlussarbeiten und Arbeiten für ein wissenschaftliches Fachpublikum können Sie selbstverständlich alle benötigten Fachbegriffe benutzen, ohne sie extra zu erläutern oder gar zu ersetzen. Ausnahme: Werden Begriffe auch im jeweiligen Fachkreis unterschiedlich verwendet, müssen Sie Ihr eigenes Verständnis darlegen.

Anders ist der Umgang mit der Fachsprache, wenn sich Ihr Beitrag an die Öffentlichkeit oder ein Laienpublikum wendet: Zwar können Sie auch hier Fachbegriffe anbringen, aber beschränken Sie sich am besten auf die unverzichtbaren. Und erklären Sie diese Fachbegriffe doch gleich in einem Nebensatz und im Glossar. Handeln Sie hier nach dem Anspruch, Ihren Text jedem Leser – ob alt oder jung, ob mit entsprechender Vorbildung oder ohne – verständlich darzubieten.

Selbst wenn ein (Fach-)Publikum oder Betreuer zu eher kompliziertem Schreibstil neigt, können Sie davon ausgehen, dass sich die einfachere, verständlichere Schreibe besser liest, direkter ankommt und daher eher den Eindruck vermittelt: »Dieser Autor weiß, wovon er spricht – und hat es nicht nötig, sich hinter nebulösen Formulierungen zu verstecken.« Aussagen in Wortungetümen und Schachtelsätzen zu verklausulieren, ist gefährlich. So könnte man Ihnen Faulheit unterstellen, sich nicht um klare Formulierungen gekümmert zu haben, oder auch fachliche Unsicherheit. Wer es mit aufgemotzten Worthülsen übertreibt, den stuft der Leser womöglich als sprachlichen und fachlichen Hochstapler ein.

Daher lohnt es sich immer, den ersten Entwurf seiner wissenschaftlichen Arbeit sprachlich zu vereinfachen, wobei etwas zeitlicher Abstand hilft: Lässt der Autor seinen Text eine Woche liegen, stolpert er beim erneuten Lesen selbst über komplizierte Sätze, die er direkt nach dem Schreiben nicht wahrnahm. Das ist völlig normal und auch bei Vielschreibern so.

Fazit: Wissenschaftliche Sachverhalte zu beschreiben heißt mitnichten, sich kompliziert auszudrücken. Wer sein Tun in einfachen Sätzen verständlich mit Verben erklärt, versteht erstens, was er schreibt. Zweitens wird ihm beim Schreiben eher klar, welche Aspekte er noch nicht verstanden hat. Beides ist für Sie als Autor wertvoll und der Leser wird den klaren Schreibstil danken – im Fall benoteter Arbeiten meist auch mit einer besseren Zensur. Und verständliche Artikel sowie Bücher erhalten mehr Zuspruch bei den Lesern.

1.3.2 Persönlich oder unpersönlich (Perspektive/Anrede)?

Zwei Fragen zum Schreibstil müssen Sie gleich zu Beginn Ihrer Schreibarbeit stellen:

1. Aus welcher Perspektive sollten Sie schreiben?
2. Wie sprechen Sie den Leser an?

Beide Fragen sind normalerweise schnell geklärt. Denn die meisten wissenschaftlichen Veröffentlichungen sind aus einer unpersönlichen Perspektive und ohne persönliche Anrede geschrieben. Das heißt, das Wort »ich« kommt hier genauso wenig vor wie die Anrede »Sie« an den Leser. Selbst Formulierungen wie »aus Sicht des Autors« gelten als verpönt. Stattdessen wird aus Sicht eines (scheinbar) objektiven Erzählers geschrieben. Bei diesem Schreibstil stellen Sie viele Sachverhalte automatisch in Passivform dar. Beispiel: »Es wurde festgestellt, dass ...« statt »Ich habe/wir haben festgestellt, dass ...«. Hintergrund dieses sprachlich umständlichen Stils ist der Versuch, die Vorgehensweise und Ergebnisse wissenschaftlichen Arbeitens objektiv zu beschreiben.

Nur in wenigen Fachgebieten, etwa den Sozialwissenschaften, wird mancherorts die persönliche Schreibperspektive verlangt. So will man explizit darauf hinweisen, dass Forschung nicht hundertprozentig objektiv sein kann, sondern der Einzelne das Ergebnis immer persönlich beeinflusst. Auch in englischsprachigen Aufsätzen wird immer wieder einmal das »I« oder »we« verwendet. Der Schreibstil kann also auch mit der Sprache variieren.

Die entsprechenden, kontroversen Diskussionen hierzu sind für Sie als Autor aber wenig relevant. Denn Sie müssen sich nach den Anforderungen Ihrer Hochschule, Ihres Betreuers, eines Verlags oder Auftraggebers richten. Spielraum ist selten vorhanden. Anders stellt es sich dar, wenn Sie eine Kurzinformation oder ein Management Summary zu Ihrer Arbeit verfassen. Hier können Sie wählen, wie Sie sich ausdrücken. Ein populärwissenschaftliches Buch beispielsweise kann durchaus aus der Erzählerperspektive geschrieben sein. Die folgende Tabelle 1.2 führt die Möglichkeiten auf:

Perspektive (Wie bringen Sie sich selbst ins Spiel?)	Anrede (Wie sprechen Sie Ihre Leser an?)	
	Persönlich	**Unpersönlich**
Persönlich	Ich empfehle Ihnen ...	Meine Empfehlung ist ...
Unpersönlich	Es wird Ihnen empfohlen ...	Es wird empfohlen ...

Tabelle 1.2 Schreibperspektive und Anrede

1.3.3   Genderneutral oder nicht?

Vermutlich wird es noch viele Jahre dauern, bis dieses Thema keines mehr ist: die Gleichstellung der Geschlechter. Immerhin befinden wir uns in einer Umbruchphase. Empirische Untersuchungen zeigen allerdings, dass Frauen auch heute noch benachteiligt werden: Sie erhalten beispielsweise für die gleiche Tätigkeit weniger Gehalt (vgl. EU (2009): EU campaign on the gender pay gap; Press releases RAPID, MEMO/09/91 vom 03.03.2009).

Insofern ist der Ansatz allzu verständlich, die gleichberechtigte Existenz von Frau und Mann auch in der (Schrift-)Sprache abzubilden. Für die/den Schreibende(n) hat dieser Versuch allerdings einen Haken: Die geschlechtsneutrale, zu Neudeutsch »genderneutrale« Formulierung wirkt oft sperrig und ist für den/die Autor(in) umständlich. Selbst wenn sie/er nicht gleich so weit geht, Worte wie »man« durch »frau« zu ersetzen. Im Hochschulbetrieb versucht man/frau heute oft, das Problem der maskulin dominierten Sprache durch Verwendung scheinbar geschlechtsneutraler Begriffe zu umgehen. Statt von den Betreuern, Studenten, Teilnehmern oder

Mitarbeitern ist von den Betreuenden, Studierenden, Teilnehmenden und Mitarbeitenden die Rede. Doch dies ist keine Lösung, weil das »Problem« wie ein Gespenst unmittelbar erneut auftaucht, sobald Sie mit dem/der Betreuenden als Einzelperson zu tun haben.

Was also tun? Gleich, ob Sie klassisch schreiben oder genderneutral, ziehen Sie einen Stil konsequent von vorn bis hinten durch. Wer den Stil zwischendrin wechselt, stößt die Leserinnen und Leser vor den Kopf, weil dies als anstrengend empfunden wird.

Falls Sie genderneutral oder sogar feministisch orientiert schreiben möchten oder Ihr Lehrstuhl oder eine andere Stelle dies wünscht, dann tun Sie es. Dass sich das Schreiben aufwendiger gestaltet und die Lesbarkeit leicht leidet, werden Sie gern in Kauf nehmen. Achten Sie sehr darauf, beim Ändern von Satzstellungen immer alle Endungen zu prüfen und zu korrigieren.

Sind Sie mit dem Anliegen der Genderneutralität zwar einverstanden, möchten allerdings auf umständliche Sprachkonstruktionen in der Schriftsprache verzichten? Dann halten Sie es mit diesem Buch und überlassen Sie eine angemessene Sprachfindung dem Lauf der Zeit. So allerdings sind Sie gezwungen, in der noch üblichen »klassischen«, maskulin dominierten Form zu schreiben. Ergänzen Sie bei Bedarf einen Hinweis wie den, der für dieses Buch gilt:

»In dieser Arbeit wird die männliche Form als Anrede verwendet (»der Leser« statt »der/die Leser(in)«, »die/der LeserIn« oder exklusiv »die Leserin«). Allen Leserinnen sei versichert, dass dies allein aus Gründen der Lesbarkeit geschieht. Alle Inhalte sind vorbehaltlos weiblichen wie männlichen Lesern gewidmet.«

Ein Tipp zuletzt: Wenn Ihre Arbeit mehrheitlich von Frauen gelesen wird, könnten Sie den Spieß auch umdrehen und generell in der weiblichen Anredeform schreiben (»die Leserin«). Und den entsprechenden Hinweis geben: »Allen Lesern sei versichert, dass dies allein aus Gründen der Lesbarkeit geschieht.«

1.4   Aufbau einer wissenschaftlichen Arbeit

Die eigentliche wissenschaftliche Arbeit ist der Text, den Sie schreiben. Alles andere dient der Ergänzung und ist

- formal notwendig (Titelseite, Autorenangaben, eidesstattliche Erklärung etc.)
- erläuternde, vertiefende Information (Tabellen, durch eine Umrandung hervorgehobene Textpassagen, sogenannte »Kästen«, die manchmal farblich hinterlegt sind)
- veranschaulichendes Zusatzmaterial (Abbildungen, Grafiken, Formeln)
- ein Quellennachweis (Zitate im Text, Literaturverzeichnis)
- zur Übersicht notwendig (Verzeichnisse zu Inhalt, Abkürzungen etc.)

Je nach Publikationstyp variieren die Anforderungen. Beispielsweise benötigt jede Abschlussarbeit aus formalen Gründen eine eidesstattliche Erklärung, dass Sie Ihre wissenschaftliche Arbeit eigenständig erstellt haben. Dagegen wird eine solche Erklärung bei einer Fachpublikation normalerweise nicht verlangt.

Eine wissenschaftliche Arbeit besteht aus mehreren Teilen, deren Reihenfolge nicht immer einheitlich ist. Die folgenden Abschnitte entsprechen einem typischen Aufbau, den das Inhaltsverzeichnis einer Arbeit widerspiegelt. Neben dem Text müssen Sie zusätzliche Dinge berücksichtigen: den Einband Ihres Werkes sowie teils zusätzliche Blätter vor und nach dem Einband. Hier befinden sich bibliografische Angaben, ein Vorwort, eine Widmung oder Ähnliches. In den folgenden Abschnitten finden Sie Hinweise, worauf Sie achten müssen.

1.4.1   Einband/Umschlag

Praktisch alle wissenschaftlichen Arbeiten besitzen einen Einband. Ausnahme: Publikationen für Fachzeitschriften und Konferenzbandbeiträge – hier sind Sie nur für Ihren Beitrag zuständig, nicht für das Drumherum. Der Einband wird aus drucktechnischer Sicht als »Umschlag« bezeichnet und besteht aus stärkerem Material.

> Je nach Einbandart heißt das gedruckte Endprodukt anders:
>
> **Booklet:** Arbeiten mit weniger als 50 Seiten werden teilweise so gebunden, dass sie keinen Buchrücken haben (beispielsweise bei Spiralbindung).
>
> **Paperback:** Der Einband ist hier verstärktes, aber noch flexibles Pappmaterial; typisch für Hochschulabschlussarbeiten.
>
> **Hardcover:** Fester Buchdeckel; ist er mit dem Umschlagpapier überzogen, spricht man von »Hardcover kaschiert«. Im Wissenschaftsbereich werden Bücher selten auch als Hardcover mit Schutzumschlag angeboten – der schlichte Buchdeckel erhält dann einen gesonderten Umschlag aus meist hochwertigem Glanzpapier.

Es stehen Ihnen vorn und hinten zwei Umschlagblätter mit je zwei Umschlagseiten für Inhalte zur Verfügung, also insgesamt vier Umschlagseiten. Bei Büchern sowie Abschlussarbeiten, die über einen Verlag publiziert werden, gestalten Sie auch die schmale Seite des Umschlags, den Buchrücken:

- Umschlagseite 1 (U1) = Vorderseite außen (bei Büchern »Cover« genannt)
- Umschlagseite 2 (U2) = Vorderseite innen
- Umschlagseite 3 (U3) = Rückseite innen
- Umschlagseite 4 (U4) = Rückseite außen
- Buchrücken = Schmalseite des Umschlags (nicht relevant bei Drahtheftung oder schmalen Booklets)

Welcher Inhalt auf die Umschlagseiten kommt, hängt vom Publikationstyp ab. Meist werden nur U1 und U4 (Vorder- und Rückseite des Werkes) tatsächlich auch genutzt, wie Tabelle 1.3 zeigt:

Seite	Abschlussarbeiten	Buchform	Fachartikel
U1	• Titel + Untertitel der Arbeit • Autor(en) • Gegebenenfalls: Nennung der Reihe, in der die Arbeit erscheint • Teils: Betreuer • Gegebenenfalls: Verlag	• Titel + Untertitel des Buches, Forschungsberichts oder Konferenzbands • Herausgeber, Autor(en) • Verlag • Optional: grafische Elemente (Bild etc.)	• Titel des Artikels • Autor(en) • Organisation, welcher der Autor bzw. die Autoren angehören
U2	• Leer	• Meist leer • Optional: kurzer Abstract über die Organisation des Autors/ der Autoren	• U2 bis U4 sowie Buchrücken hier normalerweise nicht relevant • Ausnahmefälle (wie bei Herausgabe von Einzelpublikationen in einer Hochschulreihe): Gestaltung wie bei Buchform
U3	• Meist leer • Optional: Aufbewahrungshülle für CD/DVD	• Zusatzinformationen zum Verlag/Autor	
U4	• Bei Publikation via Verlag: ISBN (unten zu platzieren)	• Informative, werbende Kurzinformationen zur Publikation • Autorenporträt • ISBN (unten) • Optional: grafische Elemente (Bild etc.)	
Buchrücken	• Kurztitel • Autor(en) • Optional: Verlag • Teils: ISBN	• Kurztitel • Autor(en) • Optional: Verlag • Teils: ISBN	

Tabelle 1.3 Inhalt der Umschlagseiten und des Buchrückens

Beachten Sie, dass die Titelseite U1 äußerst wichtig ist – selbst bei den nüchtern zu haltenden Bachelor-, Master-, Diplom-, Magister- oder Doktorarbeiten. Schließlich ist hier ein Fehler am peinlichsten. Die Titelseite sollten Sie also ausnahmslos fehlerfrei, ansprechend und korrekt gestalten, sodass ein Gutachter nicht von vornherein negativ gestimmt ist.

Bei Publikationen in Buchform ist die Titelgestaltung in weiterer Hinsicht entscheidend: Sie beeinflusst das Kaufinteresse maßgeblich. Und den Buchrücken dürfen Sie dabei nicht vergessen. Denn bei einem leeren Buchrücken steht Ihre Arbeit »unsichtbar« im Regal. Das alles gilt auch für Forschungsberichte, die oft etwas stiefmütterlich behandelt werden, anstatt sie – wie Buchverlage es bei ihren Büchern praktizieren – professionell zu gestalten. Warum nicht auch hier optische Elemente nutzen, um den Einband interessant zu machen? Dabei lässt sich ein technisch schlichter Stil beibehalten, wenn das gewünscht ist.

Hinweise zum Format: Das konkrete Format Ihrer Arbeit (Höhe, Breite, Seitenränder, Bundsteg etc.) wird in aller Regel von externer Stelle vorgegeben, das heißt vom betreuenden Lehrstuhl, von einem Verlag oder vom Auftraggeber. Abschlussarbeiten sind meist im DIN-A4-Format zu erstellen, was den Studierenden und Doktoranden die Arbeit erleichtert, während dieses Buch gemäß der Verlagsvorgaben im Format 23,6 × 18,0 Zentimeter gestaltet wurde.

1.4.2   Titelei

Zwischen dem Einband und dem eigentlichen Text (inklusive Verzeichnissen und Anhang) befinden sich bei buchartigen Publikationen oft mehrere, als Titelei bezeichnete Seiten. Sie enthalten normalerweise folgende Information:

- Wiederholung der Titelangaben
- Bibliografische Angaben: Titel, Autor(en), Verlag, ISBN, urheberrechtliche Hinweise, Copyrightvermerk sowie weitere Angaben je nach Werk und Verlag
- Leeres Blatt (= zwei leere Seiten)
- Dankeswort und/oder Widmung
- Vorwort, wenn es *vor* dem Inhaltsverzeichnis erscheint (im Inhaltsverzeichnis selbst wird es dann nicht aufgeführt)

Ob und welche Titelei erforderlich ist, müssen Sie spätestens vor dem endgültigen Layout eines gebundenen, gedruckten Werkes erfragen. Wie üblich gelten die Vorgaben der Hochschule/des Betreuers, des Auftraggebers und eigene Wünsche (Vorwort, Widmung). Unter Umständen stellt ein Verlag, die Druckerei oder der Copyshop weitere Anforderungen.

Auch am Ende eines gedruckten Werkes werden mitunter zusätzliche Seiten eingefügt, die entweder leer sind oder für Werbezwecke und Zusatzinformationen genutzt werden.

1.4.3   Verzeichnisse

Verzeichnisse sind Übersichten zu den einzelnen Bestandteilen Ihres Werkes. Bei Abschlussarbeiten und Arbeiten in Buchform lassen Sie Word die Seitenzahlen automatisch ermitteln und einfügen. Bei Konferenzbandbeiträgen oder Fachpublikationen hingegen erstellt der Herausgeber die Verzeichnisse. Folgende Übersichten sind am Anfang einer wissenschaftlichen Arbeit üblich:

Inhaltsübersicht (optional): Kurzes Inhaltsverzeichnis, bestehend nur aus den Kapitelüberschriften; wird teils als Übersicht dem kompletten Inhaltsverzeichnis vorangestellt.

Inhaltsverzeichnis: Übersicht aller Kapitel mit allen Abschnitten (= Unterkapitel); jede im Text nummerierte Überschrift muss bei einer wissenschaftlichen Arbeit hier auftauchen.

Abkürzungsverzeichnis: Die im Text, Anhang und Literaturverzeichnis verwendeten Abkürzungen, die nicht allgemein bekannt sind; als allgemein bekannt dürfen Sie Abkürzungen wie »etc.« oder »z. B.« voraussetzen.

Abbildungsverzeichnis: Alle Abbildungen wie Grafiken, Bilder, Fotos, Diagramme, Schaubilder, Zeichnungen oder Pläne; typischerweise besteht das Abbildungsverzeichnis aus drei Angaben: Abbildungsnummer, Abbildungsbezeichnung und zugehörige Seitenzahl.

Tabellenverzeichnis: Alle Tabellen und tabellarischen Übersichten; Angaben wie bei Abbildungen: Tabellennummer, Tabellenbezeichnung und zugehörige Seitenzahl.

Darstellungsverzeichnis: Mancherorts werden Abbildungen und Tabellen in einem einzigen Verzeichnis zusammengefasst (etwa wenn ihre Gesamtzahl klein ist); »Darstellung« ist dann der Überbegriff für alle grafischen und tabellarischen Zusatzinformationen im Text.

Formelverzeichnis/Symbolverzeichnis: Hier geben Sie die im Text oder Anhang verwendeten Formeln und/oder Symbole an, die nicht Allgemeingut sind. Word 2010 bietet einen ausgezeichneten, im Vergleich zu Vorgängerversionen stark überarbeiteten Formel-Editor.

Anhangverzeichnis: Sollte Ihre Arbeit einen Anhang besitzen und besteht dieser aus mehreren Teilen, benötigen Sie ein Anhangverzeichnis.

Beim Erstellen von Verzeichnissen werden Sie Word schätzen lernen. Wenn alles richtig vorbereitet ist, gestalten Sie Verzeichnisse automatisch mit nur wenigen Klicks. Auch zum Aktualisieren genügt dann künftig ein Tastendruck. Beim Drucken werden Verzeichnisse außerdem automatisch aktualisiert, die richtigen Word-Einstellungen vorausgesetzt.

1.4.4   Inhalt (Text)

Der Text Ihrer wissenschaftlichen Arbeit besteht aus mehreren Elementen: Jedes Kapitel und Unterkapitel – man spricht von Abschnitt (nicht zu verwechseln mit den Abschnitten in Word) – muss mit einer Überschrift beginnen. Dann folgt Text, in den weitere Elemente eingebunden sind: Zitate, Quellenangaben, Abbildungen, Tabellen, Symbole und Formeln – all dies sollte sich in einem Verzeichnis wiederfinden.

Wissenschaftliche Arbeiten sind inhaltlich meist ähnlich aufgebaut:

Einleitung: Hier stellen Sie das untersuchte Problem und den Forschungsgegenstand vor, definieren Ihr Untersuchungsziel und beschreiben, wie Sie methodisch vorgegangen sind. Ihre Einleitung sollte nicht zu lang geraten.

Hauptteil: Was Sie in der Einleitung vorgestellt haben, setzen Sie im Hauptteil um. Oft gliedert sich der Hauptteil in einen Theorieteil mit Hintergrundinformationen zu Ihrem Thema sowie einen praktischen Teil, in dem Sie beschreiben, wie Sie Ihre Methoden angewendet haben und welche Ergebnisse zu vermelden sind.

Schluss: Der Schluss der Arbeit enthält Inhalte wie Verdichtung und Zusammenfassung der Ergebnisse, Handlungsempfehlungen und Schlussfolgerungen sowie eine Kurzzusammenfassung und einen Ausblick. Der Schluss darf zwar länger als die Einleitung sein, muss aber spürbar kürzer als der Hauptteil bleiben. Sie sollen Ihre Erkenntnisse auf den Punkt bringen.

Einleitung und Schluss werden von Ihren Lesern (Betreuer, Gutachter, Kollegen, Fachpublikum etc.) oft am genauesten gelesen. Scheuen Sie keine Mühe, beides zuletzt bestmöglich zu überarbeiten. Gerade hier kommt es auf die einfache Formulierung an. Im Hauptteil verzeiht man eine kompliziertere Ausdrucksform leichter als bei einer Zusammenfassung, die allgemein verständlich sein sollte.

1.4.5   Anhang

Ihre Arbeit kann einen Anhang enthalten, muss es aber nicht. In den Anhang packen Sie bei Bedarf ergänzendes Material – beispielsweise Statistiken, Auswertungen, verwendete Fragebögen, Messprotokolle und andere, dem Leser sonst nicht zugängliche Informationen und Belege, auf die Sie im Text Bezug nehmen. Was kann in den Anhang und muss nicht in den Text? Hier die Faustregel:

- Materialien, die aufgrund ihres Detailreichtums und ihrer Länge das Verständnis des Textes erschweren würden. Beispiel: eine ganzseitige statistische Auswertung, von der Sie jedoch nur einen einzigen Wert benötigen.
- Materialien, die fürs Verständnis zwar wichtig sind, aber im Text vom eigentlichen Thema ablenken würden. Beispiel: Ergebnisse einer Fallstudie, die Sie zwar durchgeführt haben, die jedoch nicht im Mittelpunkt der Arbeit steht.

Falls Ihr Anhang aus mehreren Teilen besteht, benötigen Sie ein Anhangverzeichnis.

Manche Betreuer wissenschaftlicher Arbeiten vertreten die Philosophie, ein Anhang sei überflüssig, weil man wirklich erforderliche Informationen direkt im Text bringen müsse und alle anderen ergänzenden Materialien verzichtbar wären. Umgekehrt erwarten manche Lehrstühle/ Institute, dass Sie alle Materialien, die das Verständnis unterstützen, in einen Anhang packen, wenn deren Umfang den Textzusammenhang sprengen würde. Erkundigen Sie sich immer nach den Gepflogenheiten vor Ort und berücksichtigen Sie diese bei Ihrer Arbeit.

1.4.6   Literaturverzeichnis

Alle Quellen, die Sie in Ihrem Text aufführen, und normalerweise ausschließlich diese, müssen Sie im Literaturverzeichnis nennen. Das heißt, jeder von Ihnen zitierte Autor und jeder Verweis auf eine Quelle muss ein Pendant im Literaturverzeichnis haben. Umgekehrt muss sich zu jedem Eintrag im Literaturverzeichnis eine Angabe in Ihrer Arbeit befinden. Das Literaturverzeichnis ist schließlich keine beliebige Sammlung interessanter Literaturstellen zu einem Thema, sondern eine überprüfbare Belegsammlung, welche Quellen Sie verwendet haben. Genauer formuliert es ein Vollbeleg mit allen Angaben (Autor, Jahr, Verlag etc.).

Es gibt unterschiedliche Formen, wie Literaturangaben erfolgen können. Beachten Sie entsprechende Vorgaben seitens der Hochschule oder von anderer Stelle. Wichtig ist, dass Sie konsistent bleiben und Ihre Angaben immer nach dem gleichen Muster machen.

Word 2010 besitzt eine eigene, integrierte Literaturverwaltung. Während Sie Literatur-stellen sehr flexibel erfassen und verwalten können, orientiert sich die Darstellung der Quellennachweise und des Literaturverzeichnisses vor allem an üblichen Zitierweisen im englischsprachigen Raum. Eine Anpassung der Zitierweise in Word ist standardmäßig nicht vorgesehen und erst mit Zusatztools möglich (siehe Abschnitt 4.2 »Umgang mit Literaturquellen«). Damit Sie die Word-eigene Literaturverwaltung uneingeschränkt nutzen können, sollten Sie bereits im Vorfeld klären, welche der in Word verfügbaren Zitierweisen akzeptiert werden. Manche Hochschulen bieten auch spezielle Zitierstile-Dateien an, die sich dann direkt in Word nutzen lassen.

1.4.7   Sonstige fachspezifische Verzeichnisse

Je nach Fachgebiet können weitere Verzeichnisse gefragt sein. So ist es in den Rechtswissenschaften an vielen Lehrstühlen üblich, die verwendeten Gesetzestexte in einem Verzeichnis für Gesetze, Rechtsverordnungen und Verwaltungsanweisungen extra aufzuführen.

Word unterstützt Sie auch bei fachspezifischen Verzeichnissen: Neben dem standardmäßig vorhandenen Abbildungs-, Tabellen- und Formelverzeichnis lassen sich beliebige weitere Verzeichnisse anlegen. Diese arbeiten dann auf die gleiche Art und Weise wie die bereits vorgegebenen Verzeichnisse und machen so das fehleranfällige manuelle Anlegen und Aktualisieren von Verzeichnissen überflüssig.

1.4.8   Autorenverzeichnis

Werke in Buchform mit mehreren Autoren listen deren Porträts oft am Ende auf. Typisch für ein Porträt sind ein Foto und ein kurzer Text, der die Tätigkeiten beschreibt und einen kurzen Lebenslauf umfasst.

1.4.9   Glossar

Insbesondere bei Lehrbüchern ist ein Glossar hilfreich, das die wichtigsten Fachbegriffe in kurzer Form erläutert. Das Glossar dient dem Leser als Nachschlagemöglichkeit. In typisch wissenschaftlichen Arbeiten hingegen erfolgen Begriffsklärungen im Text immer an der Stelle, an der Sie einen neuen Begriff erstmalig verwenden.

1.4.10 Register (auch: Stichwortregister, Stichwortverzeichnis, Sachregister, Index)

Ein Register mit dem Verweis auf Seiten, auf denen Sie ein bestimmtes Stichwort finden, kommt meist nur in wissenschaftlichen Büchern oder Lehrbüchern zum Einsatz. Für Arbeiten an der Hochschule wird normalerweise kein Register benötigt.

1.4.11 Anlagen (optional, zum Beispiel CD/DVD)

Anlagen sind der Arbeit lose beigelegte Materialien. Dabei kann es sich um Karten, großformatige Zeichnungen oder Datenträger (CD/DVD) handeln. Im Fall von Büchern liegen manchmal Prospekte oder Broschüren bei. CDs/DVDs werden meistens in einer auf der Umschlagseite 3 (U3) fixierten Hülle beigefügt.

1.4.12 Schnellübersicht (Zusammenfassung)

Tabelle 1.4 zeigt Ihnen auf einen Blick, bei welchem Publikationstyp Sie welche Bestandteile benötigen und welche Word-Funktionen Ihnen beim Erstellen jeweils helfen:

Bestandteil …	… kommt vor in …			Hierfür hilfreiche Word-Funktionalitäten	Seite
	wiss. Arbeiten an der Hochschule	wiss. Arbeiten in Buchform	Fachpubli-kationen		
Einband/Titel	+	+	+	Deckblatt	242, 243
Füllseiten	optional	+	–	Feste Seiten- bzw. Abschnittsumbrüche	96
Verzeichnisse (vorne)	+	+	teils	Inhaltsverzeichnis, Abbildungsverzeichnis, Tabellenverzeichnis	88, 205, 202, 171
Inhalt (Text)	+	+	+	Seitenlayout, Gliederungsfunktion, Nummerierungen, Zitate und Literaturverzeichnis, Beschriftungen, Querverweise, Fußnoten, Endnoten	54, 92, 99, 121, 73, 140, 149, 199, 85, 104
Anhang	optional	optional	selten	Querverweise	85, 203
Literaturverzeichnis	+	+	+	Zitate und Literaturverzeichnis	138, 149

Bestandteil ...	... kommt vor in ...			Hierfür hilfreiche Word-Funktionalitäten	Seite
	wiss. Arbeiten an der Hochschule	wiss. Arbeiten in Buchform	Fachpubli-kationen		
Sonstige Verzeichnisse	optional	optional	optional	Verzeichnis mit eigener Beschriftungskategorie, Rechtsgrundlagen-verzeichnis	202, 151
Autorenverzeichnis	–	optional	optional	Tabelle	151
Glossar	–	optional	optional	Querverweise	85, 203
Register	–	optional	optional	Index mit Haupt- und Untereinträgen	212
Anlagen	optional	optional	optional	Querverweise	85, 203

Tabelle 1.4 Zusammenhang zwischen Typen wissenschaftlicher Arbeiten und Word-Funktionen

1.5 Elemente einer wissenschaftlichen Arbeit

Eine wissenschaftliche Arbeit besteht nicht nur aus Text. Vielmehr wird die Darstellung des Inhalts durch Abbildungen, Tabellen, Verzeichnisse, Formeln und Symbole ergänzt.

1.5.1 Text

Der Text einer wissenschaftlichen Arbeit setzt sich aus folgenden Bestandteilen zusammen:

- Nummerierte Überschriften entsprechend der Gliederung
- Fließtext (Absätze mit Abstand dazwischen)
- Zitate und Verweise auf die Quellen
- Fußnoten und Endnoten
- Kopfzeilen und Fußzeilen
- Kästen (optional, in Büchern)
- Marginalien (optional, kurze Randnotizen bzw. Stichwörter in Büchern)

Fließtext ist die vielleicht größte Errungenschaft von Textverarbeitungsprogrammen gegenüber der Schreibmaschine. Doch was hat es damit auf sich? Auf dem »leeren Blatt Papier« im Word-Programmfenster müssen Sie am Ende einer Zeile nicht die Eingabetaste ⏎ drücken (ähnlich wie bei einer Schreibmaschine). Vielmehr führt Word den Text selbst weiter und umbricht ihn in die nächste Zeile. Erst am Ende eines Absatzes wird die Eingabetaste gedrückt. Bei nachträglichen Änderungen im Absatz umbricht Word den Text automatisch und kontinuierlich neu.

Ihnen erscheint der Hinweis zum Fließtext banal? Tatsache ist, dass unerfahrene Word-Anwender – auch an Hochschulen – das Prinzip Fließtext häufig nicht kennen, wie eine von den Autoren vorgenommene Auswertung von Hausarbeiten zeigte. Kein Wunder, denn während inzwischen viele Studienangebote Excel- oder PowerPoint-Kurse erhalten, hapert es im Textverarbeitungsbereich weiterhin.

Ein weiteres Hilfsmittel der Textverarbeitung sei gleich erwähnt: Formatvorlagen. Wenn Sie beispielsweise Zitate immer in einer gleichartigen Form gestalten möchten, müssen Sie diese nicht jedes Mal »von Hand« formatieren. Stattdessen gestalten Sie ein Muster (= Formatvorlage), das Sie mit einem Klick auf alle gleichartigen Textabsätze übertragen.

1.5.2   Abbildungen

Mit »Abbildungen« sind in diesem Buch alle grafischen Elemente gemeint, die Ihren Text ergänzen. Abbildungen haben den Vorteil, dass sie einen Sachverhalt auf einen Blick darstellen können. Oder einen komplexen Sachverhalt in sich bergen, auf den Sie im Text so leichter Bezug nehmen können. Mehrere Arten von Abbildungen sind für wissenschaftliche Arbeiten relevant:

- **Schaubilder, Illustrationen:** eine Mischung aus grafischen Elementen mit Erläuterungen in Textform
- **Bilder, Grafiken, Fotos:** rein grafische Elemente
- **Diagramme:** Grafische Darstellung von Zahlenkolonnen aus Tabellen, Formeln, statistischen Auswertungen oder Ähnlichem; Diagramme werden oft in anderen Programmen wie Excel erstellt und dann nach Word übernommen.
- **Zeichnungen, Pläne:** handschriftliche Designzeichnungen, maschinenbauliche CAD-Zeichnungen, Baupläne von Architekten etc.

Abbildungen und Tabellen dürfen nie isoliert, »einfach so« im Text stehen. Auf jede Abbildung und Tabelle in Ihrer Arbeit müssen Sie im Text verweisen. Und zwar bevor die Abbildung im Text erscheint. Selbstverständlich können Sie sich im Text, der der Abbildung folgt, erneut auf die Abbildung beziehen.

Symbole (wie Pfeile) und Abkürzungen, die Sie in einer Abbildung verwenden, sollten Sie immer erläutern – entweder direkt in der Darstellung oder in einer Legende. Sie haben die Wahl, Abbildungen entweder direkt in Word zu erstellen – die Zeichenwerkzeuge leisten mehr, als es auf den ersten Blick erscheint. Oder Sie fertigen Grafiken, Schaubilder und Diagramme in einem anderen Programm an (Excel, PowerPoint usw.) und fügen diese dann in Word ein. Damit dies reibungslos klappt, verrät Ihnen dieses Buch die notwendigen Kniffe.

Jede Abbildung in einer wissenschaftlichen Arbeit muss eine Bezeichnung tragen. Diese befindet sich meist als Abbildungsunterschrift unterhalb der Abbildung. Seltener ist eine Abbildungsüberschrift gefragt.

1.5.3   Tabellen

Vieles, was für Abbildungen gesagt wurde, gilt ebenso für Tabellen und tabellarische Übersichten oder Auflistungen im Text: Sie müssen im Text immer Bezug auf eine Tabelle nehmen, sie mit einer Tabellenunterschrift bzw. -überschrift versehen und in der Tabelle verwendete Symbole und Abkürzungen erklären.

Typische Tabellenformen sind:

- Tabellen zur Darstellung von **Zahlenkolonnen**
- Tabellarische **Übersichten**, um Inhalte systematisch zu präsentieren
- Übersichten, um Sachverhalte zu bewerten (**Bewertungstabellen**)
- **Morphologische Kästen**, um Begriffsverwendungen darzustellen

Tabellen können Sie in Word erstellen, das umfangreiche Gestaltungsmöglichkeiten bietet. Oder verwenden Sie ein anderes Programm und fügen die produzierten Tabellen in Word ein.

1.5.4   Formeln und Symbole

Formeln sind häufig ein wichtiger Bestandteil wissenschaftlicher Arbeiten aus Disziplinen wie Mathematik, Informatik, Natur- und Ingenieurwissenschaften, Soziologie oder Volks- und Betriebswirtschaft, um nur einige zu nennen.

Die Erstellung und Bearbeitung von Formeln in Word 2010 ist dank des äußerst komfortablen und im Vergleich zu alten Word-Versionen stark erweiterten Formel-Editors kein Problem. Einmal erstellte Formeln lassen sich als Bausteine speichern und sind künftig sofort abrufbar.

Auch beim Einfügen von Symbolen in den Text hilft Ihnen Word: Angefangen von Symbolen für physikalische Konstanten über fernöstliche Schriftzeichen bis hin zu Musiknoten – es sind (fast) keine Grenzen gesetzt. Sie benötigen nur die entsprechende Schriftart (Font), die das jeweilige Symbol enthält.

> Auch in diesem Buch kommen spezielle »Symbol-Schriftarten« zum Einsatz: Alle Tastenkombinationen sind in der Schriftart *Keyboard* gesetzt. Diese macht zum Beispiel aus »Strg + C« (zum Kopieren markierten Textes in die Zwischenablage) das viel besser lesbare Strg + C .

1.5.5   Verzeichnisse

Verzeichnisse listen Bestandteile Ihrer Arbeit auf, wie Überschriften oder Darstellungen. Die manuelle Erstellung von Verzeichnissen ist bei längeren Arbeiten extrem mühsam. Man kann sich heute nur schwer vorstellen, welcher Fleiß und welche Präzision im Zeitalter der Schreibmaschine nötig waren, um korrekte Verzeichnisse mit korrekten Seitenzahlenangaben anzufertigen. Gut, dass Sie Ihre Verzeichnisse in Word mit ein paar Klicks anlegen und aktualisieren können. Haben Sie alles wie in diesem Buch beschrieben vorbereitet, sind Verzeichnisse eine Art »Nebenprodukt« der Gliederung und Nummerierungen.

1.6   Das Endprodukt

Wenn Sie Ihre wissenschaftliche Arbeit in Word abgeschlossen haben, sind Sie noch nicht fertig. Denn meist müssen Sie Ihre Arbeit nicht als Word-Datei, sondern in anderer Form abliefern – sei es als PDF-Datei oder in Papierform. Oft wird verlangt, dass Sie Ihre Arbeit elektronisch (per E-Mail oder CD/DVD) übermitteln.

1.6.1   Word-Dokument

Ist Ihr Text geschrieben, sind die Verzeichnisse erstellt, die äußere Form fertig gestaltet und sind alle Korrekturen eingearbeitet, dann ist der Punkt X erreicht, an dem Sie sagen können: Diese Version meines Word-Dokuments ist das Endprodukt. Genauer: Diese Datei ist bzw. diese Dateien sind das Ergebnis aller Mühen.

1.6.2   PDF-Datei

Ein Word-Dokument kann jederzeit wieder verändert werden. Um einen bestimmten Endstand zu »fixieren«, werden Word-Dokumente daher üblicherweise in PDF-Dateien umgewandelt. Dies dient zunächst dem Schutz des Autors bzw. der Autoren – Sie möchten schließlich nicht, dass sich ein Dritter an Ihrem Text zu schaffen macht. Und sei es nur aus Versehen. Auch der Adressat einer wissenschaftlichen Arbeit bevorzugt Dokumente, die sich problemlos weitergeben lassen. Probleme mit fehlenden Schriften auf dem Computer des Adressaten, unterschiedliche Zeilen- und Seitenumbrüche aufgrund unterschiedlicher Druckertreiber etc. tauchen bei PDF-Dateien nicht auf.

Ein weiterer Vorteil von PDF-Dateien ist, dass auf nahezu jedem Computer ein Programm zum Anzeigen von PDF-Dateien installiert ist, während Word 2010 nicht auf jedem Computer vorhanden ist. Zudem sind PDF-Dateien plattformunabhängig und können daher auch auf Computern angezeigt werden, die mit einem anderen Betriebssystem als Windows arbeiten.

1.6.3   Druckversion (Papier) = Printversion

Papier ist geduldig. Oder auch langlebig. Oder schlicht besser zu lesen. Es gibt viele Gründe, warum wissenschaftliche Arbeiten in Papierform noch nicht ausgestorben sind und auch in nächster Zeit nicht aussterben werden. Wer seine Arbeit selbst druckt, kann dies direkt aus Word heraus tun. Wer seine Arbeit zu einer Druckerei oder einem Copyshop bringt, ist gut beraten, eine PDF-Datei für den Druck abzuliefern. Von seriösen Copyshops wird dies sogar zwingend verlangt. Kein Problem, denn Word 2010 kann alle Dokumente von Haus auch im *Portable Document Format* (PDF) speichern.

1.7   Der Arbeitsablauf

Wissenschaftliche Arbeiten entstehen je nach Publikationstyp, Fachgebiet und involvierten Personen auf eigene Weise. Dennoch gibt es typische Arbeitsschritte, die durchlaufen werden. Welche dies sind und wie Sie Word bei den Arbeitsschritten einsetzen, erläutern die folgenden Abschnitte.

1.7.1   Wie eine wissenschaftliche Arbeit entsteht

Der Inhalt einer wissenschaftlichen Arbeit entsteht meist schichtenweise nach dem »Zwiebelschalen-Prinzip« (Abbildung 1.1): Sie beginnen mit einer groben Vorstellung und sammeln Ideen, die in eine erste Gliederung münden. Es folgen tiefer gehende Recherchen. Literaturstellen sind zu sichten und festzuhalten. Gleichzeitig produzieren Sie erste Textpassagen und Zusatzmaterial. Nach Zusatzrecherchen werden Sie die Gliederung umstellen, wenn sich die Bedeutung einzelner Kapitel und Abschnitte ändert.

Manches Kapitel wird zu einem Abschnitt innerhalb eines anderen Kapitels heruntergestuft, einige Gliederungspunkte lösen sich in Luft auf, andere kommen hinzu. Parallel dazu entsteht der Textentwurf mit Abbildungen und Tabellen. So wandeln Sie die Ergebnisse Ihrer Recherchen und Forschungserkenntnisse nach und nach in eine wachsende Seitenzahl an Text um, den Sie auch um Verzeichnisse ergänzen.

Irgendwann ist ein Punkt erreicht, an dem genügend Material vorhanden ist: Die theoretischen Hintergründe sind aufgearbeitet und Ihren praktischen Teil haben Sie abgeschlossen. Jetzt geht es darum, die Ergebnisse zu verdichten, Schlussfolgerungen abzuleiten und eine prägnante Zusammenfassung zu schreiben. Nun sollten Sie prüfen, ob Ihre Einleitung den aktuellen Stand der Arbeit noch korrekt widerspiegelt. Jetzt fertigen Sie Verzeichnisse an, wie etwa für Inhalt, Abbildungen, Tabellen und Literatur.

Abbildung 1.1 Die Zwiebelschalenanalogie (Foto: Wolfgang Scheide)

Sobald Sie und, wenn vorhanden, Ihr Betreuer meinen, die Arbeit sei »rund«, machen Sie sich an die Schlussarbeiten: Vom Anfertigen der Titelseite bis zur druckfertigen Datei sind noch viele handwerkliche Arbeiten zu leisten, damit Sie am Ende ein sauberes, inhaltlich und formal geprüftes und professionell aussehendes Endprodukt in der Hand halten. Dieses publizieren Sie und machen es der Öffentlichkeit bekannt, wenn möglich.

Fazit: Wissenschaftliche Arbeiten reifen in einem Wechselspiel aus Sammeln von Ideen, Recherchieren, Forschen, Schreiben, Überprüfen und Verfeinern des Ganzen.

1.7.2 Typische Arbeitsschritte beim wissenschaftlichen Arbeiten

Folgende in Abbildung 1.2 aufgeführten Arbeitsschritte sind vielen Werken gemeinsam und dienen diesem Buch als roter Faden für den Einsatz von Word.

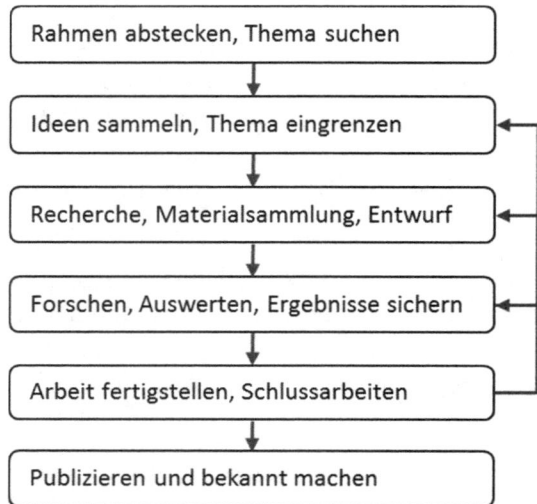

Abbildung 1.2 Typische Arbeitsschritte beim Erstellen einer wissenschaftlichen Arbeit

Die genannten Schritte werden Sie normalerweise nicht strikt nacheinander, sondern teilweise parallel und/oder wiederkehrend bearbeiten. So sind schon für die Themensuche eine Ideensammlung und Recherche notwendig. Eine Abschlussarbeit melden Sie erst dann an, wenn das Thema bereits eingegrenzt ist. Dazu wiederum müssen Sie den Stand der Forschung auszugsweise gesichtet haben. Auch beim Recherchieren, Forschen und Anfertigen der Arbeit gehen Sie teils parallel, teils in Kreisläufen vor.

Und selbstverständlich hat jeder Autor seine eigene Arbeitsweise. Während es den meisten Menschen hilft, frühzeitig eine Gliederung zu erstellen, mag es Ihrem Arbeitsstil entsprechen, alle Vorarbeiten abzuschließen, bevor Sie zu schreiben beginnen. Das hier vorgestellte »Vorgehensmodell« erhebt keinen Anspruch auf Allgemeingültigkeit, sondern dient diesem Buch als Muster für das Anfertigen einer wissenschaftlichen Arbeit mit Word.

Das Verfassen von Artikeln für Fach- und Publikumszeitschriften ist für den oder die Autoren oft eine Zweitverwertung. In diesem Fall wird nicht neu recherchiert, geforscht und ausgewertet. Vielmehr verwenden die Autoren hier ausgewählte Ergebnisse der eigentlichen Forschungsarbeit, um den Lesern daraus einen eingegrenzten Aspekt vorzustellen.

1.7.3 Arbeitsablauf und Word-Unterstützung

Die folgende Übersicht (Tabelle 1.5) zeigt das für dieses Buch verwendete Vorgehensmodell wissenschaftlichen Arbeitens sowie mit welchen Funktionen Sie Word bei den einzelnen Schritten unterstützt.

Arbeitsschritt	Dabei entstehen …	So unterstützt Word …	Seite
Rahmen setzen • Thema suchen • Formalien vorbereiten (Anmeldung, Fristen etc.) • Zeit und Ablauf planen	• (Vorläufiges) Thema • Zeitplan entsprechend den Fristen (Deadlines) • Arbeitsplan	• Word-Arbeitsumgebung • Dokumentvorlage mit Formatvorlagen	27
Ideen sammeln • Ideen erfassen und strukturieren • Thema eingrenzen • Forschungsfragen formulieren	• Stichwortsammlung • Mindmap mit strukturierten Ideen • Textbausteine • Thema mit Forschungsfragen	• Dokument für Stoffsammlung • Navigationsbereich, Gliederungsfunktion	107
Arbeit vorbereiten • Recherchieren, Stand der Forschung erkunden • Literatur suchen, sichten und verdichten • Material suchen und sammeln • Entwurf in Textform	• Texte/Zitate sowie die zugehörigen Quellennachweise • Literaturverzeichnis • Entwurf mit Grobgliederung • Erweiterte Stoffsammlung • Teilweise: Exposé, Proposal, Antrag	• Dokument für Textentwurf • (Literatur-)Quellen, Literaturverzeichnis • Tabellen, Abbildungen • Automatische Verweise • Verzeichnisse	133
Forschen, Auswerten, Ergebnisse sichern • Forschen (je nach Fachgebiet) • Literatur und Material auswerten • Ergebnisse festhalten	• Aufbereitete Daten und Ergebnisse • Zentrale Kapitel (= erweitertes Entwurfsdokument)	• Datenübernahme aus Excel • SmartArt-Grafiken aus PowerPoint • Material aus Nicht-Office-Programmen übernehmen	217
Arbeit anfertigen, Schlussarbeiten • Vervollständigen, Prüfen, Korrektur lesen • Word-Dokument und PDF fertigstellen, drucken (lassen)	• Endgültige Gliederung, Verzeichnisse und Index • Fertiges Word-Dokument • PDF-Datei • Papierdokument	• Titelseite • Rechtschreib- und Grammatikprüfung • Silbentrennung • Überarbeitungs- und Kommentarfunktion • Layoutdatei	239

Arbeitsschritt	Dabei entstehen ...	So unterstützt Word ...	Seite
Publizieren, Öffentlich-keitsarbeit • Selbst oder bei Heraus-geber publizieren	• Ihre Publikation, also • ... eine Hochschularbeit, • ... eine Arbeit in Buch-form, • ... ein Fachartikel oder • ... Material zur Öffentlich-keitsarbeit	• Dokumenterstellung und -aufbereitung nach Vorgaben von Verlagen, Print-on-Demand-Anbietern, Konferenzver-anstaltern etc.	277

Tabelle 1.5 Arbeitsschritte, deren Ergebnisse und benötigte Word-Funktionen

2 Word-Arbeitsumgebung einrichten

Aktivität	Umsetzung mit Word/sonst. Hilfsmitteln	Ergebnis	Seite
Gewünschte Ansicht und Stelle im Text wählen	• Dokumentansicht anpassen • Per Maus und Tastatur navigieren	Aufgabenadäquate Textdarstellung	33, 40
Word vorbereiten	• Optionen einstellen • Tastenkombinationen und Symbolleiste anpassen	Benutzergerechte Arbeitsumgebung	31, 43, 45
Formatierung vorbereiten	• Formatvorlagen modifizieren und erstellen • Formatvorlagen organisieren	Individuell angepasste Formatvorlagen	70, 72, 80
Auf Textpassagen verweisen	• Textpassagen die passenden Formatvorlagen zuweisen	Dynamische Verweise (Inhaltsverzeichnis, Querverweise, lebende Kolumnentitel)	85, 88, 89, 106
Eckdaten des Dokuments festlegen	• Dokumentvorlage erstellen	Individuelle Vorlage für das Werk	94
Seite um Seitentitel und Seitenfuß ergänzen	• Kopf- und Fußzeile einrichten • Unterschiedliche Kopf- und Fußzeilen auf geraden/ungeraden Seiten	Einheitliche, durchgängige Beschriftung auf jeder Seite	99, 102
Anmerkungen einfügen	• Fuß- und Endnoten einfügen und platzieren	Ergänzende Erläuterungen am Seiten- oder Dokumentende	104

Microsoft Word ist ein Textverarbeitungsprogramm – ein Werkzeug, mit dessen Hilfe Sie den Textfluss umfangreicher, komplexer Dokumente steuern und kontrollieren können. Dabei dienen Dokumentvorlagen dem einheitlichen Aufbau gleichartiger Dokumente. Formatvorlagen sorgen für eine durchgängige Formatierung sowie schnelle Änderung derselben. Automatisch aktualisierbare Inhalts-, Abbildungs- und Stichwortverzeichnisse erübrigen aufwendige Kontroll- und Nacharbeit. Schnellbausteine stellen häufig benötigte Inhalte zur Verfügung. Und Feldfunktionen, etwa für Querverweise oder lebende Kolumnentitel, helfen Tipparbeit und Redundanzen zu vermeiden. Alles zusammen hilft Zeit zu sparen – und zwar viel Zeit, die Sie den Inhalten Ihrer Arbeit widmen können.

Zugegeben, die Sache hat einen Haken: Damit Word wunschgemäß funktioniert, muss der Umgang mit dem Programm zunächst erlernt und geübt werden. Machen Sie sich daher mit Ihrem Werkzeug vertraut, bevor Sie mit einem wichtigen Werk beginnen. Umso gelassener können Sie die eigentliche Arbeit angehen und umso besser können Sie sich auf die eigentlichen Inhalte konzentrieren.

2.1   Drei goldene Regeln

Sie möchten, dass Ihre Arbeit mit Word stressarm und problemfrei verläuft? Ihr Dokument soll bis zum Schlusspunkt stabil und leicht handhabbar bleiben? Dann beherzigen Sie die folgenden Regeln:

- Experimentieren Sie nie im Originaldokument, verwenden Sie hierfür Testdateien.
- Speichern Sie Ihr Dokument nach jeder wichtigen Phase bzw. Aktion und erstellen Sie regelmäßig Sicherungskopien.
- Verwenden Sie zur Formatierung Ihrer Arbeit vorrangig Formatvorlagen.

2.1.1   Mit Testdateien experimentieren

Dokumente besitzen ein Gedächtnis. So manche Aktion hinterlässt Spuren, die zu Konflikten führen können. Halten Sie deshalb Testdokumente vor, in denen Sie bedenkenlos kreativ werden und beispielsweise verschiedene Arten der Nummerierung ausprobieren können. Schnell und einfach füllen Sie ein Testdokument mit Mustertext, indem Sie eine der drei folgenden Zeichenfolgen eintippen und anschließend die Eingabetaste ⏎ drücken:

$$=rand(a,s) \qquad =rand.old(a,s) \qquad =lorem(a,s)$$

Statt der Platzhalter »a« und »s« geben Sie innerhalb der Klammern die gewünschte Anzahl von Absätzen sowie Anzahl von Sätzen je Absatz ein. Das Ergebnis gleicht den in Abbildung 2.1 dargestellten Beispielen.

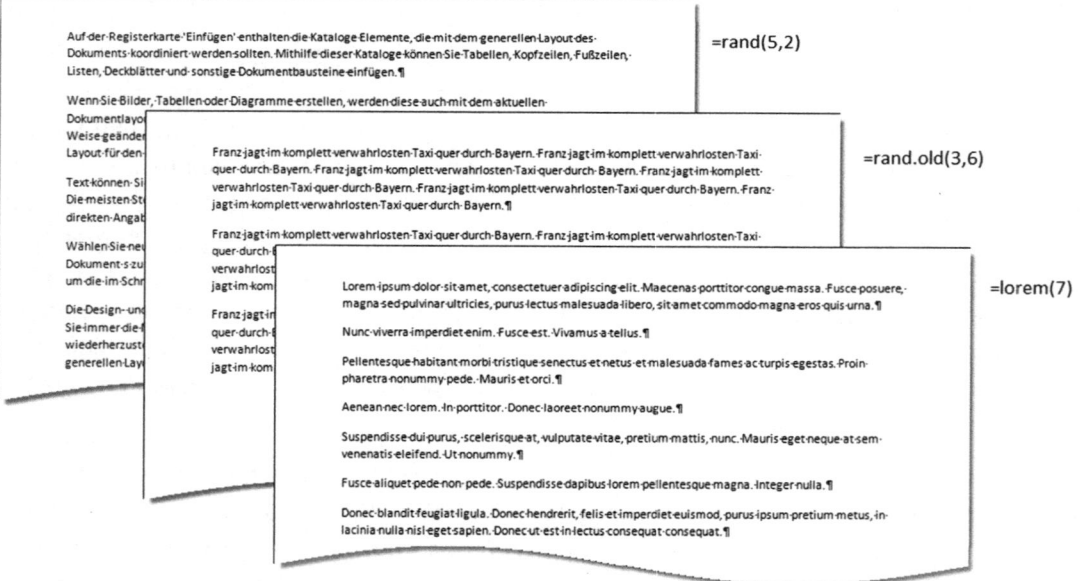

Abbildung 2.1 Verschiedene Mustertexte für Testzwecke

2.1.2   Das Speichern nicht vergessen

Word führt Protokoll über fast alle Änderungen, die im Laufe einer Arbeitssitzung am Dokument vorgenommen werden. Abhängig vom Arbeitsspeicher werden bis zu 1 000 der zuletzt durchgeführten Aktionen bereitgehalten. Bei Bedarf können diese zu mehreren über die *Symbolleiste für den Schnellzugriff* (Abbildung 2.2) oder einzeln per ⌈Strg⌉+⌈Z⌉ bzw. ⌈Strg⌉+⌈Y⌉ rückgängig gemacht bzw. wiederhergestellt werden.

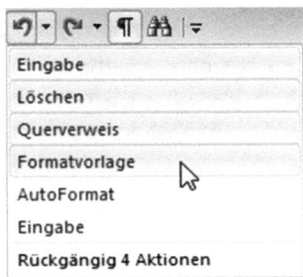

Abbildung 2.2 Ein Protokoll rückgängig zu machender Aktionen

Das sollte Sie jedoch nicht dazu verleiten, auf regelmäßiges Speichern zu verzichten. Denn manche Aktion, wie etwa *Dokument schützen*, kann grundsätzlich nicht rückgängig gemacht werden. Alle vorangegangenen Aktionen lassen sich dann ebenfalls nicht mehr zurücknehmen. In solch einem Fall ist es eventuell hilfreich, auf einen kurz zuvor gespeicherten Stand oder eine Sicherungskopie zurückgreifen zu können.

Zum regelmäßigen Speichern Ihrer Arbeit können Sie unter anderem ⌈Strg⌉+⌈S⌉ oder das Diskettensymbol in der *Symbolleiste für den Schnellzugriff* verwenden. Ist in den Word-Optionen das Kontrollkästchen *Erweitert|Speichern|Immer Sicherungskopie erstellen* aktiviert, wird die **Vorversion** des Dokuments als »Sicherungskopie von [alter Dateiname].wbk« im selben Ordner wie das Original beibehalten. Auf diese Weise ist immer auch der Stand zum Zeitpunkt des vorletzten Speicherns verfügbar.

Sichern Sie regelmäßig Kopien Ihrer Dateien auf einem anderen Laufwerk oder besser auf einem **externen** Datenträger, um beispielsweise im Falle eines Festplattencrashs gegen Datenverlust gewappnet zu sein. Zum Kopieren können Sie natürlich den Windows-Explorer oder ein anderes Dateiverwaltungsprogramm verwenden. Alternativ wählen Sie in Word nach dem normalen Speichern zusätzlich den Befehl *Speichern unter*, um eine Kopie an einem anderen Ort abzulegen. Vergessen Sie in diesem Fall nicht, die Kopie anschließend wieder zu schließen und erneut das Original zu öffnen, um darin weiterzuarbeiten.

Sie brauchen noch mehr Sicherheit und suchen zwecks Konservierung von Inhalt und Formatierung eine Alternative zum Word-Dateiformat? Dann speichern Sie Ihre Dokumente zwischendurch als PDF-Dateien: *Datei|Speichern unter|Dateityp: PDF (*.pdf)* oder *Datei|Speichern und*

Senden | PDF/XPS-Dokument erstellen. Die Endversion eines Dokuments sollten Sie auf jeden Fall in diesem Format archivieren. Denn wird das Word-Dokument später in einer anderen Word-Version und/oder mit einem anderen Druckertreiber geöffnet, wird es vermutlich anders dargestellt als zum Zeitpunkt der Fertigstellung. Dann ist es gut, eine Vergleichsdatei zu haben.

Möchten Sie beim Speichern nicht das Original überschreiben, sondern verschiedene Versionen Ihrer Arbeit beibehalten, müssen Sie ebenfalls den Befehl *Speichern unter* verwenden und je Version einen neuen Dateinamen vergeben – zweifellos ein mühseliges Unterfangen.

Um Ihnen diese Arbeit zu ersparen, enthält die CD-ROM zu diesem Buch einen Sicherungsassistenten als Bestandteil des Add-Ins »Wissenschaftliches Arbeiten«. Die zugehörige Datei *WissenschaftlichesArbeiten.dotm* finden Sie im Ordner *\Add-In_WA*.

Die Registerkarte *Überprüfen* bietet den Befehl *Vergleichen* an, um eventuell später die Unterschiede zwischen verschiedenen Dokumentversionen aufzeigen zu lassen. Hierbei können Sie entscheiden, ob die Änderungen im Originaldokument, im überarbeiteten Dokument oder in einem neuen Dokument dargestellt werden.

Vielleicht möchten Sie zwei geöffnete Dokumente aber selbst am Bildschirm vergleichen. Oder Sie müssen Inhalte von einer Datei in die andere kopieren. Oder Sie wollen beispielsweise für Übersetzungsarbeiten zwei Dokumente nebeneinander positionieren. Dann dürfte der Befehl *Ansicht | Fenster | Nebeneinander anzeigen* hilfreich für Sie sein. Mithilfe des Befehls *Ansicht | Fenster | Synchroner Bildlauf* lässt sich außerdem das gleichzeitige Scrollen beider Dokumente ein- und ausschalten.

Um nicht Gefahr zu laufen, versehentlich im falschen Dokument weiterzuarbeiten, hilft es, eines der Dokumente vorübergehend mit einem farbigen Seitenhintergrund zu versehen.

Beachten Sie bitte folgende Hinweise:

1. Word bietet keine Möglichkeit, automatisch eine Kopie Ihres Dokuments in einem anderen Ordner oder Laufwerk zu sichern. Dafür müssen Sie selbst Sorge tragen.
2. Gleiches gilt, wenn Sie verschiedene Versionen eines Dokuments beibehalten wollen.
3. Die Option *AutoWiederherstellen-Informationen speichern alle [1-120] Minuten* unter *Word-Optionen | Speichern* ersetzt grundsätzlich nicht das eigene Speichern! Es handelt sich lediglich um temporäre Dateien, die nach dem Schließen des Dokuments normalerweise gelöscht werden.
   Nur solange das Dokument geöffnet ist, kann über *Datei | Informationen | Versionen* auf die Zwischenspeicherungen zugegriffen werden. Nach einem Systemabsturz oder Stromausfall allerdings werden sie beim nächsten Word-Start automatisch geladen und zur Speicherung angeboten. Bisweilen sind diese Dateien (*.asd) jedoch leer oder beschädigt – also nutzlos.

> Wo diese AutoWiederherstellen-Dateien angelegt werden, ist in den Word-Optionen unter *Erweitert│Allgemein│Dateispeicherorte* festgelegt und änderbar.
>
> 4. Ist die Option *Beim Schließen ohne Speichern die letzte automatisch gespeicherte Version beibehalten* aktiviert (*Word-Optionen│Speichern│Dokumente speichern*), finden Sie eventuell über *Datei│Zuletzt verwendet│Nicht gespeicherte Dokumente wiederherstellen* eine brauchbare Version wieder, falls Sie ein Dokument schließen, ohne zu speichern. Standardmäßig befinden sich diese Dateien in **Windows 7/Windows Vista** unter *C:\Users\ <Name des Benutzers>\AppData\Local\Microsoft\Office\UnsavedFiles* bzw. in **Windows XP** unter *C:\Documents and Settings\<Name des Benutzers>\Local Settings\Application Data\ Microsoft\Office\UnsavedFiles*.
>
> Detaillierte Informationen zum Thema »Wiederherstellen nicht gespeicherter Versionen in Office 2010« finden Sie auf der Webseite *http://office.microsoft.com/de-de/word-help/ wiederherstellen-nicht-gespeicherter-versionen-in-office-2010-HA010356735.aspx?CTT=1*.
> Und ein Artikel der Microsoft Knowledge Base erläutert, »Wie Word für Windows temporäre Dateien verwendet«: *http://support.microsoft.com/kb/211632/de*.

2.1.3 Formatvorlagen einsetzen

Verwenden Sie in Ihren Dokumenten so wenig wie möglich direkte Zeichen- und Absatzformatierungen. Arbeiten Sie stattdessen konsequent mit Formatvorlagen. Einerseits geht auf diese Weise das Formatieren und erst recht ein nachträgliches Umformatieren schneller vonstatten, andererseits dienen Formatvorlagen auch dem Erstellen automatischer Verzeichnisse und Querverweise. Mehr dazu erfahren Sie in den Abschnitten 2.6 »Mit Formatvorlagen arbeiten«, 4.6 »Automatische Verweise einfügen« und 4.7 »Verzeichnisse erstellen«.

2.2 Die Arbeitsumgebung erkunden

Bevor Sie mit dem Schreiben loslegen, machen Sie sich erst einmal mit der Arbeitsumgebung vertraut. Je schneller Sie später bestimmte Befehle finden und anwenden können, desto weniger hat der Frust eine Chance. Je besser Sie verstehen, wann Word wie reagiert, desto effektiver können Sie es für sich nutzen oder bei Bedarf Umgehungsmöglichkeiten finden. Erstellen Sie Testdokumente, wie in Abschnitt 2.1.1 »Mit Testdateien experimentieren« beschrieben, und probieren Sie das ein oder andere aus.

2.2.1 Wichtige Einstellungen vornehmen

Word bietet eine Vielzahl an Optionen, die zweifellos der Arbeitserleichterung dienen sollen. Anwender stehen ihnen allerdings eher hilflos gegenüber. Und einige Optionen konterkarieren sogar das Erstellen sauberer Dokumente, weshalb sie für wissenschaftliche(s) Arbeiten besser deaktiviert werden sollten.

> Eine Zusammenstellung wichtiger Optionen, die unserer Meinung nach aktiviert oder gegebenenfalls deaktiviert sein sollten, finden Sie als Screenshots in der Datei *Word_2010_WordOptionen.pdf* auf der CD-ROM zu diesem Buch im Ordner *\Word-Optionen*.

Im Vorfeld Ihrer Übungen sollten Sie auf jeden Fall schon die nachfolgend aufgeführten Einstellungen vornehmen. Klicken Sie dazu im Menüband auf die Registerkarte *Datei*, um die sogenannte *Backstage-Ansicht* zu öffnen, und wählen Sie in deren Navigationsbereich den Befehl *Optionen*. Hier ist zunächst die Kategorie *Allgemein* geöffnet, in der Sie unter anderem Ihre Benutzerdaten eingeben und eines der drei Farbschemas auswählen können.

Wechseln Sie dann zur Kategorie *Anzeige*.

1. Stellen Sie sicher, dass *Textmarkerzeichen anzeigen* aktiviert ist. Ansonsten werden die mit *Texthervorhebungsfarbe* formatierten Bereiche nicht entsprechend dargestellt und gedruckt.
2. Aktivieren Sie *Alle Formatierungszeichen anzeigen*. So erhalten Sie einen Überblick und vor allem die Kontrolle über eventuell unnötige Leerzeichen, Absatzmarken etc.
3. Ebenfalls ist es sinnvoll, die Optionen *Felder vor dem Drucken aktualisieren* und *Verknüpfte Daten vor dem Drucken aktualisieren* einzuschalten.

Wechseln Sie zur Kategorie *Dokumentprüfung*. Klicken Sie auf die Schaltfläche *AutoKorrektur-Optionen* und wählen Sie die Registerkarte *AutoFormat während der Eingabe*.

1. Deaktivieren Sie die Optionen in den beiden unteren Bereichen (*Während der Eingabe übernehmen*, *Während der Eingabe automatisch ersetzen*).
2. Deaktivieren Sie im oberen Bereich (*Während der Eingabe ersetzen*) alle Optionen außer *"Gerade" Anführungszeichen durch „typographische"*, *Bruchzahlen (1/2) durch Sonderzeichen (½)* und *Internet- und Netzwerkpfade durch Hyperlinks*.
3. Die Standardeinstellungen der Registerkarte *AutoKorrektur* können Sie in der Regel so belassen. Allerdings sollten Sie für alle drei Registerkarten, die Sie dort über die Schaltfläche *Ausnahmen* erreichen, die Option *Wörter automatisch hinzufügen* deaktivieren. Fügen Sie Ausnahmen lieber selbst hinzu und entfernen Sie unerwünschte Einträge.

Wechseln Sie zur Kategorie *Speichern*.

1. Sollen Ihre Dokumente in der Regel im Word 2010-Format und ohne Makros gespeichert werden, stellen Sie sicher, dass im Listenfeld *Dateien in diesem Format speichern* der Eintrag *Word-Dokument (*.docx)* ausgewählt ist.
2. Legen Sie unter *Standardspeicherort* fest, in welchem Ordner oder auf welchem Laufwerk Sie Ihre Dateien vorwiegend speichern wollen.

Wechseln Sie zur Kategorie *Sprache* und aktivieren Sie darin die von Ihnen benötigten Sprachen für die Bearbeitung der Dokumente und für das Tastaturlayout.

Begeben Sie sich anschließend zur Kategorie *Erweitert*. Hier finden Sie die meisten Einstellungsmöglichkeiten zu Word, von denen viele in der Registry, einige in der Datei *Normal.dotm* und nur wenige im aktuellen Dokument gespeichert werden.

1. Aktivieren Sie im Bereich *Bearbeitungsoptionen* das Kontrollkästchen *Aufforderung zur Vorlagenaktualisierung*. Diese Option bezieht sich auf Formatvorlagen, nicht auf Dokumentvorlagen.
2. Aktivieren Sie die Option *Formatierung mitverfolgen*.
3. Schalten Sie das Kontrollkästchen *Klicken und Eingeben aktivieren* aus. Eine aktivierte Option bewirkt direkte Formatierungen, die möglichst zu vermeiden sind.
4. Wählen Sie im Bereich *Ausschneiden, Kopieren und Einfügen* im Listenfeld *Einfügen zwischen zwei Dokumenten* den Eintrag *Nur den Text übernehmen*. Im Listenfeld *Bilder einfügen als* stellen Sie sicher, dass der Eintrag *Mit Text in Zeile* ausgewählt ist.
5. Im Bereich *Dokumentinhalt anzeigen* sollten die Optionen *Textmarken anzeigen* sowie *Feldschattierung: Immer* aktiviert sein. So zeigen eckige Klammern im Dokument an, welchen Inhalten Sie Textmarken zugewiesen haben. Und grau hinterlegte Texte weisen darauf hin, dass die Inhalte nicht manuell eingegeben, sondern per Feldfunktion erstellt worden sind.
6. Im Bereich *Anzeigen* legen Sie die *Breite des Formatvorlagenbereichs in Entwurfs- und Gliederungsansichten* mit etwa 2,5 cm fest.
7. Im Bereich *Speichern* aktivieren Sie die Optionen *Bestätigung vor dem Speichern von Normal.dot* und *Immer Sicherungskopie erstellen*.
8. Im Bereich *Allgemein* schalten Sie schließlich noch *Dateiformatkonvertierung beim Öffnen bestätigen* ein. So behalten Sie beim Öffnen anderer Dateiformate die Kontrolle. (Diese Option ist übrigens auch bei Anwendung des Seriendrucks nützlich, wenn Formate der Datenquellen nicht korrekt übernommen werden.)
9. Ändern Sie eventuell unter *Dateispeicherorte* den Ordner für Ihre Vorlagen und AutoWiederherstellen-Dateien.

Wechseln Sie zur Kategorie *Menüband anpassen*. Aktivieren Sie auf der rechten Seite unter *Menüband anpassen* die *Entwicklertools*, um diese Registerkarte künftig einzublenden.

2.2.2 Der Bildschirmaufbau

Erstellen Sie zunächst ein Testdokument. Tippen Sie, wie in Abschnitt 2.1.1 »Mit Testdateien experimentieren« beschrieben, zum Beispiel die Zeichenfolge *=lorem(88)* ein oder auch *=rand(52,3)* und drücken Sie die Eingabetaste ⏎ . Sogleich sind einige Dokumentseiten mit Text gefüllt – genügend, um sich mit Word ein wenig vertraut zu machen. Speichern Sie das Dokument in einem eigens für Ihre Test- oder Musterdokumente erstellten Ordner.

- Klicken Sie dazu auf die Registerkarte *Datei* und wählen Sie den Befehl *Speichern unter*. Oder drücken Sie alternativ [F12].
- Nur beim erstmaligen Speichern öffnen auch [Strg]+[S] bzw. ein Klick auf das Disketten-symbol in der *Symbolleiste für den Schnellzugriff* das Dialogfeld *Speichern unter*. Ansonsten dienen sie dem Zwischenspeichern eines Dokuments.

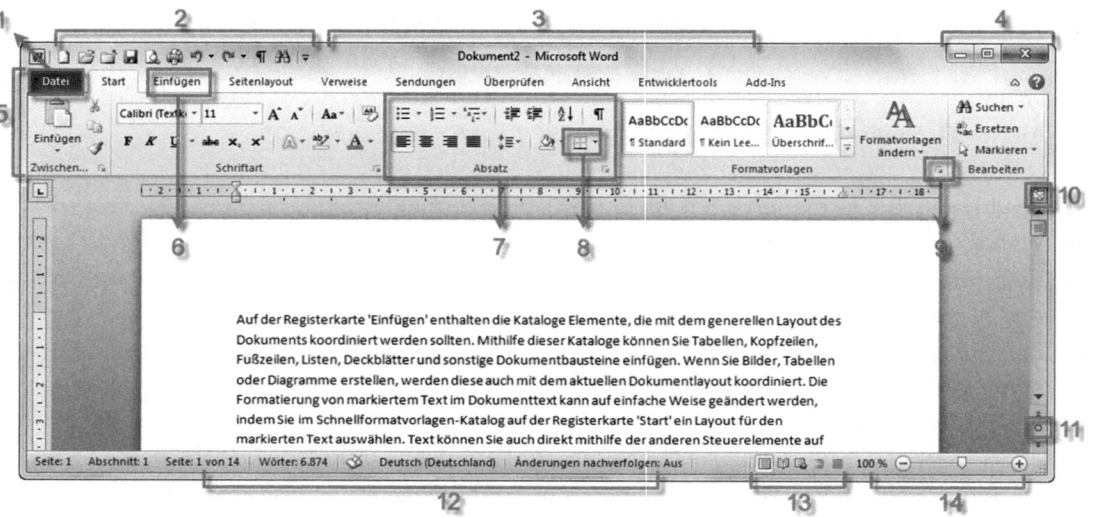

Abbildung 2.3 Die Elemente des Word-Anwendungsfensters

Ihr Word-Anwendungsfenster sieht nun dem aus Abbildung 2.3 ähnlich. Die wichtigsten Elemen-te finden Sie in Tabelle 2.1 aufgelistet. Auch wenn Sie am liebsten die Maus verwenden, probie-ren Sie ruhig einmal die Zugriffstasten aus: Sobald Sie [Alt] drücken, zeigen Buchstaben oder Zahlen an, wie ein Befehl anschließend über die Tastatur ausgeführt werden kann. Menüs, Pa-letten, Kataloge sowie Zugriffstasten können mit [Esc] wieder geschlossen bzw. ausgeblendet werden.

Element des Anwendungsfensters	Beschreibung
1 Registerkarte *Datei* Zugriffstaste: [Alt], [D] Schließen: [Esc] oder Klick auf andere Registerkarte	Öffnet die *Backstage-Ansicht*. Auf der linken Seite im Navi-gationsbereich finden Sie die Befehle zum *Speichern, Öffnen, Schließen* und eventuell für den Schnellzugriff eine Liste mit maximal 25 der zuletzt verwendeten Dateien. Weiter sind dort die Registerkarten *Informationen, Zuletzt verwendet, Drucken* etc. enthalten. Abhängig vom gewählten Eintrag auf der linken Seite bietet die rechte Seite entsprechende Befehle, Optionen oder In-formationen.

Element des Anwendungsfensters	Beschreibung
2 *Symbolleiste für den Schnellzugriff* Zugriffstaste: Alt, Positionsnummer	Enthält standardmäßig die Befehle *Speichern*, *Rückgängig*, *Wiederholen*. Über ihr Kontextmenü (rechte Maustaste) oder die Schaltfläche ⏷ bzw. über *Datei|Optionen* kann sie unterhalb des Menübands positioniert sowie um weitere Befehle ergänzt werden.
3 *Titelleiste*	Blendet den Programm- sowie den aktuellen Dateinamen ein. Auch die Namen aktiver kontextbezogener Tools (*Tabellentools*, *Diagrammtools*, *Bildtools*) werden hier angezeigt.
4 Schaltflächen zum *Minimieren*, *Verkleinern* bzw. *Maximieren* Strg+F10 oder *Schließen* des Dokumentfensters Strg+W	*Minimieren*: Das aktive Fenster wird ausgeblendet und lediglich als Schaltfläche in der Taskleiste angezeigt. *Verkleinern*: Das Fenster wird auf die Größe reduziert, auf die es beim letzten Mal skaliert wurde. *Maximieren*: Das Fenster füllt den gesamten Bildschirm aus. *Schließen*: Das aktive Dokument wird geschlossen. Handelt es sich um das letzte bzw. einzige Dokument, wird Word beendet. Es kann hilfreich sein, den Befehl *Schließen/Alle schließen* in die *Symbolleiste für den Schnellzugriff* aufzunehmen (siehe Abschnitt 2.3.2).
5 *Menüband* ein- bzw. auszublenden per Strg+F1 oder Doppelklick auf die aktive Registerkarte oder Klick auf das Symbol rechts außen neben den Registerkarten: ⌃ bzw. ⌄	Enthält Registerkarten, die wiederum in Gruppen mit Befehlen unterteilt sind. Über das Kontextmenü bzw. über *Datei|Optionen* kann es minimiert und angepasst werden. Abhängig von Auflösung und Größe Ihres Bildschirms oder Anwendungsfensters werden Gruppen und Befehle eventuell anders als in Abbildung 2.3 angezeigt. Verkleinern Sie Ihr Anwendungsfenster stufenweise, um die Auswirkungen zu erkennen: Befehle werden zunächst als Symbol ohne Beschriftung dargestellt, bis sie schließlich als Gruppe unter einer einzigen Schaltfläche zusammengefasst werden.
6 Registerkarten Zugriffstasten: Alt, angezeigte(r) Buchstabe(n)	Standardmäßig sind die sieben Registerkarten *Start*, *Einfügen*, *Seitenlayout*, *Verweise*, *Sendungen*, *Überprüfen* und *Ansicht* im *Menüband* enthalten. Sie sollten die Registerkarte *Entwicklertools* ebenfalls einblenden (siehe Abschnitt 2.2.1).
7 Gruppen	Auf den Registerkarten sind Befehle aufgabenbezogen in entsprechenden Gruppen zusammengefasst. Manche Gruppen finden sich auf mehreren Registerkarten. *Absatz* beispielsweise ist sowohl auf der Registerkarte *Start* als auch auf der Registerkarte *Seitenlayout* enthalten, allerdings mit unterschiedlichen Befehlen.

Element des Anwendungsfensters	Beschreibung
8 Befehle	Einige Befehle sind nur als Symbol dargestellt (*Start | Schriftart | Fett*), andere sind zusätzlich mit Text versehen (*Start | Bearbeiten | Suchen*). Einige Befehlsschaltflächen bieten über Dropdown-Dreiecksymbole eine erweiterte Auswahl durch Untermenüs, Kataloge, Farbpaletten oder Ähnliches.
9 *Startprogramm für ein Dialogfeld*	Viele Gruppen enthalten rechts unten in ihrer Titelleiste einen kleinen Pfeil, der ein Dialogfeld mit zusätzlichen Optionen öffnet. Da Gruppen wie beispielsweise *Schriftart* oder *Absatz* nur eine kleine Auswahl an Optionen bieten, lohnt es sich meist, direkt das Dialogfeld zu öffnen.
10 Lineale ein-/ausblenden	Blendet ebenso wie der Befehl *Ansicht	Anzeigen	Lineal* das horizontale und vertikale Lineal ein. Damit das vertikale Lineal erscheint, muss folgende Option aktiviert sein: *Datei	Optionen	Erweitert	Anzeigen	Vertikales Lineal im Seitenlayout anzeigen*
11 *Browseobjekt auswählen* [Alt]+[Strg]+[Pos1]	Öffnet eine Palette, in der Sie die zu suchende Objektart (Grafik, Tabelle, Fußnote, Seite etc.) auswählen oder die Dialogfelder *Gehe zu* und *Suchen* öffnen können. Ein Klick auf die Doppeldreiecksymbole oberhalb [⏶] oder unterhalb [⏷] der Schaltfläche bewegt die Einfügemarke zum vorherigen bzw. nächsten ausgewählten Objekt.
12 *Statusleiste*	Blendet unter anderem Informationen zur Position der Einfügemarke ein und gibt Auskunft über die zugewiesene Sprache oder den Status einiger Befehle. Welche Angaben in der Statusleiste erscheinen sollen, legen Sie im Kontextmenü (Rechtsklick auf die Statusleiste) *Statusleiste anpassen* fest. Per Klick auf eine der Informationsschaltflächen in der Statusleiste wird das zugehörige Dialogfeld geöffnet oder gegebenenfalls der Status eines Befehls geändert.
13 Symbolleiste *Ansicht – Dokumentansichten*	Wechselt zwischen den Ansichten *Seitenlayout, Vollbild-Lesemodus, Weblayout, Gliederung* und *Entwurf*. Zum Ein-/Ausblenden dieser Symbolleiste wählen Sie im Kontextmenü der Statusleiste den Eintrag *Tastenkombinationen anzeigen* (Übersetzungsfehler).
14 Symbolleiste *Ansicht – Zoom* und *Zoomregler*	Verkleinert oder vergrößert den Zoomfaktor per Klick auf das Minus- bzw. Pluszeichen schrittweise um 10 Prozent. Der Zoomfaktor kann auch mithilfe des Schiebereglers verkleinert bzw. vergrößert werden.

Element des Anwendungsfensters	Beschreibung
14 Symbolleiste *Ansicht – Zoom* und *Zoomregler*	Wenn Sie auf den *Zoommodus* (den als Zahl angegebenen Prozentwert vor dem Schieberegler) klicken, öffnet sich ein Dialogfeld mit weiteren Einstellvarianten, um beispielsweise eine *Ganze Seite* oder *Mehrere Seiten* anzeigen zu lassen.

Tabelle 2.1 Grundlegende Elemente des Anwendungsfensters

Häufig wird Ihnen die *Minisymbolleiste* begegnen: zunächst transparent, sobald Sie Text markiert haben, und undurchsichtig, wenn Sie den Mauszeiger darüber bewegen. Sie dient der schnellen direkten Formatierung. Über *Datei|Optionen|Allgemein|Minisymbolleiste für die Auswahl anzeigen* kann sie generell deaktiviert werden. Mit dem Kontextmenü wird sie aber weiterhin eingeblendet.

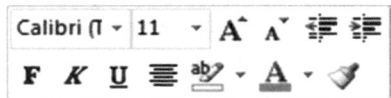

Abbildung 2.4 Die Minisymbolleiste kann mit ⌈Esc⌉ schnell ausgeblendet werden

2.2.3 Die verschiedenen Dokumentansichten

Ein Dokument lässt sich in Word auf sehr unterschiedliche Weise am Bildschirm darstellen. Und jede Ansicht hat spezielle Vorteile (Tabelle 2.2). Damit Sie diese direkt nachvollziehen können, nehmen Sie in Ihrem Testdokument einige Änderungen vor:

- Klicken Sie in einen Absatz und drücken Sie ⌈Alt⌉+⌈1⌉ (alternativ: *Start|Formatvorlagen| Überschrift 1*). Wiederholen Sie diesen Schritt auf anderen Seiten für weitere Absätze.
- Weisen Sie einigen Absätzen per ⌈Alt⌉+⌈2⌉ und ⌈Alt⌉+⌈3⌉ die Formatvorlagen *Überschrift 2* und *Überschrift 3* zu. Die integrierten Formatvorlagen *Überschrift 1* bis *Überschrift 9* sind bereits mit Gliederungsebenen formatiert, was (nicht nur) für die Arbeit mit der Gliederungsansicht und dem Navigationsbereich notwendig ist.
- Erzeugen Sie an beliebiger Stelle einen neuen leeren Absatz und wählen Sie über *Einfügen| Grafik* eines der mit Windows installierten Beispielbilder.

Speichern Sie Ihr Dokument erneut und testen Sie die verschiedenen in Tabelle 2.2 aufgelisteten Darstellungsarten.

Ansicht – *zu aktivieren über*	Darstellung
Seitenlayout *Ansicht|Dokumentansichten|Seitenlayout* oder Dokumentansichten in der Statusleiste	Stellt das Dokument annähernd so dar, wie es der aktivierte Drucker ausgeben würde. Allerdings können sich während des Druckens durch das Aktualisieren von Feldergebnissen und Verknüpfungen noch Verschiebungen ergeben.

Ansicht – *zu aktivieren über*	Darstellung
	Per Doppelklick zwischen zwei Seiten lassen sich die oberen und unteren Seitenränder ausblenden. So bleibt mehr Platz für die Bearbeitung des Haupttextes.
Vollbild-Lesemodus *Ansicht | Vollbild-Lesemodus* oder Dokumentansichten in der Statusleiste	Das Menüband wird ausgeblendet, das Dokument ähnlich einem E-Book leserfreundlich dargestellt. Mit `Esc` oder der Schaltfläche *Schließen* wird diese Ansicht beendet.
Weblayout *Ansicht | Dokumentansichten | Weblayout* oder Dokumentansichten in der Statusleiste	Zeigt das Dokument so, wie es als Webseite in einem Webbrowser dargestellt würde.
Gliederung *Ansicht | Dokumentansichten | Gliederung* oder Dokumentansichten in der Statusleiste	Bietet eine komfortable Bearbeitung der Dokumentstruktur. Über die eingeblendete Registerkarte *Gliederung* können verwendete Gliederungsebenen wahlweise ein- und ausgeblendet sowie höher- oder tiefergestuft werden. Mehr dazu erfahren Sie in Abschnitt 3.1.5 »Word-Gliederung – Informationen strukturieren«.
Entwurf *Ansicht | Dokumentansichten | Entwurf* oder Dokumentansichten in der Statusleiste	Dient hauptsächlich der schnellen Texteingabe in komplexen Dokumenten. Grafiken, Seitenränder und Fußnoten werden nicht angezeigt, sodass der Bildschirmaufbau nicht aufwendig aktualisiert werden muss. Sofern in den Word-Optionen die Formatvorlagenanzeige aktiviert ist, werden am linken Bildschirmrand die jeweils verwendeten Absatzformatvorlagen angezeigt – jedoch nicht für Tabellen. Nur in dieser Ansicht können Trennlinien, Fortsetzungstrennlinien und Fortsetzungshinweise für Fußnoten sowie Endnoten bearbeitet werden (*Verweise | Notizen anzeigen*), wie in Abschnitt 2.11.2 »Fußnoten, Endnoten, Trennlinien, Fortsetzungshinweise formatieren« beschrieben.
Seitenansicht und Drucken *Datei | Drucken* oder *Symbolleiste für den Schnellzugriff:* 🔍	Entspricht der Druckvorschau. Viele Feldergebnisse werden nicht erst beim Drucken selbst, sondern bereits beim Wechsel in die *Seitenansicht* aktualisiert. Für die schnelle Kontrolle zwischendurch lohnt es sich daher, diesen Befehl in die *Symbolleiste für den Schnellzugriff* aufzunehmen: Sie finden ihn über das kleine Dreiecksymbol am Ende der Symbolleiste. In dieser Ansicht kann zwischen den Dokumentseiten navigiert sowie der Zoomfaktor geändert werden. Eine Bearbeitung des Dokuments ist nicht möglich.

Ansicht – *zu aktivieren über*	Darstellung
Seitenansicht-Bearbeitungsmodus *Symbolleiste für den Schnellzugriff*: (identisches Symbol wie oben, jedoch mit anderer Funktionalität)	Im Gegensatz zu *Seitenansicht und Drucken* ermöglicht diese Ansicht auch das Bearbeiten des Dokuments. Es handelt sich um die *Seitenansicht* früherer Word-Versionen. Sie finden den Befehl unter *Symbolleiste für den Schnellzugriff anpassen│Alle Befehle*. (Siehe auch Abschnitt 2.3.2 »Symbolleiste für den Schnellzugriff anpassen«.)
Navigation – Dokumentstruktur *Ansicht│Anzeigen│Navigationsbereich│Durchsuchen der Überschriften in Ihrem Dokument*	Zeigt die Gliederungsebenen des Dokuments an und dient gleichzeitig als Navigationsleiste. Über das Kontextmenü legen Sie fest, welche Ebenen eingeblendet werden sollen. (Siehe auch Abschnitt 3.1.5 »Word-Gliederung – Informationen strukturieren«.)
Navigation – Miniaturansichten *Ansicht│Anzeigen│Navigationsbereich│Durchsuchen der Seiten in Ihrem Dokument*	Zeigt die Seiten des Dokuments als Miniatur und dient dem Überblick sowie der Navigation. Der Navigationsbereich lässt sich in der Breite verändern, sodass mehrere Seiten nebeneinander angezeigt werden können.
Gitternetzlinien *Ansicht│Anzeigen│Gitternetzlinien*	Blendet Rasterlinien ein, die vor allem beim Positionieren von Grafiken hilfreich sein können. Diese Ansicht ist nicht zu verwechseln mit dem Ein-/Ausblenden von Tabellen-Gitternetzlinien (*Tabellentools│Layout│Tabelle│Rasterlinien anzeigen*).
Nebeneinander anzeigen *Ansicht│Fenster│Nebeneinander anzeigen*	Dient, wie bereits in Abschnitt 2.1.2 erwähnt, unter anderem dem Vergleich von Dokumenten. Diese Ansicht kann aber auch hilfreich sein bei Übersetzungsarbeiten oder wenn Inhalte zu kopieren sind.

Tabelle 2.2 Die verschiedenen Dokumentansichten

2.2.4 Elemente eines Dokuments

Wenn Sie an Objekte oder Bereiche bzw. an die Aufteilung eines Dokuments denken, entspricht das nicht unbedingt dem, was in Word darunter zu verstehen ist. Beispielsweise wird programmintern zwischen verschiedenen »Storys« (Hauptdokument, Kopf- und Fußzeilen, Textfelder, Fußnoten, Endnoten) unterschieden, innerhalb derer sich zum Teil Felder, Grafiken oder Objekte (beispielsweise eingebettete Excel-Arbeitsmappen) befinden können.

In Abbildung 2.5 werden aber nicht die Word-spezifischen Bereiche veranschaulicht. Vielmehr zeigt die dargestellte Beispielseite, welche Elemente aus Sicht des Anwenders zum Aufbau eines wissenschaftlichen Dokuments gehören können – unabhängig von der verwendeten Software.

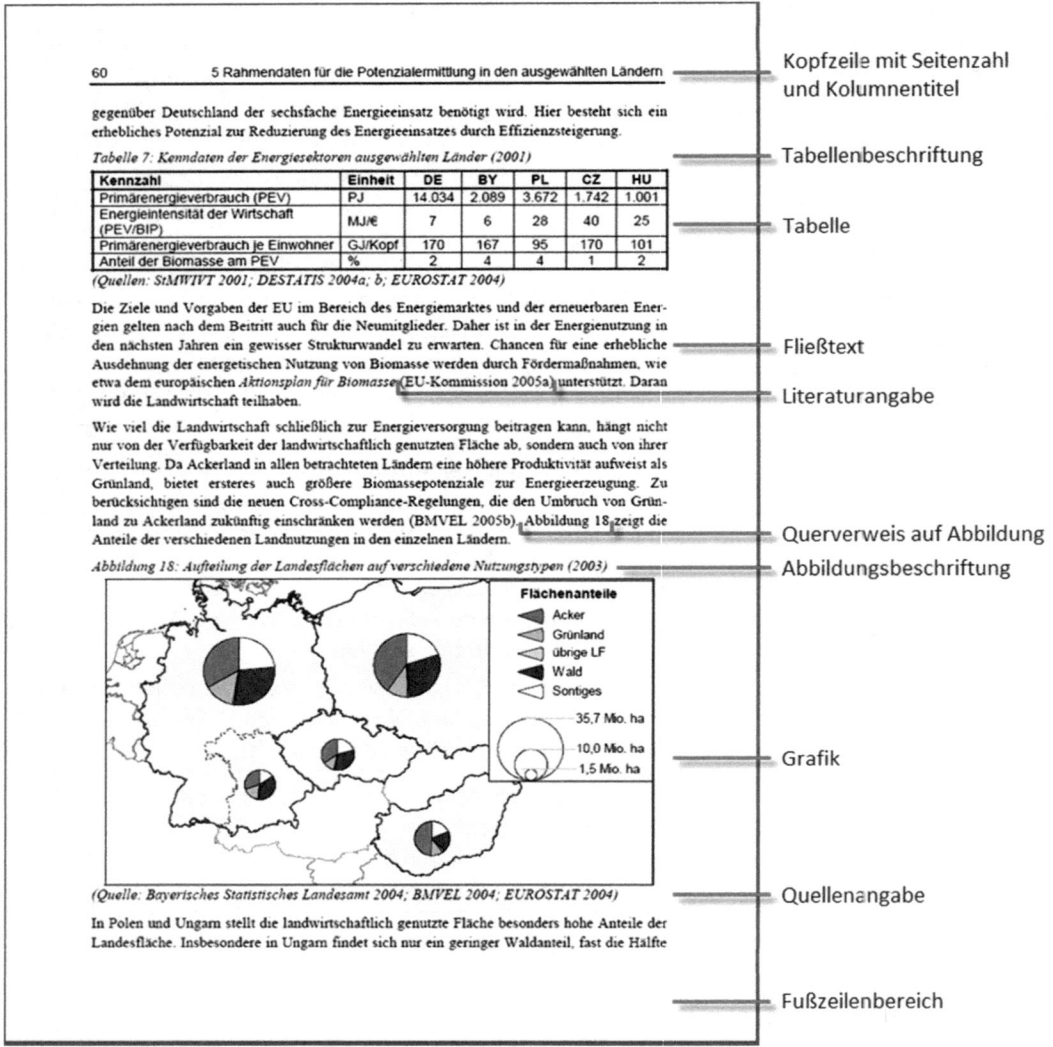

Quelle: Simon, S. M. (2007): Szenarien nachhaltiger Bioenergiepotenziale bis 2030 – Modellierung für Deutschland, Polen, Tschechien und Ungarn; Dissertation, Technische Universität München; S. 60

Abbildung 2.5 Beispiel einer Dokumentseite

2.2.5   Im Dokument navigieren

Um auf eine bestimmte Seite zu gelangen, können Sie die vertikale Bildlaufleiste verwenden. Per Klick auf die obere oder untere Dreieck-Schaltfläche ▲ ▼ bewegen Sie den Bildschirminhalt um eine Textzeile nach unten oder oben. Ziehen Sie dagegen den Schieberegler, werden größere Schritte durchgeführt. Eine QuickInfo zeigt die Seitenzahl und gegebenenfalls die aktuelle Überschrift bzw. Gliederungsebene an. Der weiter oben erwähnte Navigationsbereich führt per

Klick ebenfalls zu einer bestimmten Gliederungsebene oder Seite. Auch die Schaltfläche *Browse-objekt auswählen* sei hier nochmals erwähnt. Sollten Sie jedoch Tastenkombinationen bevorzugen, finden Sie eine hilfreiche Aufstellung in Tabelle 2.3.

Tastenkombination	Ziel
⇧ + F5	Zurück zur zuletzt bearbeiteten Stelle; führt **nach Öffnen** eines Dokuments zu der Position, an der sich die Einfüge-marke zum Zeitpunkt des Speicherns befand
Pos1	Anfang der Textzeile
Ende	Ende der Textzeile
Strg + Pos1	Anfang des Dokuments
Strg + Ende	Ende des Dokuments
→	Nächstes Zeichen
←	Vorheriges Zeichen
Strg + →	Nächstes Wort
Strg + ←	Vorheriges Wort
↓	Nächste Zeile
↑	Vorherige Zeile
Strg + ↓	Nächster Absatz
Strg + ↑	Vorheriger Absatz
Strg + Bild↓	Standardmäßig: nächste Seite; ansonsten das nächste über *Suchen*, *Gehe zu* oder *Browseobjekt auswählen* festgelegte Element. Wurde beispielsweise [F5], *Seite*, +2 gewählt, platziert Strg + Bild↓ den Cursor jeweils 2 Seiten weiter.
Strg + Bild↑	Standardmäßig: vorherige Seite; ansonsten das vorherige über *Suchen*, *Gehe zu* oder *Browseobjekt auswählen* festgelegte Element
⇆ oder ⇧ + ⇆	Ist eine Grafik markiert, wird die Markierung per Tabula-tortaste oder Umschalt- plus Tabulatortaste zur nächsten bzw. vorherigen Grafik bewegt. Das ist hilfreich, wenn Ob-jekte überlagert oder *Hinter den Text* positioniert wurden. Auch leere Textfelder lassen sich so aufstöbern.

Tabelle 2.3 Tastenkombinationen zur Navigation im Dokument

2.2.6 Inhalte selektieren bzw. markieren

Für das Formatieren, Kopieren, Verschieben sowie Löschen von Texten und Objekten ist es in der Regel notwendig, diese vorher auszuwählen, also zu markieren. Dazu eignet sich jede der in Tabelle 2.3 genannten Tastenkombinationen (außer ⇧ + F5), wenn gleichzeitig ⇧ gedrückt wird. So markiert Strg + ⇧ + Ende beispielsweise Inhalte ab der Position der Einfügemarke bis zum Ende des Dokuments. Auch die folgenden, in Tabelle 2.4 aufgeführten Tasten-/Mauskombinationen bzw. Befehle zum Markieren können hilfreich sein:

Was soll markiert werden?	Tastenkombination, Mausaktion oder Befehl
Ein Wort	Mit linker Maustaste doppelt in das Wort klicken
Ein Satz (Text bis zum nächsten Punkt)	Strg + Klick in den Satz
Eine Bildschirmzeile	Links (*innerhalb des Seitenrands*) neben die Zeile klicken
Ein Absatz	Links neben den Absatz doppelt klicken
Das gesamte Dokument	Strg + A
Das gesamte Dokument ohne die letzte Absatzmarke	Strg + A , ⇧ + ←
Ein vertikaler Textblock (beispielsweise innerhalb einer per Tabulator getrennten Liste)	Alt +Ziehen mit der linken Maustaste
Nicht unmittelbar aneinandergrenzende Texte	Ersten Textbereich markieren, Strg -Taste drücken und weitere Bereiche markieren
Die aktuelle Seite	F5 , \Page, ↵ (im Listenfeld *Gehe zu Element* muss Seite ausgewählt sein)

Tabelle 2.4 Inhalte auswählen bzw. markieren

Sämtliche Vorkommen eines Textes und/oder Formats sowie Sonderformats können auf folgendem Weg markiert werden: Blenden Sie per Strg + F den Navigationsbereich ein und wählen Sie über das Dreiecksymbol neben dem Suchfeld den Befehl *Erweiterte Suche*. Klicken Sie dann in dem Dialogfeld *Suchen und Ersetzen* auf die Schaltfläche *Erweitern*, um alle Suchoptionen einzublenden. Wählen Sie Ihr Suchkriterium (Text, Format, Sonderformat) und anschließend über die Schaltfläche *Suchen in* den Bereich (*Hauptdokument, Kopf- und Fußzeilen, Fußnoten* etc.), in dem die Fundstellen markiert werden sollen. Nun können Sie die markierten Inhalte beispielsweise formatieren, kopieren oder löschen.

Über die Schaltfläche *Lesehervorhebung* dagegen werden die Fundstellen nicht für eine weitere Bearbeitung markiert, vielmehr wird ihnen vorübergehend die aktive Hervorhebungsfarbe (standardmäßig Gelb) zugewiesen.

Um diese wieder zu entfernen, wählen Sie über die Schaltfläche *Lesehervorhebung* den Befehl *Hervorhebung löschen*. Oder Sie nehmen an Ihrem Dokument eine beliebige Änderung vor.

Sie erreichen die *Erweiterte Suche* auch über das Menüband: *Start|Bearbeiten|Suchen* (auf das Dreiecksymbol neben *Suchen* klicken). Weitere Informationen zum Suchen und Ersetzen finden Sie in Abschnitt 6.4 »Suchen und Ersetzen«.

2.3 Die Arbeitsumgebung einrichten

Während Ihrer Erkundungstour haben Sie vermutlich festgestellt, dass sich einige häufig benötigte Befehle durchaus in Reichweite befinden, andere dagegen viele Klicks entfernt sind. Möglicherweise finden Sie die Zugriffstasten ganz praktisch, wünschen sich hier und da aber spezielle Tastenkombinationen. In Word haben Sie die Möglichkeit, sich die Arbeit sowohl per Maus als auch per Tastatur nach persönlichen Erfordernissen und Vorlieben zu vereinfachen.

2.3.1 Tastenkombinationen anpassen

Tastenkombinationen führen meist schneller zum Ziel als Mausklicks, zumindest dann, wenn man sich im Schreibfluss befindet. Ein Wort rechts oder links der Einfügemarke ist einfacher per Strg+Entf bzw. Strg+← (Rücktaste) gelöscht, als wenn es zunächst per Maus markiert und womöglich über *Start|Zwischenablage|Ausschneiden* entfernt wird. Feldfunktionen sind per Alt+F9 schneller ein- bzw. ausgeblendet als über die Word-Optionen.

Eine Liste der in Word 2010 vorbelegten Tastenkombinationen finden Sie in der PDF-Datei *Word_2010_Tastenkombinationen.pdf* auf der CD-ROM zu diesem Buch im Ordner \Tasten-kombinationen.

Möchten Sie Tastenkombinationen ändern, löschen, zurücksetzen oder einem Befehl oder Makro eine Tastenkombination zuweisen, stehen die folgenden Möglichkeiten zur Verfügung:

1. Wechseln Sie über *Datei|Optionen* (oder über das Dreiecksymbol am Ende der *Symbolleiste für den Schnellzugriff* und dann *Weitere Befehle*) zu *Word-Optionen|Menüband anpassen*.
2. Im geöffneten Dialogfeld klicken Sie links unten neben dem Eintrag *Tastenkombinationen* auf die Schaltfläche *Anpassen*.
3. Wenn Sie Befehle aus einer bestimmten Registerkarte suchen, wählen Sie diese zunächst im Listenfeld *Kategorien* aus. Ansonsten suchen Sie in der Kategorie *Alle Befehle*, denn nicht jeder integrierte Befehl steht auch auf einer Registerkarte zur Verfügung.
4. Markieren Sie im Listenfeld *Befehle* den gewünschten Eintrag, wie in Abbildung 2.6 beispielhaft *FußnoteJetztEinfügen*. Was der ausgewählte Befehl bedeutet, verrät eine kurze Beschreibung links unten im Dialogfeld.

5. Ist dem Befehl bereits eine Tastenkombination zugewiesen, wird diese im Feld *Aktuelle Tasten* angezeigt. Sie kann entfernt oder zusätzlich zur neuen beibehalten werden.

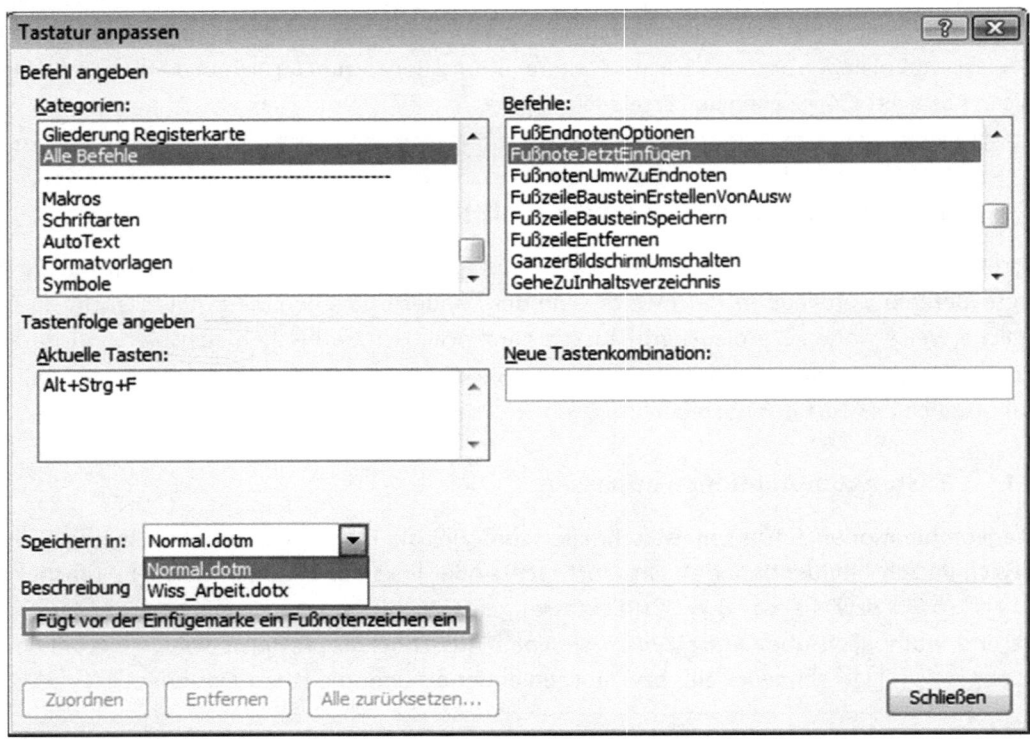

Abbildung 2.6 Befehlen und Symbolen eine eigene Tastenkombination zuordnen

6. Im Eingabefeld *Neue Tastenkombination* (das Sie zunächst per Klick oder Alt + N aktivieren) drücken Sie Ihre eigene Tastenkombination. Ist diese bereits einem anderen Befehl zugeordnet, erscheint ein entsprechender Hinweis.

7. Bestimmen Sie im Listenfeld *Speichern in*, wo die neue Tastenkombination gespeichert werden soll. Zur Auswahl stehen

- *Normal.dotm*: Die Tastenkombination steht für sämtliche Dokumente zur Verfügung.
- Die dem aktuellen Dokument zugrunde liegende Vorlage (*.dotx/*.dotm): Die Tastenkombination ist nur in den auf dieser Vorlage basierenden Dokumenten verfügbar.
- Das aktuelle Dokument: Die Tastenkombination kann nur in diesem einen Dokument genutzt werden.

8. Klicken Sie schließlich auf *Zuordnen* und *Schließen*.

Über den Befehl *Datei|Drucken|Einstellungen|Tastenbelegung* können Sie eine Liste der selbst festgelegten Tastenkombinationen ausdrucken (Abbildung 2.7).

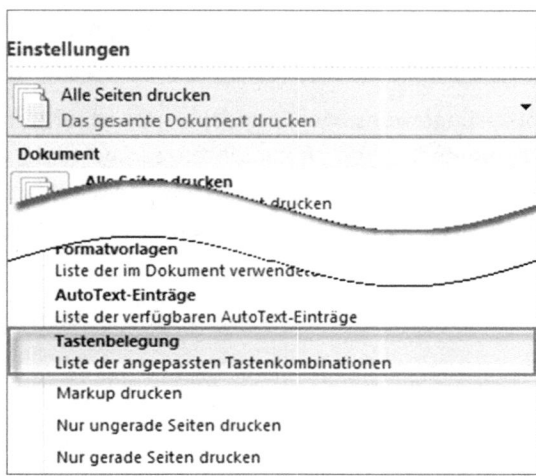

Abbildung 2.7 Eine Liste der selbst definierten Tastenkombinationen drucken

2.3.2 Symbolleiste für den Schnellzugriff anpassen

Tastenkombinationen sind für viele Anwender beispielsweise aus gesundheitlichen Gründen unabdingbar. Für andere wiederum ist eine Alternative zur Maus undenkbar. Aber auch dann lässt sich Word effizienter nutzen: Ersparen Sie sich viele unnötige Klicks, indem Sie häufig benötigte Befehle in die *Symbolleiste für den Schnellzugriff* aufnehmen oder das *Menüband* an Ihren Bedarf anpassen. Angenommen, Sie blenden häufig die Formatierungssymbole (Leerzeichen, Absatzmarken etc.) ein und aus. Hierfür steht Ihnen die entsprechende Schaltfläche (¶) unter *Start|Absatz* zur Verfügung. Was aber, wenn momentan die Registerkarte *Verweise* aktiv ist und Sie diese nicht verlassen möchten? Dann wäre es sicher hilfreich, den Befehl mit einem einfachen Klick anderweitig erreichen zu können.

Bevor Sie die *Symbolleiste für den Schnellzugriff* anpassen, sollten Sie zunächst überlegen, wann und wie oft Sie einen Befehl tatsächlich benötigen. Ihnen ist eventuell nicht geholfen, wenn Sie die Symbolleiste über die gesamte Bildschirmbreite hinweg mit Symbolen bestücken, die größtenteils nur in bestimmten Dokumenten benötigt werden. Entscheiden Sie zwischen den folgenden vier Möglichkeiten:

1. Befehle sollen immer griffbereit sein

- Klicken Sie im Menüband mit der rechten Maustaste auf den gewünschten Befehl und wählen Sie im Kontextmenü den Eintrag *Zu Symbolleiste für den Schnellzugriff hinzufügen*.
- Alternative: Klicken Sie im Kontextmenü eines Befehls auf den Eintrag *Symbolleiste für den Schnellzugriff anpassen* oder am Ende der Symbolleiste auf das kleine Dreiecksymbol und dann auf *Weitere Befehle*. Im Dialogfeld *Word-Optionen|Symbolleiste für den Schnellzugriff* belassen Sie es rechts oben im Listenfeld *Symbolleiste für den Schnellzugriff*

anpassen bei der Einstellung *Für alle Dokumente (Standard)*. Nehmen Sie die gewünschten Anpassungen vor.

Ihre Anpassungen werden (zusammen mit Anpassungen des Menübands) in der separaten Datei *Word.officeUI* gespeichert, die in Word immer in allen Dokumenten zur Verfügung steht. Mithilfe der Schaltfläche *Importieren/Exportieren* (Abbildung 2.8) lassen sich diese Anpassungen in eine *Exportierte Office-Benutzeroberflächendatei (*.exportedUI)* speichern und bei Bedarf – auch auf anderen Computern – importieren.

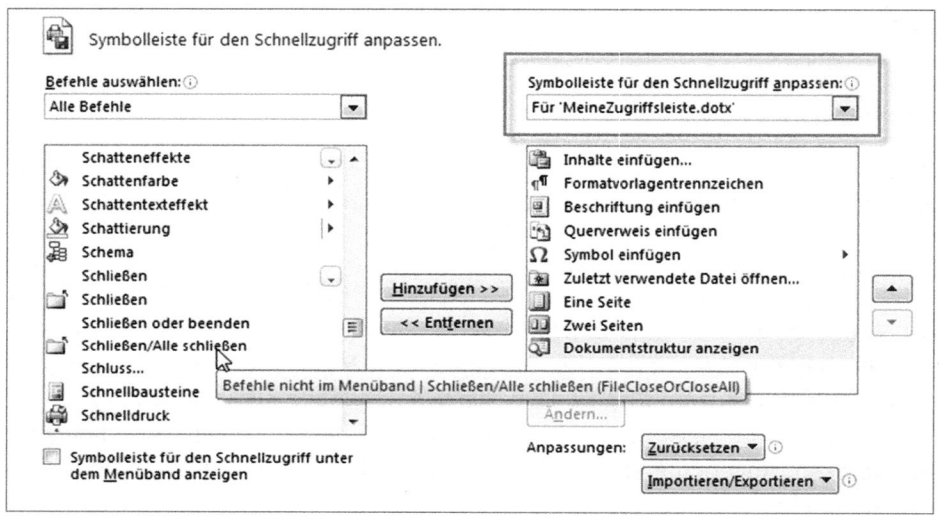

Abbildung 2.8 Die *Symbolleiste für den Schnellzugriff* für eine Dokumentvorlage anpassen

2. Befehle werden nur in Dokumenten benötigt, die auf einer bestimmten Dokumentvorlage basieren

- Öffnen Sie die Dokumentvorlage (*.dotx/*.dotm).
- Öffnen Sie das Dialogfeld *Word-Optionen|Symbolleiste für den Schnellzugriff*. Aktivieren Sie im Listenfeld *Symbolleiste für den Schnellzugriff anpassen* Ihre geöffnete Dokumentvorlage. Nehmen Sie die gewünschten Anpassungen vor.

Ihre Anpassungen erscheinen zukünftig nur in der geöffneten Dokumentvorlage sowie in allen darauf basierenden Dokumenten.

3. Befehle werden nur in einem einzelnen Dokument benötigt

- Öffnen Sie das Dokument.
- Gehen Sie vor, wie oben für die Dokumentvorlage beschrieben. Wählen Sie jedoch im Listenfeld *Symbolleiste für den Schnellzugriff anpassen* Ihr Dokument aus.

Die Anpassungen stehen zukünftig nur in diesem einen Dokument zur Verfügung.

4. Befehle sollen nur bei Bedarf hinzugeladen werden

- Erstellen Sie eine neue Dokumentvorlage, die einzig und allein dem Zweck dienen soll, bei Bedarf eine spezielle Symbolleiste einzublenden.
- Im Dialogfeld *Word-Optionen/Symbolleiste für den Schnellzugriff* wählen Sie im Listenfeld *Symbolleiste für den Schnellzugriff anpassen* diese neu erstellte, geöffnete Dokumentvorlage (in Abbildung 2.8 beispielhaft *MeineZugriffsleiste.dotx*) aus.
- Nehmen Sie die gewünschten Anpassungen vor.

Immer dann, wenn Sie diese Symbolleiste benötigen, wechseln Sie zur Registerkarte *Entwicklertools*. In der Gruppe *Vorlagen* klicken Sie auf *Dokumentvorlage* und laden anschließend in dem Dialogfeld *Dokumentvorlagen und Add-Ins* Ihre Dokumentvorlage über die Schaltfläche *Hinzufügen* (Abbildung 2.9).

Um welche Befehle sollte die Symbolleiste für den Schnellzugriff erweitert werden? Diese Frage können Sie selbst am besten beantworten, wenn Sie einige Zeit mit Word gearbeitet haben und Ihnen der ein oder andere Klick zu viel erscheint.

Unter *Word-Optionen/Symbolleiste für den Schnellzugriff* finden sich allerdings auch Befehle, die im Menüband überhaupt nicht auftauchen, gerade für Ihre Arbeit aber hilfreich sein könnten. Werfen Sie also ruhig einmal einen Blick auf die Gesamtliste der Befehle. Dazu entscheiden Sie sich im Listenfeld *Befehle auswählen* für den Eintrag *Alle Befehle*.

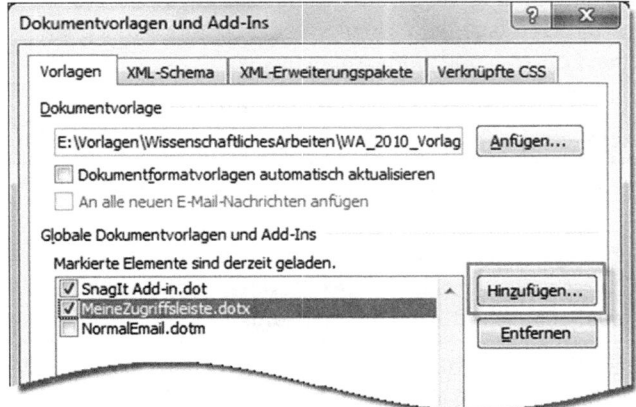

Abbildung 2.9 Zusätzliche Vorlage mit Symbolleiste für den Schnellzugriff laden

Sobald der Mauszeiger auf einen Befehl zeigt, wird eine QuickInfo eingeblendet, wie in Abbildung 2.8 zu erkennen ist. Diese nennt gegebenenfalls die Position des Befehls im Menüband sowie die englische Bezeichnung. Letzteres kann bei einer Suche auf englischsprachigen Webseiten und beim Erstellen von Makros hilfreich sein.

> Die Einträge unter *Alle Befehle* finden Sie als Screenshots in der PDF-Datei *Word_2010_Symbol-leisteAnpassen.pdf* auf der CD-ROM zum Buch im Ordner *\Symbolleisten anpassen*. So erhalten Sie einen Gesamtüberblick und können leichter eine Vorauswahl treffen und die Reihenfolge der Befehle planen.

Für das wissenschaftliche Arbeiten mit Word erscheinen die in Tabelle 2.5 aufgeführten Befehle in der *Symbolleiste für den Schnellzugriff* auf jeden Fall sinnvoll:

Befehl		Beschreibung
Alle anzeigen	¶	Blendet alle Formatierungszeichen ein oder aus, die unter *Word-Optionen|Anzeige* nicht dauerhaft aktiviert sind (auch nicht aufgeführte Sonderzeichen wie den beding-ten Nullbreite-Wechsel, siehe Tabelle 2.6).
Beschriftung einfügen		Öffnet das Dialogfeld *Beschriftung*, um beispielsweise Abbildungs- und Tabellenbeschriftungen einzufügen.
Fußnote einfügen	AB¹	Fügt an der Position der Einfügemarke eine Fußnote ge-mäß den aktuellen Einstellungen ein.
Inhalte einfügen		Öffnet das gleichnamige Dialogfeld. Falls Sie häufig In-halte aus verschiedenen Quellen kopieren, können Sie hierüber schnell entscheiden, in welchem Format sie ins Dokument eingefügt werden. (Das Standardverhalten wird in den Word-Optionen unter *Erweitert|Ausschnei-den, Kopieren und Einfügen* festgelegt.)
Neues Dokument oder neue Vorlage		Öffnet das Dialogfeld *Neu* mit den Vorlagen-Unterord-nern; entspricht dem Befehl *Datei|Neu|Meine Vorlagen*.
Neues leeres Dokument		Erstellt ein neues Dokument auf Basis von *Normal.dotm*.
Querverweis einfügen		Öffnet das Dialogfeld *Querverweis*, um Verweise auf Überschriften, Fußnoten, Textmarken, Abbildungs- oder Tabellenbeschriftungen etc. einzufügen.
Schließen/Alle schließen		Schließt nur das aktuelle Dokument, beendet nicht Word. Wählt man den Befehl bei gedrückter ⇧-Taste, werden *sämtliche* geöffneten Dokumente geschlossen.
Schnelldruck		Druckt das gesamte Dokument sofort auf dem momentan gewählten Drucker aus.
Seitenansicht-Bearbeitungs-modus		Wechselt zwischen Druckvorschau und vorher aktivierter Dokumentansicht (siehe auch Abschnitt 2.2.3 »Die ver-schiedenen Dokumentansichten«).

Befehl		Beschreibung
Speichern unter		Öffnet das gleichnamige Dialogfeld, worüber Sie das aktuelle Dokument unter einem anderen Namen speichern können.
Symbol einfügen		Zeigt die 20 zuletzt verwendeten Symbole.
Symbol aus Dialogfeld einfügen		Öffnet das *Symbol*-Dialogfeld, um Sonderzeichen auszuwählen.
Wiederholen (Wiederherstellen)		Bietet die Möglichkeit, mehrere rückgängig gemachte Schritte wiederherzustellen.
Zitat einfügen		Öffnet die Liste vorhandener Quellen; entspricht dem Befehl *Verweise|Zitate und Literaturverzeichnis|Zitat einfügen*.
Zuletzt verwendete Datei öffnen		Öffnet die Backstage-Ansicht mit der Registerkarte *Zuletzt verwendet*.

Tabelle 2.5 Befehle, die in der Symbolleiste für den Schnellzugriff hilfreich sein können

2.3.3 Das Menüband anpassen

Um das Menüband anzupassen, wechseln Sie über *Datei\|Optionen* zum Dialogfeld *Word-Optionen\|Menüband anpassen*. Hier können Sie die integrierten *Hauptregisterkarten* und *Registerkarten für Tools* (beispielsweise *Bildtools*, *Tabellentools*) aus- oder einblenden sowie umbenennen. Gruppen können zwar ebenfalls umbenannt werden, aber weder sie noch einzelne Befehle lassen sich separat ein- bzw. ausblenden. Es können jedoch neue Registerkarten und Gruppen erstellt werden.

> Ein anschauliches Beispiel zum Anpassen des Menübands finden Sie im Lernvideo *Menüband.wmv* auf der CD-ROM zu diesem Buch im Ordner *\Videos*.

Die Anpassungen des Menübands werden generell in der Datei *Word.officeUI* gespeichert und können über *Importieren/Exportieren* (zusammen mit globalen Anpassungen der *Symbolleiste für den Schnellzugriff*) als **.exportedUI* gesichert und auf andere Computer übertragen werden. Im Gegensatz zur *Symbolleiste für den Schnellzugriff* lassen sich Änderungen des Menübands nicht auf bestimmte Dokumente beschränken. Sie gelten immer global.

2.3.4 Schnell auf häufig benötigte Dokumente und Vorlagen zugreifen

Wenn Sie die Befehle *Öffnen*, *Speichern* oder *Speichern unter* wählen, greift Word auf den Ordner zu, den Sie in den Word-Optionen unter *Speichern\|Standardspeicherort* bzw. *Erweitert\|Allgemein\|Dateispeicherorte* für Dokumente festgelegt haben. Wechseln Sie während einer

Word-Sitzung jedoch zu anderen Ordnern, wird beim anschließenden Öffnen und Speichern statt des Standardordners jeweils der zuletzt verwendete Ordner angeboten.

Unter Windows Vista und Windows XP können Sie häufig benötigte Ordner und Unterordner den *Linkfavoriten*, unter Windows 7 den *Favoriten* im Windows-Explorer hinzufügen. Zusätzlich bieten Ihnen die Windows-7-Bibliotheken die Möglichkeit, Dateien und Ordner zu organisieren. Für den Zugriff auf Ihren Vorlagenordner benötigen Sie übrigens keine zusätzliche Verknüpfung: Dieser wird im *Speichern-* und *Öffnen*-Dialogfeld links oben angezeigt – ein Klick auf *Templates* genügt, und schon befinden Sie sich im gewünschten Ordner.

Eine Liste der zuletzt geöffneten Dokumente finden Sie in Word in der *Backstage-Ansicht* über die Registerkarte *Zuletzt verwendet* (Abbildung 2.10). Wie viele Dateien (maximal 50) dort angezeigt werden sollen, legen Sie in den Word-Optionen unter *Erweitert/Anzeigen* fest.

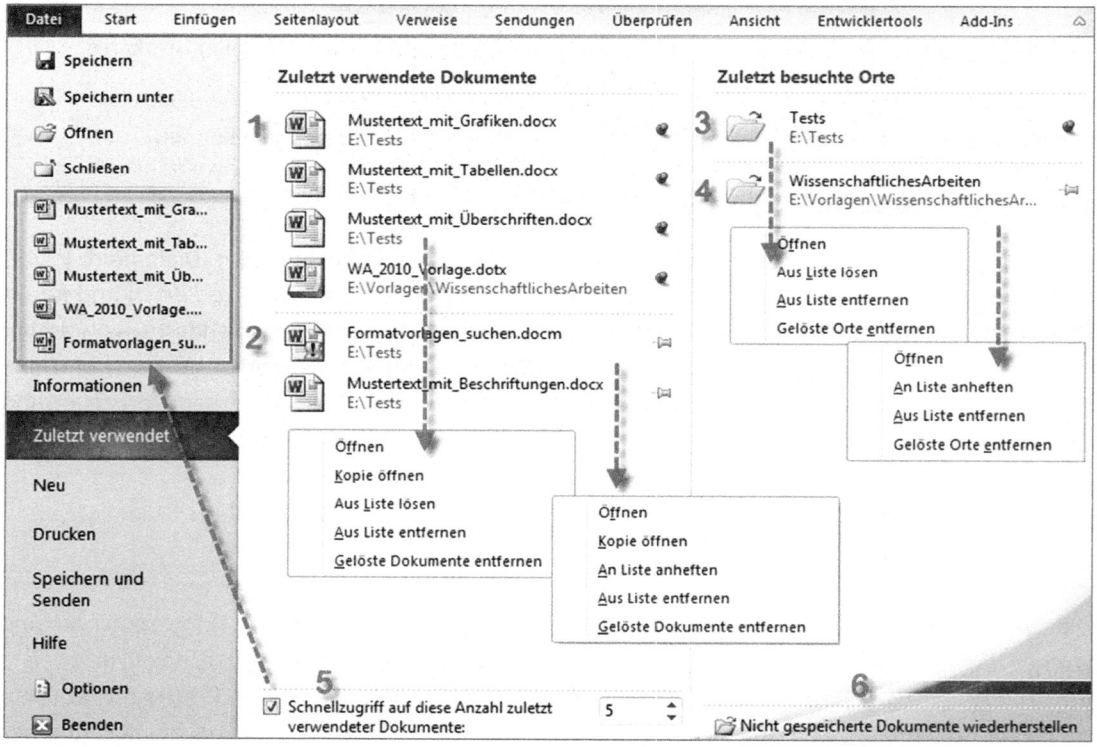

Abbildung 2.10 Die Listen zuletzt verwendeter Dokumente (1, 2) und zuletzt besuchter Orte (3, 4)

Sollen Dateien dauerhaft im oberen Bereich (1) unter *Zuletzt verwendete Dokumente* erscheinen, können Sie sie per Klick auf die Pinnnadel *anheften*. Genauso lassen sie sich aus der Liste *lösen* und erscheinen dann wieder im unteren Bereich (2). Auch die Kontextmenüs der Dateien bieten Befehle, um sie anzuheften, zu lösen oder gar nicht mehr anzuzeigen (Abbildung 2.10).

Neben den zuletzt verwendeten Dokumenten werden die zuletzt besuchten Laufwerke und Ordner angezeigt. Auch hier lassen sich Einträge im oberen Bereich (3) dauerhaft oder im unteren Bereich (4) vorübergehend anzeigen.

Sollen bis zu 25 der zuletzt verwendeten Dokumente zusätzlich im Navigationsbereich oberhalb des Registers *Informationen* verfügbar sein, aktivieren Sie das Kontrollkästchen *Schnellzugriff auf diese Anzahl zuletzt verwendeter Dokumente* (5) und legen die gewünschte Anzahl fest. Diese Liste ist auch dann sichtbar, wenn Registerkarten wie *Informationen*, *Neu* oder *Drucken* aktiv sind.

In Abbildung 2.10 ist außerdem der Eintrag *Nicht gespeicherte Dokumente wiederherstellen* (6) zu erkennen. Hierüber kann die automatische Sicherung eines nicht gespeicherten Dokuments geöffnet werden, wie bereits in Abschnitt 2.1.2 »Das Speichern nicht vergessen« auf Seite 31 erläutert.

2.4 Grundlagen der Formatierung

Inhalt und Struktur stellen das Wesentliche Ihrer Arbeit dar und erfordern somit Ihre ganze Aufmerksamkeit. Dagegen sollte die Formatierung des Dokuments möglichst nebenher erfolgen. Tatsache jedoch ist, dass hier allgemein zu viel Zeit investiert wird – sei es in die Umsetzung eines beispielsweise von der Hochschule vorgegebenen Layouts oder auch in die Verwirklichung eigener Vorstellungen.

Zweifellos ist der Anspruch an das äußere Erscheinungsbild enorm gewachsen, seit Hausarbeiten oder Dissertationen nicht mehr auf der Schreibmaschine getippt werden. Entsprechend bieten die heutigen Textverarbeitungsprogramme eine Fülle an Möglichkeiten, um nicht nur orthografisch, grammatikalisch und typografisch korrekte Dokumente zu erstellen. Wenige Klicks oder Tastenkombinationen sorgen auch für eine einheitliche Formatierung, die sich bei Bedarf schnell ändern lässt. Automatisch erstellte Inhalts- oder Abbildungsverzeichnisse helfen ebenso Tipparbeit und Tippfehler zu vermeiden wie der Einsatz von Textbausteinen für wiederkehrende Fachbegriffe oder häufig benötigte Objekte. Und die automatische Gliederungs- oder Listennummerierung erleichtert die Arbeit ebenfalls gewaltig.

Allerdings kann diese Funktionsvielfalt nur effektiv und effizient genutzt werden, wenn man um sie weiß und sich mit ihr vertraut macht. Sie sollten sich die notwendigen Kenntnisse zu Microsoft Word bereits vor Beginn Ihrer Arbeit aneignen, damit sich die Formatierung von Dokumenten zeitsparend und nervenschonend gestaltet. Die folgenden Abschnitte werden Ihnen helfen, dem Abgabetermin zumindest in dieser Hinsicht gelassen entgegenzusehen.

2.4.1   Den Textfluss während des Schreibens richtig steuern

Microsoft Word ist ein Textverarbeitungsprogramm. Inhalte werden nicht seitenabhängig in Blöcken positioniert wie bei Desktop-Publishing-Programmen. Texte fließen eher ungehindert über Seiten hinweg und passen sich so leichter an eventuell veränderte Rahmenbedingungen an. Andere Seitenränder, Schriftarten, Schriftgrößen, Papierformate, Druckertreiber – all das und noch weitere Faktoren wirken sich auf die Seitenverteilung aus. Greifen Sie deshalb in den Textfluss lediglich dort steuernd ein, wo unbedingt notwendig, und zwar mithilfe geeigneter Formatierungsbefehle.

Dazu gehört, dass Sie

- die Eingabetaste ⏎ nur dann drücken, wenn ein neuer Absatz beginnt; Leerräume zwischen Absätzen sind über das entsprechende Absatzformat festzulegen.
- eine neue Zeile innerhalb eines Absatzes nur in Ausnahmefällen erzwingen: mithilfe der Tastenkombination ⇧+⏎ für den manuellen Zeilenumbruch.
- die Leertaste nie zweimal hintereinander drücken; insbesondere bei Verwendung von Proportionalschriften führt dies zu unschönen Ergebnissen.
- die Tabulatortaste ⭾ nur verwenden, um Inhalte an festgelegter Tabstoppposition auszurichten; dazu muss sie selten mehr als einmal gedrückt werden.

Beachten Sie, dass

1. die Darstellung eines Dokuments in der *Seitenansicht* (Druckvorschau) vom aktiven Drucker bzw. Druckertreiber abhängig ist.
2. der Ausdruck eines Dokuments auf verschiedenen Druckern nicht immer zu identischen Ergebnissen führt: Durch unterschiedliche nicht bedruckbare Bereiche, Seitenbeschreibungssprachen, Druckersprachen, Schriften etc. können sich Zeilenwechsel sowie Seitenumbrüche und die Position von Grafiken verändern.

Soll Ihre fertige Arbeit nicht auf demselben Drucker ausgegeben werden, den Sie während des Erstellens verwenden, installieren Sie dessen Druckertreiber spätestens für das Endlayout. So können Sie das Ergebnis bereits am Bildschirm in der Druckvorschau kontrollieren und ersparen sich unangenehme Überraschungen nach dem Drucken.

2.4.2   Steuer-/Formatierungsbefehle und zugehörige Formatierungszeichen

Neben der konsequenten Anwendung von Formatvorlagen (siehe Abschnitt 2.6 »Mit Formatvorlagen arbeiten) ist während des Schreibens der richtige Einsatz der in Tabelle 2.6 aufgelisteten Formatierungsbefehle unabdingbar. Sie sorgen für korrekte Zeilenumbrüche und ersparen eine Menge Arbeit beim Endlayout.

Tastenkombination oder Befehl	Erstellt …	Darstellung
`Leertaste`	ein Leerzeichen; beispielsweise zwischen zwei Wörtern oder zwei Sätzen.	•
`Strg`+`⇧`+`Leertaste`	ein geschütztes Leerzeichen; verhindert beispielsweise einen Zeilenumbruch zwischen Zahl und Maßeinheit (30 Euro) oder Titel und Name (Dr. Müller).	°
`↵`	einen neuen Absatz.	¶
`⇧`+`↵`	einen manuellen Zeilenumbruch; eine neue Zeile innerhalb eines Absatzes.	↵
`⇥`	einen Tabulatorsprung; um zum Beispiel Text zur nächsten Tabstoppposition zu verschieben.	→
`Strg`+`⇥`	einen Tabulatorsprung innerhalb einer Tabelle.	→
`Strg`+`-`	einen bedingten (optionalen) Trennstrich; fungiert am Ende einer Zeile als Trennstrich, wird andernfalls nicht gedruckt. Ist sinnvoll, wenn die automatische Silbentrennung nicht korrekt oder »unschön« trennt.	¬
`Strg`+`⇧`+`-`	einen geschützten Bindestrich; verhindert, dass ein Bindestrich am Zeilenende zum Trennstrich wird. Somit vermeiden Sie zum Beispiel, dass im Ausdruck »Fehlersuche und -beseitigung« falsch zwischen dem Bindestrich und »beseitigung« getrennt wird.	—
Einfügen│Symbol│Weitere Symbole│Sonderzeichen	einen bedingten Nullbreite-Wechsel; sorgt ähnlich einem Leerzeichen für einen Zeilenwechsel (beispielsweise nach Schrägstrichen bei langen URLs oder Kombinationen wie »und/oder«), wird aber nicht als Leerzeichen gedruckt.	⬚
Seitenlayout│Seite einrichten│ Umbrüche│Textumbruch	einen Textumbruch; beispielsweise innerhalb des eine Grafik umgebenden Textflusses.	↤↦

Tabelle 2.6 Formatierungsbefehle, die den Zeilenumbruch steuern

Verwenden Sie bei »gefährdeten« Ausdrücken wie beispielsweise »8-Jährigen« oder »Dr. Müller« generell die speziellen Formatierungszeichen (also geschützte Bindestriche und geschützte Leerzeichen), unabhängig von der momentanen Position in der Zeile. So ersparen Sie sich später viel Arbeit beim Zeilenumbruch – vor allem dann, wenn sich durch nachträgliche Textänderungen die Positionen der Wörter noch verschieben.

2.5 Die Formatierungsarten

Wenn Sie Ihre Dokumentvorlage (siehe Abschnitt 2.8 »Die Dokumentvorlage – Basis Ihrer Dokumente«) erstellen und vorhandene Formatvorlagen modifizieren oder eigene erstellen (siehe Abschnitt 2.6 »Mit Formatvorlagen arbeiten«) gilt es zu verstehen, wie und wo Word Formate anwendet und verwaltet. Dabei werden Sie hauptsächlich mit den folgenden drei Kategorien konfrontiert:

- Formate, die sich in der Regel auf das gesamte Dokument, eventuell auch auf einzelne Abschnitte (siehe Abschnitt 2.9 »Abschnitte – quasi Dokumente im Dokument«) beziehen. Dazu gehören beispielsweise Seitennummerierung, Seitenränder, Silbentrennung und Zeilennummerierung.
- Formate, die sich auf mindestens einen Absatz beziehen. Hierunter fallen unter anderem Absatzausrichtung, Absatznummerierung, Gliederungsebene und Zeilenhöhe.
- Formate, die sich auf mindestens ein Zeichen anwenden lassen, wie beispielsweise Schriftart, Schriftschnitt, Schriftfarbe und Sprache.

Rahmenlinien und Schattierungen können als Abschnitts-, Absatz- und als Zeichenformat angewendet werden.

Abgesehen von wenigen Ausnahmen, etwa dem Zeichenformat *Hervorheben*, können – und sollten – Formatierungen der zweiten und dritten Kategorie (also Absatz- und Zeichenformate) mithilfe von Formatvorlagen (siehe Abschnitt 2.6 »Mit Formatvorlagen arbeiten«) angewendet werden. Einstellungen und Formatierungen aus der ersten Kategorie (also dokumentspezifische) dagegen können nicht in Formatvorlagen gespeichert werden und sind deshalb in einer Dokumentvorlage (siehe Abschnitt 2.8 »Die Dokumentvorlage – Basis Ihrer Dokumente«) zu hinterlegen oder bei Bedarf direkt im aktuellen Dokument vorzunehmen.

2.5.1 Dokument-, Abschnitts- und Seitenformatierungen

Die meisten auf das gesamte Dokument oder gegebenenfalls einen Abschnitt anzuwendenden Einstellungen finden sich im Menüband auf der Registerkarte *Seitenlayout*. Hier ist insbesondere die Gruppe *Seite einrichten* wichtig. Öffnen Sie über das *Startprogramm für ein Dialogfeld* (kleiner Pfeil, Abbildung 2.11) direkt das Dialogfeld *Seite einrichten* (Abbildung 2.12), um darin die für das Dokument erforderlichen Einstellungen vorzunehmen.

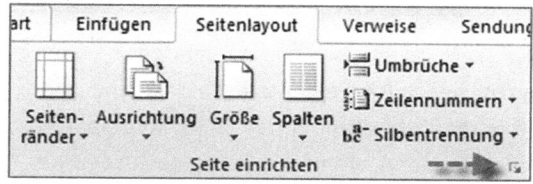

Abbildung 2.11 Über *Seitenlayout|Seite einrichten* das Dialogfeld *Seite einrichten* öffnen

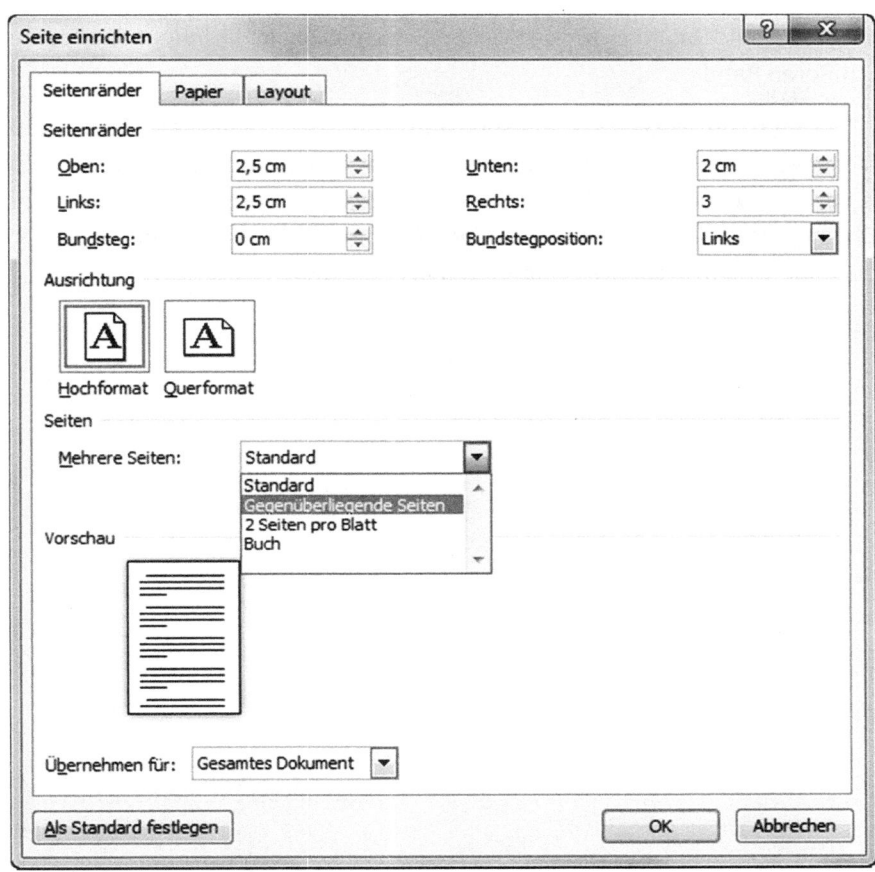

Abbildung 2.12 Seitenränder und Papierausrichtung für das Dokument oder für Abschnitte festlegen

Die Maße der Seitenränder legen die Grenzen für den Haupttext fest. Innerhalb dieses Bereichs werden auch Fuß- und Endnoten platziert. Kopf- und Fußzeilen sowie Marginalien werden dagegen außerhalb dieses Bereichs, also innerhalb der Seitenränder, untergebracht.

Die meisten Drucker können nicht randlos drucken. Gegebenenfalls sind also druckerspezifische Begrenzungen zu berücksichtigen, wenn Sie Seitenränder sowie Abstände zu Kopf- und Fußzeilen festlegen. Mithilfe von Word lassen sich die nicht bedruckbaren Bereiche des ausgewählten Druckers wie folgt ermitteln: Tragen Sie für alle Seitenränder *0 cm* ein und bestätigen Sie mit *OK*. Erscheint eine Meldung, dass ein oder mehrere Maße außerhalb des bedruckbaren Seitenbereichs gesetzt sind, wählen Sie *Korrigieren*. Word zeigt daraufhin die einzuhaltenden Mindestmaße an.

Falls Ihre Arbeit später doppelseitig gedruckt werden soll, wählen Sie auf der Registerkarte *Seitenränder* im Listenfeld *Mehrere Seiten* den Eintrag *Gegenüberliegende Seiten*. Die Seitenränder werden entsprechend gespiegelt: Das Maß für den linken Seitenrand gilt für innen, der rechte Seitenrand wird zum äußeren Rand.

Vermutlich werden Sie dann unterschiedliche Kopf- und Fußzeilen (siehe Abschnitt 2.10 »Kopfzeilen und Fußzeilen«) für gerade und ungerade Seiten benötigen. Aktivieren Sie deshalb auf der Registerkarte *Layout* (Abbildung 2.13) die Option *Gerade/ungerade anders*. Soll zudem die erste Seite des Dokuments oder gegebenenfalls eines Abschnitts separate Kopf- und/oder Fußzeilen erhalten, muss die Option *Erste Seite anders* aktiviert werden.

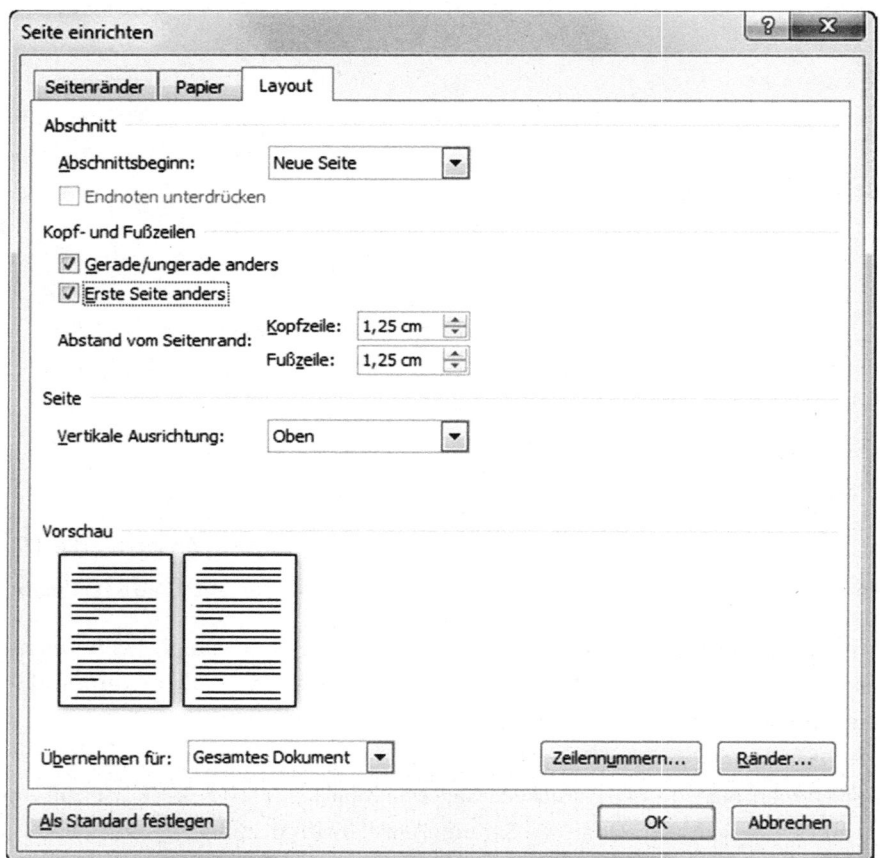

Abbildung 2.13 Hier werden unter anderem Optionen zu Kopf- und Fußzeilen festgelegt

Die auf den Registerkarten *Seitenränder*, *Papier* und *Layout* vorgenommenen Einstellungen können über das Listenfeld *Übernehmen für* wahlweise auf das gesamte Dokument (Eintrag *Gesamtes Dokument*), den *Aktuellen Abschnitt* (wird nur angeboten, wenn das Dokument mehrere Abschnitte aufweist) oder das *Dokument ab hier* (in diesem Fall fügt Word an der Position der Einfügemarke automatisch einen Abschnittsumbruch ein) angewendet werden. Die Einstellungen *Gegenüberliegende Seiten* und *Ungerade/gerade anders* wirken sich dennoch auf das *gesamte* Dokument aus und können nicht einem einzelnen Abschnitt zugewiesen werden.

Die automatische Silbentrennung gilt ebenfalls für das gesamte Dokument. Sie wird über *Seitenlayout|Seite einrichten|Silbentrennung|Automatisch* aktiviert. Jedoch können Absätze (beispielsweise Überschriften) über das Absatzformat *Keine Silbentrennung* davon ausgenommen werden (siehe Abschnitt 2.5.2 »Absatzformatierungen«). Und die Silbentrennung einzelner Wörter lässt sich mithilfe der Option *Rechtschreibung und Grammatik nicht prüfen* sowie eines bedingten Silbentrennstrichs beeinflussen (siehe auch Abschnitt 6.2.2 »Silbentrennung nutzen«).

Weitere Dokument- und Abschnittsformatierungen finden Sie im Menüband auf der Registerkarte *Seitenlayout* in der Gruppe *Seitenhintergrund*: *Wasserzeichen*, *Seitenfarbe* und *Seitenränder* (womit hier nicht die zuvor beschriebenen Maße der Seitenränder gemeint sind, sondern Rahmen und Schmucklinien innerhalb der Seitenränder).

Sie sind nicht an Vorgaben gebunden und möchten Ihre Arbeit aus typografischer Sicht optimal gestalten? Dann liefert eine Suche mit den Stichwörtern »Typografie« bzw. »Typographie« und »Satzspiegel« im Internet umfangreiches Informationsmaterial, beispielsweise auf den Websites *http://www.typolexikon.de/* (»Das Lexikon der westeuropäischen Typographie«) und *http://www.designguide.at/* (»Die Informationsseite rund um Design!«).

2.5.2 Absatzformatierungen

Was ist ein Absatz? Für Word ist das eindeutig jeder Bereich, der mit einer Absatzmarke (¶) endet. Dabei spielt es keine Rolle, ob er eine Zeile oder mehrere Zeilen enthält oder sogar leer ist. Absatzformate gelten immer für vollständige Absätze, sie können nicht einzelnen Zeilen daraus zugewiesen werden.

Sowohl auf der Registerkarte *Start* als auch auf der Registerkarte *Seitenlayout* findet sich eine Gruppe *Absatz*. Klicken Sie darin unten rechts auf den kleinen Pfeil, um das Dialogfeld *Absatz* zu öffnen. Standardmäßig ist die in Abbildung 2.14 dargestellte Registerkarte *Einzüge und Abstände* aktiviert. Alle Einstellungen, die Sie in diesem Dialogfeld vornehmen, gelten für den einen Absatz, in dem sich die Einfügemarke befindet, oder gegebenenfalls für mehrere markierte Absätze. Werden die Einstellungen in einer Formatvorlage gespeichert, beziehen sie sich automatisch auf jeden Absatz, auf den diese Formatvorlage angewendet wird oder wurde.

Wichtige, aber zu wenig bekannte Formate und Formatierungen sind nachfolgend erläutert:

- *Gliederungsebene*

  Für die Formatierung eines Absatzes stehen neben *Textkörper* maximal neun Gliederungsebenen zur Auswahl. Die integrierten Formatvorlagen *Überschrift 1* bis *Überschrift 9* sind bereits mit einer solchen versehen. Benötigt werden Gliederungsebenen für das Arbeiten mit der Gliederungsansicht (siehe Abschnitt 3.1.5 »Word-Gliederung – Informationen strukturieren«) sowie im *Navigationsbereich*. Zum Erstellen von Inhaltsverzeichnissen sind sie nicht unbedingt notwendig, wenngleich sie von Word standardmäßig dazu genutzt werden.

- *Sondereinzug*

  Die Option *Erste Zeile* bewirkt, dass wie im Buchdruck die erste Zeile eines Absatzes um das angegebene Maß eingerückt wird, anstatt Leerräume zwischen Absätzen einzufügen.

  Hängend (auch *negativer Erstzeileneinzug* genannt) bedeutet, dass alle Zeilen eines Absatzes außer der ersten um das angegebene Maß eingerückt werden. Dieses Format wird hauptsächlich für Aufzählungen und Nummerierungen benötigt, beispielsweise aber auch für ein Literaturverzeichnis, in dem der Autorenname in der ersten Zeile herausgerückt erscheinen soll.

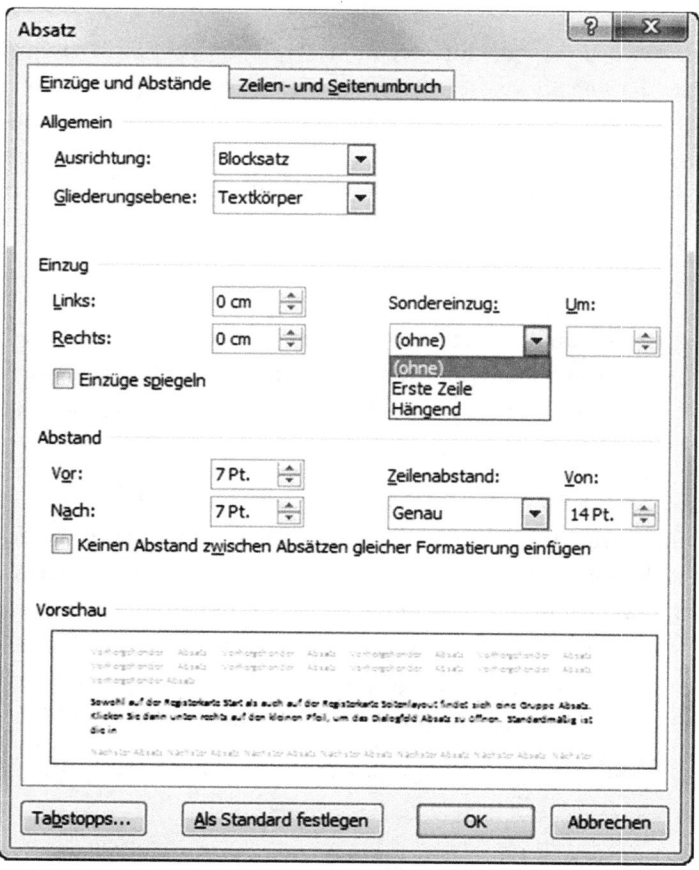

Abbildung 2.14 Die *Vorschau* deutet an, wie sich Einstellungen auf den Absatz auswirken

- *Keinen Abstand zwischen Absätzen gleicher Formatierung einfügen*

  Die für einen Absatz festgelegten Abstände davor und danach werden ignoriert, wenn sich dieser Absatz unmittelbar vor oder hinter einem Absatz gleichen Formats befindet. Das kann hilfreich sein, wenn beispielsweise innerhalb einer nummerierten Liste kein Abstand zwischen den Einträgen gewünscht ist, wohl aber nach dem letzten Element der Liste.

Für die Steuerung des Textflusses besonders wichtig sind die Paginierungsoptionen der Registerkarte *Zeilen- und Seitenumbruch* (Abbildung 2.15).

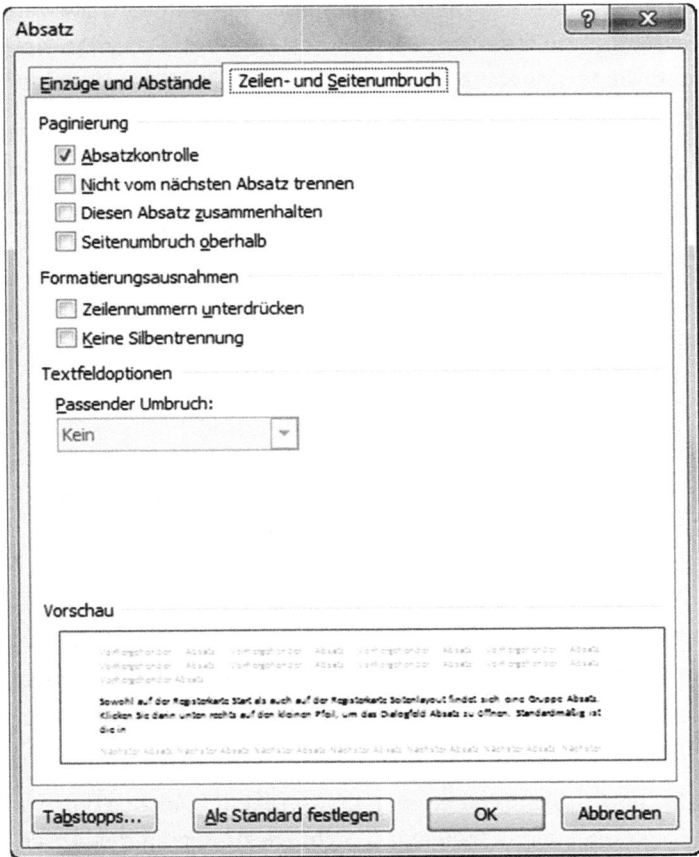

Abbildung 2.15 Automatischen Seitenumbruch beeinflussen

- *Absatzkontrolle*

  Diese Option ist standardmäßig aktiviert und nur in Ausnahmefällen zu deaktivieren. Sie verhindert Schusterjungen und Hurenkinder, sorgt also dafür, dass die erste oder die letzte Zeile eines Absatzes nicht allein am Ende bzw. Anfang einer Seite oder Zeitungsspalte steht – aus typografischer Sicht unabdingbar. Innerhalb einer Tabelle wird diese Option leider ignoriert.

- *Nicht vom nächsten Absatz trennen*

  Hierüber legen Sie fest, dass der Absatz niemals durch einen Seitenumbruch vom Folgeabsatz getrennt wird. Das ist vor allem sinnvoll für Überschriften, weshalb die integrierten *Überschrift*-Formatvorlagen bereits entsprechend formatiert sind. Hilfreich ist die Option aber auch, um beispielsweise Grafiken oder Tabellen mit der zugehörigen Beschriftung zusammenzuhalten oder Tabellen nicht auf zwei Seiten zu verteilen.

- *Diesen Absatz zusammenhalten*

  Für die integrierten *Überschrift*-Formatvorlagen ist diese Option ebenfalls aktiviert. Sie verhindert, dass ein Absatz durch Seitenumbruch auf zwei Seiten verteilt wird. Das kann beispielsweise für Zitate oder Fußnotentexte sinnvoll sein. Innerhalb einer Tabelle wird leider auch diese Option ignoriert.

- *Seitenumbruch oberhalb*

  Diese Option ist für Absätze zu aktivieren, die grundsätzlich auf einer neuen Seite beginnen sollen (etwa Kapitelüberschriften). Sie ist einem manuellen Seitenumbruch ($\boxed{\texttt{Strg}}$+$\boxed{\leftarrow}$) vorzuziehen.

Im Bereich *Formatierungsausnahmen* finden sich die folgenden Optionen:

- *Zeilennummern unterdrücken*

  Falls Sie Ihrem Dokument über *Seitenlayout|Seite einrichten|Layout* (Abbildung 2.13) Zeilennummern zugewiesen haben, bietet diese Option die Möglichkeit, bestimmte Absätze von der Nummerierung auszunehmen. Das kann für Anmerkungen sinnvoll sein.

- *Keine Silbentrennung*

  Wie bereits in Abschnitt 2.5.1 »Dokument-, Abschnitts- und Seitenformatierungen« erwähnt, gilt die automatische Silbentrennung (*Seitenlayout|Seite einrichten|Silbentrennung*) global für das gesamte Dokument. Mithilfe dieser Option können Sie jedoch einzelne Absätze davon ausnehmen, beispielsweise Überschriften oder Zitate.

Haben Sie auf der Registerkarte *Zeilen- und Seitenumbruch* eine Option (außer *Absatzkontrolle* und *Keine Silbentrennung*) aktiviert, weist ein kleines schwarzes Rechteck zu Beginn des Absatzes darauf hin – vorausgesetzt, die Formatierungszeichen sind eingeblendet.

- *Tabstopps*

  Über die Schaltfläche *Tabstopps* öffnet sich das gleichnamige Dialogfeld (in Abbildung 2.16 links dargestellt). Hier können Sie für den Absatz Tabstopppositionen sowie deren Ausrichtung und Füllzeichen festlegen.

Das Drücken der Tabulatortaste [⇥] verschiebt den Folgetext zur nächsten im Absatz festgelegten Tabstoppposition. Je nach Einstellung wird der Text an dieser Position linksbündig, rechtsbündig, zentriert oder mit dem Dezimalzeichen ausgerichtet. Innerhalb von Tabellenzellen jedoch richten sich die Zellinhalte automatisch – ohne dass [Strg]+[⇥] gedrückt werden muss – am Dezimaltabstopp aus, sofern keine weiteren Tabstopppositionen festgesetzt sind.

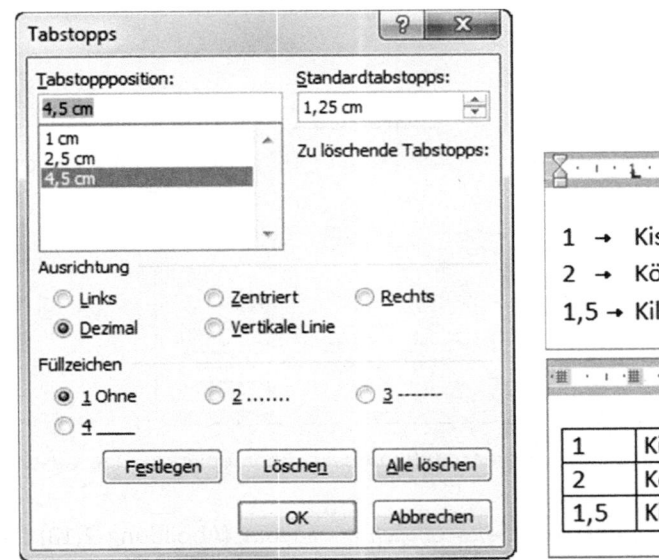
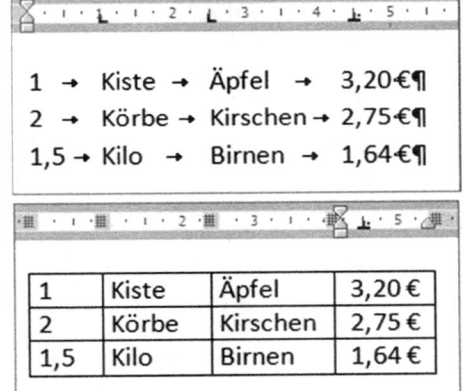

Abbildung 2.16 Ein Dezimaltabstopp richtet Zahlen am Komma aus

Die Option *Vertikale Linie* positioniert keinen Text, sondern fügt lediglich eine senkrechte Linie ein. In einer Tabelle beispielsweise lässt sich damit rein optisch eine Zelle teilen.

- *Rahmen und Schattierung*

  Auf der Registerkarte *Start* des Menübands findet sich in der Gruppe *Absatz* auch eine Schaltfläche für Rahmenlinien. Dahinter verbirgt sich ein Menü, dessen letzter Eintrag das Dialogfeld *Rahmen und Schattierung* öffnet (Abbildung 2.17). Neben Art, Farbe und Stärke der Rahmenlinien legen Sie auf der Registerkarte *Rahmen* fest, welche Seiten des Absatzes eine Linie erhalten sollen. Achten Sie darauf, dass im Listenfeld *Übernehmen für* der Eintrag *Absatz* aktiviert ist. Über die Schaltfläche *Optionen* lassen sich die Abstände zwischen Linie und Text beeinflussen.

  Soll ein Absatz mit Hintergrundschattierung versehen werden, finden Sie entsprechende Möglichkeiten auf der Registerkarte *Schattierung*.

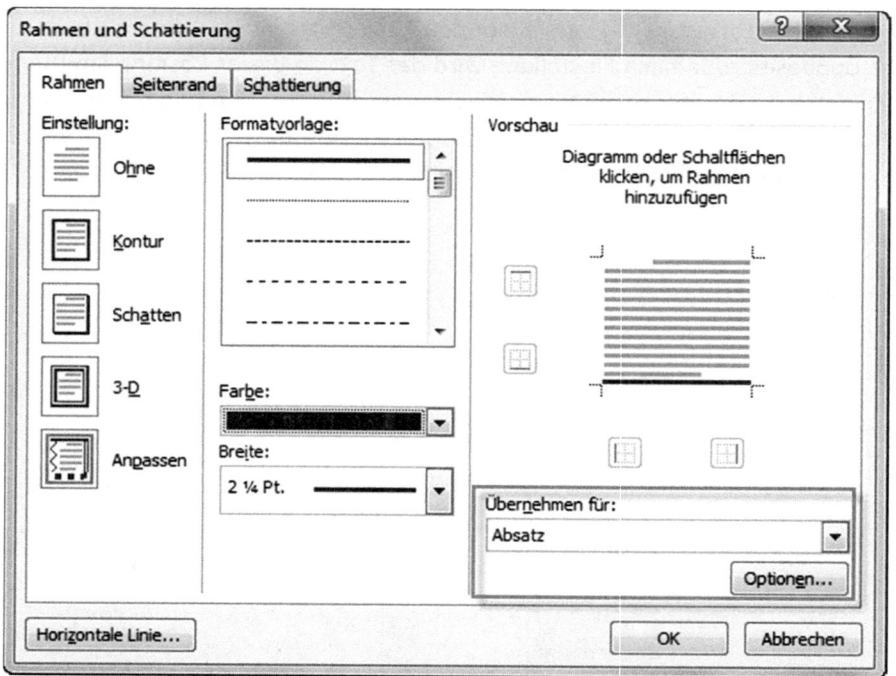

Abbildung 2.17 Über die Registerkarte *Rahmen* werden dem Absatz Rahmenlinien zugewiesen

* *Nummerierung und Aufzählungszeichen*

Absätze lassen sich über die entsprechenden Symbole im Menüband (*Start|Absatz)* schnell mit Aufzählungszeichen oder Nummerierungen versehen. In wissenschaftlichen Arbeiten (lange, komplexe Dokumente) jedoch sollten Sie ausschließlich Formatvorlagen (siehe Abschnitte 2.6.5 »Formatvorlagen für einfache Listen (Aufzählung/Nummerierung)« und 2.6.6 »Listenformatvorlagen – das Nonplusultra für stabile Listen«) einsetzen, um eine konsistente, stabile Formatierung von Listen zu gewährleisten.

2.5.3 Zeichenformatierungen

Das Gros möglicher Zeichenformate ist im Menüband auf der Registerkarte *Start* zu finden. Wenn Sie in der Gruppe *Schriftart* auf den kleinen Pfeil rechts unten klicken, öffnet sich das Dialogfeld aus Abbildung 2.18. Über die beiden Registerkarten *Schriftart* und *Erweitert* können Sie dann fast alle Zeichenformate anwenden. Möchten Sie beispielsweise ein Wort oder einen Satz unterstreichen, wählen Sie auf der Registerkarte *Schriftart* sowohl die Art als auch gegebenenfalls die Farbe der Unterstreichung aus. Soll ein Wort gesperrt formatiert werden, entscheiden Sie sich auf der Registerkarte *Erweitert* im Listenfeld *Abstand* für den Eintrag *Erweitert*.

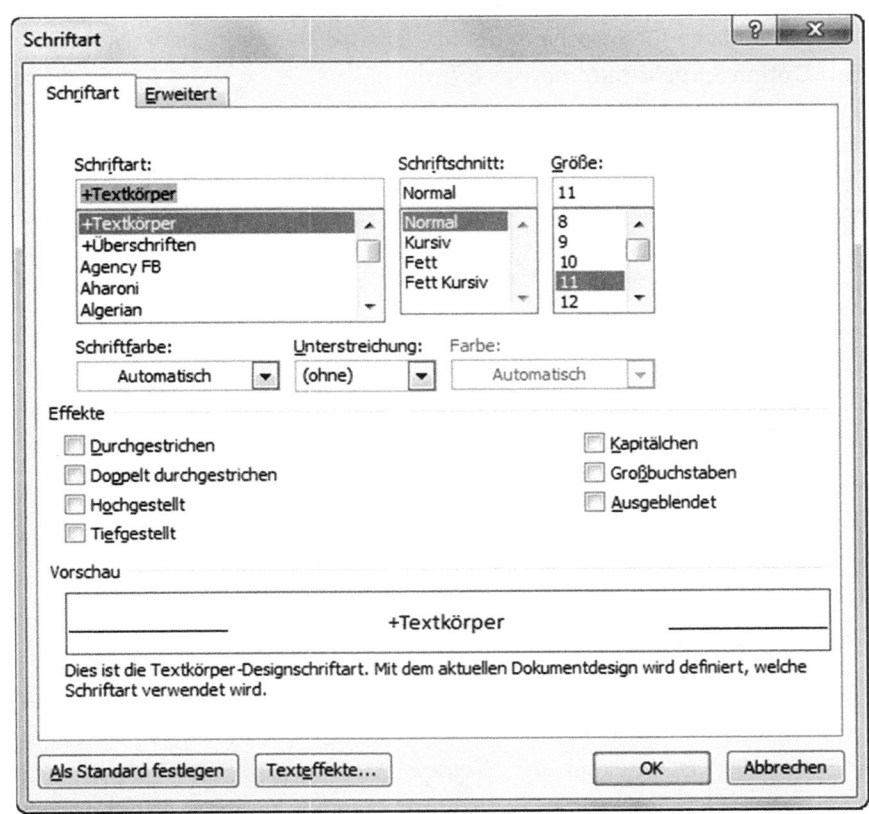

Abbildung 2.18 Im Dialogfeld *Schriftart* finden sich fast alle Zeichenformate

Folgende Zeichenformate können nicht über das Dialogfeld *Schriftart* angewendet werden:

- *Texthervorhebungsfarbe* steht in der Minisymbolleiste zur Verfügung sowie im Menüband unter *Start|Schriftart*. Ist bereits Text markiert, wird diesem die gewählte Hervorhebungsfarbe zugewiesen. Ist kein Text markiert, fungiert die Maus als Textmarker: Streichen Sie mit gedrückter linker Maustaste über die hervorzuhebenden Textpassagen. Mit ⌈Esc⌋ beenden Sie diese Funktion wieder.
- Soll ein Wort oder ein Satz vollständig umrahmt werden, müssen Sie das Dialogfeld *Rahmen und Schattierung* (Abbildung 2.17) öffnen und im Listenfeld *Übernehmen für* die Option *Text* statt *Absatz* wählen. Der einzurahmende Text muss zuvor markiert werden.
- Sprache zählt ebenfalls zu den Zeichenformaten. Die Sprache muss Texten explizit mithilfe von Formatvorlagen oder direkt zugewiesen werden. Ansonsten können die sprachenabhängigen Tools wie Rechtschreib- und Grammatikprüfung, AutoKorrektur, Thesaurus, Übersetzung und Silbentrennung nicht korrekt funktionieren.

Um das Dialogfeld *Sprache* (Abbildung 2.19) zu öffnen, wählen Sie den Befehl *Sprache|Sprache für die Korrekturhilfen festlegen* im Menüband (Registerkarte *Überprüfen*, Gruppe *Sprache*).

Alternativ können Sie die Schaltfläche für Sprache in der Statusleiste anklicken. Deaktivieren Sie hier möglichst die globale Option *Sprache automatisch erkennen*.

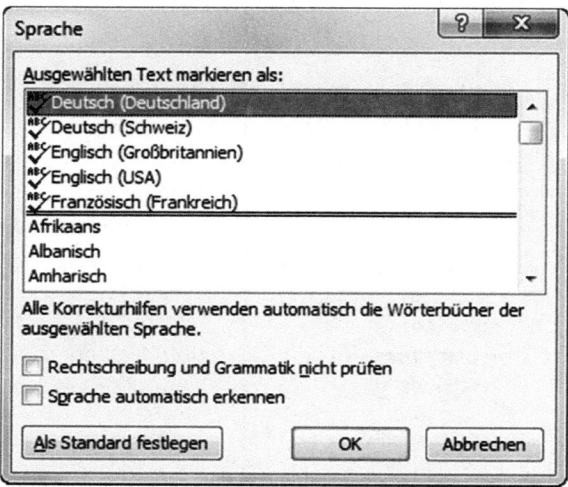

Abbildung 2.19 Die für die Korrekturhilfen relevante Sprache des Textes festlegen

Über das Dialogfeld *Sprache* besteht auch die Möglichkeit, ein falsch oder unschön getrenntes Wort von der Silbentrennung auszunehmen. Markieren Sie dazu das Wort und aktivieren Sie im Dialogfeld *Sprache* die Option *Rechtschreibung und Grammatik nicht prüfen*. Mithilfe des bedingten Trennstrichs (Strg + -) können Sie dieses Wort nun an einer besser geeigneten Stelle trennen lassen.

2.5.4   Tabellenformatierungen

Nur wenn sich die Einfügemarke innerhalb einer Tabelle befindet, werden im Menüband die *Tabellentools* mit den Kontextregisterkarten *Entwurf* und *Layout* eingeblendet. Diese stellen Formate zur Verfügung, die lediglich auf Tabellen angewendet werden können, wie beispielsweise Spaltenbreite, Zeilenhöhe, innere Zellbegrenzung, vertikale Zellausrichtung und Tabellenformatvorlagen. Grundlegende Informationen zum Arbeiten mit Tabellen erhalten Sie in Abschnitt 4.3 »Tabellen: Daten übersichtlich präsentieren«.

2.6   Mit Formatvorlagen arbeiten

Eine Formatvorlage ist die Kombination mehrerer Formatierungsbefehle – gespeichert unter einem Namen, über den sie angewendet, geändert und eventuell gelöscht werden kann. Formatvorlagen dienen hauptsächlich der schnellen, konsistenten Formatierung des Dokumentinhalts. Sie sind aber auch unerlässlich, wenn es um automatische Inhaltsverzeichnisse, um lebende Kolumnentitel oder um Querverweise geht.

Jedes Dokument enthält bereits über 260 integrierte Formatvorlagen. Diese lassen sich nicht löschen, wohl aber den eigenen Vorstellungen entsprechend anpassen. Und einige dieser Formatvorlagen werden bei bestimmten Aktionen automatisch angewendet, sodass kein Weg an ihnen vorbeiführt.

Standardmäßig häufig benötigte Formatvorlagen stehen bereits im *Schnellformatvorlagen-Katalog* zur Verfügung (Abbildung 2.20), den Sie im Menüband auf der Registerkarte *Start* und dort in der Gruppe *Formatvorlagen* finden. Seine Inhalte sowie deren Reihenfolge können bei Bedarf geändert werden. Nicht alle Formatvorlagennamen werden darin vollständig angezeigt. Daher blendet sich eine QuickInfo ein, sobald der Mauszeiger auf einen Eintrag weist. Zugleich erhalten Sie dann eine Vorschau, wie sich diese Formatvorlage auf den aktuell markierten Text auswirken würde.

Wenn Sie in der Gruppe *Formatvorlagen* auf das Startprogramm für ein Dialogfeld klicken, wird der Aufgabenbereich *Formatvorlagen* aus Abbildung 2.21 eingeblendet, über den weitere Formatvorlagen und Optionen zur Verfügung stehen.

Abbildung 2.20 Der Schnellformatvorlagen-Katalog

2.6.1 Fünf verschiedene Arten von Formatvorlagen

Jede integrierte Formatvorlage ist einem ganz bestimmten Formatvorlagentyp (*Zeichen, Absatz, Verknüpft, Tabelle, Liste*) zugeordnet, der grundsätzlich nicht geändert werden kann. Auch beim Erstellen eigener Formatvorlagen müssen Sie sich für einen der fünf Typen entscheiden, die Word zur Verfügung stellt. Möchten Sie dennoch einmal eine Formatvorlage einem anderen Typ zuweisen, bleibt Ihnen nur, die Formatvorlage zu löschen und neu zu erstellen.

Im *Schnellformatvorlagen-Katalog* (Abbildung 2.20) sowie im Aufgabenbereich *Formatvorlagen* (Abbildung 2.21) werden nur Formatvorlagen vom Typ *Zeichen, Absatz* und *Verknüpft* angezeigt, jeweils gekennzeichnet durch ein entsprechendes Symbol (**a**, **¶**, **¶a**) neben dem Formatvorlagennamen. Tabellen- und Listenformatvorlagen dagegen erscheinen hier nicht, sie sind im Menüband unter *Tabellentools* bzw. *Liste mit mehreren Ebenen* zu finden.

Nachfolgend sind die fünf Formatvorlagentypen, zwischen denen Word unterscheidet, im Einzelnen erläutert.

Zeichen: Dieser Formatvorlagentyp speichert ausschließlich Zeichenformate wie Schriftart, Schriftgrad, Schriftschnitt, Zeichenabstand und Sprache (siehe auch Abschnitt 2.5.3). Ausnahme: Das Format *Texthervorhebungsfarbe* kann nicht in einer Formatvorlage hinterlegt werden.

Bevor Sie eine Zeichenformatvorlage zuweisen, müssen Sie die zu formatierenden Inhalte markieren, beispielsweise wie in Abschnitt 2.2.6 »Inhalte selektieren bzw. markieren« beschrieben. Andernfalls gilt die Formatierung nur an der Stelle, an der sich die Einfügemarke befindet, bzw. für den dort neu einzugebenden Text.

Integrierte Zeichenformatvorlagen sind beispielsweise *Endnotenzeichen*, *Fett*, *Fußnotenzeichen*, *Hyperlink* und *Seitenzahl*.

Absatz: Absatzformatvorlagen beinhalten sowohl Absatzformatierungen – wie beispielsweise Ausrichtung, Zeilenabstand und Paginierungsoptionen (siehe Abschnitt 2.5.2) – als auch Zeichenformatierungen. Dabei wird die Zeichenformatierung immer auf den gesamten Absatz angewendet. Dieser muss also vorher nicht explizit markiert werden; es genügt, die Einfügemarke im Absatz zu platzieren.

Zu den integrierten Absatzformatvorlagen gehören unter anderem *Abbildungsverzeichnis*, *Beschriftung*, *Index 1* bis *Index 9* und *Verzeichnis 1* bis *Verzeichnis 9*.

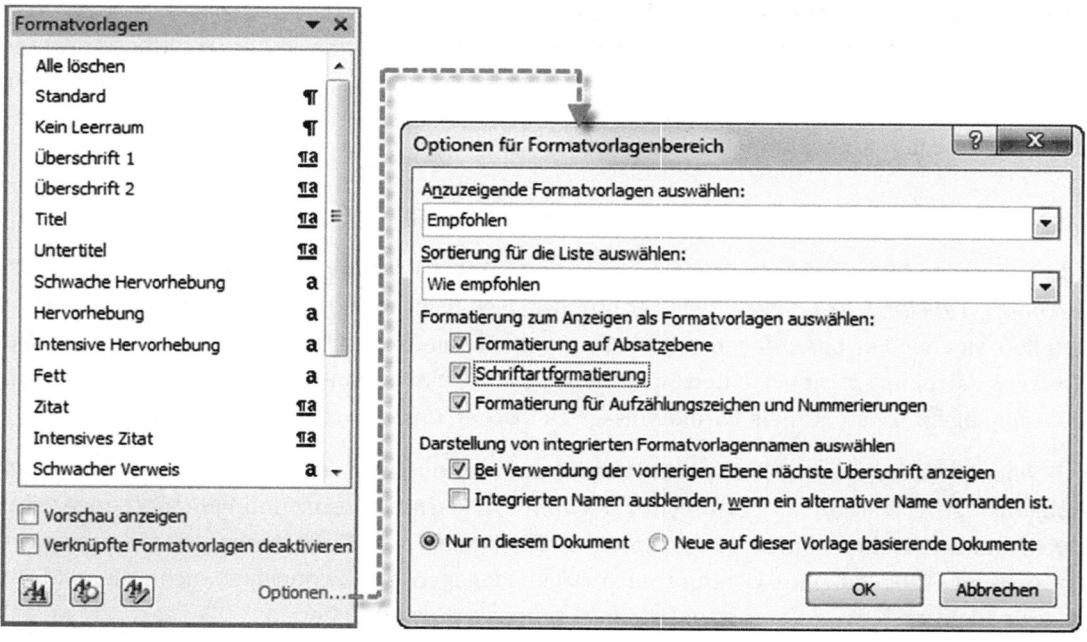

Abbildung 2.21 Der Aufgabenbereich *Formatvorlagen* mit weiteren *Optionen*

Verknüpft (Absatz und Zeichen) : Hierbei handelt es sich um Absatzformatvorlagen, die je nach Textauswahl aber auch als reine Zeichenformatvorlagen fungieren können.

- Ist ein Absatz vollständig markiert oder blinkt lediglich die Einfügemarke darin, werden sowohl Zeichen- als auch Absatzformate der Formatvorlage auf den gesamten Absatz angewendet.
- Ist ein Teilbereich eines Absatzes markiert (und sei es nur ein einzelnes Zeichen), werden die Absatzformate der Formatvorlage ignoriert. Ausschließlich ihre Zeichenformate werden auf den Teilbereich angewendet.

Wenn Sie die Option *Verknüpfte Formatvorlagen deaktivieren* (Abbildung 2.22) am Ende des Aufgabenbereichs *Formatvorlagen* einschalten, verhalten sich verknüpfte Formatvorlagen wie Absatzformatvorlagen.

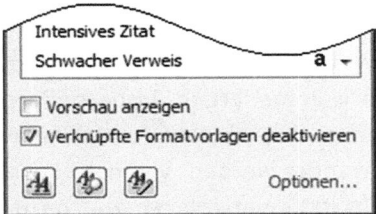

Abbildung 2.22 Verknüpfte Formatvorlagen deaktivieren

Tabelle: In einer Tabellenformatvorlage lassen sich wichtige tabellenspezifische Eigenschaften wie Ausrichtung, Zellbegrenzungen, Rahmenlinien, separate Formatierung für Überschriftenzeile, Ergebniszeile etc. hinterlegen. Allerdings können nicht alle Tabelleneigenschaften in einer Formatvorlage gespeichert werden; beispielsweise sind Tabellenbreite, Spaltenbreite, Zeilenhöhe und Textumbruch ausgenommen. Daher kann es manchmal sinnvoll sein, bereits fertig formatierte Tabellen als Baustein (Schnelltabelle) zu speichern, wie in Abschnitt 4.3.4 »Schnelltabellen: Tabellen aus der Konserve« beschrieben.

Nur wenn sich die Einfügemarke innerhalb einer Tabelle befindet, werden Tabellenformatvorlagen eingeblendet, und zwar auf der Kontextregisterkarte *Tabellentools|Entwurf*.

Die beiden wichtigsten der über 140 integrierten Tabellenformatvorlagen sind *Tabellenraster* (wird standardmäßig neuen Tabellen zugewiesen) und *Normale Tabelle*. Nicht alle Tabellenformatvorlagen werden jedoch im Menüband (*Tabellentools|Entwurf*) eingeblendet.

Zwar bieten Tabellenformatvorlagen die Möglichkeit, zusätzlich Zeichen- und Absatzformate festzulegen, jedoch sind diese mit der Absatzformatvorlage *Standard* verknüpft. Daher kann es passieren, dass deren Eigenschaften die Zeichen- und Absatzformate der Tabellenformatvorlage überlagern.

Verwenden Sie deshalb für die *Inhalte* von Tabellen besser Absatz- und Zeichenformatvorlagen und für das *Gerüst* die Tabellenformatvorlagen.

Falls Sie die Möglichkeiten von Tabellenformatvorlagen jedoch ausreizen und auch Zeichen- und Absatzformate integrieren wollen, sollten Sie die Formatvorlage *Standard* unverändert (und damit »leer«) belassen. Ändern Sie stattdessen Dokumentstandards über den Befehl *Formatvorlagen verwalten|Standardwerte festlegen* im Aufgabenbereich *Formatvorlagen*. Tiefer gehende Informationen hierzu finden Sie im Blog des Word-Entwicklerteams: *http://blogs. msdn.com/microsoft_office_word/archive/2008/10/28/behind-the-curtain-styles-doc-defaults-style-sets-and-themes.aspx.*

Eine bereits modifizierte Formatvorlage *Standard* lässt sich zurücksetzen (leeren) durch identische Werte in den Dokumentstandards – oder umgekehrt. Ein Klick auf die Schaltfläche *Als Standard festlegen* beispielsweise in den Dialofeldern *Absatz* und *Schriftart* bewirkt jeweils eine Änderung der Dokumentstandardwerte.

Liste: Listenformatvorlagen sind unentbehrlich für eine stabile Nummerierung, insbesondere dann, wenn es um Gliederungsnummerierung geht. Im Gegensatz zu den anderen Formatvorlagentypen muss (und sollte) sie im Dokument nicht *direkt* angewendet werden. Vielmehr kann sie Nummerierungsart sowie Zahlen- und Textposition über Absatzformatvorlagen zur Verfügung stellen, die entsprechend mit den maximal neun Listenebenen (nicht identisch mit Gliederungsebenen) zu verknüpfen sind. Listenformatvorlagen stehen im Menüband über *Start| Absatz|Liste mit mehreren Ebenen* zur Verfügung.

Eine Liste *aller* im Dokument enthaltenen Formatvorlagen finden Sie unter *Formatvorlagen verwalten* (siehe Abschnitt 2.6.8 »Formatvorlagen verwalten/organisieren«), wenn Sie dort beispielsweise auf der Registerkarte *Bearbeiten* die Option *Nur empfohlene Formatvorlagen anzeigen* deaktivieren und die Sortierreihenfolge *Nach Typ* wählen.

2.6.2 Formatvorlagen anwenden

Abhängig vom Formatvorlagentyp gibt es verschiedene Möglichkeiten, um Formatvorlagen zuzuweisen. Einige davon sind nachfolgend beschrieben.

- Zeichen- und Absatzformatvorlagen

  Nach Auswahl des zu formatierenden Textes klicken Sie im Schnellformatvorlagen-Katalog (Abbildung 2.20) auf die gewünschte Formatvorlage. Der Katalog ist über das Menüband (*Start|Formatvorlagen*) sowie über das Kontextmenü des Textes verfügbar.

  Blenden Sie den Aufgabenbereich *Formatvorlagen* (Abbildung 2.21) ein und klicken Sie darin auf die Formatvorlage.

Drücken Sie die Tastenkombination, die der Formatvorlage gegebenenfalls zugeordnet ist, beispielsweise Alt+1 für *Überschrift 1*.

Blenden Sie mithilfe der Tastenkombination Strg+⇧+S den Aufgabenbereich *Formatvorlage übernehmen* ein (Abbildung 2.23). Wählen Sie im Listenfeld *Formatvorlagenname* die gewünschte Formatvorlage aus.

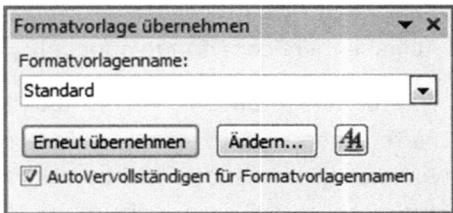

Abbildung 2.23 Der Aufgabenbereich *Formatvorlage übernehmen*

- Tabellenformatvorlagen

  Klicken Sie in die Tabelle und wählen Sie die gewünschte Formatvorlage im Menüband unter *Tabellentools|Entwurf|Tabellenformatvorlagen* aus.

  Blenden Sie mithilfe der Tastenkombination Strg+⇧+S den Aufgabenbereich *Formatvorlage übernehmen* ein (Abbildung 2.23). Wählen Sie im Listenfeld *Formatvorlagenname* die gewünschte Formatvorlage aus.

Einige Formatvorlagen, die Sie bei Bedarf aber modifizieren können, werden von Word automatisch angewendet:

- *Standard*: ist standardmäßig den Absätzen in einem neuen leeren Dokument zugewiesen.
- *Abbildungsverzeichnis*: wird den Einträgen im Abbildungsverzeichnis zugewiesen (*Verweise| Beschriftungen|Abbildungsverzeichnis einfügen*).
- *Beschriftung*: wird beispielsweise den Abbildungs-, Tabellen- oder Formelbeschriftungen zugewiesen (*Verweise|Beschriftungen|Beschriftung einfügen*).
- *Fußnotenzeichen, Fußnotentext, Endnotenzeichen, Endnotentext*: werden zugewiesen, wenn Sie über *Verweise|Fußnoten* eine Fußnote oder Endnote einfügen.
- *Index 1* bis *Index 9*: werden auf die Einträge im Index angewendet (*Verweise|Index|Index einfügen*).
- *Kopfzeile, Fußzeile*: sind standardmäßig den Kopfzeilen- bzw. Fußzeilen zugewiesen.
- *Tabellenraster*: wird standardmäßig einer neuen Tabelle zugewiesen (*Einfügen|Tabelle| Tabelle einfügen*).
- *Verzeichnis 1* bis *Verzeichnis 9*: werden auf die Einträge im Inhaltsverzeichnis angewendet (*Verweise|Inhaltsverzeichnis|Inhaltsverzeichnis|Inhaltsverzeichnis einfügen*).

2.6.3 Formatvorlagen bearbeiten

Möchten Sie eine **Zeichen- oder Absatzformatvorlage** ändern, klicken Sie diese im Schnellformatvorlagen-Katalog oder im Aufgabenbereich *Formatvorlagen* mit der rechten Maustaste an und wählen Sie im Kontextmenü den Befehl *Ändern*.

Eine Schaltfläche *Ändern* finden Sie im Aufgabenbereich *Formatvorlage übernehmen* (Abbildung 2.23) ebenso wie auf der Registerkarte *Bearbeiten* im Dialogfeld *Formatvorlagen verwalten* (zu erreichen über das gleichnamige Symbol am Ende des Aufgabenbereichs *Formatvorlagen*).

In allen genannten Fällen öffnet sich das Dialogfeld *Formatvorlage ändern*, wie in Abbildung 2.24 dargestellt. Hierüber können Sie fast alle Eigenschaften ändern, nicht jedoch – wie bereits erwähnt – den Formatvorlagentyp. Integrierte Formatvorlagen können zudem nicht umbenannt werden. Falls Sie einen anderen Namen zuweisen, wird dieser durch ein Semikolon getrennt dem vorhandenen Namen angehängt. (Der Aufgabenbereich *Formatvorlagen* jedoch zeigt statt des Semikolons ein Komma an.) Im dargestellten Beispiel ist dem Namen *Überschrift 1* der Name *WA_Überschrift 1* hinzugefügt worden.

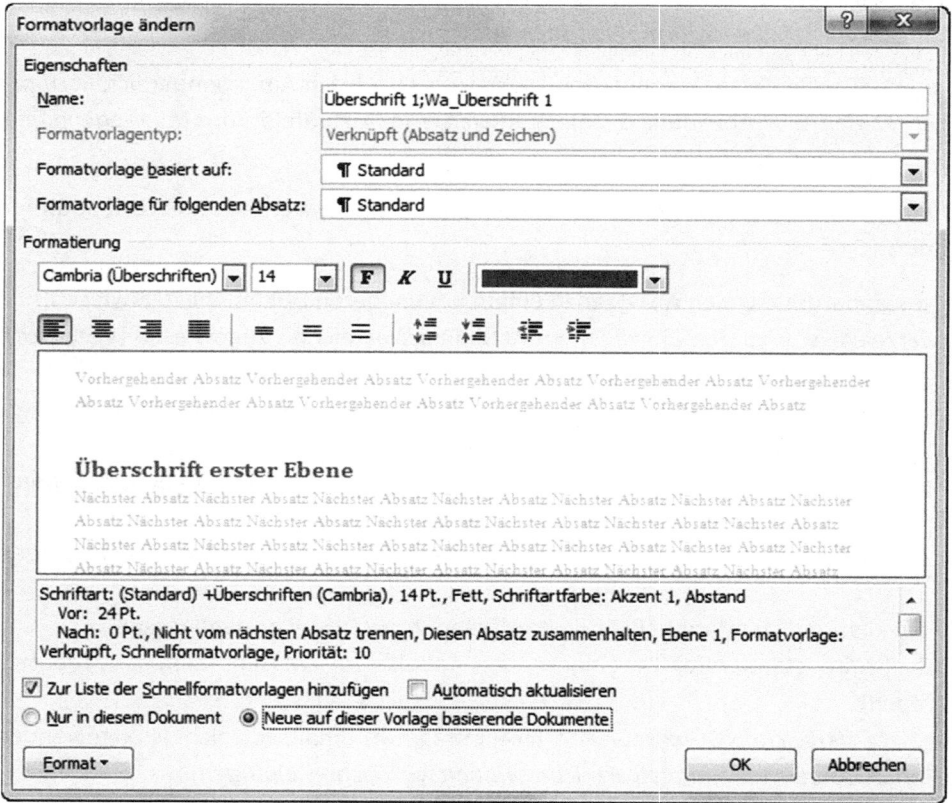

Abbildung 2.24 Änderungen an einer Zeichen- oder Absatzformatvorlage vornehmen

Über die Schaltfläche *Optionen* im Aufgabenbereich *Formatvorlagen* können Sie jedoch festlegen, dass integrierte Namen ausgeblendet werden (Abbildung 2.25). Es werden dann nur noch die von Ihnen vergebenen Namen angezeigt.

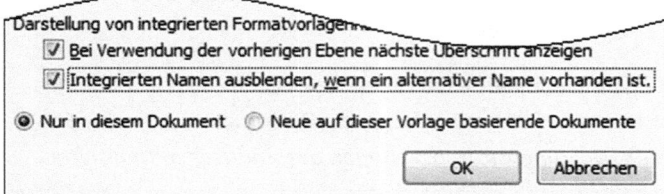

Abbildung 2.25 Namen integrierter Formatvorlagen ausblenden

Möchten Sie eine **Tabellenformatvorlage** ändern, positionieren Sie die Einfügemarke innerhalb einer Tabelle. Wählen Sie dann über *Tabellentools|Entwurf|Tabellenformatvorlagen* im Kontextmenü der Formatvorlage den Befehl *Tabellenformat ändern*. Es öffnet sich das Dialogfeld *Formatvorlage ändern* aus Abbildung 2.26.

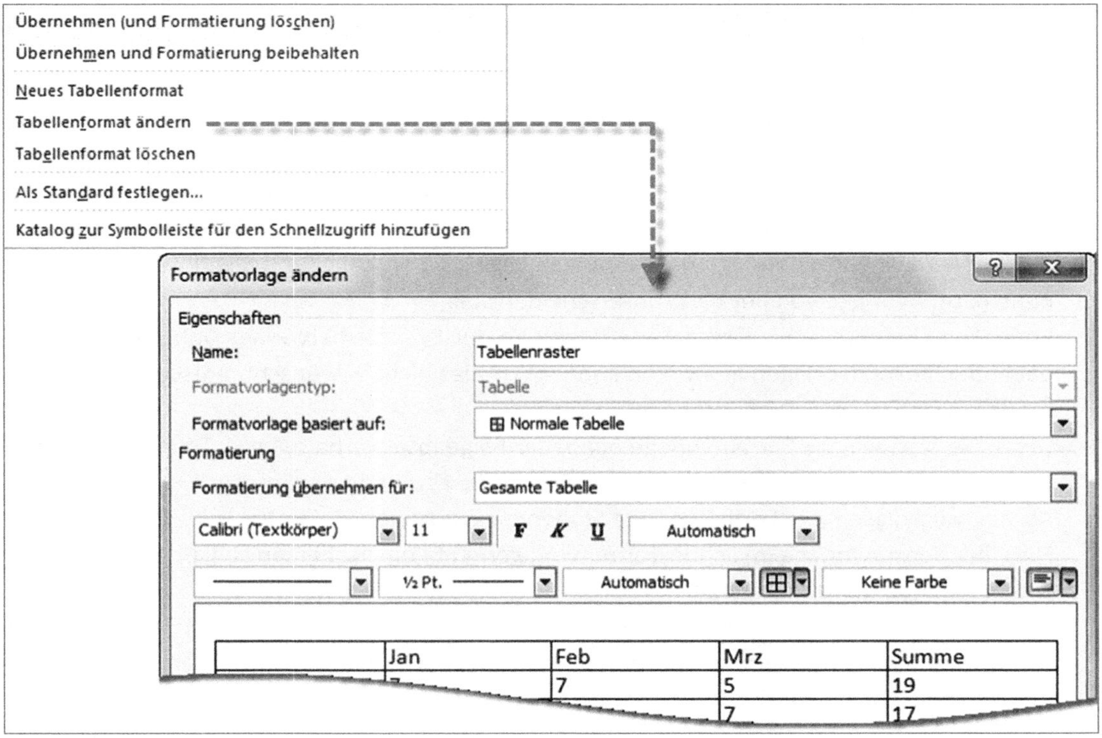

Abbildung 2.26 Änderungen an einer Tabellenformatvorlage vornehmen

Änderungen an Formatvorlagen gelten grundsätzlich nur für das aktuelle Dokument. Soll eine neue oder modifizierte Formatvorlage auch in der zugrunde liegenden Dokumentvorlage gespeichert werden, muss jeweils die Option *Neue auf dieser Vorlage basierende Dokumente* aktiviert werden. Alternativ können Formatvorlagen über *Formatvorlagen verwalten| Importieren/Exportieren* in Dokumente kopiert werden.

Falls Sie umgekehrt direkt in der Dokumentvorlage Anpassungen vornehmen und diese ins Dokument übertragen werden sollen, muss im Dokument folgende Option aktiviert sein: *Entwicklertools|Vorlagen|Dokumentvorlage|Dokumentformatvorlagen automatisch aktualisieren*.

2.6.4 Neue Formatvorlagen erstellen

Vorrangig sollten Sie die in Word integrierten Formatvorlagen, besonders alle automatisch angewendeten, Ihren eigenen Vorstellungen entsprechend anpassen. Dennoch werden Sie wahrscheinlich nicht umhinkommen, zusätzliche Formatvorlagen zu erstellen. Blenden Sie dazu den Aufgabenbereich *Formatvorlagen* ein (zum Beispiel mit $\boxed{\text{Alt}}$+$\boxed{\text{Strg}}$+$\boxed{\text{⇧}}$+$\boxed{\text{S}}$) und klicken Sie auf das Symbol für *Neue Formatvorlage*, das sich ganz links unten findet. Es öffnet sich das in Abbildung 2.27 dargestellte Dialogfeld, das Sie auch über *Formatvorlagen verwalten|Bearbeiten|Neue Formatvorlage* erreichen.

1. Vergeben Sie einen Namen für die Formatvorlage.
2. Legen Sie den benötigten Typ (*Absatz, Zeichen, Verknüpft, Tabelle, Liste*) fest.
3. Wählen Sie die Basisformatvorlage aus. Standardmäßig ist die Formatvorlage eingestellt, die an der Position der Einfügemarke zugewiesen ist. Dort angewendete Formatierungen werden in die neue Formatvorlage übernommen. Legen Sie anschließend fest, inwiefern sich die neue Formatvorlage von der Basis unterscheiden soll.
   Bedenken Sie, dass sich spätere Änderungen an der Basisformatvorlage auf die darauf aufbauenden Formatvorlagen auswirken können. Ist dies nicht gewünscht, entscheiden Sie sich für den Eintrag *(Keine Formatvorlage)*.
4. Legen Sie fest, welche Formatvorlage ein neuer Folgeabsatz erhalten soll. (Weisen Sie einem Absatz beispielsweise die Formatvorlage *Überschrift 1* zu und erstellen per $\boxed{↵}$ einen neuen Absatz, wird diesem die Formatvorlage *Standard* zugeordnet.)
5. Falls Ihre Formatvorlage im Schnellformatvorlagen-Katalog erscheinen soll, aktivieren Sie das entsprechende Kontrollkästchen.
   Die Option *Automatisch aktualisieren* sollten Sie vorzugsweise deaktiviert lassen. Sie bewirkt, dass die Formatvorlage automatisch geändert wird, sobald im Dokument ein damit formatierter Absatz manuell umformatiert wird.
6. Standardmäßig werden neu erstellte Formatvorlagen sowie Änderungen an Formatvorlagen nur im aktuellen Dokument gespeichert. Sollen die Einstellungen in die zugrunde liegende Dokumentvorlage übertragen werden, muss die Option *Neue auf dieser Vorlage basierende*

Dokumente aktiviert werden. Nach Speichern des Dokuments erscheint eine Abfrage, ob auch die Änderungen an der Dokumentvorlage gespeichert werden sollen.

7. Über die Schaltfläche *Format* erreichen Sie entsprechende Dialogfelder, um für Ihre Formatvorlage eine Auswahl der in den Abschnitten 2.5.2 »Absatzformatierungen« bis 2.5.4 »Tabellenformatierungen« erläuterten Formatierungen zu treffen. Außerdem können Sie hierüber eine *Tastenkombination* für Ihre Formatvorlage festlegen.

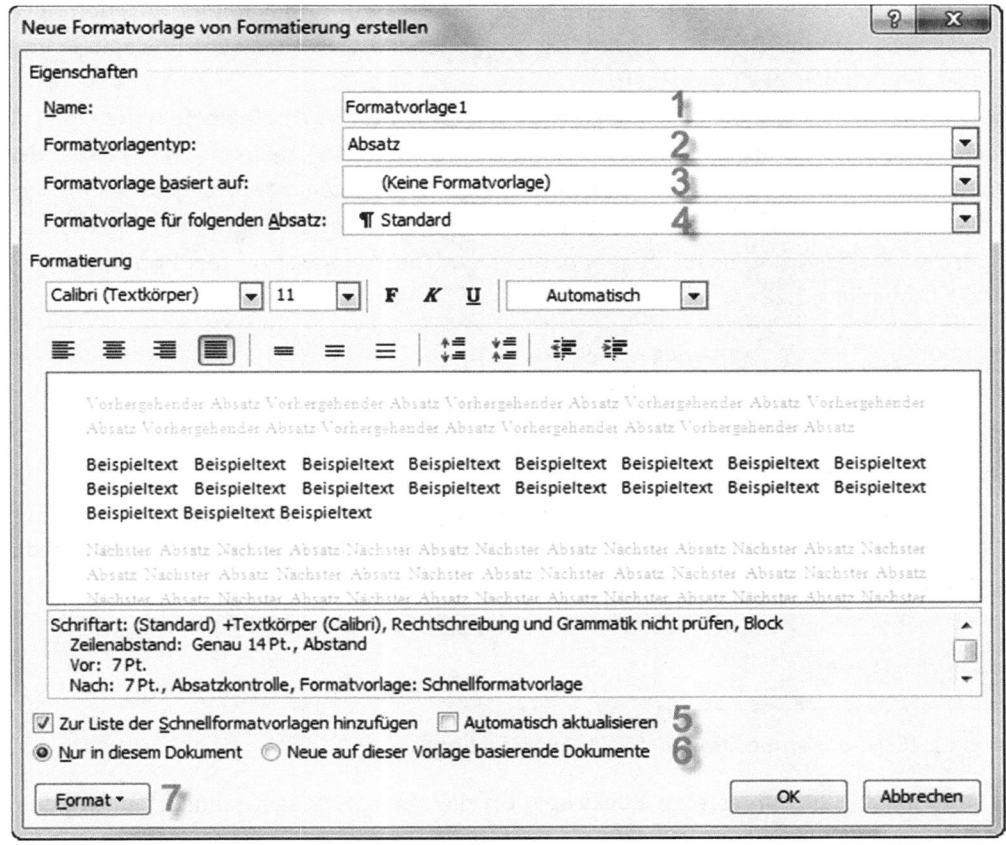

Abbildung 2.27 Eine neue Formatvorlage erstellen

2.6.5 Formatvorlagen für einfache Listen (Aufzählung/Nummerierung)

Wird Ihr Dokument nur sehr wenige einfache Listen mit Aufzählungszeichen oder Nummerierung enthalten, können Sie die integrierten Formatvorlagen *Aufzählungszeichen*, *Aufzählungszeichen 2*, *Listennummer*, *Listennummer 2* etc. anwenden. Um sie einzublenden, klicken Sie im Aufgabenbereich *Formatvorlagen* auf *Optionen* und aktivieren im Listenfeld *Anzuzeigende Formatvorlagen auswählen* den Eintrag *Alle Formatvorlagen*.

Benötigen Sie ein anderes Aufzählungszeichen oder Nummerierungsformat als vorgegeben, wählen Sie im Kontextmenü der jeweiligen Formatvorlage den Befehl *Ändern*. Natürlich können Sie auch eine eigene Formatvorlage vom Typ *Absatz* erstellen, wie in Abschnitt 2.6.4 »Neue Formatvorlagen erstellen« beschrieben.

1. Im Dialogfeld *Formatvorlage ändern* oder *Neue Formatvorlage von Formatierung erstellen* legen Sie über den Befehl *Format|Nummerierung* das benötigte Aufzählungszeichen bzw. Zahlenformat fest. Dabei können Sie allerdings weder Zeichen- und Nummernposition noch Texteinzug bestimmen. Die standardmäßig vorgegebenen Einzüge von beispielsweise 0,63 cm lassen sich hier nicht anpassen.
2. Nehmen Sie bei Bedarf weitere Änderungen vor und schließen Sie das Dialogfeld mit *OK*.
3. Um auch die Einzüge zu ändern, klicken Sie mit der rechten Maustaste in einen Absatz der Liste und wählen im Kontextmenü den Befehl *Listeneinzug anpassen*. Legen Sie die gewünschte Zeichen- bzw. Nummernposition (= linker Absatzeinzug), den Texteinzug (= hängender Absatzeinzug) sowie gegebenenfalls die Tabstoppposition fest und bestätigen Sie mit *OK* (Abbildung 2.28).

Abbildung 2.28 Nummernposition und Texteinzug festlegen

4. Die in Abbildung 2.29 dargestellte Rückfrage, ob die Formatvorlage geändert und jedem Listenabsatz erneut zugewiesen werden soll, bestätigen Sie mit *Ja*.

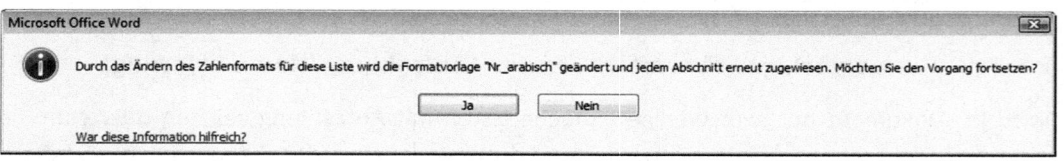

Abbildung 2.29 Einzüge für die Formatvorlage einer nummerierten Liste ändern

Ebenfalls über das Kontextmenü eines nummerierten Absatzes kann sowohl eine neue Liste begonnen (*Neu beginnen mit* 1) als auch ein bestimmter Wert festgelegt werden (*Nummerierungswert festlegen*).

2.6.6 Listenformatvorlagen – das Nonplusultra für stabile Listen

Die zuvor erwähnten Absatzformatvorlagen für einfache Listen dürften in einer wissenschaftlichen Arbeit wohl selten genügen. In den meisten Fällen werden Sie nicht umhinkommen, Absatzformatvorlagen mit einer Listenformatvorlage zu verknüpfen. Listenformatvorlagen gewährleisten stabile Nummerierungen, Aufzählungen und entsprechende Absatzeinzüge sowohl für einfache als auch für mehrstufige Listen.

Grundsätzlich benötigen Sie zunächst Absatzformatvorlagen, in denen sämtliche Zeichen- und Absatzformate festgelegt sind, ausgenommen linker und hängender Absatzeinzug sowie Art der Nummerierung.

Jede dieser Absatzformatvorlagen ist mit einer der maximal neun Ebenen einer Listenformatvorlage zu verknüpfen, die sowohl die Art der Nummerierung als auch linken und hängenden Absatzeinzug festlegt.

Folgende Schritte zeigen die Vorgehensweise beispielhaft für eine Gliederung:

1. Ändern Sie zunächst für die Formatvorlagen *Überschrift 1* bis *Überschrift 9* alle erforderlichen Zeichen- und Absatzformate außer dem linken und dem hängenden Absatzeinzug. Definieren Sie auch keinerlei Nummerierungsformate.
2. Erstellen Sie anschließend eine neue Formatvorlage vom Typ *Liste*. Wählen Sie dazu den Weg über die Schaltfläche *Neue Formatvorlage* ganz links unten im Aufgabenbereich *Formatvorlagen* oder alternativ im Menüband den Befehl *Neuen Listentyp definieren* über *Start | Absatz | Liste mit mehreren Ebenen*.
3. Wählen Sie über die Schaltfläche *Format* den Befehl *Nummerierung* und klicken Sie im Dialogfeld *Liste mit mehreren Ebenen ändern* auf die Schaltfläche *Erweitern* (diese ändert sich danach zu *Reduzieren*). Das Dialogfeld gleicht anschließend der Darstellung in Abbildung 2.30.
4. Markieren Sie die erste der neun Ebenen (1) und legen Sie die gewünschte Zahlenformatierung (2) sowie Zahlen- und Textposition (3) fest. Die Zentimeterangabe im Feld *Ausrichtung* legt den linken Absatzeinzug, die im Feld *Texteinzug bei* den hängenden Absatzeinzug fest.
5. Verbinden Sie die Ebene im Listenfeld *Verbinden mit Formatvorlage* (4) mit *Überschrift 1*. Legen Sie fest, dass der Nummer ein *Tabstoppzeichen* (6) folgen soll.
6. Markieren Sie die zweite Ebene (1) und legen Sie hierfür ebenfalls die genannten Eigenschaften fest. Allerdings muss Ebene 2 mit der Formatvorlage *Überschrift 2* (4) verbunden werden.

Im Feld *Ebenennummer einschließen aus* muss eventuell die Vorebene aktiviert werden. In Abbildung 2.30 sind die Nummern der jeweils vorhergehenden Ebene automatisch einbezogen worden. Das lässt sich erreichen, indem man einem Überschriften-Absatz erst über *Start|Absatz|Liste mit mehreren Ebenen* ein entsprechendes Schema aus der *Listenbibliothek* zuweist und anschließend die Listenformatvorlage erstellt.

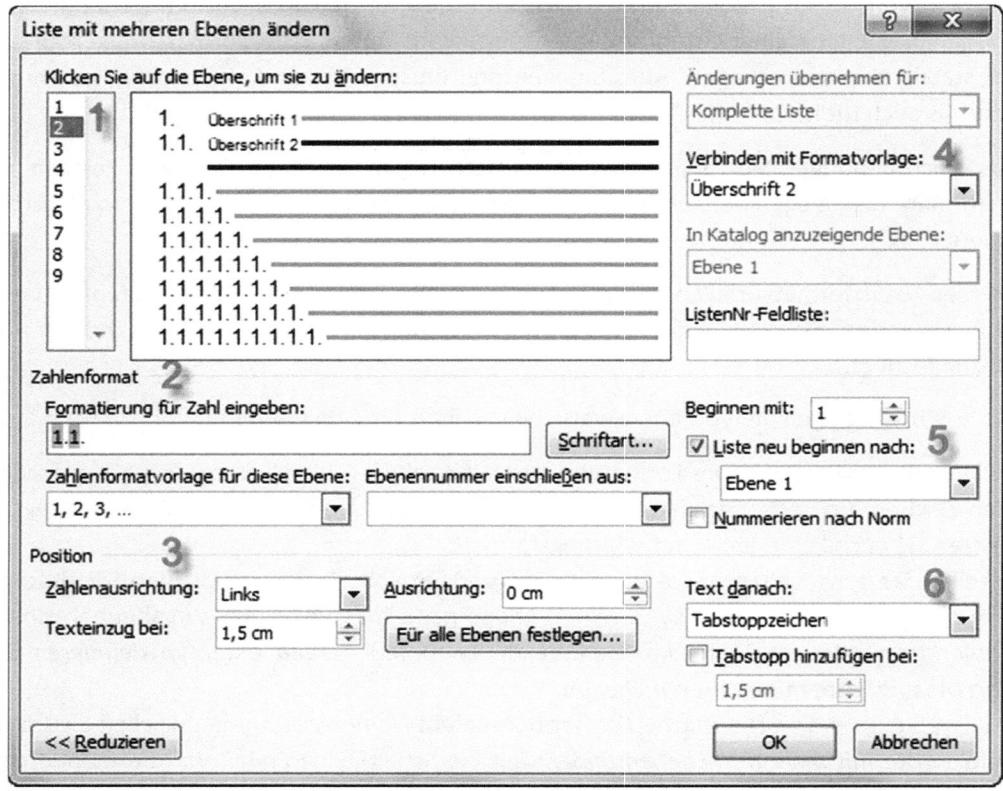

Abbildung 2.30 Eine Listenformatvorlage erstellen oder ändern

7. Legen Sie auf gleiche Weise die Eigenschaften für weitere Ebenen fest und schließen Sie dann das Dialogfeld mit *OK*.
8. Absätze, denen Sie im Dokument eine der *Überschrift*-Formatvorlagen zuweisen (oder zugewiesen haben), erhalten nun zusätzlich zu deren Zeichen- und Absatzformaten die in der Listenformatvorlage hinterlegten Nummerierungsformate und Absatzeinzüge.

Möchten Sie Einstellungen der **Listenformatvorlage** später ändern, wählen Sie im Menüband die Registerkarte *Start* und dann in der Gruppe *Absatz* den Befehl *Liste mit mehreren Ebenen*. Am Ende des angezeigten Katalogs finden Sie die im Dokument vorhandenen Listenformatvorlagen.

Klicken Sie die benötigte Listenformatvorlage mit der rechten Maustaste an und wählen Sie im Kontextmenü den Befehl *Ändern*. Nach einem Klick auf *Format|Nummerierung* öffnet sich wieder das in Abbildung 2.30 dargestellte Dialogfeld, in dem Sie die gewünschten Anpassungen vornehmen können. Die **Absatzformatvorlagen** bearbeiten Sie bei Bedarf wie in Abschnitt 2.6.3 beschrieben.

> Falls Sie im Haupttext nicht alle neun *Überschrift*-Formatvorlagen benötigen, können Sie die verbleibenden für die Überschriften des Anhangs verwenden. Andernfalls müssen Sie hierfür eigene Absatzformatvorlagen sowie eine separate Listenformatvorlage erstellen.

Sind in Ihrem Dokument sehr viele einfache Listen zu nummerieren, kann eine Listenformatvorlage nicht nur einheitliche Absatzeinzüge und das richtige Zahlenformat sicherstellen, sondern auch für die jeweilige Neunummerierung sorgen.

Dazu bedarf es einerseits der Absatzformatvorlage für die zu nummerierenden Absätze (beispielsweise *Listennummer*). Absätzen, die wieder mit »1« nummeriert werden sollen, muss dann jedoch ein Absatz höherer Ebene vorausgehen (beispielsweise *Listen_Einstieg*), wie in Abbildung 2.31 dargestellt.

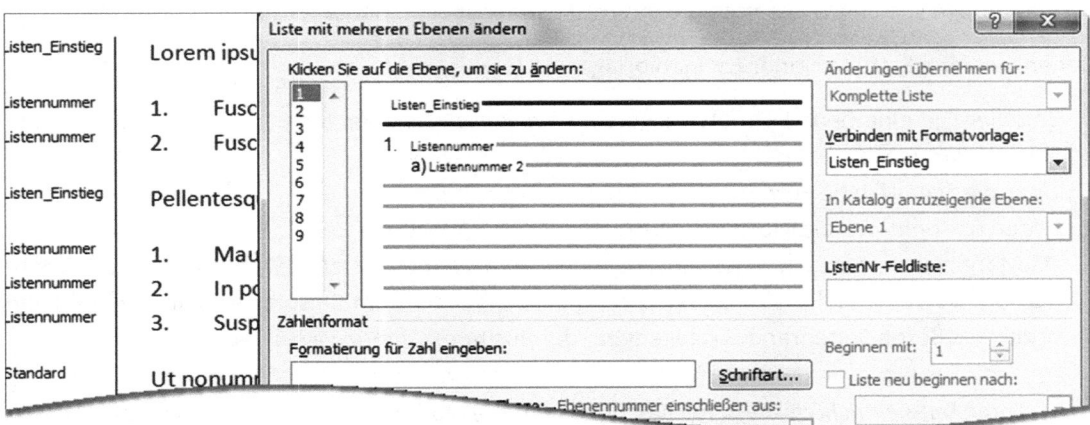

Abbildung 2.31 Die erste Ebene der Listenformatvorlage ist nicht nummeriert

> Das Add-In *Wissenschaftliches Arbeiten* enthält ein Makro, das die automatische Absatznummerierung im Dokument »einfriert«: Die automatisch vergebenen Nummern werden in statische Ziffern verwandelt. Das kann beispielsweise hilfreich sein, wenn Sie einen Teilbereich des Dokuments veröffentlichen oder in ein anderes Dokument kopieren wollen, ohne dass die Nummerierung angepasst wird. Das Add-In finden Sie in der Datei *WissenschaftlichesArbeiten.dotm* auf der CD-ROM zu diesem Buch im Ordner *\Add-In_WA*.

Weitere Möglichkeiten, eine fortlaufende Nummerierung zu erzeugen, bieten die Felder *Seq* und *ListNum*. Dabei dienen Seq-Felder einer einfachen ganzzahligen Nummerierung; sie werden auch automatisch in Abbildungsbeschriftungen verwendet.

ListNum-Felder sind dagegen vor allem für eine Gliederungsnummerierung innerhalb von Absätzen gedacht. Tragen Sie im Dialogfeld *Liste mit mehreren Ebenen ändern* (Abbildung 2.31) beispielsweise *InText* als Name im Feld *ListenNr-Feldliste* ein. Im Dokument können Sie nun an beliebiger Stelle unter Angabe dieses Namens und der benötigten Ebene eine Nummerierung einfügen, beispielsweise »{ ListNum InText \ 2 }«.

2.6.7   Formatvorlagen für Randnotizen oder Randnummern

Wenn Sie Ihrem Dokument Marginalien oder Randziffern hinzufügen müssen, werden Sie feststellen, dass Word von Hause aus keine entsprechende Funktionalität bietet. Vielleicht ziehen Sie dann in Erwägung, diese zusätzlichen Inhalte in Tabellenspalten oder Textfeldern unterzubringen. Falls es sich nicht um »normale« Randbemerkungen, sondern eher um Mengentext handelt, haben Tabellen auf jeden Fall ihre Berechtigung. Und Textfelder können durchaus eingesetzt werden, wenn es sich nur um gelegentlich einzufügende Anmerkungen handelt. Ansonsten ist es empfehlenswert, *Positionsrahmen* zu verwenden, weil sich diese hervorragend als Formatvorlage speichern lassen und von Word einfacher zu handhaben sind als Textfelder.

Gehen Sie beim Erstellen einer Formatvorlage wie folgt vor:

1. Erstellen Sie eine neue Formatvorlage vom Typ *Absatz* und vergeben Sie beispielsweise den Namen *Randnotiz*.
2. Über die Schaltfläche *Format* wählen Sie *Positionsrahmen*.
3. Unter *Textumbruch* aktivieren Sie die Option *Ohne* (Abbildung 2.32).
4. Da Marginalien normalerweise innerhalb des Seitenrandes platziert werden, muss die Breite auf jeden Fall schmaler als der Seitenrand berechnet sein. Im Beispiel wird von einem 5 cm breiten äußeren Seitenrand ausgegangen, der Positionsrahmen ist mit 3 cm festgelegt.

> Unter *Seite einrichten* muss für das Dokument die Option *Gegenüberliegende Seiten* aktiviert sein, damit die Seitenränder gespiegelt und die Positionsrahmen richtig innerhalb des äußeren Seitenrandes positioniert werden.

5. Die horizontale Position wird mit *Außen* und relativ zur *Seite* angegeben. Der Abstand zum Text beträgt 0,5 cm, sodass bis zum Papierrand noch 1,5 cm frei bleiben.
6. Die vertikale Position ist im Beispiel mit 0 cm relativ zum Absatz festgelegt. So beginnen Haupttext-Absatz und zugehörige Randnotiz auf gleicher Höhe.
7. Die Option *Mit Text verschieben* bedeutet, dass die Randnotiz mit dem Absatz des Haupttextes mitwandert.

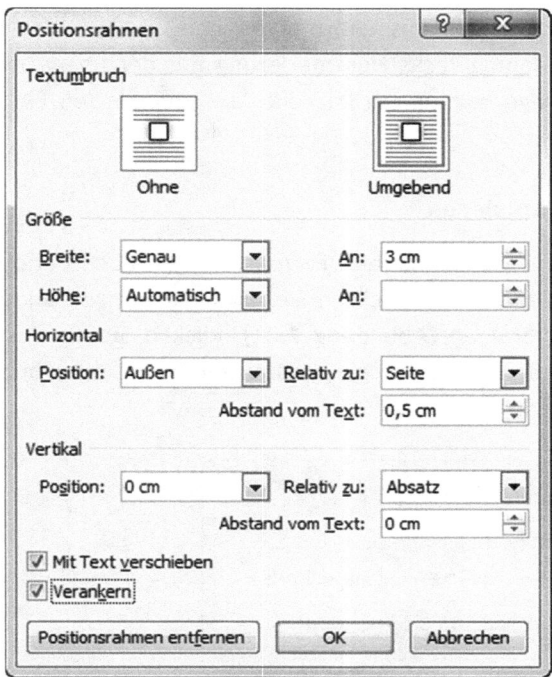

Abbildung 2.32 Positionsrahmen nehmen Marginalien oder Randziffern auf

8. Die Option *Verankern* bewirkt, dass der Anker des Positionsrahmens immer demselben Absatz zugeordnet bleibt, auch wenn der Positionsrahmen selbst verschoben wird. Das Ankersymbol wird nur sichtbar wie in Abbildung 2.33, wenn in den Word-Optionen die Anzeige für *Objektanker* aktiviert ist.

Wann immer Sie nun einem Absatz die Formatvorlage *Randnotiz* zuweisen, wird dieser lose (bzw. *fest*, wenn *Verankern* aktiviert ist) in seinem nachfolgenden Absatz verankert und platziert sich automatisch auf dem äußeren Seitenrand.

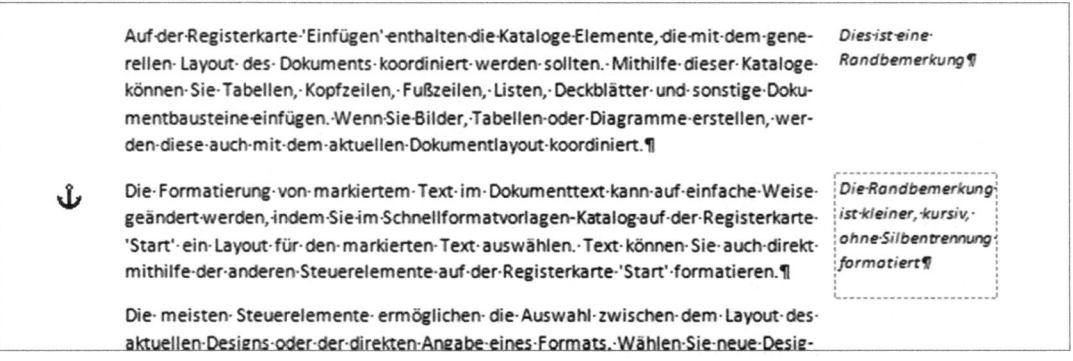

Abbildung 2.33 Randbemerkungen per Formatvorlage korrekt formatieren und positionieren

Für Randziffern bzw. Randnummern erstellen Sie eine Absatzformatvorlage, wie oben für Marginalien beschrieben. Verknüpfen Sie diese dann zwecks Nummerierung mit der Ebene einer Listenformatvorlage. In der Listenformatvorlage wählen Sie im Feld *Text danach* den Eintrag *Nichts* statt *Tabstoppzeichen* (Abbildung 2.30).

2.6.8   Formatvorlagen verwalten/organisieren

Normalerweise werden nicht alle im Dokument vorhandenen Formatvorlagen auch benötigt, weshalb ein Großteil standardmäßig ausgeblendet ist. Möchten Sie die Einstellungen ändern, aktivieren Sie den Aufgabenbereich *Formatvorlagen* (Abbildung 2.21). Klicken Sie an dessen Ende auf das Symbol *Formatvorlagen verwalten*, um das gleichnamige Dialogfeld zu öffnen (Abbildung 2.34).

Abbildung 2.34 Formatvorlagen ein- oder ausblenden und ihre Reihenfolge festlegen

Hier lassen sich über die Registerkarte *Bearbeiten* neue Formatvorlagen erstellen oder vorhandene ändern, wie zuvor in den Abschnitten 2.6.4 »Neue Formatvorlagen erstellen« und 2.6.3 »Formatvorlagen bearbeiten« beschrieben.

Auf der Registerkarte *Empfehlen* dagegen legen Sie fest, welche Formatvorlagen in welcher Reihenfolge anzuzeigen sind, wenn im Aufgabenbereich *Formatvorlagen* unter *Optionen|Anzuzeigende Formatvorlagen auswählen* der Eintrag *Empfohlen* aktiviert ist.

1. Wählen Sie zunächst die gewünschte *Sortierreihenfolge* (1) aus, etwa alphabetisch.
2. Bei Bedarf können Sie alle Formatvorlagen oder gezielt nur die integrierten auswählen (2). Meist sind aber einzelne Formatvorlagen per Klick (bzw. mehrere per Strg +Klick) auszuwählen.
3. Bestimmen Sie mithilfe der Schaltflächen *Nach oben*, *Nach unten*, *Wert zuweisen* und *Als letzte festlegen* (3) die Rangfolge für jeweils markierte Formatvorlagen.
4. Legen Sie über die Schaltflächen *Anzeigen*, *Ausblenden* und *Ausblenden bis zur Verwendung* (4) fest, welche der Formatvorlagen angezeigt und welche dauerhaft oder lediglich bis zur Verwendung ausgeblendet werden sollen.
5. Entscheiden Sie, ob die Einstellungen nur für das aktuelle Dokument oder für die zugrunde liegende Dokumentvorlage (5) gelten sollen.
6. Über die Schaltfläche *Importieren/Exportieren* (6) können Formatvorlagen im Dialogfeld *Organisieren* (Abbildung 2.35) sowohl umbenannt, gelöscht als auch in andere Dokumente exportiert bzw. aus anderen Dateien importiert werden. Sie erreichen dieses Dialogfeld alternativ im Menüband über die Registerkarte *Entwicklertools* und dann *Vorlagen|Dokumentvorlage|Organisieren*.

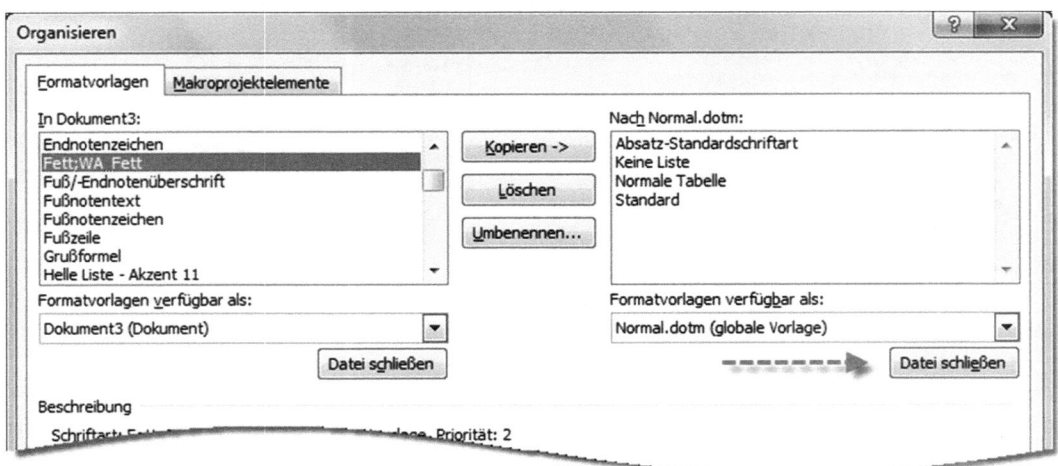

Abbildung 2.35 Formatvorlagen zwischen Dokumenten austauschen

Auf der linken Seite werden standardmäßig die Formatvorlagen des aktuellen Dokuments aufgelistet, auf der rechten Seite die der Dokumentvorlage *Normal.dotm*. Klicken Sie auf die Schaltfläche *Datei schließen*, deren Beschriftung sich in *Datei öffnen* ändert, nachdem die Datei *Normal.dotm* geschlossen wurde. Öffnen Sie dann die Datei, mit der Sie Formatvorlagen austauschen wollen. Beachten Sie, dass Word hier standardmäßig nach *Vorlagen* sucht. Wählen Sie als Dateityp *Alle Word-Dokumente*, wenn ein Dokument geöffnet werden soll.

> Eine Liste der Formatvorlagen und ihrer Eigenschaften können Sie über *Datei|Drucken| Einstellungen|Formatvorlagen* ausdrucken.

2.6.9 Die Formatierung kontrollieren

Wenn Inhalte aus anderen Quellen, etwa aus Webseiten, kopiert werden oder mehrere Bearbeiter am selben Dokument »basteln«, häufen sich schnell unerwünschte Formatvorlagen sowie direkte Formatierungen im Dokument. Vorbeugend sollten Texte aus der Zwischenablage unformatiert übernommen und mit eigenen Formatvorlagen versehen werden. Das standardmäßige Verhalten wird in den Word-Optionen unter *Erweitert|Ausschneiden, Kopieren und Einfügen* (Abbildung 2.36) festgelegt.

Im Einzelfall kann das Format beim Einfügen über die angebotenen *Einfügeoptionen* oder über *Start|Zwischenablage|Einfügen|Inhalte einfügen* bestimmt werden.

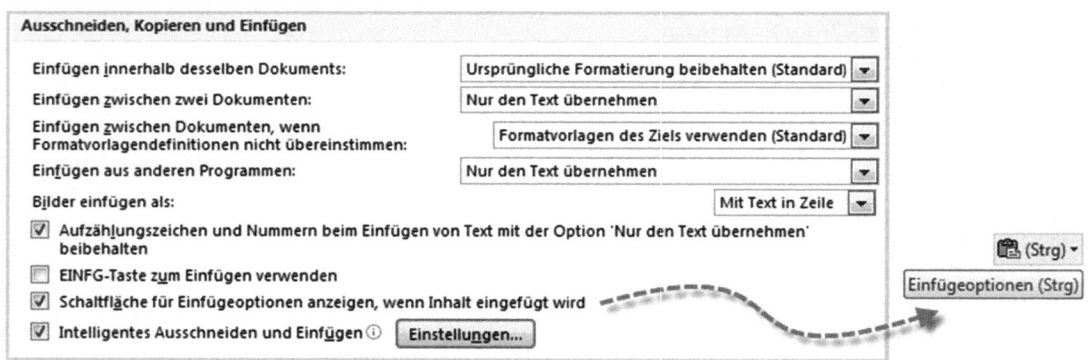

Abbildung 2.36 Festlegen, wie Inhalte der Zwischenablage eingefügt werden

Muss ein Dokument – aus welchen Gründen auch immer – nachträglich gesäubert bzw. umformatiert werden, bestehen folgende Möglichkeiten zur Kontrolle und schnellen Nachbearbeitung:

- Prüfen Sie in der Entwurfsansicht mithilfe des Formatvorlagenbereichs (*Word-Optionen| Erweitert|Anzeigen*) am linken Rand, ob im Dokument konsequent Absatzformatvorlagen angewendet wurden. Leider zeigt dieser Bereich keine Informationen zu Texten, die sich innerhalb von Tabellen befinden.
- Aktivieren Sie in den *Optionen* des Aufgabenbereichs *Formatvorlagen*, dass auch direkte Formatierungen angezeigt werden sollen (Abbildung 2.37). So gewinnt man nicht nur einen

Überblick über die verwendeten Formatierungen, sondern kann die zugehörigen Stellen im Dokument schnell markieren. Wählen Sie dazu im Kontextmenü der Formatvorlage bzw. der angezeigten Formatierung den Befehl *Alle Instanzen von <Anzahl der Vorkommen> markieren*.

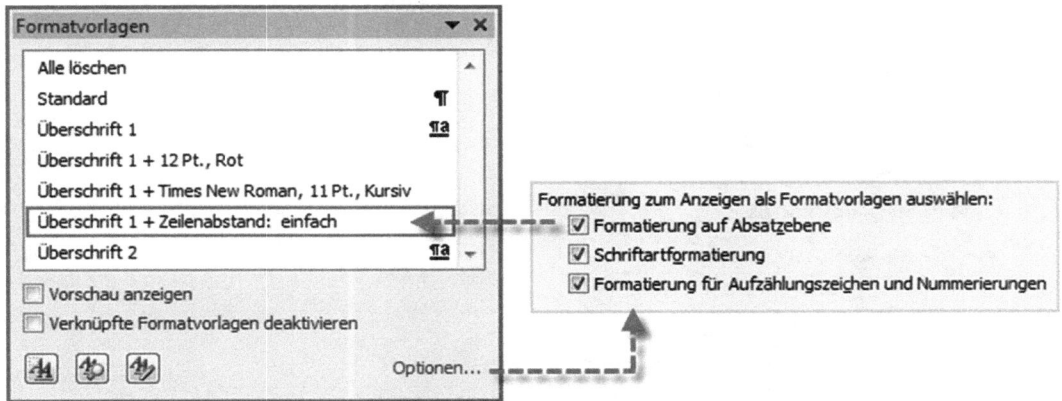

Abbildung 2.37 Auch direkte Formatierungen im Aufgabenbereich *Formatvorlagen* anzeigen

Nun können Sie dem markierten Text beispielsweise eine andere Formatvorlage zuweisen und/oder direkte Zeichen- und Absatzformatierungen auf den Stand der zugewiesenen Formatvorlage zurücksetzen. Drücken Sie dazu `Strg`+`Leertaste` und `Strg`+`Q`.

Achtung: `Strg`+`Leertaste` entfernt auch Zeichenformatvorlagen. Sollen diese beibehalten und nur *direkte* Zeichenformatierungen entfernt werden, nutzen Sie den Befehl *Zeichenformatierung löschen* des Formatinspektors (Abbildung 2.38).

Texthervorhebungsfarbe kann weder durch genannte Tastenkombination noch mithilfe des Formatinspektors entfernt werden. Das ist von Vorteil, wenn bestimmte Textstellen unabhängig von sonstiger gelöschter oder neu zugewiesener Formatierung besonders gekennzeichnet bleiben sollen. Über den *Ersetzen*-Befehl (dort *Format|Hervorheben* verwenden) lassen sich diese Stellen später schnell wieder umformatieren.

Auch *direkt* zugewiesene Sprache bleibt im Dokument erhalten und muss gegebenenfalls manuell bzw. mithilfe des *Ersetzen*-Befehls entfernt werden.

- Der Kontrolle dient außerdem der Aufgabenbereich *Formatierung anzeigen*, den Sie per `⇧`+`F1` einblenden. Aktivieren Sie darin die Option *Formatvorlagenquelle kennzeichnen*. Abhängig von der Position der Einfügemarke im Text werden für die Kategorien *Schriftart*, *Absatz*, *Nummerierung und Aufzählungszeichen*, *Tabelle*, *Abschnitt* etc. detaillierte Informationen geliefert. Per Doppelklick auf den entsprechenden Hyperlink kann die Formatierung direkt geändert werden.

- Der Formatinspektor (Abbildung 2.38) liefert Informationen und dient gleichzeitig der Bereinigung unerwünschter Formatierungen. Sie aktivieren ihn über das entsprechende Symbol am Ende des Aufgabenbereichs *Formatvorlagen*.

Abbildung 2.38 Der Formatinspektor als Kontrollinstrument

- Ebenfalls erwähnenswert ist an dieser Stelle das Dialogfeld *Suchen und Ersetzen* (*Start*/ *Ersetzen* oder ⌐Strg⌐+⌐H⌐). Klicken Sie darin auf die Schaltfläche *Erweitern*, um alle Optionen einzublenden. Über die Schaltfläche *Format* (Abbildung 2.39) finden Sie dann unter anderem die Möglichkeit, nach Zeichen- und Absatzformaten oder nach Formatvorlagen zu suchen und gegen andere Formatierungen auszutauschen.

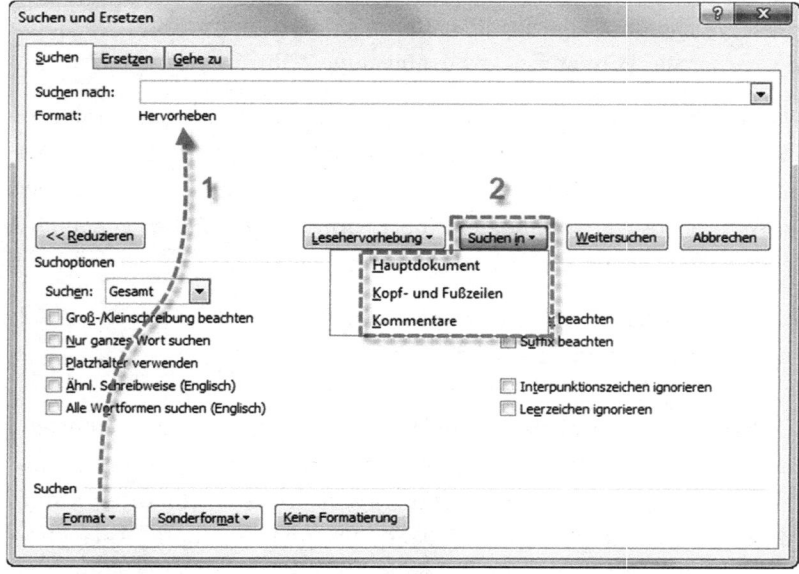

Abbildung 2.39 Formate suchen (1); Fundstellen in einem Dokumentbereich (2) markieren lassen

Über die Registerkarte *Suchen* (Abbildung 2.39) besteht hier die Möglichkeit, alle Fundstellen in einem bestimmten Dokumentbereich markieren zu lassen (siehe auch Info-Kasten auf Seite 42).

- Sollen Formatvorlagen eines Dokuments immer den Stand der angehängten Dokumentvorlage widerspiegeln, muss die Option *Dokumentformatvorlagen automatisch aktualisieren* aktiviert sein (*Menüband|Entwicklertools|Vorlagen|Dokumentvorlage*).

2.7 Formatvorlagen – nicht nur zum Formatieren

Formatvorlagen sind vor allem dazu gedacht, Ihr Dokument einheitlich zu gestalten und gegebenenfalls schnell umzuformatieren. Gleichzeitig stellen sie aber auch einen »Wiedererkennungswert« für bestimmte Feldfunktionen dar, wie die folgenden Abschnitte aufzeigen.

Insgesamt stehen in Word fast 100 Felder zur Verfügung, die über manche Befehle automatisch, ansonsten über *Einfügen|Text|Schnellbausteine|Feld* manuell eingefügt werden können. Felder sind Platzhalter, um bestimmte Informationen automatisch zu ermitteln und gegebenenfalls auf dem aktuellen Stand zu halten, wie beispielsweise Seitenzahlen, Inhaltsverzeichnisse oder Verknüpfungen zu anderen Dateien. Sie finden das Thema »Einfügen und Formatieren von Feldfunktionen in Word« auf der Website *http://office.microsoft.com/de-de/word-help/einfugen-und-formatieren-von-feldfunktionen-in-word-HA010100426.aspx#BM6* umfassend erklärt. Dort werden auch die Formatschalter für Text (*), Zahlen (\#) und Datum bzw. Uhrzeit (\@) erläutert.

Eine Feldreferenz mit ausführlicher Erläuterung der zugehörigen Schalter bietet Ihnen *http://office.microsoft.com/de-de/word-help/CH006104723.aspx* und eine Erläuterung der *allgemeinen* Schalter *http://office.microsoft.com/de-de/word-help/CH006104732.aspx*. Diese Seiten beziehen sich zwar auf Word 2003, die Funktionalität der Felder ist in Version 2010 aber identisch.

> [Alt]+[F9] blendet Feldfunktionen bzw. Felderergebnisse wechselweise für sämtliche Felder ein oder aus, [⇧]+[F9] für ein einzelnes Feld. Ein Feld lässt sich schnell per [Entf]-Taste oder [←]-Taste (Rücktaste) markieren, wenn sich die Einfügemarke direkt vor bzw. hinter dem Feld befindet.

2.7.1 Querverweise

Wenn Sie über *Verweise|Beschriftungen|Querverweis* als Verweistyp *Überschrift* wählen, können Sie auf Absätze Bezug nehmen, denen im Dokument eine *Überschrift*-Formatvorlage zugewiesen ist. Im Listenfeld *Verweisen auf* legen Sie dann fest, ob der Text, die Überschriftennummer oder die Seitenzahl angegeben werden soll, wie in Abbildung 2.40 erkennbar. Benötigen Sie sowohl Nummer als auch Text, muss der Querverweis zweimal eingefügt werden. Das Dialogfeld kann geöffnet bleiben, um gegebenenfalls weitere Querverweise einzufügen.

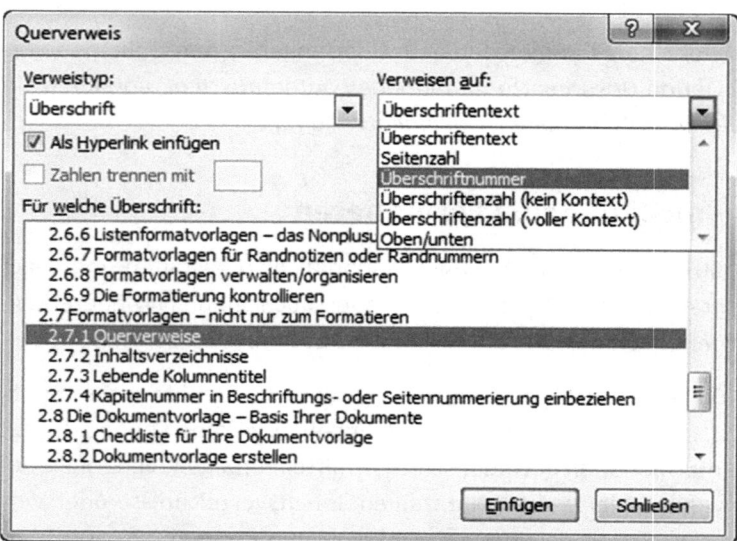

Abbildung 2.40 Querverweis auf eine Überschrift einfügen

Wenn Sie einen Querverweis anklicken und ⌂+F9 drücken (oder im Kontextmenü den Befehl *Feldfunktionen ein/aus* wählen), wird die Feldfunktion REF oder PAGEREF eingeblendet: *{ REF _Ref123456789 \h }*. Beim Erstellen des Verweises wurde die Überschrift automatisch mit einer Textmarke versehen, bestehend aus _Ref und neun Ziffern, auf die das REF-Feld nun Bezug nimmt. So findet Word die Stelle auch nach einem Verschieben oder Neunummerieren der Überschrift wieder und kann den Querverweis aktualisieren.

> Im Gegensatz zu selbst erstellten Textmarken sind die von Word automatisch definierten leider nicht durch eckige Klammern gekennzeichnet. Man kann sie jedoch über *Einfügen|Hyperlinks| Textmarke|Ausgeblendete Textmarke|Gehe zu* ausfindig machen.
>
> Dies ist vor allem dann hilfreich, wenn Querverweise ein unerwartetes Ergebnis liefern: Wurde beispielsweise zu Beginn einer Überschrift ⏎ gedrückt, ist die Textmarke ungewollt auf den neu erstellten Absatz ausgedehnt worden, sodass dieser ebenfalls im Querverweis erscheint. In diesem Fall müssen Sie den Querverweis neu erstellen und können die alte Textmarke löschen.

Der Schalter \h innerhalb des REF-Feldes bedeutet, dass das Feld gleichzeitig als Hyperlink dient. Er wird hinzugefügt, wenn die Option *Als Hyperlink einfügen* (Abbildung 2.40) aktiviert ist.

Weitere Möglichkeiten, die Art und/oder Darstellung des Feldergebnisses zu beeinflussen, finden Sie über das Kontextmenü. Wählen Sie darin den Befehl *Feld bearbeiten*, um das in Abbildung 2.41 dargestellte Dialogfeld *Feld* zu öffnen.

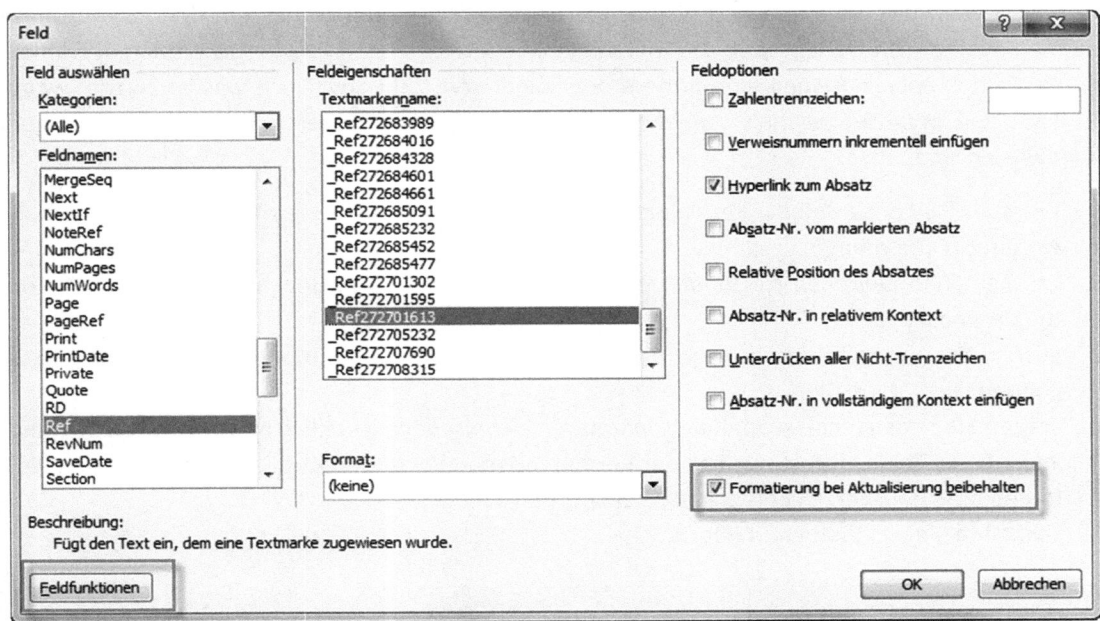

Abbildung 2.41 Art und Darstellung von Feldern lassen sich über das Dialogfeld *Feld* beeinflussen

Die Option *Formatierung bei Aktualisierung beibehalten* beispielsweise erweitert das Feld um den Schalter * MERGEFORMAT. Er bewirkt, dass die Formatierung des Feldergebnisses nicht durch die der Quelldaten ersetzt wird.

Jedoch sind nicht alle anwendbaren Schalter über dieses Dialogfeld erreichbar. Unter anderem findet man hier nicht den Schalter * CHARFORMAT. Er bewirkt, dass das Feldergebnis so formatiert wird wie der erste Buchstabe innerhalb der Feldfunktion. Bei Bedarf muss dieser Schalter manuell hinzugefügt werden.

> Für viele Felder finden sich zusätzliche Optionen über die Schaltfläche *Feldfunktionen* (Abbildung 2.41) und dann *Optionen*.

Eine andere Möglichkeit, auf Inhalte mit bestimmten Formatvorlagen Bezug zu nehmen, bietet das Feld *StyleRef* (siehe Abschnitt 2.7.3 »Lebende Kolumnentitel«).

2.7.2   Inhaltsverzeichnisse

Ein über *Verweise|Inhaltsverzeichnis|Inhaltsverzeichnis|Inhaltsverzeichnis einfügen* standard-
mäßig erstelltes Inhaltsverzeichnis listet alle Absätze des Dokuments auf, denen die Formatvorlagen *Überschrift 1* bis *Überschrift 3* oder auf andere Weise eine der ersten drei Gliederungsebenen zugewiesen ist. Um mehr oder weniger Gliederungsebenen zu berücksichtigen, wählen
Sie im Feld *Ebenen anzeigen* eine höhere oder niedrigere Zahl aus. Doch was ist zu tun, wenn
Texte in ein Inhaltsverzeichnis aufgenommen werden sollen, denen andere Formatvorlagen
zugewiesen sind?

1. Wählen Sie den Befehl *Verweise|Inhaltsverzeichnis|Inhaltsverzeichnis|Inhaltsverzeichnis
   einfügen|Optionen*.
2. Im Dialogfeld *Optionen für Inhaltsverzeichnis* (Abbildung 2.42) deaktivieren Sie die Option
   Gliederungsebenen.
3. Suchen Sie in der linken Spalte in der Liste *Verfügbare Formatvorlagen* die zu berücksichti-
   genden Formatvorlagen.
4. Tragen Sie in der rechten Spalte als *Inhaltsverzeichnisebene* jeweils eine Zahl zwischen 1 und
   9 ein. Diese Zahl legt fest, welche der Formatvorlagen *Verzeichnis 1* bis *Verzeichnis 9* den Einträgen im Inhaltsverzeichnis zugewiesen werden sollen.
5. Schließen Sie das Dialogfeld mit *OK*.

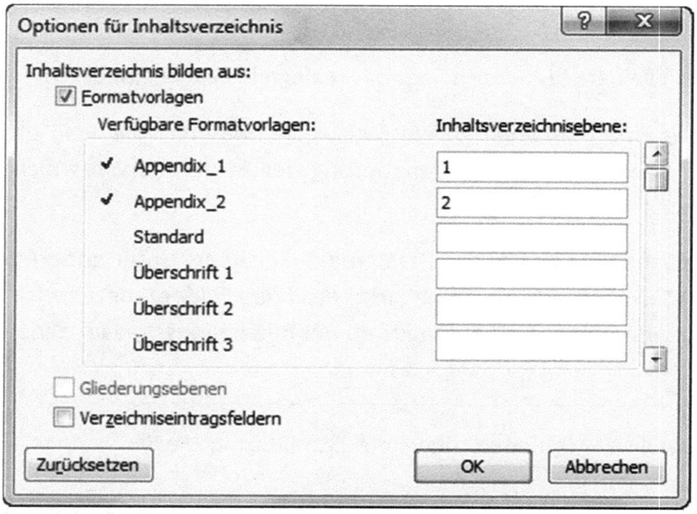

Abbildung 2.42 Absätze mit bestimmten Formatvorlagen in das Inhaltsverzeichnis aufnehmen

Möglicherweise möchten Sie die Formatvorlagen *Verzeichnis 1* bis *Verzeichnis 9* ändern, weil
Ihnen das Aussehen des Inhaltsverzeichnisses nicht gefällt. Sie können diese natürlich bearbeiten, wie in Abschnitt 2.6.3 »Formatvorlagen bearbeiten« beschrieben. Komfortabler geht es so:

1. Wählen Sie den Befehl *Inhaltsverzeichnis einfügen* und klicken Sie auf die Schaltfläche *Ändern*. Es öffnet sich das in Abbildung 2.43 dargestellte Dialogfeld *Formatvorlage*.

2. Ändern Sie nacheinander sämtliche *Verzeichnis*-Formatvorlagen und schließen Sie das Dialogfeld *Formatvorlage* mit *OK* oder *Schließen*.

3. Klicken Sie danach auf *OK*, wenn außerdem ein Inhaltsverzeichnis erstellt werden soll. Klicken Sie stattdessen auf *Abbrechen*, wenn lediglich die Bearbeitung der Formatvorlagen beendet werden soll.

Abbildung 2.43 Die Formatvorlagen des Inhaltsverzeichnisses ändern

Legen Sie für alle *Verzeichnis*-Formatvorlagen einen rechten Absatzeinzug von etwa 1,0 cm bis 1,5 cm fest. Dadurch wird verhindert, dass lange Überschriften mit den Seitenzahlen (in der Regel bündig mit dem rechten Seitenrand) kollidieren.

2.7.3 Lebende Kolumnentitel

Sie möchten in der Kopf- oder Fußzeile Ihrer Arbeit die jeweils aktuelle Kapitelüberschrift anzeigen? Grundsätzlich lässt sich dies mithilfe von Abschnittsumbrüchen realisieren, die das Dokument in mehrere Bereiche unterteilen. Für jeden dieser Bereiche bzw. Abschnitte kann dann eine separate Kopf- und/oder Fußzeile festgelegt werden.

Sind den Kapitelüberschriften jedoch einheitliche Formatvorlagen zugewiesen, können Sie getrost auf Abschnittsumbrüche verzichten und sich die manuelle Eingabe ersparen. Führen Sie

die folgenden Schritte durch, um Kapitelüberschriften per Feldfunktion automatisch in die Kopf-
oder Fußzeile zu übernehmen.

1. Platzieren Sie die Einfügemarke an der Stelle (in der Regel innerhalb der gewünschten Kopf-
   oder Fußzeile), an der die Überschriften erscheinen sollen.
2. Wählen Sie den Befehl *Einfügen | Text | Schnellbausteine | Feld*.
3. Markieren Sie in der Liste der Feldnamen den Eintrag *StyleRef* (Abbildung 2.44).
4. Markieren Sie in der Liste *Formatvorlagenname* die für den Kolumnentitel relevante Formatvorlage.
5. Aktivieren Sie die Option *Seite von unten nach oben durchsuchen* (1), wenn beispielsweise
   auf einer Seite mehrere Texte mit der gleichen Formatvorlage vorkommen können und nicht
   der erste, sondern der letzte Eintrag übernommen werden soll.
6. Schließen Sie das Dialogfeld mit *OK*. Es wird die aktuelle Kapitelüberschrift angezeigt. Die
   Feldfunktion sieht etwa so aus: *{ STYLEREF "Überschrift 1" \l }*.
7. Soll außer dem Text auch die Nummer der Kapitelüberschrift angezeigt werden, müssen Sie
   das *StyleRef*-Feld ein zweites Mal einfügen und für dieses zusätzlich die Option *Absatznum-
   mer einfügen* (2) aktivieren.

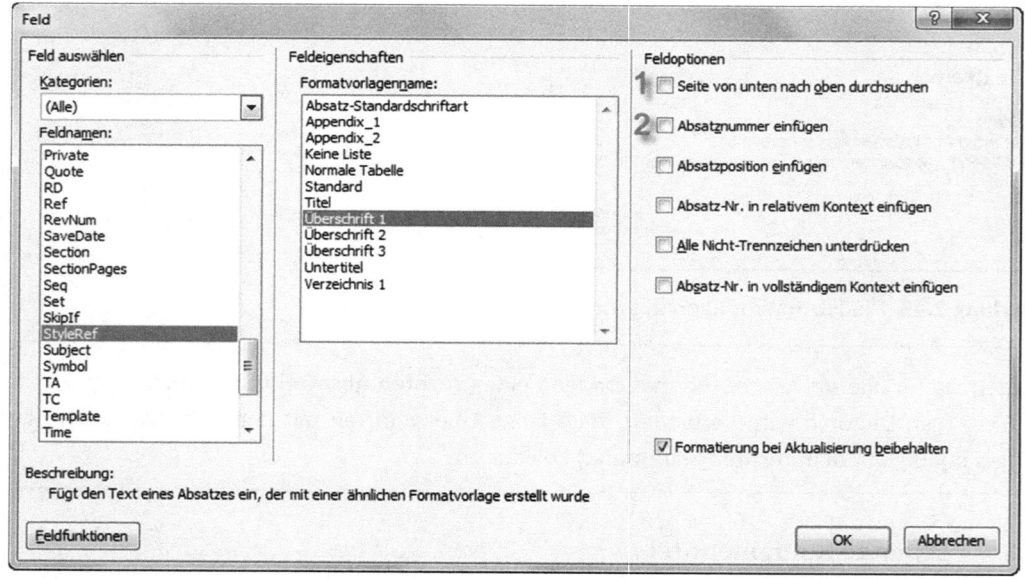

Abbildung 2.44 Für lebende Kolumnentitel das Feld *StyleRef* einsetzen

Das Feld *StyleRef* kann nicht nur mit Absatzformatvorlagen verwendet werden bzw. vollständige Absätze einlesen, wie es die Beschreibung suggeriert (»Fügt den Text eines Absatzes ein, der
...«). Vielmehr können Sie auch auf Text verweisen, dem innerhalb eines Absatzes eine Zeichenformatvorlage zugewiesen ist.

Das ist hilfreich, wenn der Kolumnentitel nicht immer die gleiche Überschriftenebene, sondern die jeweils *aktuelle* Überschrift ungeachtet ihrer Ebene anzeigen soll. Erstellen Sie für diesen Fall eine neue Formatvorlage (zum Beispiel *Kolumnentitel*) vom Typ *Zeichen*, die Sie den Überschriften zusätzlich zuweisen und im *StyleRef*-Feld verwenden.

Erwähnt sei auch die Verschachtelung von StyleRef-Feldern in Bedingungsfelder. Im Beispiel wird geprüft, ob *Überschrift 1* nummeriert (ungleich Null) ist. Falls ja, werden die Nummer sowie ein Leerzeichen (im Beispiel als • dargestellt) eingefügt, ansonsten nichts: { *If { STYLEREF "Überschrift 1" \n } <> 0 "{ STYLEREF "Überschrift 1" \n }•" ""* }. Das setzt letztlich voraus, dass einige Überschriften per *direkter* Formatierung von der Nummerierung ausgenommen wurden, statt für diese Überschriften separate Formatvorlagen zu verwenden.

2.7.4 Kapitelnummer in Beschriftungs- oder Seitennummerierung einbeziehen

Wenn Sie eine Abbildungs-, Tabellen- oder Formelbeschriftung erstellen, können Sie wie in Abbildung 2.45 dargestellt über *Verweise|Beschriftungen|Beschriftung einfügen|Nummerierung* die Kapitelnummer einer bestimmten Überschriftenebene einbinden. Im Listenfeld *Kapitel beginnt mit Formatvorlage* können grundsätzlich nur die integrierten Formatvorlagen *Überschrift 1* bis *Überschrift 9* ausgewählt werden.

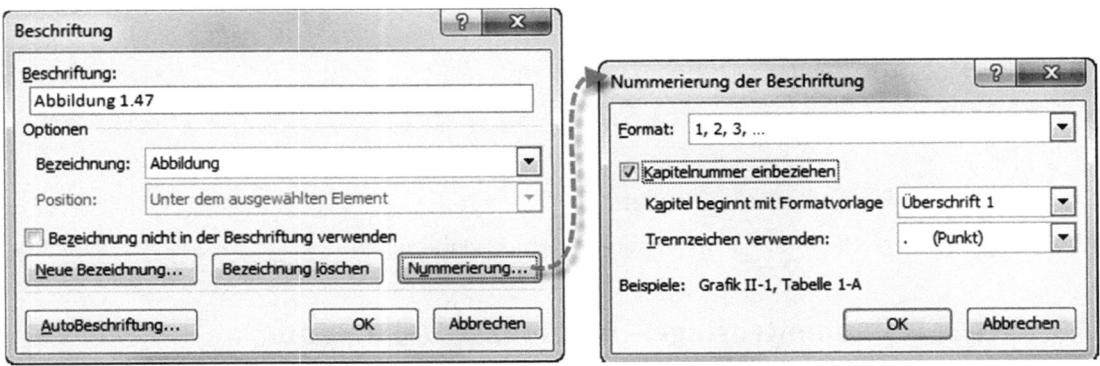

Abbildung 2.45 Kapitelnummer in Nummerierung der Beschriftung einbeziehen

Blendet man anschließend die Feldfunktionen ein (Alt + F9), wird erkennbar, dass der eigentlichen Beschriftungsnummerierung, nämlich dem *Seq*-Feld, ein *StyleRef*-Feld vorangestellt wurde: { STYLEREF 1 \s }{ SEQ Abbildung * ARABIC \s 1 }.

Das *StyleRef*-Feld nimmt hier Bezug auf die Überschriftenebene »1«. Entsprechend wurde dem *Seq*-Feld automatisch der Schalter \s 1 hinzugefügt, um die Nummerierung jeweils nach der ersten Überschriftenebene neu zu beginnen.

> Zwar könnte man das *StyleRef*-Feld bearbeiten und ihm eine andere, eventuell selbst erstellte Formatvorlage übergeben. Dann müsste der Startwert des *Seq*-Feldes nach einer neuen Überschrift aber manuell wieder auf »1« gesetzt werden, denn die automatische Neunummerierung funktioniert nur bei Verwendung der integrierten Überschriften.

Über *Einfügen|Kopf- und Fußzeile|Seitenzahl|Seitenzahlen formatieren* besteht die Möglichkeit, eine Kapitelnummer in die Seitennummerierung einzubeziehen (Abbildung 2.46). Auch hier stehen nur die integrierten *Überschrift*-Formatvorlagen zur Verfügung. Allerdings wird hier **kein** zusätzliches *StyleRef*-Feld erstellt, sodass die Formatierung mehr oder weniger verborgen bleibt.

Auch wird die Seitennummerierung nicht je Kapitel neu gestartet. Soll sie wieder bei »1« beginnen, muss ein Abschnittsumbruch eingefügt werden. Für den neuen Abschnitt wird der Startwert dann im Dialogfeld *Seitenzahlenformat* (Abbildung 2.46) unter *Beginnen bei* eingetragen.

Abbildung 2.46 Kapitelnummer in Seitennummerierung einbeziehen

2.8   Die Dokumentvorlage – Basis Ihrer Dokumente

Stellen Sie sich eine Dokumentvorlage als eine Art Musterdatei vor, die Sie immer wieder kopieren können, um Dokumente mit gleichartiger Struktur, Formatierung und Funktionalität zu erstellen. Aber eine Dokumentvorlage ist mehr: Sie kann den auf ihr basierenden Dokumenten Schnellbausteine, Makros, Tastenkombinationen, Formatvorlagen oder eine angepasste Symbolleiste für den Schnellzugriff zur Verfügung stellen. Und sie kann (wie beispielsweise die Datei *WissenschaftlichesArbeiten.dotm*, die Sie auf der CD-ROM zu diesem Buch im Ordner *Add-In_WA* finden) als Add-In bzw. »globale Dokumentvorlage« zusätzlich zu anderen Dokumentvorlagen geladen werden, um bei Bedarf spezielle Makros oder Befehle verfügbar zu machen.

Die in einer Dokumentvorlage hinterlegten Texte, Grafiken sowie die (Seiten-)Formate werden einem neu erstellten Dokument als reine Kopie übergeben – ohne jegliche Verknüpfung zur Vorlage. Ändern Sie beispielsweise Seitenränder und Inhalte von Kopfzeilen in der Dokumentvorlage, bleiben bestehende Dokumente davon unberührt. Erst danach erstellte Dokumente weisen diese neuen Einstellungen auf. Dagegen stehen Schnellbausteine, Makros, Tastenkombinationen, eine angepasste Symbolleiste und bedingt auch Formatvorlagen alten sowie neuen Dokumenten gleichermaßen zur Verfügung. Diesbezügliche Änderungen an der Dokumentvorlage werden in allen auf ihr basierenden Dokumenten erkennbar.

Eine Sonderrolle spielt die globale Dokumentvorlage *Normal.dotm*. Sie öffnet sich jeweils beim Start von Word und bleibt dauerhaft geladen, um Einstellungen und Befehle bereitzustellen. Und sie dient als Basis für jene neuen Dokumente, die Sie über *Datei|Neu|Leeres Dokument* erstellen. Da die Datei *Normal.dotm* immer geladen ist, sollten Sie sie nicht unnötig mit Makros, Schnellbausteinen etc. belasten, zumal sie auf unsaubere Arbeitsweise mitunter empfindlich reagiert und eventuell ausgetauscht werden muss.

2.8.1 Checkliste für Ihre Dokumentvorlage

Bevor Sie Ihre eigene Dokumentvorlage erstellen, listen Sie (etwa in Word, in OneNote oder mit Stift und Papier) zunächst auf, was es darin zu speichern gilt. Diese Aufstellung kann auch später nützlich sein, um bei eventuellen Änderungen oder Ergänzungen den Überblick zu behalten.

Falls Vorgaben der Hochschule, des Verlags oder eines sonstigen Auftraggebers zu berücksichtigen sind, haben Sie Maße und Optionen für die Dokumentvorlage relativ schnell notiert (Tabelle 2.7). Falls Sie selbst kreativ werden dürfen/müssen, sollten Sie vor allem die Seiteneinrichtung möglichst endgültig festlegen, weil deren Änderung sich später auf bereits erstellte Dokumente nicht automatisch übertragen lässt. Formatvorlagen dagegen können notfalls nachträglich erstellt, geändert und ausgetauscht werden.

Kategorie	Was zu berücksichtigen ist
Datei- bzw. Seiteneinrichtung (siehe Abschnitt 2.5.1 »Dokument-, Abschnitts- und Seitenformatierungen«)	• Papierformat und Papierausrichtung • Seitenränder (spiegeln) • Abstand der Kopf- und Fußzeile vom oberen und unteren Papierrand • Kopf-/Fußzeilen (eventuell unterschiedlich für gerade/ungerade Seiten und erste Seite) • Automatische Silbentrennung
Kopf- und Fußzeile (siehe Abschnitt 2.10 »Kopfzeilen und Fußzeilen«)	• Formatvorlagen anpassen • Feld für Seitenzahl • Feld für Seiten-Gesamtanzahl • *StyleRef*-Feld, um Kapitelüberschriften zu wiederholen

Kategorie	Was zu berücksichtigen ist
Absatz-/Zeichenformatierung (siehe Abschnitte 2.5.2 »Absatzformatierungen«, 2.5.3 »Zeichenformatierungen«, 2.6.3 »Formatvorlagen bearbeiten«, 2.6.4 »Neue Formatvorlagen erstellen«, 2.6.6 »Listenformatvorlagen – das Nonplusultra für stabile Listen«, 2.6.7 »Formatvorlagen für Randnotizen oder Randnummern«)	• Formatvorlage *Standard* (oder Standardwerte für Dokument) anpassen • Formatvorlagen *Überschrift 1* bis *Überschrift 9* anpassen; für deren Nummerierung Listenformatvorlage erstellen • Formatvorlagen für einfache Aufzählungen und Nummerierungen anpassen oder neu erstellen • Formatvorlagen *Verzeichnis 1* bis *Verzeichnis 9* für Inhaltsverzeichnisse anpassen • Formatvorlage *Beschriftung* für Tabellen-, Abbildungs-, Formelbeschriftungen anpassen • Formatvorlage *Abbildungsverzeichnis* für Abbildungsverzeichnis anpassen • Formatvorlagen *Index 1* bis *Index 9* anpassen • Formatvorlagen *Fußnotenzeichen* und *Fußnotentext* anpassen, gegebenenfalls auch *Endnotenzeichen* und *Endnotentext* • Tabellenformatvorlagen anpassen oder neu erstellen • Formatvorlage für Absätze mit Grafiken erstellen • Formatvorlage für Marginalien oder Randziffern erstellen • *Dokumentformatvorlagen automatisch aktualisieren* eventuell aktivieren
Sonstiges (siehe Abschnitt 2.3.2 »Symbolleiste für den Schnellzugriff anpassen«)	Eventuell explizit für diese Dokumentvorlage • *Symbolleiste für den Schnellzugriff* anpassen • Schnellbausteine erstellen • Makros erstellen (zum Aufzeichnen einfacher Makros finden Sie das Lernvideo *Makroaufzeichnung.wmv* im Ordner *Videos* auf der CD-ROM zu diesem Buch).

Tabelle 2.7 Checkliste für die Dokumentvorlage Ihrer wissenschaftlichen Arbeit

Grundsätzlich können der Dokumentvorlage bereits Abschnittsumbrüche hinzugefügt werden, beispielsweise um für Verzeichnisse und Anhänge schon Bereiche mit separater Seitennummerierung bereitzustellen. In den meisten Fällen sind diese aber erst im Dokument notwendig und sinnvoll.

2.8.2 Dokumentvorlage erstellen

Sofern Sie Word 2010 nicht gerade frisch installiert haben, sollten Sie davon ausgehen, dass die Datei *Normal.dotm* möglicherweise bereits belastet und für Ihre eigene Dokumentvorlage ungeeignet ist. Verschieben Sie sie daher aus dem Vorlagenordner in einen anderen Ordner. Word lädt beim nächsten Start automatisch eine ganz neue *Normal.dotm* und auf deren Basis ein sauberes leeres Dokument.

Wählen Sie dann im Menüband den Befehl *Datei|Speichern unter*. Als *Dateityp* entscheiden Sie sich für *Word-Vorlage (*.dotx)* oder *Word Vorlage mit Makros (*.dotm)*, falls in Ihrer Dokumentvorlage auch Makros gespeichert werden sollen. Vergeben Sie einen Dateinamen, etwa »Diss_Vorlage«, und wechseln Sie in den für Ihre Vorlagen bestimmten Ordner oder gegebenenfalls Unterordner (siehe auch Abschnitt 2.3.4 »Schnell auf häufig benötigte Dokumente und Vorlagen zugreifen«). Schließen Sie das Dialogfeld mit *Speichern*.

Nehmen Sie alle notwendigen Einstellungen und Anpassungen gemäß Checkliste vor. Erstellen Sie zusätzlich benötigte Formatvorlagen. Fügen Sie erforderliche Felder und Inhalte ein. Vergessen Sie nicht das regelmäßige Speichern zwischendurch.

Neue Dokumente auf Basis Ihrer Dokumentvorlage erstellen Sie zukünftig über *Datei|Neu| Meine Vorlagen*.

> Den Vorlagenordner können Sie über *Word-Optionen|Erweitert|Allgemein|Dateispeicherorte| Benutzervorlagen* selbst festlegen. Standardmäßig ist *C:\Users\<Benutzername>\AppData\ Roaming\Microsoft\Templates* (**Windows 7/Windows Vista**) bzw. *C:\Dokumente und Einstellungen\<Benutzername>\Anwendungsdaten\Microsoft\Templates* (**Windows XP**) vorgesehen.

Es kann nicht schaden, die Dokumentvorlage und auch andere Dateien gelegentlich mithilfe des Befehls *Datei|Öffnen|Öffnen und Reparieren* zu öffnen (Abbildung 2.47). *Kleinere* Fehler, die eventuell durch unsauberes Arbeiten oder Kopieren externer Inhalte entstanden sind, werden dann in der Regel bereinigt. Die Datei wird als neues Dokument behandelt, weshalb Sie beim Speichern wieder einen Namen zuweisen müssen.

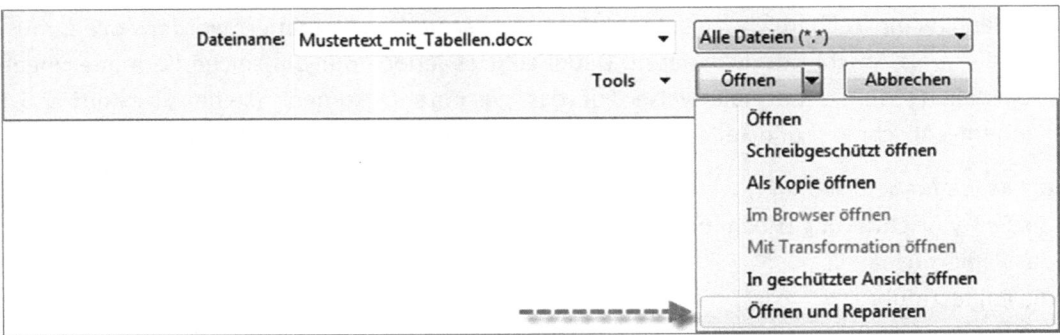

Abbildung 2.47 Eine Datei beim Öffnen reparieren lassen

> Auf größere Probleme, die beispielsweise Tabellen oder nummerierte Listen betreffen können, werden Sie durch eine entsprechende Fehlermeldung aufmerksam gemacht. In diesem Fall sollten Sie sich nicht auf die angeblich erfolgte Fehlerbehebung, sondern auf eigenes »Troubleshooting« verlassen:

Halten Sie für Notfälle immer ein ungenutztes Original Ihrer Dokumentvorlage (*.dotx oder *.dotm) mit den benötigten Seiten- und Dokumenteinstellungen vor, siehe Abschnitt 2.5.1 »Dokument-, Abschnitts- und Seitenformatierungen«. Sollte Ihre aktuell verwendete Dokumentvorlage einmal beschädigt werden, können Sie diese gegen eine Kopie des Originals austauschen. Zwischenzeitlich geänderte oder neu erstellte Formatvorlagen sowie Makros lassen sich dann über *Entwicklertools|Vorlagen|Dokumentvorlage|Organisieren* von der alten in die neue Vorlage übernehmen.

Ist Ihr Dokument beschädigt, kopieren Sie die Inhalte in ein neues, auf Ihrer Vorlage basierendes Dokument – wenn möglich als unformatierten Text. Das bedeutet unter Umständen viel Aufwand für das Nachformatieren. Fehlt dazu die Zeit, kopieren Sie die Inhalte in zwei neue Dokumente: die erste Hälfte in das eine, die andere Hälfte in das zweite Dokument. Speichern, schließen, öffnen und reparieren Sie beide Dateien. In weiteren ähnlichen Schritten können Sie so hoffentlich herausfinden, welcher Teil Ihres beschädigten Dokuments den Fehler verursacht.

Probleme entstehen am häufigsten durch das Kopieren formatierter Inhalte aus fremden Quellen. Hierzu kann man auch die Übernahme von Texten per Scanner und OCR-Programm zählen, wenn das OCR-Programm die Formatierungen für Word nachbildet. Auch eine exzessive Nutzung der Änderungsverfolgung kann zu Problemen führen. Verwenden Sie, falls möglich, stattdessen den *Vergleich* mehrerer Versionen (siehe Abschnitt 2.1.2 »Das Speichern nicht vergessen«).

2.9   Abschnitte – quasi Dokumente im Dokument

Immer dann, wenn Teilbereiche des Dokuments unterschiedlich formatiert werden sollen, müssen Sie diese als Abschnitte deklarieren. Dabei geht es jedoch nur um solche Formatierungen und Einstellungen, die normalerweise auf das gesamte Dokument (siehe Abschnitt 2.5.1 »Dokument-, Abschnitts- und Seitenformatierungen«) angewendet werden. Dazu gehören

- die Maße für Seitenränder,
- die Seitenorientierung (Hoch- oder Querformat),
- das Papierformat,
- die Papierzufuhr,
- das Spaltenformat,
- die Einstellungen und Inhalte für Kopf- und Fußzeilen.

Sie können je Abschnitt

- eine separate Kopf- und Fußzeile »Erste Seite« festlegen,
- eine separate Kopf- und Fußzeile jeweils für gerade und ungerade Seiten festlegen,
- ein eigenes Seitenzahlenformat zuweisen,

- die Seitennummerierung neu beginnen,
- die Zeilennummerierung neu beginnen,
- die Nummerierung der Fußnoten neu beginnen,
- die Endnoten zusammenfassen.

Soll in Ihrem Dokument an einem bestimmten Punkt ein neuer Abschnitt beginnen, positionieren Sie die Einfügemarke dort und wählen im Menüband über *Seitenlayout | Seite einrichten | Umbrüche | Abschnittsumbrüche* die gewünschte Option:

- *Nächste Seite*: Der neue Abschnitt beginnt auf einer neuen Seite. Diesen Abschnittsumbruch werden Sie beispielsweise für den Wechsel zwischen Hoch- und Querformat oder unterschiedlichen Papierformaten benötigen.
- *Fortlaufend*: Der Abschnittswechsel findet auf ein und derselben Seite statt, wenn Sie beispielsweise im Zeitungsspaltenstil schreiben und von einspaltiger Überschrift zu mehrspaltigem Fließtext wechseln wollen.
- *Gerade Seite*: Der neue Abschnitt beginnt immer auf einer geraden Seite; bei Bedarf fügt Word davor eine leere Seite ein, die auch keine Kopf- oder Fußzeile aufweist. Diese Option wird selten benötigt; sie kann sinnvoll sein, wenn sich beim Duplexdruck bestimmte Informationen auf einer Rückseite befinden sollen.
- *Ungerade Seite*: Der neue Abschnitt beginnt immer auf einer ungeraden Seite; so können Sie beispielsweise gewährleisten, dass Hauptkapitel auf einer ungeraden (rechten) Seite beginnen. Bei Bedarf fügt Word davor automatisch eine leere Seite ein – ohne Kopf- und Fußzeile. Die Option ist für Bücher und alle anderen Publikationen sinnvoll, bei denen gefordert wird, dass Hauptkapitel auf einer ungeraden Seite starten. Entsprechend wird die Option recht häufig genutzt.

Oder lassen Sie die Abschnittsumbrüche von Word einfügen:

1. Positionieren Sie die Einfügemarke an der Stelle, ab der ein anderes Seitenformat gelten soll.
2. Wählen Sie das Format, beispielsweise andere Seitenränder oder eine andere Seitenorientierung.
3. Aktivieren Sie im zugehörigen Dialogfeld die Option *Übernehmen für: Dokument ab hier*. Word fügt automatisch einen Abschnittswechsel ein und übernimmt das gewählte Format für den neuen Abschnitt.
4. Brauchen Sie Abschnittsumbrüche sowohl vor als auch nach einem bestimmten Teilbereich, markieren Sie zunächst die vorhandenen Texte, Grafiken oder Tabellen und wählen beim Zuweisen des Formats die Option *Übernehmen für: Markierten Text*. Word fügt entsprechend vor und nach dem markierten Inhalt Abschnittsumbrüche ein.

Abschnittsumbrüche sind vor allem in der Entwurfsansicht sehr deutlich zu erkennen, wie in Abbildung 2.48 dargestellt. In dieser Ansicht lässt sich am besten kontrollieren, um welchen Typ von Abschnittswechsel es sich handelt und welche Formatvorlage zugewiesen ist.

Ein Abschnittswechsel ist die Endmarkierung eines Abschnitts. Er enthält folglich sowohl Seitenformate als auch die Kopf- und Fußzeilen des zugehörigen Abschnitts, also des Bereichs, der sich *oberhalb* von ihm befindet. Gleichzeitig legt er fest, ob der nächste Abschnitt auf einer neuen, geraden oder ungeraden Seite beginnt (Abbildung 2.49). Das heißt, der erste Abschnittswechsel aus Abbildung 2.48 könnte beispielsweise definieren, dass Abschnitt 1 (in der Abbildung ganz oben) im Querformat gedruckt wird. Und der dritte Abschnittswechsel beinhaltet, dass Abschnitt 4 (also der darauf folgende Abschnitt; in der Abbildung beginnend mit der Überschrift »Formatvorlagen«) auf einer *ungeraden* Seite beginnt.

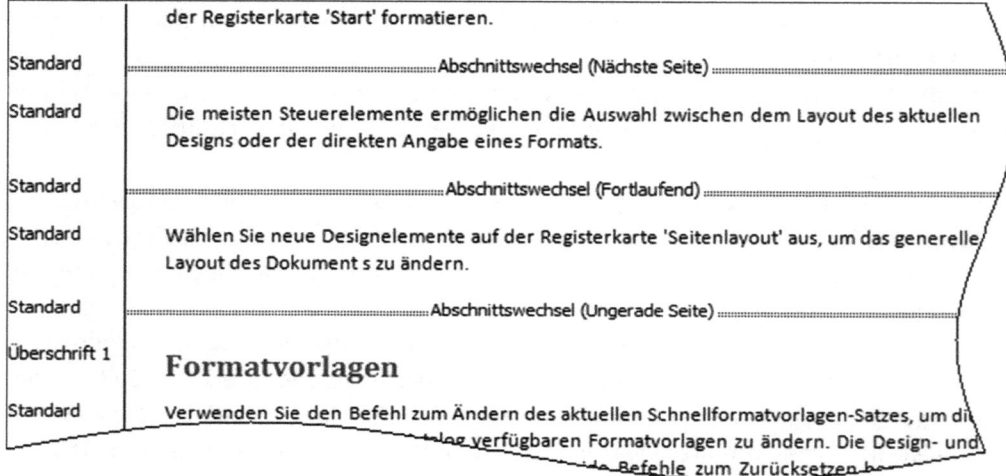

Abbildung 2.48 Verschiedene Arten von Abschnittswechseln

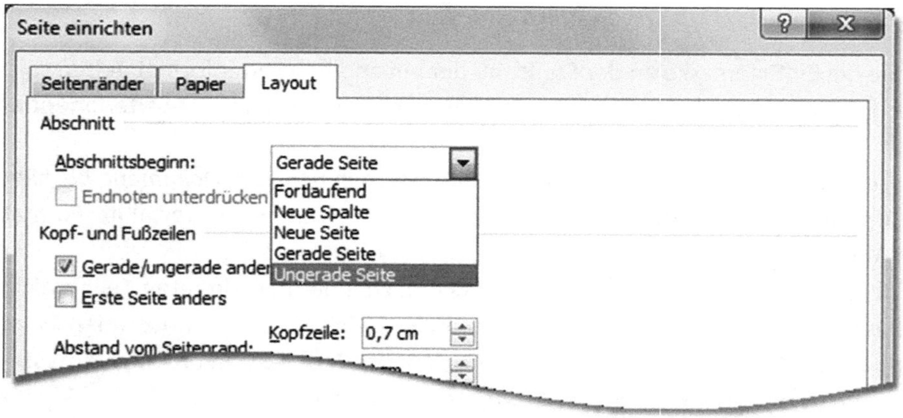

Abbildung 2.49 Für den aktuellen Abschnitt einen anderen Abschnittsbeginn wählen

Wird ein Abschnittswechsel gelöscht, übernimmt der bisher oberhalb stehende Bereich die im nächsten Abschnittswechsel gespeicherten Eigenschaften. Ist kein weiterer Abschnittswechsel vorhanden, greifen die in der letzten Absatzmarke des Dokuments hinterlegten Eigenschaften.

Möchten Sie den Typ eines Abschnittswechsels nachträglich ändern, positionieren Sie zunächst die Einfügemarke innerhalb des Abschnitts, der beispielsweise auf einer ungeraden statt einer geraden Seite beginnen soll. Öffnen Sie anschließend über das Menüband das Dialogfeld *Seite einrichten* (*Seitenlayout|Seite einrichten|Startprogramm für ein Dialogfeld*) und aktivieren Sie darin die Registerkarte *Layout*. Wählen Sie im Listenfeld *Abschnittsbeginn* (Abbildung 2.49) die gewünschte Einstellung. Weiter unten im Dialogfeld ist normalerweise bereits die Option *Übernehmen für: Aktuellen Abschnitt* aktiviert.

Vielleicht möchten Sie andere Dokumente, beispielsweise separat gespeicherte Kapitel, über *Einfügen|Text|Objekt|Text aus Datei* in das aktuelle Dokument übernehmen.

1. Sofern die externen Dokumente andere Formatierungen aufweisen als das aktuelle Zieldokument, fügen Sie jeweils am Ende der zu importierenden Dokumente einen Abschnittsumbruch ein. Dieser speichert Papierformat, Seitenränder sowie Kopf- und Fußzeilen des Dokuments und überträgt sie in das Zieldokument.
2. Vor dem Importieren der Dateien fügen Sie im Zieldokument ebenfalls Abschnittsumbrüche ein, und zwar jeweils vor der Stelle, an der ein anderes Dokument eingefügt werden soll. Diese Abschnittsumbrüche sorgen dafür, dass für die darüber stehenden Bereiche die Formatierungen des Zieldokuments beibehalten werden.

Für die genannte Vorgehensweise spielt es keine Rolle, ob die externen Dokumente mit oder ohne Verknüpfung eingefügt werden. Abschnittsumbrüche sind nicht notwendig, wenn Sie für Ziel- und externe Dokumente dieselbe Dokumentvorlage und damit identische Einstellungen verwendet haben.

2.10 Kopfzeilen und Fußzeilen

Unter Kopf- und Fußzeilen sind Inhalte und Formatierungen zu verstehen, die nur einmal definiert werden und sich dann auf jeder Seite automatisch wiederholen. Dabei kann es sich sowohl um Text und Grafiken als auch um Felder oder Tabellen handeln. Und in Bezug auf Formatierung stehen die gleichen Möglichkeiten zur Verfügung wie im Haupttext. In einer wissenschaftlichen Arbeit werden Kopf- und Fußzeilen vorrangig die aktuelle Seitenzahl sowie die aktuelle Kapitelüberschrift beinhalten. Aber andere Inhalte sind natürlich ebenfalls denkbar.

Unter »Kopfzeile« und »Fußzeile« versteht man jeweils den Bereich, der sich innerhalb des oberen bzw. des unteren Seitenrandes befindet. In erster Linie geht es jedoch darum, Inhalte automatisch auf jeder Seite zu wiederholen. Daher können Inhalte von Kopf- und Fußzeilen auf einer

Seite nicht nur oben oder unten, sondern auch zentriert oder auf dem rechten oder linken Seitenrand platziert werden. So werden Wasserzeichen (*Seitenlayout|Seitenhintergrund*) in Word zwar automatisch in der Kopfzeile verankert, jedoch auf der Seite vertikal zentriert.

Bevor Sie die Kopf- und Fußzeile(n) einrichten, legen Sie zunächst fest, ob Ihr Dokument mit nur einer Kopf- und Fußzeile auskommt oder ob Sie für gerade und ungerade Seiten unterschiedliche Inhalte benötigen und ob die erste Seite eine eigene Kopf- und Fußzeile erhalten soll. Wählen Sie dazu die entsprechenden Optionen im Dialogfeld *Seite einrichten* (*Seitenlayout|Seite einrichten*) auf der Registerkarte *Layout*. Alternativ können Sie in den Kopf- oder Fußzeilenbereich doppelklicken und die Einstellungen über *Kopf- und Fußzeilentools|Entwurf|Optionen* vornehmen.

In Abbildung 2.50 sind die Optionen *Gerade/ungerade anders* (bzw. das gleichbedeutende *Untersch. gerade ungerade Seiten*) sowie *Erste Seite anders* aktiviert. Damit stehen Ihnen insgesamt drei Kopf- und drei Fußzeilen zur Verfügung. Sie können alle drei jedoch nur dann bearbeiten, wenn Ihr Dokument aus mindestens drei Seiten besteht. Enthält Ihr Dokument erst eine Seite, fügen Sie per ⌷Strg⌷+⌷↵⌷ vorübergehend zwei manuelle Seitenwechsel ein. Nachdem Inhalte und Formatierungen der Kopf- und Fußzeilen festgelegt sind, können die Seitenwechsel wieder entfernt werden.

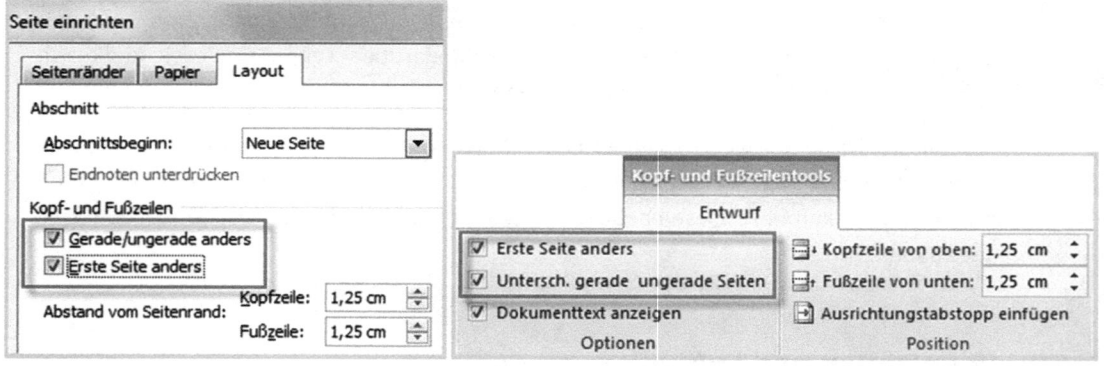

Abbildung 2.50 Optionen für Kopf- und Fußzeilen festlegen

Wenn Sie die Optionen *Gerade/ungerade anders* und *Erste Seite anders* später wieder deaktivieren, bleiben die Kopf-/Fußzeileninhalte für gerade Seiten und für die erste Seite dennoch im Dokument gespeichert. Die Inhalte werden also nicht gelöscht und können daher jederzeit wieder eingeblendet werden.

Befinden sich Abschnittswechsel im Dokument, kann die Option *Erste Seite anders* in jedem Abschnitt unabhängig voneinander ein- oder ausgeschaltet werden. Dagegen gilt *Gerade/ungerade anders* immer für das gesamte Dokument.

2.10.1 Kopf- und Fußzeilen einrichten

Der Kopf- und Fußzeilenbereich ist ausreichend bemessen (oberer bzw. unterer Seitenrand minus Abstand der Kopf- und Fußzeile vom oberen bzw. unteren Papierrand), sodass es nicht zu Überschneidungen mit dem Haupttext kommen kann. Die in Abbildung 2.50 dargestellten Optionen sind je nach Bedarf aktiviert oder deaktiviert. Gehen Sie nun wie folgt vor:

1. Öffnen Sie auf der ersten Seite des Dokuments per Doppelklick den Kopfzeilenbereich. Oder wählen Sie über das Menüband den Befehl *Einfügen|Kopf- und Fußzeile|Kopfzeile|Kopfzeile bearbeiten*. Abhängig von den oben genannten Optionen befindet sich die Einfügemarke anschließend im Bereich »Kopfzeile«, »Erste Kopfzeile« oder »Ungerade Kopfzeile«.

> Enthält das Dokument Abschnittswechsel, handelt es sich um »Kopfzeile Abschnitt 1«, »Erste Kopfzeile Abschnitt 1« oder »Ungerade Kopfzeile Abschnitt 1«.

Gleichzeitig werden im Menüband die *Kopf- und Fußzeilentools* mit der Kontextregisterkarte *Entwurf* eingeblendet. Der Kopfzeile ist die Absatzformatvorlage *Kopfzeile* zugewiesen, die sich beispielsweise per ⌨Strg+⇧+S ändern lässt.

2. Fügen Sie benötigte Inhalte ein und nehmen Sie die gewünschten Formatierungen vor.

- Möchten Sie das Feld für die Seitenzahl einfügen, wählen Sie über *Kopf- und Fußzeilentools|Entwurf|Kopf- und Fußzeile* den Befehl *Seitenzahl|Seitenzahlen|Einfache Zahl*. Mögen Sie es etwas kreativer, entscheiden Sie sich aus den Katalogen *Seitenanfang*, *Seitenende* oder *Seitenränder* für einen der aufgeführten Schnellbausteine. In allen Fällen wird das Feld Page eingesetzt.
- Standardmäßig werden die Seitenzahlen arabisch formatiert. Die Nummerierung beginnt bei 1 und wird über Abschnittswechsel hinweg fortgeführt. Möglicherweise wünschen Sie ein anderes Format, beispielsweise römische Zahlen für die Seiten mit dem Inhaltsverzeichnis. Oder Sie möchten in einem bestimmten Abschnitt die Seitennummerierung neu beginnen lassen. Dann öffnen Sie über den Befehl *Seitenzahl|Seitenzahlen formatieren* das Dialogfeld *Seitenzahlenformat* aus Abbildung 2.51 und nehmen die gewünschten Einstellungen vor. Achten Sie darauf, dass sich die Einfügemarke im richtigen Abschnitt befindet und unerwünschte Verknüpfungen gelöst sind (siehe auch Abschnitt 2.10.2 »Kopf- und Fußzeilen unterschiedlich gestalten«)!
- Ebenfalls unter *Kopf- und Fußzeilentools|Entwurf* finden Sie die Gruppe *Einfügen*. Dort können Sie über den Befehl *Schnellbausteine|Feld* beispielsweise das Feld *StyleRef* einfügen, um die aktuelle Kapitelüberschrift zu übernehmen (siehe Abschnitt 2.7.3 »Lebende Kolumnentitel«).
  Hierüber fügen Sie auch das Feld *NumPages* ein, wenn in der Kopf- oder Fußzeile die Gesamtanzahl an Seiten erscheinen soll. Eine Information in der Form »Seite x von y« sieht dann so aus: Seite { *Page* } von { *NumPages* }.

- Mithilfe des Feldes *DocProperty* (*Schnellbausteine|Feld*) können Sie Dokumenteigenschaften wie *Author* oder *Title* einfügen. Eine ähnliche Möglichkeit besteht über *Schnellbausteine|Dokumenteigenschaft*. Allerdings werden dann keine Felder, sondern Inhaltssteuerelemente eingefügt. Deren Eigenschaften lassen sich über die Gruppe *Steuerelemente* auf der Registerkarte *Entwicklertools* bearbeiten.

Abbildung 2.51 Seitenzahlen formatieren

3. Um gegebenenfalls zur nächsten Kopfzeile zu wechseln, klicken Sie in der Gruppe *Navigation* auf die Schaltfläche *Nächste*. Um die Fußzeile zu bearbeiten, wählen Sie in der Gruppe *Navigation* den Befehl *Zu Fußzeile wechseln*.
4. Sind Kopf- und Fußzeilen fertig eingerichtet, kehren Sie in den Haupttext zurück: Klicken Sie entweder auf die Schaltfläche *Kopf- und Fußzeile schließen* oder doppelklicken Sie außerhalb des Kopf-/Fußzeilenbereichs.

2.10.2 Kopf- und Fußzeilen unterschiedlich gestalten

Sobald die maximal drei zur Verfügung stehenden Kopf- und Fußzeilen (für erste Seite, gerade Seiten, ungerade Seiten) nicht ausreichen oder aus anderen Gründen nicht infrage kommen, benötigen Sie Abschnittswechsel (siehe Abschnitt 2.9 »Abschnitte – quasi Dokumente im Dokument«). Das gilt in folgenden Fällen:

- Für die Seitennummerierung soll ab einer bestimmten Seite ein anderes Zahlenformt verwendet werden (zum Beispiel römisch für das Inhaltsverzeichnis, arabisch für den Hauptteil, römisch für den Anhang) und/oder die Seitennummerierung soll wieder bei 1 beginnen. In diesem Fall müssen Sie im genannten Beispiel *vor* sowie *nach* dem Hauptteil einen Abschnittsumbruch einfügen, um für jeden Abschnitt eine eigene Seitennummerierung festlegen zu können.

- Die Inhalte von Kopf- und Fußzeile sollen variieren, ohne dass sich dies mithilfe von *StyleRef-*, *Ref-* oder *If-*Feldern lösen lässt.

Fügen Sie dann vor dem Bereich, der eine andere Kopf- oder Fußzeile erhalten soll, über *Seitenlayout|Seite einrichten|Umbrüche* einen Abschnittsumbruch ein. Zunächst sind Kopf- und Fußzeile des neu erstellten Abschnitts automatisch mit der jeweils gleichartigen Kopf- und Fußzeile des vorhergehenden Abschnitts verknüpft. Wie in Abbildung 2.52 dargestellt, ist die **erste Kopfzeile** des zweiten Abschnitts mit der **ersten Kopfzeile** des ersten Abschnitts verknüpft (*Wie vorherige*), die **gerade Kopfzeile** des zweiten Abschnitts mit der **geraden Kopfzeile** des ersten Abschnitts. Entsprechendes gilt für die ungerade Kopfzeile.

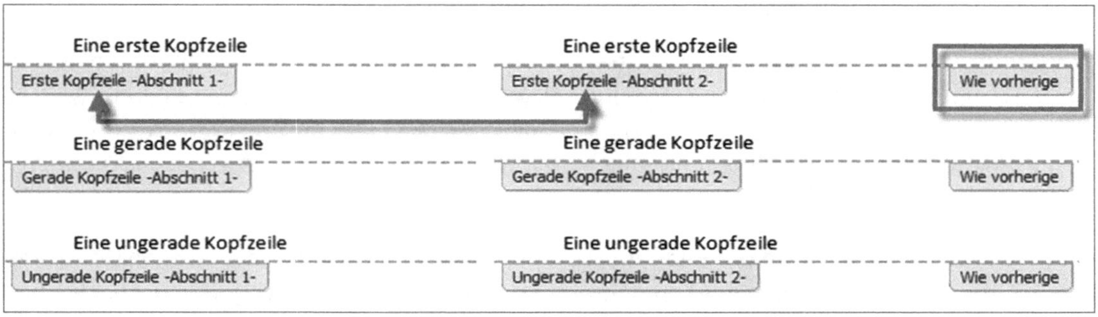

Abbildung 2.52 Verknüpfung gleichartiger Kopfzeilen

Bevor Sie nun für Abschnitt 2 eine eigene erste, gerade oder ungerade Kopfzeile oder auch Fußzeile definieren, müssen vorhandene Verknüpfungen aufgehoben werden. Deaktivieren Sie dazu auf der Registerkarte *Kopf- und Fußzeilentools|Entwurf* jeweils die Option *Mit vorheriger verknüpfen* aus der Gruppe *Navigation*. Inhalte und Formate werden dadurch nicht entfernt, sie können aber anschließend für jede Kopf- bzw. Fußzeile separat bearbeitet werden.

> Beachten Sie, dass Verknüpfungen wechselseitig wirken: Ändern Sie die Kopfzeile in Abschnitt 1, wird automatisch die Kopfzeile in Abschnitt 2 angepasst. Ändern Sie umgekehrt die Kopfzeile in Abschnitt 2, wird automatisch die Kopfzeile in Abschnitt 1 angepasst. Entsprechend müssen Sie sowohl die Verknüpfung zum vorhergehenden als auch zum nachfolgenden Abschnitt lösen, wenn beispielsweise in einem Dokument mit fünf Abschnitten die Kopfzeile des zweiten Abschnitts separat festgelegt werden soll. Das heißt, die Option *Wie vorherige* muss sowohl in Abschnitt 2 als auch in Abschnitt 3 deaktiviert werden.
>
> Soll in der Kopf- oder Fußzeile für die Information »Seite x von y« nicht die Seitenanzahl des gesamten Dokuments, sondern lediglich die Seitenanzahl des aktuellen Abschnitts erscheinen, verwenden Sie das Feld *SectionPages* (statt *NumPages*): »Seite { *Page* } von { *SectionPages* }«.

2.11 Fußnoten und Endnoten

Nur wenige wissenschaftliche Arbeiten kommen ohne Fußnoten aus. Gemäß Duden und DIN 5008 sind sie am unteren Rand einer Seite zu positionieren und verweisen per hochgestellter Ziffer oder Sonderzeichen auf die Textstelle, der die Anmerkung gilt. Klammern nach den Ziffern oder Sonderzeichen sind nicht vorgesehen. Fußnotenzeichen und Fußnotentext können durch ein Leerzeichen oder einen Tabulatorsprung getrennt werden.

Existierende wissenschaftliche Arbeiten, unterschiedliche Vorgaben mancher Hochschulen und Literatur zum Thema Typografie allerdings zeigen noch andere Varianten auf. Diese finden in Word jedoch keine Berücksichtigung und erfordern bei Bedarf ein Makro, ein Drittprogramm oder entsprechende Handarbeit für das Schlusslayout.

Word ermittelt den benötigten Fußnotenbereich oberhalb des unteren Seitenrandes und grenzt ihn durch eine kurze Linie (*Fußnotentrennlinie*) vom Haupttext ab, wie in Abbildung 2.53 zu sehen. Kann ein Fußnotentext nicht vollständig auf derselben Seite untergebracht werden, wird er auf der nächsten Seite fortgeführt und durch die längere *Fußnoten-Fortsetzungstrennlinie* vom Haupttext abgegrenzt.

Endnoten werden wahlweise am Ende des Dokuments oder am Ende eines Abschnitts zusammengefasst. Endnotenzeichen und Endnotentext werden standardmäßig durch Leerzeichen voneinander getrennt. Wie bei Fußnoten können Sie natürlich auch einen Tabulator verwenden. Der Bereich für den Endnotentext wird durch eine kurze *Endnotentrennlinie* vom Haupttext getrennt. Erstreckt sich der Endnotenbereich über mehr als eine Seite, erscheint ab der zweiten Seite die längere *Endnoten-Fortsetzungstrennlinie*.

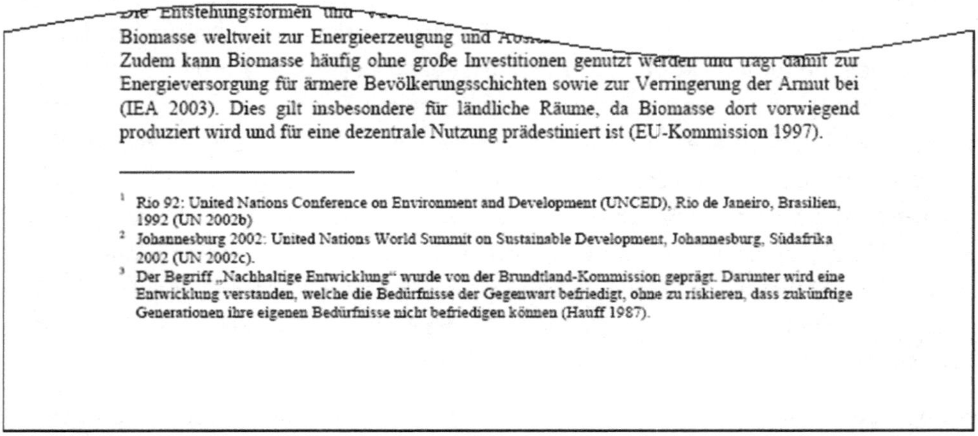
Die Entstehungsformen und
Biomasse weltweit zur Energieerzeugung und
Zudem kann Biomasse häufig ohne große Investitionen genutzt werden und trägt damit zur Energieversorgung für ärmere Bevölkerungsschichten sowie zur Verringerung der Armut bei (IEA 2003). Dies gilt insbesondere für ländliche Räume, da Biomasse dort vorwiegend produziert wird und für eine dezentrale Nutzung prädestiniert ist (EU-Kommission 1997).

---

1 Rio 92: United Nations Conference on Environment and Development (UNCED), Rio de Janeiro, Brasilien, 1992 (UN 2002b)

2 Johannesburg 2002: United Nations World Summit on Sustainable Development, Johannesburg, Südafrika 2002 (UN 2002c).

3 Der Begriff „Nachhaltige Entwicklung" wurde von der Brundtland-Kommission geprägt. Darunter wird eine Entwicklung verstanden, welche die Bedürfnisse der Gegenwart befriedigt, ohne zu riskieren, dass zukünftige Generationen ihre eigenen Bedürfnisse nicht befriedigen können (Hauff 1987).

(Quelle: Simon, S. M. (2007): Szenarien nachhaltiger Bioenergiepotenziale bis 2030 – Modellierung für Deutschland, Polen, Tschechien und Ungarn; Dissertation, Technische Universität München; S. 11)

Abbildung 2.53 Fußnoten und Fußnotentrennlinie am Ende einer Seite

2.11.1 Fußnoten und Endnoten erstellen

Die Schritte, um Fuß- oder Endnoten im Dokument einzufügen, gleichen sich:

1. Aktivieren Sie im Menüband die Registerkarte *Verweise*.
2. Um eine Fußnote zu erstellen, klicken Sie in der Gruppe *Fußnoten* (in Abbildung 2.54 links dargestellt) auf den Befehl *Fußnote einfügen*.
3. Standardmäßig wird an der Position der Einfügemarke nun eine hochgestellt formatierte Zahl als Fußnotenzeichen eingefügt. Anschließend werden im Fußnotenbereich am Ende der Seite das gleiche Fußnotenzeichen sowie ein Leerzeichen eingefügt.
4. Geben Sie den Fußnotentext hinter dem Leerzeichen ein. Ersetzen Sie das Leerzeichen durch einen Tabulatorsprung, falls für den Text ein hängender Einzug vorgesehen ist.
5. Um eine Endnote einzufügen, klicken Sie in der Gruppe *Fußnoten* auf den Befehl *Endnote einfügen*.
6. Standardmäßig wird eine römische Zahl als Endnotenzeichen eingefügt. Im Endnotenbereich am Ende des Dokuments werden das gleiche Endnotenzeichen sowie ein Leerzeichen eingefügt.
7. Sie gelangen zurück zum Fuß- bzw. Endnotenzeichen im Haupttext mithilfe der Tastenkombination ⟨⇧⟩+⟨F5⟩, per Doppelklick auf das Fuß- bzw. Endnotenzeichen oder über den Befehl *Notizen anzeigen* in der Gruppe *Fußnoten*.

Sollen Ihre Fuß- oder Endnoten anders platziert, anders nummeriert oder mit Sonderzeichen statt mit Zahlen versehen werden, öffnen Sie über das *Startprogramm für ein Dialogfeld* der Gruppe *Fußnoten* das Dialogfeld *Fuß- und Endnote* (Abbildung 2.54, Mitte) und nehmen die gewünschten Einstellungen vor. Über die Schaltfläche *Konvertieren* können vorhandene Fußnoten in Endnoten und Endnoten in Fußnoten umgewandelt werden (Abbildung 2.54, rechts).

Abbildung 2.54 Position und Nummerierung von Fuß- und Endnoten festlegen

2.11.2   Fußnoten, Endnoten, Trennlinien, Fortsetzungshinweise formatieren

Die Formatierung von Fußnotenzeichen, Fußnotentext, Endnotenzeichen und Endnotentext erfolgt automatisch durch die gleichnamigen Zeichen- und Absatzformatvorlagen. Möchten Sie diese ändern, markieren Sie das Fuß- oder Endnotenzeichen bzw. klicken Sie in den Fuß- oder Endnotentext und drücken ⎡Strg⎤+⎡⇧⎤+⎡S⎤. Es öffnet sich der Aufgabenbereich *Formatvorlage übernehmen*. Klicken Sie darin auf die Schaltfläche *Ändern* und bearbeiten Sie die Formatvorlage, wie auch in Abschnitt 2.6.3 beschrieben.

Falls Sie für Fuß- oder Endnoten jeweils die Trennlinie, Fortsetzungstrennlinie oder den Fortsetzungshinweis ändern möchten, müssen Sie zunächst zur Entwurfsansicht wechseln. Klicken Sie anschließend im Menüband auf *Verweise|Fußnoten|Notizen anzeigen*. Im Fuß- oder gegebenenfalls Endnotenbereich finden Sie ein Listenfeld, in dem Sie das zu ändernde Element auswählen können (Abbildung 2.55).

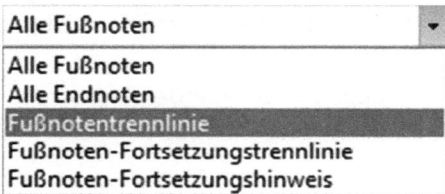

Abbildung 2.55 Im Fuß- oder Endnotenbereich Trennlinien und Fortsetzungshinweise bearbeiten

2.11.3   Querverweise auf Fußnoten und Endnoten

Querverweise auf Fuß- und Endnoten können Sie über *Einfügen|Hyperlinks|Querverweis* oder *Verweise|Beschriftungen|Querverweis* erstellen. Als Verweistyp wählen Sie entsprechend *Fußnote* oder *Endnote*. Word fügt ein *NoteRef*-Feld ein, das ähnlich diesem aussieht: *{ NOTEREF _Ref236025783 \h }*. Wird zusätzlich der Feldschalter *\f* angezeigt, haben Sie unter *Verweisen auf* den Eintrag *Fußnotennummer(formatiert)* oder *Endnotennummer(formatiert)* gewählt. Der Verweis wird dann so formatiert, wie es die Formatvorlage *Fußnotenzeichen* bzw. *Endnotenzeichen* vorsieht.

3   Ideen sammeln und aufbereiten

Aktivität	Umsetzung mit Word/sonst. Hilfsmitteln	Ergebnis	Seite
Stoff sammeln im Team	• Separate Word-Dokumente anlegen	Zusammengeführtes Word-Dokument	109
Text erfassen	• Text formatierungsfrei übernehmen	Übersichtliche Stoffsammlung	113
Text hervorheben und kommentieren	• Texthervorhebungswerkzeug einsetzen • Kommentarfunktion aktivieren	Hervorgehobene und kommentierte Informationen	114
Übersicht behalten	• Navigationsbereich einschalten	Baumstruktur zu Stoffsammlung	118
Stoff gliedern und strukturieren	• Navigationsbereich nutzen • Gliederungsfunktion nutzen	Stets angepasste Struktur des Stoffs	118, 121
Material elektronisch sammeln	• Archivordner mit geeigneter Ordnerstruktur anlegen (im Windows-Explorer) • Hyperlinks in Stoffsammlung einfügen	Archivordner mit Dateien (in der Stoffsammlung per Hyperlinks verfügbar)	128
Verwertung von Papierquellen	• Fortlaufende Nummern vergeben • In PDF umwandeln	Wiederauffindbare Informationen	130

Jeder wissenschaftlichen Arbeit liegt eine Idee zugrunde: Etwas ist zu erforschen, zu entwickeln oder zu untersuchen. Bei Seminar- oder Hausarbeiten ist der Lösungsweg oft vorgezeichnet. Bei aufwendigen wissenschaftlichen Arbeiten und Forschungsprojekten besteht hingegen ein viel größerer Handlungsspielraum an Vorgehensweisen. Dies schlägt sich bei der Ideensammlung für Dissertationen und Forschungsprojekte in aufwendigeren Recherchen nieder.

> Achten Sie bei der Festlegung von Fragestellung und Titel Ihrer wissenschaftlichen Arbeit darauf, dass diese nicht bereits das erwartete (oder gar erhoffte) Ergebnis widerspiegeln. Formulieren Sie vielmehr beides im Sinne eines offenen Ergebnisses. Andernfalls hängen überraschende Ergebnisse wie ein Damoklesschwert über der Arbeit, weil andere als die erwarteten Ergebnisse den Titel als Fehlschlag deklarieren würden.

Je vager die Idee für eine wissenschaftliche Arbeit anfangs ist, desto mehr Spielraum besteht bei ihrer Entwicklungsrichtung. Ist die Idee hingegen schon sehr konkret, sind die nötigen Schritte klarer. In beiden Fällen gilt: Am Anfang steht die Positionsbestimmung. Dazu müssen Sie bereits existierende Arbeiten rund um das Thema suchen. Sie ermitteln die relevanten Quellen aus Büchern, Fachzeitschriften, Konferenzbeiträgen, Internetseiten, Patenten etc. Finden Sie heraus, ob oder in welcher Form ähnliche Problemstellungen schon gelöst wurden.

Halten Sie in dieser frühen Phase der Themenfindung alle Ideen und Anregungen, die in irgendeiner Form mit Ihrer wissenschaftlichen Arbeit zu tun haben, sofort fest. Damit Ihnen keine Quelle und kein Lösungsansatz verloren gehen, dokumentieren Sie alles sofort. So legen Sie das Fundament für Ihre künftigen Recherchen. Den jetzt betriebenen Aufwand holen Sie durch Zeitersparnis bei Ihrer weiteren Arbeit schnell wieder herein.

- **Word-Dokument zur Ideensammlung:** Legen Sie für Ihre Stoffsammlung, wie in Abschnitt 3.1 »Word-Dokument als Stoffsammlung« beschrieben, einen eigenen Ordner und ein eigenes Word-Dokument an. Alle Informationen werden hierin gesammelt und gruppiert. Word unterstützt Sie beim Organisieren Ihrer Informationen: Der Navigationsbereich sowie die Gliederungsfunktion sind das Mittel dazu.

- **Ideen immer und überall festhalten:** Fallen Ihnen die besten Lösungen unterwegs, beim Sport oder abends in der Kneipe ein? Auch hier gilt: Sie sollten dies alles sofort dokumentieren, bevor die Idee wieder verflogen ist. Nutzen Sie deshalb zur Ideensammlung immer und überall ein kleines Notizheft, Diktiergerät oder Ihr Handy mit Sprachaufzeichnungsfunktion, damit Sie Ihre Gedanken augenblicklich in Stichwörtern festhalten und später mithilfe von Word in Ihre Stoffsammlung einfügen können.

Falls Sie unterwegs über einen Internetzugang verfügen, lassen sich die Ideen auch direkt per Word Web App gleich in einem für diesen Fall vorbereiteten Word-Dokument auf Microsoft SkyDrive speichern. Wie Sie mit Word Web App arbeiten, wird in einem kurzen Video erklärt, das Sie auf der CD-ROM zu diesem Buch im Ordner \Videos unter dem Dateinamen *Word-Web-App.wmv* finden.

- **Word-Dokument ergänzen:** Notieren Sie sich in Ihrer Stoffsammlung jeden Artikel und jedes Buch, in dem Sie Informationen zu Ihrer wissenschaftlichen Arbeit finden (siehe Abschnitt 3.3 »Die ›Sammelkiste‹ für Zeitschriften und Bücher«).

- **Internetquellen:** Die Suche im Internet kann eine wichtige Quelle zur Ideenfindung sein. Notieren Sie alle gefundenen Quellen in der Stoffsammlung. Beim Thema Internet sind zwei Besonderheiten zu beachten:

Besonderheit 1: Internetquellen sind vergänglich. Ihr Inhalt ist unter Umständen morgen schon nicht mehr verfügbar. Das Speichern der Adresse in den Favoriten des Browsers ist also leider nur die halbe Miete. Speichern Sie die Internetseite in Internet Explorer wie in Abbildung 3.1 zu sehen als Webarchiv (*.mht). Oder nutzen Sie beispielsweise beim Einsatz von Mozilla Firefox ein Archivtool wie Zotero *(http://www.zotero.org)*. Dann sind alle Inhalte der Internetseite auf dem eigenen Computer konserviert und lassen sich jederzeit nutzen, selbst wenn die Originalquelle nicht mehr verfügbar sein sollte.

Besonderheit 2: Viele Internetquellen sind in einer wissenschaftlichen Arbeit nicht zitierfähig. So gut sich beispielsweise Wikipedia-Beiträge zur Einstiegsrecherche eignen, so wenig genügen sie wissenschaftlichen Ansprüchen. Dies spricht nicht gegen die Onlineenzyklopädie, sondern heißt schlicht: Nicht wissenschaftliche Internetquellen können und sollten Sie durchaus für Ihre Recherchen nutzen, aber stufen Sie das Ergebnis nicht als die benötigte, relevante Literatur ein. Als positiv ist jedenfalls zu bewerten, dass Sie per Internet leicht zu wissenschaftlich verwertbaren Quellen finden.

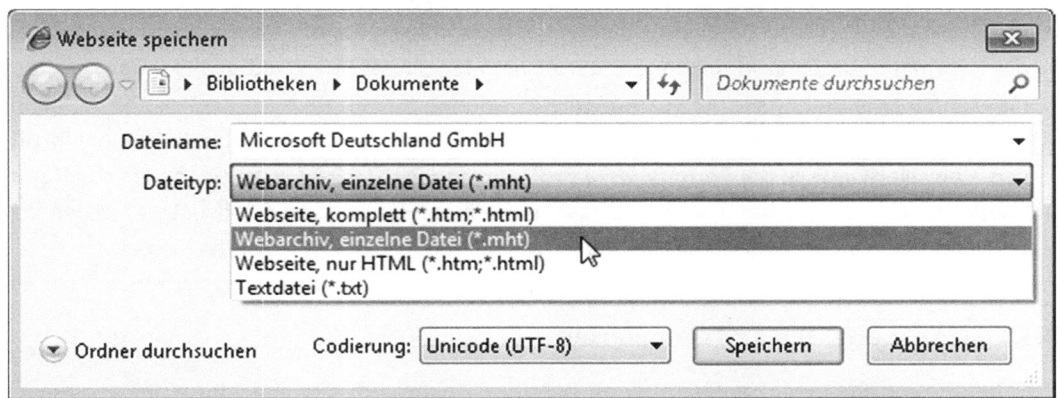

Abbildung 3.1 Komplette Internetseite in einer einzigen MHT-Datei speichern

- **Elektronische Quellen:** Bei der Recherche gesammeltes Material in Gestalt von PDF-Dateien, Bildern, Tabellenkalkulationsdateien etc. speichern Sie in Ihrem Ideenordner. Anschließend können Sie in Ihrer Word-Stoffsammlung (= Word-Dokument) einen Link auf die jeweilige PDF-Datei, auf Bilder etc. einfügen. Damit haben Sie über Ihr Word-Stoffsammlungs-dokument jederzeit sofort Zugriff auf die Quelle (siehe Abschnitt 3.2 »Das elektronische Dokumentenarchiv«).

3.1 Word-Dokument als Stoffsammlung

Ihre Stoffsammlung, in der Sie alle Ideen, Anregungen, passenden Artikel, Literaturstellen, Buchhinweise etc. festhalten, ist die Grundlage für die kommende, tiefer führende Recherche. In der Stoffsammlung selbst (be)werten Sie die Inhalte noch nicht. Die eingegebenen oder aus anderen Quellen kopierten Informationen werden lediglich übersichtlich sortiert und gruppiert. Das hat den Vorteil, dass die Daten bereits in Word, also dem Programm erfasst sind, mit dem Sie Ihre wissenschaftliche Arbeit anfertigen.

So können Sie ganze Textpassagen aus der Stoffsammlung als Zitat in Ihren Text übernehmen oder Quellen direkt in das Literaturverzeichnis aufnehmen. Sie vermeiden automatisch Doppeleingaben und der Inhalt bleibt in »vertrauter Umgebung«. Mit zwei erstklassigen Funktionen hilft Ihnen Word, die Übersicht in Ihrer Stoffsammlung zu behalten: mit dem Navigationsbereich und der Gliederungsansicht.

Stoffsammlung im Team: Wenn Sie im Team arbeiten und keine professionelle Lösung wie SharePoint zur Verfügung haben, entsteht sehr schnell Chaos. Doch dies lässt sich vermeiden, indem Sie das gemeinsame Arbeiten an einem Dokument selbstständig wie folgt regeln:

Ein Teammitglied ist verantwortlich für das Word-Dokument »Referenzstoffsammlung« (oder ähnlich benannt). Alle anderen Teammitglieder übergeben dem Verantwortlichen regelmäßig – in eigenständigen Word-Dateien! – die gefundenen Informationen. Der Verantwortliche führt die Informationen dann in der Referenzstoffsammlung zusammen und gibt die überarbeitete Referenzstoffsammlung an die Teammitglieder wieder zurück. Damit unterschiedliche Stände sofort zu erkennen sind, muss der Verantwortliche im Dateinamen das aktuelle Datum hinzufügen – beispielsweise in der Form *Referenzstoffsamlung-2010-05-29.docx*. Geben Sie das Datum in der Form JJJJ-MM-TT an, also in umgekehrter Reihenfolge wie sonst üblich. Das hat den Vorteil, dass sich die Dateinamen im Windows-Explorer zeitlich korrekt sortieren lassen.

3.1.1   Text erfassen und gruppieren

Gleichgültig, ob Sie Ihrer Stoffsammlung (= Word-Dokument) nur einzelne Stichwörter, ganze Absätze oder aus anderen Dateien kopierte Informationen hinzufügen: Versuchen Sie von Anfang an, die neu eingefügten Informationen und Ideen auch zu sortieren und zu gruppieren. Sie müssen dies zwar nicht erzwingen, solange noch unklar ist, in welche Richtung sich die Ideensammlung entwickelt. Doch ein Großteil des neuen Stoffs können Sie vorhandenen Inhalten leicht zuordnen. Eine Stoffsammlung und die in diese eingefügten Überschriften sind daher etwas Dynamisches – fortwährend in Bewegung, denn Sie können ständig alles den neuen Erfordernissen anpassen und umstrukturieren. Das Arbeiten in der Gliederungsansicht eines Word-Dokuments ähnelt stark dem Erstellen einer Mindmap.

Wer sich erst einmal mit der Word-Gliederungsfunktion vertraut gemacht hat, ersetzt hiermit leicht ein Mindmap-Programm. Eine Überschrift der ersten Gliederungsebene entspricht dem Hauptarm einer Mindmap. Seitenzweige sind jeweils Unterüberschriften. Und der eigentliche Inhalt verbirgt sich dahinter als Text. Einziger Unterschied: Mindmaps bieten Funktionen, um das Ganze optisch aufzupeppen. Mit etwas Gewöhnung sind Sie allerdings per Word-Gliederung genauso schnell und haben die Inhalte sowie Stichwörter bereits im »richtigen« Programm (Abbildung 3.2).

Scheuen Sie sich also nicht, Überschriften umzubenennen, vorhandene Gruppen zusammenzufassen, Gruppen aufzuteilen oder Textpassagen aus einer Gruppe in eine andere zu verschieben. Dies gelingt in der Gliederungsansicht mit nur wenigen Klicks.

Angenommen, Sie haben einige noch unstrukturierte Textpassagen, die Sie gedanklich einem Oberbegriff zuordnen. Dann schreiben Sie diesen Oberbegriff oder kurzen Satz oberhalb der (vielleicht schon sortierten) Gruppe an Textabsätzen und Stichwörtern als neuen Absatz. Jetzt müssen Sie diesen Text als Überschrift kenntlich machen.

Doch stopp – formatieren Sie die Überschrift keinesfalls von Hand! Nutzen Sie stattdessen die Word-Überschrift-Formatvorlagen. Diese wählen Sie auf der Registerkarte *Start* in der Gruppe *Formatvorlagen* aus. In den Formatvorlagen sind zum einen bereits alle Formatierungen zum Hervorheben zusammengefasst. Zum anderen wird der Text Word-intern als Word-Überschrift gekennzeichnet und erscheint später im Navigationsbereich. In der Gliederung wird der als Überschrift formatierte Text entsprechend hervorgehoben. Weiterer Vorteil: Auf Grundlage des mit der Überschrift-Formatvorlage formatierten Textes erstellen Sie mit wenigen Klicks automatisch Inhaltsverzeichnisse.

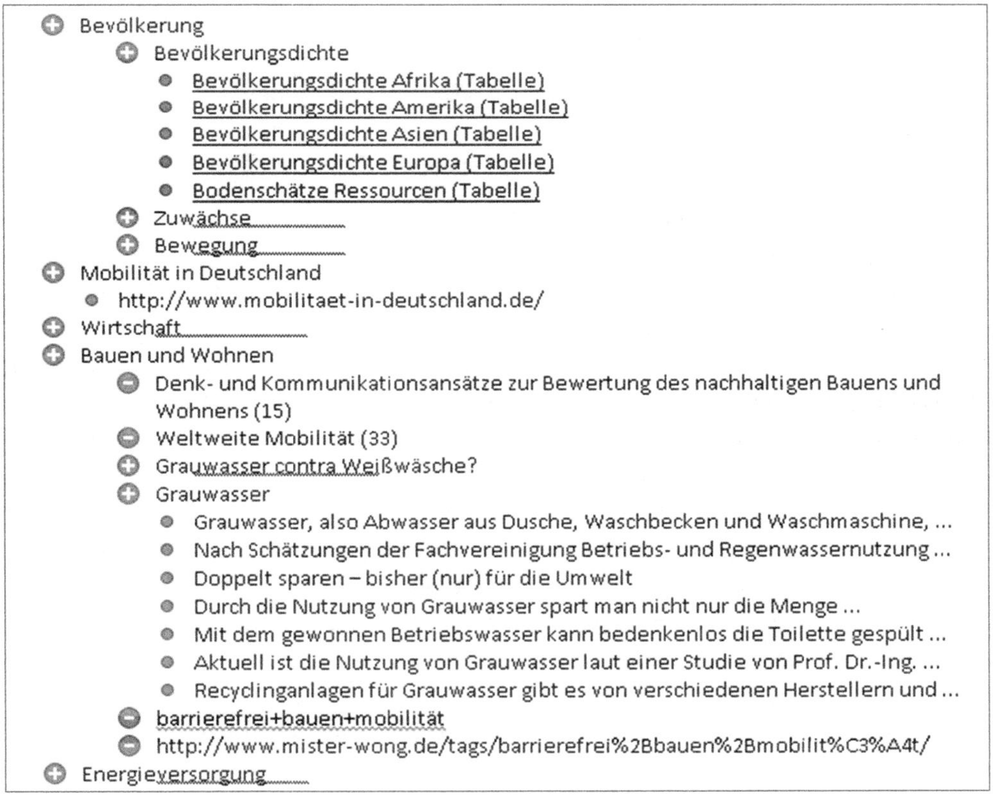

- Bevölkerung
  - Bevölkerungsdichte
    - Bevölkerungsdichte Afrika (Tabelle)
    - Bevölkerungsdichte Amerika (Tabelle)
    - Bevölkerungsdichte Asien (Tabelle)
    - Bevölkerungsdichte Europa (Tabelle)
    - Bodenschätze Ressourcen (Tabelle)
  - Zuwächse
  - Bewegung
- Mobilität in Deutschland
  - http://www.mobilitaet-in-deutschland.de/
- Wirtschaft
- Bauen und Wohnen
  - Denk- und Kommunikationsansätze zur Bewertung des nachhaltigen Bauens und Wohnens (15)
  - Weltweite Mobilität (33)
  - Grauwasser contra Weißwäsche?
  - Grauwasser
    - Grauwasser, also Abwasser aus Dusche, Waschbecken und Waschmaschine, ...
    - Nach Schätzungen der Fachvereinigung Betriebs- und Regenwassernutzung ...
    - Doppelt sparen – bisher (nur) für die Umwelt
    - Durch die Nutzung von Grauwasser spart man nicht nur die Menge ...
    - Mit dem gewonnen Betriebswasser kann bedenkenlos die Toilette gespült ...
    - Aktuell ist die Nutzung von Grauwasser laut einer Studie von Prof. Dr.-Ing. ...
    - Recyclinganlagen für Grauwasser gibt es von verschiedenen Herstellern und ...
  - barrierefrei+bauen+mobilität
  - http://www.mister-wong.de/tags/barrierefrei%2Bbauen%2Bmobilit%C3%A4t/
- Energieversorgung

Abbildung 3.2 Word-Gliederungsansicht als Mindmap-Programm-Ersatz

Und so formatieren Sie Word-Text als Word-Überschrift:

1. Platzieren Sie die Einfügemarke in dem Absatz mit dem Überschrifttext. Ein Absatz reicht immer von einem [↵] bis zum nächsten [↵].

2. Wenn Sie jetzt den Mauszeiger über die in der Gruppe *Formatvorlagen* angezeigten Formatvorlagen bewegen und jeweils an der Position einer Formatvorlage den Mauszeiger kurz an-
halten, zeigt Word neben dem Mauszeiger eine kleine QuickInfo mit dem Namen der Formatvorlage an. Außerdem erscheint die Überschrift sofort mit den in der Formatvorlage hinterlegten Formatierungen. Dies ist aber nur eine Voransicht (»Livevorschau«) und noch nicht
von Bestand.

3. Sobald sich der Mauszeiger auf der Formatvorlage *Überschrift 1* befindet, klicken Sie mit der
linken Maustaste (Abbildung 3.3). Jetzt wird die Formatvorlage dem Absatz zugewiesen.

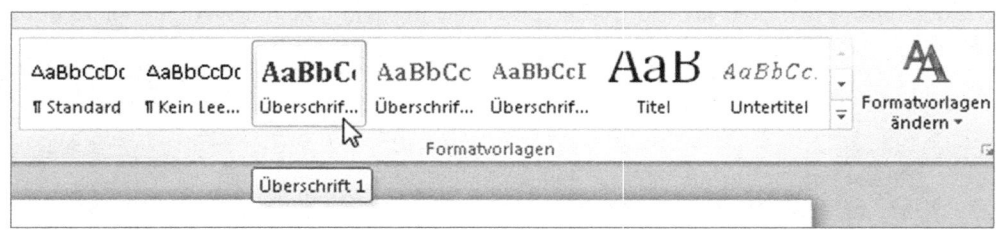

Abbildung 3.3 Die QuickInfo zeigt den kompletten Namen der Formatvorlage

Der Absatz mit der *Überschrift 1* wird standardmäßig in der Schriftart *Cambria*, Schriftgrad *14* in
Blau formatiert. Auch wenn Ihnen diese Kombination wenig zusagen sollte, für die Stoffsammlung spielt die Formatierung nur eine untergeordnete Rolle. Lassen Sie die Formatierung daher
vorerst unverändert.

> Haben Sie versehentlich den falschen Absatz als *Überschrift 1* formatiert? Dann klicken Sie in
> der Gruppe *Formatvorlagen* auf die Formatvorlage *Standard* (oder drücken Sie $\boxed{\text{Strg}}$+$\boxed{\text{⇧}}$+
> $\boxed{\text{N}}$). Sofort erscheint der Absatz wieder als normaler Text.

Möchten Sie die Informationen, die Sie unter einer Überschrift zusammengefasst haben, weiter
verfeinern? Dann nutzen Sie »Unterüberschriften«. Der *Überschrift 1* folgt logischerweise die
Formatvorlage *Überschrift 2*. Auf diese Weise können Sie die Informationen sehr genau gruppie-
ren. Die Formatvorlage *Überschrift 2* finden Sie ebenfalls in der Gruppe *Formatvorlagen* auf der
Registerkarte *Start*. Die *Überschrift 2* wird mit der Schriftart *Cambria*, *Schriftgrad 13* in *hellem
Blau* formatiert. Auch hier gilt: Die Formatierung spielt für die Stoffsammlung vorerst keine
Rolle, lassen Sie alles unverändert.

Weitere Überschriftgruppierungen – in Word spricht man von Gliederungsebenen – sind zwar
möglich, da Word bis zu neun Ebenen unterstützt. Für die reine Stoffsammlung und Ideenfindung sollten Sie jedoch nicht mehr als drei Ebenen nutzen, um die Übersicht zu wahren. Bei
Verwendung von noch mehr Ebenen gerät sonst mitunter in Vergessenheit, wo sich der Stoff
überhaupt befindet.

3.1.2 Text ohne Formatierung übernehmen

Das Internet oder digitale Bibliotheken und Archive sind eine hervorragende Quelle bei der Suche nach Ideen. Nicht immer sind jedoch komplette Internetseiten oder PDF-Dateien interessant, manchmal genügen für die Ideensammlung kurze Auszüge oder Abbildungen. Diese können Sie per Zwischenablage in Ihre Stoffsammlung übernehmen (vergessen Sie aber niemals die Quellenangabe!).

Wenn Sie den Text einfach per Tastenkombination oder *Einfügen*-Schaltfläche übernehmen, übernimmt Word auch die Formate dieses Textes mit ins Word-Dokument. Dies kann später für Ärger sorgen, weil dann in den Word-Formatvorlagen Dutzende fremder Formatvorlagen erscheinen, die Sie gar nicht nutzen möchten. Auch können auf diese Weise »unsichtbare« Grafiken ins Dokument gelangen: Grafiken, die auf der Internetseite in dem von Ihnen kopierten Absatz verankert sind und mit diesem mitwandern, die in Word aber nicht angezeigt werden, wenn sich ihre Position außerhalb des Seitenbereichs befindet.

Lösung: Übernehmen Sie für Ihre Stoffsammlung nur den reinen Text. Auf störende Formatierungen wie Schriftgrad, Farbe, Hintergrundschattierungen etc. verzichten Sie. Mit den beiden folgenden Tricks wird nur der reine Text aus der Zwischenablage an die aktuelle Position der Einfügemarke übernommen:

- Schaltfläche **Einfügeoptionen**: Nachdem Sie den Text beispielsweise per Tastenkombination [Strg]+[V] (mit allen Formatierungen) in Ihre Stoffsammlung übernommen haben, erscheint am Ende des Textes die Schaltfläche *Einfügeoptionen*. Klicken Sie auf das Dreiecksymbol neben der Schaltfläche, woraufhin ein Menü geöffnet wird (Abbildung 3.4). Mit einem Klick auf das Symbol *Nur den Text übernehmen* verschwinden sowohl die Schaltfläche als auch alle Formatierungen. Beachten Sie, dass die Schaltfläche nur unmittelbar nach dem Einfügen des Textes verfügbar ist. Sobald Sie weiteren Text eingeben oder löschen, verschwindet sie.

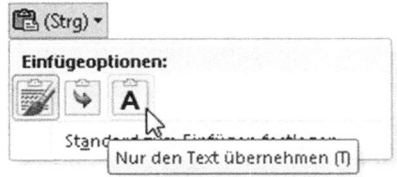

Abbildung 3.4 Alle Formatierungen auf einen Schlag entfernen

- Befehl **Inhalte einfügen**: Klicken Sie auf der Registerkarte *Start* in der Gruppe *Zwischenablage* auf das Dreiecksymbol am unteren Rand der Schaltfläche *Einfügen*. Jetzt öffnet sich ein Menü, in dem Sie den Befehl *Inhalte einfügen* auswählen. Alternativ dazu können Sie auch [Alt]+[Strg]+[V] drücken. Im daraufhin angezeigten Dialogfeld entscheiden Sie sich in der

Liste für den Eintrag *Unformatierten Text* oder *Unformatierten Unicode-Text* und bestätigen mit *OK* (Abbildung 3.5).

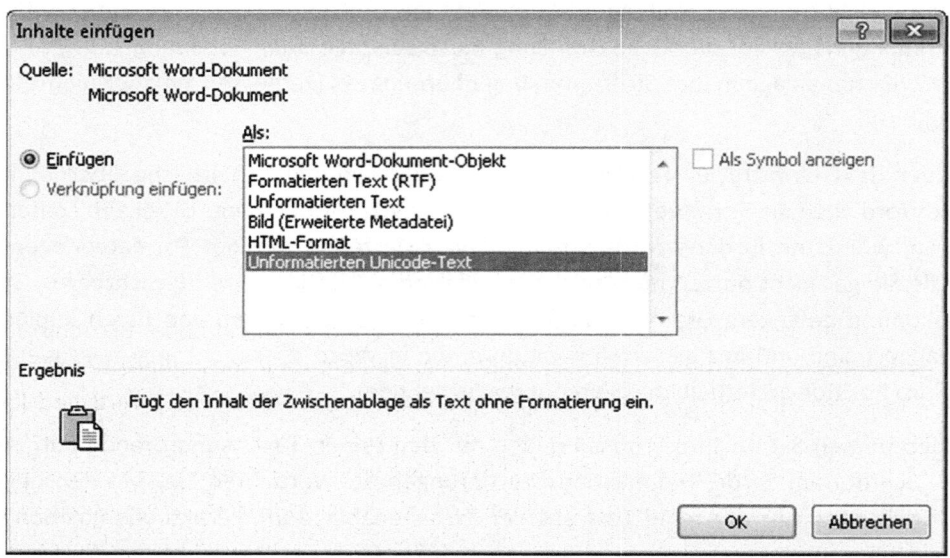

Abbildung 3.5 Als unformatierten (Unicode-)Text übernehmen

3.1.3 Text hervorheben und kommentieren

Angenommen, Sie stellen beim Erfassen eines neuen Eintrags in Ihrer Stoffsammlung fest, dass Sie zu diesem Thema noch weitersuchen möchten. Halten Sie auch diese »Aufgabe« sofort fest. Word bietet Ihnen hierzu zwei unterschiedliche Merkfunktionen:

- **Texthervorhebung:** So wie Sie in einem gedruckten Text mithilfe eines neonfarbenen Textmarkers wichtige Passagen markieren, können Sie auch in Word Ihren Text hervorheben. Die Texthervorhebungsfunktion ist auf der Registerkarte *Start* in der Gruppe *Schriftart* zu finden.

Wenn Sie Ihren Text bereits markiert haben und direkt auf die Schaltfläche *Texthervorhebungsfarbe* klicken (Abbildung 3.6), wird der Text mit der dort angezeigten Farbe hervorgehoben. Klicken Sie auf das kleine Dreiecksymbol rechts neben der Farbe, können Sie eine der 15 Farben auswählen; diese wird dann sofort dem markierten Text zugewiesen und gleichzeitig zur aktuellen Standardfarbe der *Hervorheben*-Schaltfläche.

Im Gegensatz zu den anderen Zeichenformatierungen können Sie auch zunächst auf die *Hervorheben*-Schaltfläche klicken bzw. dort eine Farbe wählen. Daraufhin verwandelt sich der Mauszeiger in eine vertikale Linie mit Stift ⚗. Der Text, den Sie nun mit gedrückter linker Maustaste markieren, wird hervorgehoben. Zum Ausschalten der Texthervorhebung drücken Sie ⌨Esc oder klicken erneut auf die *Hervorheben*-Schaltfläche.

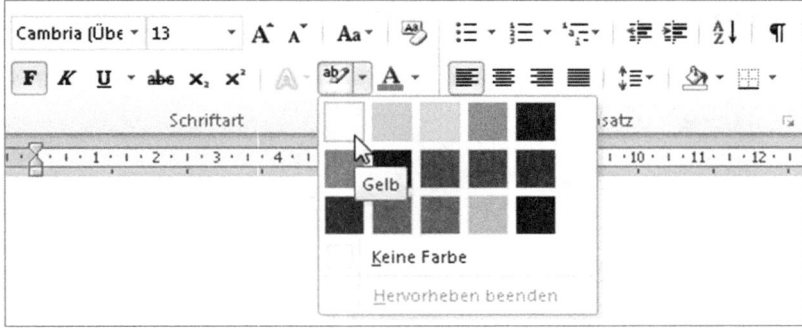

Abbildung 3.6 Wichtige Stichwörter oder Textpassagen markieren

Auf dem Ausdruck erscheinen die Texthervorhebungen exakt so wie auf dem Bildschirm. Die dunklen Hervorhebungsfarben sollten Sie jedoch vermeiden, da insbesondere bei Schwarz-Weiß-Ausdrucken der Text sonst von den Texthervorhebungen überlagert wird und kaum mehr lesbar ist.

> Nutzen Sie die drei Ampelfarben Rot, Gelb und Grün, um die Dringlichkeit der Markierungen zu signalisieren. Rot markierte Passagen könnten dann auf eine besondere Dringlichkeit hinweisen und die grün markierten eine eher geringere Priorität angeben. Bei mehreren Autoren und Teamarbeit ist es auch eine gute Idee, für jeden Autor eine eigene Farbe zu reservieren.

- **Kommentare:** Möchten Sie zu einem Eintrag in der Stoffsammlung weitere Informationen hinterlegen, ohne diese jedoch direkt in die Stoffsammlung einzutragen? Dann setzen Sie hierzu die Kommentarfunktion ein, die Sie auf der Registerkarte *Überprüfen* in der Gruppe *Kommentare* finden.

Zum Einfügen eines Kommentars markieren Sie die zu kommentierende Textpassage. Wenn Sie nichts markieren, wird von Word automatisch das nächstliegende Wort rechts oder links von der aktuellen Position der Einfügemarke markiert. Klicken Sie nun auf die Schaltfläche *Neuer Kommentar*. Daraufhin wird in der Standardeinstellung auf der rechten Seite des Dokuments eine farbige Sprechblase angelegt. Tragen Sie hier den Kommentar ein. Die Kommentarfarbe legt Word eigenständig fest (Abbildung 3.7).

In der Sprechblase fügt Word automatisch die Initialen ein, die in den Word-Optionen hinterlegt sind (*Datei|Optionen|Allgemein|Initialen*). So lässt sich beim Bearbeiten des Dokuments durch mehrere Teammitglieder jederzeit nachvollziehen, wer den Kommentar eingefügt hat.

Sie möchten einen Kommentar entfernen? Dann klicken Sie zuerst in den Kommentar und dann bei *Überprüfen|Kommentare* auf die Schaltfläche *Löschen*. Der Kommentar verschwindet ohne jede Rückfrage. Alternativ können Sie den Kommentar mit der rechten Maustaste anklicken und im Kontextmenü den Befehl *Kommentar löschen* wählen.

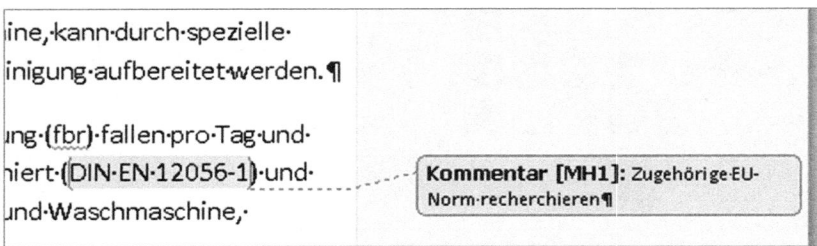

Abbildung 3.7 Kommentare zeigt Word standardmäßig in Form von Sprechblasen an

Kommentare ausblenden: Kontrollieren Sie Ihr Dokument in der Seitenansicht, erscheinen dort die Kommentare exakt so wie beim Bearbeiten in der Seitenlayoutansicht. Sie möchten die Kommentare ausblenden? Dann wechseln Sie zur Registerkarte *Überprüfen* und wählen in der Gruppe *Nachverfolgung* im Dropdown-Listenfeld *Für Überarbeitung anzeigen* (das oberste Listenfeld) die Auswahl *Abgeschlossen* anstelle von *Abgeschlossen: Markups anzeigen*. Die Einstellung gilt nur für das aktuelle Dokument und nur so lange, bis Sie das Dokument schließen. Beim nächsten Öffnen werden die Kommentare wieder angezeigt, sofern in den Word-Optionen unter *Datei|Optionen|Sicherheitscenter|Einstellungen für das Sicherheitscenter|Datenschutzoptionen* die Option *Ausgeblendete Markups beim Öffnen oder Speichern anzeigen* aktiviert ist.

Kommentare im Ausdruck: Wenn Sie ein Dokument mit Kommentaren beispielsweise per $\boxed{\text{Strg}}$+$\boxed{\text{P}}$ drucken, werden auch die Kommentare mitgedruckt. Damit Text und Kommentare auf einem DIN-A4-Blatt Platz haben, verkleinert Word den Text automatisch und platziert die Kommentare wie gewohnt auf dem rechten Rand.

Auf dem Ausdruck sollen keine Kommentare erscheinen? Dann wechseln Sie zunächst über *Datei|Drucken* in die Backstage-Ansicht auf die Registerkarte *Drucken*. Öffnen Sie dann das erste Dropdown-Listenfeld der Gruppe *Einstellungen* und klicken Sie auf die Option *Markup drucken*, sodass der Eintrag deaktiviert wird (Abbildung 3.8). In der nebenstehenden Vorschau können Sie sofort das Ergebnis kontrollieren; bei ausgeschalteter Option verschwinden die Kommentare.

Zum Abarbeiten der in den Kommentaren enthaltenen »Aufgaben« können Sie eine Liste mit allen Kommentaren drucken. Lassen Sie hierzu wie in Abbildung 3.8 zu sehen die Option *Markup drucken* aktiviert. Wählen Sie dann im gleichen Dropdown-Listenfeld anstelle von *Alle Seiten drucken* (erster Eintrag) den Eintrag *Markupliste*. Wenn Sie jetzt den Ausdruck über die Schaltfläche *Drucken* starten, werden alle Kommentare ausgedruckt (Abbildung 3.9).

Abbildung 3.8 Beim Drucken Kommentare mit ausgeben

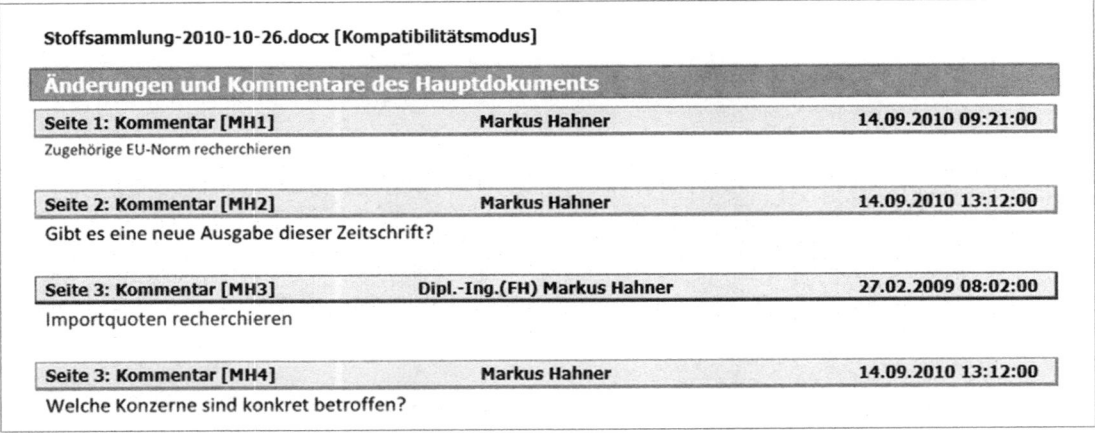

Abbildung 3.9 Übersicht aller Kommentare drucken

3.1.4   Übersicht dank Navigationsbereich

Mit jedem Eintrag, um den Ihre Stoffsammlung wächst, wird das Ganze unübersichtlicher. Sie haben Ihre Informationen zwar mit aussagekräftigen Überschriften unterteilt, dennoch fehlt ein Gesamtüberblick. Genau hier hilft Ihnen der Navigationsbereich weiter, der am linken Rand des Word-Programmfensters entweder alle Überschriften in einer Baumstruktur oder als kleine Vorschaubilder anzeigt. Der Navigationsbereich nutzt auf diese Weise so ganz nebenbei das Breitbildformat der TFT-Bildschirme optimal aus.

Baumstruktur des Navigationsbereichs ein-/ausschalten: Das Einschalten des Navigationsbereichs gilt für alle zurzeit geöffneten Word-Dokumente. Word merkt sich die Einstellung beim Beenden, sodass Sie den Navigationsbereich nicht jedes Mal erneut einschalten müssen.

1. Wechseln Sie zur Registerkarte *Ansicht* und aktivieren Sie in der Gruppe *Anzeigen* das Kontrollkästchen *Navigationsbereich*.
2. Auf der linken Seite zeigt Word jetzt den Navigationsbereich an, der aus drei Registerkarten besteht. Ist die erste Registerkarte *Durchsuchen der Überschriften in Ihrem Dokument* aktiv, werden im Navigationsbereich die Überschriften angezeigt, der Text wird unterdrückt.
3. Wenn Sie in dieser Ansicht auf eine Überschrift klicken, wird die Einfügemarke sofort an der dazugehörigen Stelle im Text platziert (Abbildung 3.10). Analog dazu wird im Navigationsbereich sofort der zugehörige Eintrag hervorgehoben, wenn Sie im Text auf eine Überschrift klicken.

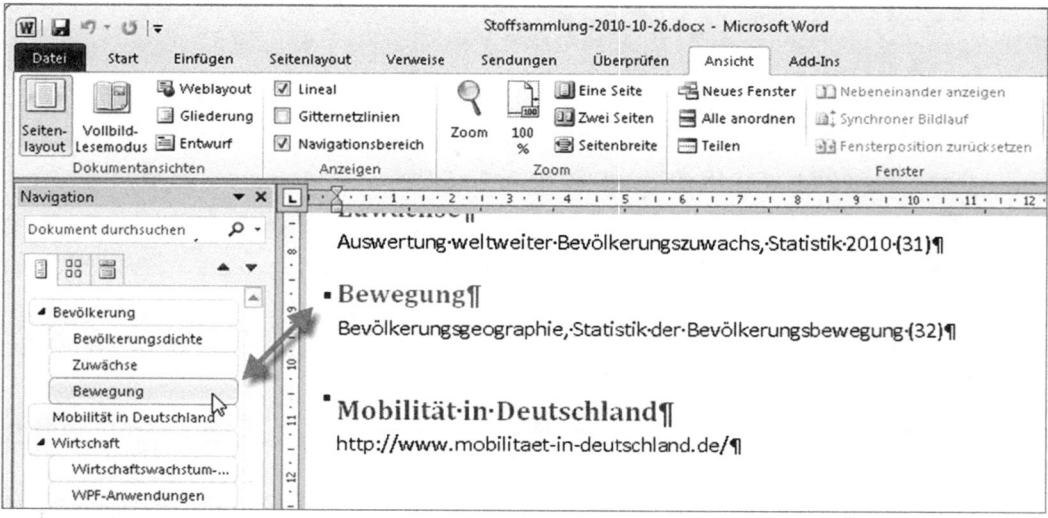

Abbildung 3.10 Der Navigationsbereich führt alle Überschriften in einer Baumstruktur auf

Vorschaubilder im Navigationsbereich ein-/ausschalten: Wenn Sie den Navigationsbereich mit *Ansicht|Anzeigen|Navigationsbereich* eingeschaltet haben und auf der linken Seite zur Registerkarte *Durchsuchen der Seiten in Ihrem Dokument* wechseln, zeigt Ihnen Word im Navigationsbereich eine Vorschau aller Seiten Ihres Dokuments an (Abbildung 3.11). Mit einem Klick auf die gewünschte Seite wechseln Sie sofort auf der rechten Seite zur entsprechenden Dokumentstelle – immer an den Anfang der gewählten Seiten. Passend dazu wird die aktuelle Seite im Navigationsbereich hervorgehoben, wenn Sie im Text blättern und die Seiten wechseln.

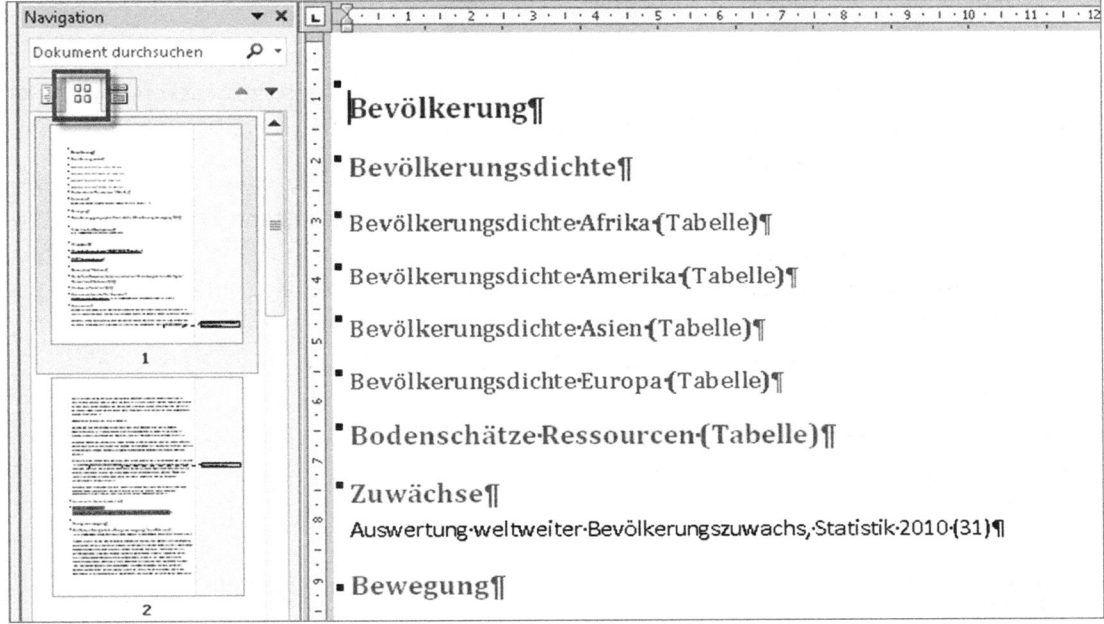

Abbildung 3.11 Miniaturansichten in der Seitenvorschau des Navigationsbereichs

Überschriften (»Ebenen«) ein-/ausblenden: Wenn Sie im Navigationsbereich die Baumstrukturansicht wählen, können Sie gezielt einzelne Überschriften ein- und ausblenden und so für mehr Übersicht im Navigationsbereich sorgen.

- Ein weißes, nach rechts zeigendes Dreieck ▷ vor einer Überschrift gibt an, dass zu dieser Überschrift mindestens eine Unterüberschrift vorhanden ist. Wenn Sie auf das Dreieck klicken, öffnet sich der Zweig und es werden alle dazugehörenden Einträge angezeigt.
- Entsprechend lässt sich mit einem Klick auf ein schwarzes, nach rechts unten zeigendes Dreieck ◢ ein Zweig schließen, damit die restliche Struktur übersichtlicher wird.

Ist der Navigationsbereich zu schmal und es werden Überschriften abgeschnitten? Dann platzieren Sie den Mauszeiger auf der vertikalen Trennlinie zwischen dem Navigationsbereich und Ihrem Text. Der Mauszeiger verwandelt sich jetzt in einen horizontalen Doppelpfeil ⟺. Bei gedrückter linker Maustaste können Sie nun die Breite verändern.

Wenn Sie im Navigationsbereich mit der rechten Maustaste auf eine beliebige Überschrift klicken, öffnet sich ein Kontextmenü mit weiteren Funktionen zum Ein- und Ausblenden:

- *Alle Ebenen erweitern*: zeigt alle Überschriften (Ebenen) im Navigationsbereich an.
- *Alle Ebenen reduzieren*: zeigt nur die Überschriften der ersten Ebene (*Überschrift 1*) an.
- *Überschriftenebenen anzeigen*: klappt ein Untermenü auf, in dem Sie festlegen, bis zu welcher Ebene die Überschriften angezeigt werden sollen.

Überschriftenebene ändern (höher-/tieferstufen): Die Überschriftenebene lässt sich direkt im Navigationsbereich ändern, hierzu müssen Sie nicht extra in die Überschrift klicken und dieser eine andere *Überschrift*-Formatvorlage zuweisen.

Klicken Sie im Navigationsbereich einfach die Überschrift an, die Sie eine Ebene tiefer (beispielsweise von Ebene 2 nach Ebene 3) oder höher (aus Ebene 3 wird Ebene 2) stufen möchten. Zum Tieferstufen drücken Sie ⟨Alt⟩+⟨⇧⟩+⟨→⟩ und zum Höherstufen ⟨Alt⟩+⟨⇧⟩+⟨←⟩. Oder Sie klicken die Überschrift mit der rechten Maustaste an und wählen im Kontextmenü den Befehl *Höher stufen* bzw. *Tiefer stufen* (Abbildung 3.12).

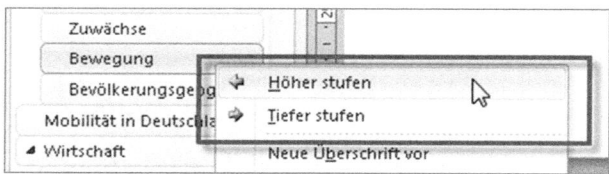

Abbildung 3.12 Überschriftenebene per Tastatur oder per Kontextmenü höher-/tieferstufen

Dokumentbereiche verschieben: Um in der Stoffsammlung Ordnung zu schaffen, müssen oft ganze Dokumentbereiche neu einsortiert werden. Per Navigationsbereich ist dies im Nu erledigt: Klicken Sie im Navigationsbereich die Überschriftenebene an, die Sie innerhalb der Dokumentstruktur verschieben möchten. Wenn Sie nun ⟨Alt⟩+⟨⇧⟩+⟨↓⟩ drücken, wandert die Überschrift im Navigationsbereich eine Position nach unten, mit ⟨Alt⟩+⟨⇧⟩+⟨↑⟩ eine Position nach oben. In Ihrem Dokument wird dabei nicht nur die Überschrift, sondern auch der komplette zu dieser Überschrift gehörende Text verschoben.

Das Verschieben ist auch per Maus möglich: Einfach die Überschrift im Navigationsbereich anklicken, linke Maustaste gedrückt halten und die jetzt angezeigte Trennlinie an die gewünschte Position verschieben. Sobald Sie die Maustaste loslassen, wird die Überschrift einschließlich Text an der gewählten Position eingefügt.

Überschriften löschen/einfügen: Per Navigationsbereich lassen sich auch ganze Dokumentbereiche entfernen. Markieren Sie hierzu die gewünschte Überschrift im Navigationsbereich und wählen Sie im Kontextmenü den Befehl *Löschen*. Die Überschrift einschließlich zugehörigem Text wird sofort ohne Rückfrage aus dem Dokument entfernt. Beachten Sie, dass dabei auch alle eventuell vorhandenen Unterüberschriften einschließlich Text gelöscht werden!

Sie möchten eine neue Überschrift einfügen? Markieren Sie die Überschrift, vor oder nach der Sie die neue Überschrift benötigen. Wählen Sie nun im Kontextmenü den Befehl *Neue Überschrift vor* oder *Neue Überschrift nach*. Die neue Überschrift entspricht immer der Ebene der markierten Überschrift. Zum Einfügen einer Unterüberschrift wählen Sie den Kontextmenübefehl *Neue Unterüberschrift*. Die neue Überschrift wird dann am Ende der vorhandenen Unterüberschriften angefügt und kann bei Bedarf verschoben werden.

Nach dem Einfügen neuer Überschriften müssen Sie im Dokument den gewünschten Überschriftentext eintragen – sonst bleibt dort nur ein leerer Absatz stehen, der mit der entsprechenden Überschrift-Formatvorlage formatiert ist (Abbildung 3.13).

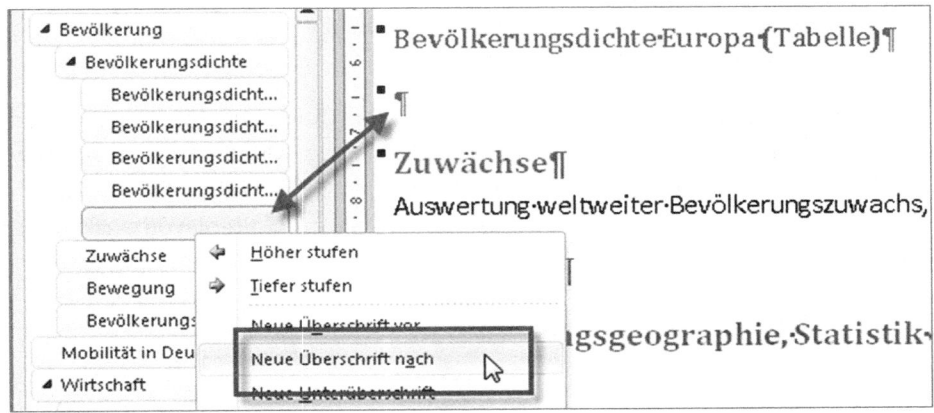

Abbildung 3.13 Neue Überschrift per Kontextmenü erzeugen

Bestimmte Dokumentbereiche drucken: Benötigen Sie von Ihrer Stoffsammlung einen bestimmten Bereich als Papierausdruck? Auch hier hilft der Navigationsbereich weiter. Klicken Sie die zu druckende Überschrift mit der rechten Maustaste an. Wählen Sie im Kontextmenü den Befehl *Überschrift und Inhalt drucken*. Sie landen in der Backstage-Ansicht auf der Registerkarte *Drucken* und können mit einem Klick auf die Schaltfläche *Drucken* den Ausdruck starten. Auch wenn die Seitenansicht etwas anderes vorgaukelt: Word druckt nur den Dokumentbereich, der zur gewählten Überschrift gehört (Text einschließlich aller Unterüberschriften).

3.1.5 Word-Gliederung – Informationen strukturieren

Neben dem Navigationsbereich, der Ihnen einen schnellen Überblick und einen schnellen Wechsel zu den Informationen in Ihrem Dokument ermöglicht, steht Ihnen mit der Word-Gliederung eine weitere Lösung zum Strukturieren Ihres Textes zur Auswahl. Der Vorteil der Gliederung ist, dass sich gezielt beliebige Bereiche ein- und ausblenden lassen und dass Sie beispielsweise die Textbereiche auf die erste Zeile reduzieren können. Zum Ein- und Ausschalten der Gliederungsansicht bietet Ihnen Word zwei Wege:

Statusleiste: Im rechten Bereich der Statusleiste befinden sich vor dem Zoom-Regler Schaltflächen zum Wechseln der Bildschirmdarstellung (Abbildung 3.14), von denen standardmäßig die *Seitenlayoutansicht* aktiv ist. Klicken Sie hier auf die zweite Schaltfläche von rechts, um die *Gliederungsansicht* zu aktivieren.

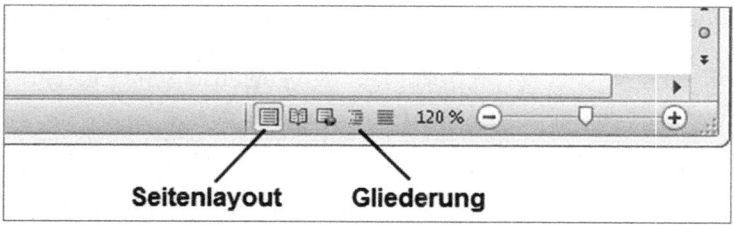

Abbildung 3.14 Die Ansicht über die Statusleiste ändern

Menüband: Wechseln Sie im Menüband zur Registerkarte *Ansicht* (Abbildung 3.15) und klicken Sie in der Gruppe *Dokumentansichten* auf die Schaltfläche *Gliederung*. Mit einem Klick auf *Gliederung|Schließen|Gliederungsansicht schließen* (die Registerkarte *Gliederung* finden Sie im Menüband ganz links, noch vor der Registerkarte *Start*) kehren Sie zur Seitenlayoutansicht zurück (siehe Abbildung 3.16).

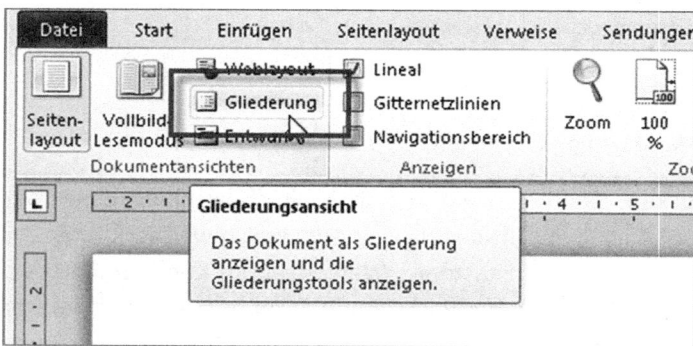

Abbildung 3.15 Im Menüband stehen fünf verschiedene Ansichten zur Auswahl

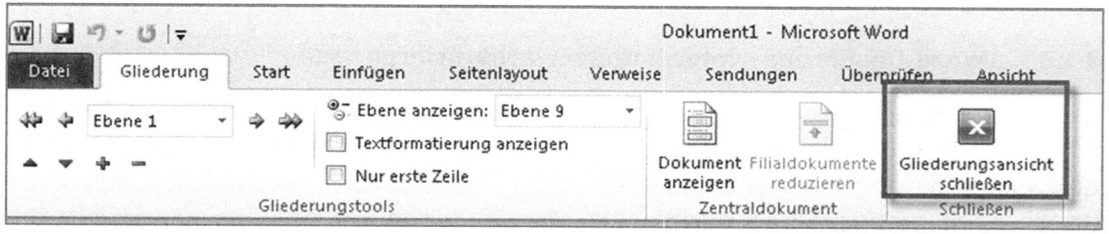

Abbildung 3.16 Die Registerkarte *Gliederung* mit der Schaltfläche *Gliederungsansicht schließen*

Ebenen ein-/ausblenden: Die Gliederungsansicht dient dazu, die Dokumentstruktur zu erfassen und den Text zu strukturieren. Daher wird der Text in dieser Ansicht weitgehend ohne Formatierungen angezeigt. Diese Darstellung mag zwar anfangs etwas gewöhnungsbedürftig sein, bietet jedoch viele Vorteile, mit denen Sie sich möglicherweise schnell anfreunden werden.

> Sie möchten nicht auf die Anzeige der Formatierungen verzichten, weil Sie beispielsweise die Texthervorhebung genutzt haben? Dann aktivieren Sie auf der Registerkarte *Gliederung* in der Gruppe *Gliederungstools* das Kontrollkästchen *Textformatierung anzeigen*.

In der Gliederungsansicht wird letztlich, wie in Abbildung 3.17 zu sehen, nur zwischen Gliederungsebenen und Textkörper unterschieden. Die Überschriften werden je nach Überschriftstufe als Ebene 1 (= Text, dem Sie die Formatvorlage *Überschrift 1* oder auf andere Art die Gliederungsebene 1 zugewiesen haben), Ebene 2 (= Text als *Überschrift 2*) etc. bezeichnet. Sämtlicher anderer Text (dem von Haus aus die Formatvorlage *Standard* zugewiesen ist) wird hier als *Textkörper* bezeichnet.

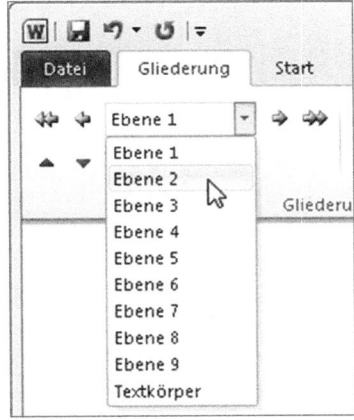

Abbildung 3.17 Die Gliederungsansicht unterscheidet nur zwischen neun Ebenen und Textkörper

Vor jedem Absatz befindet sich ein Kreissymbol: Beinhaltet dieses ein Pluszeichen (+) oder ein Minuszeichen (-), handelt es sich bei dem Absatz um eine Gliederungsebene. Ein Pluszeichen bedeutet, dass diese Ebene Unterebenen besitzt. Das Minuszeichen hingegen bedeutet, dass diese Ebene keine Unterebenen enthält. Die Textkörper-Absätze sind durch ein kleineres Kreissymbol ohne zusätzliches Zeichen gekennzeichnet (siehe Abbildung 3.18).

Wenn Sie das erste Mal in die Gliederungsansicht wechseln, sind alle Ebenen und Textkörper sichtbar. Mit einem Doppelklick auf ein Pluszeichen blenden Sie alle dieser Ebene zugeordneten Unterebenen und Textkörper aus. Ein erneuter Doppelklick zeigt die Unterebenen und Textkörper wieder an.

Word merkt sich die ausgeblendeten Ebenen nur so lange, bis Sie das Dokument bzw. Word schließen. Beim erneuten Öffnen erscheinen wieder alle Ebenen und alle Textkörper.

Der Vorteil des Aus- und Einblendens von Ebenen und dem zugehörigen Textkörper ist, dass Sie beliebige Bereiche der Stoffsammlung (und später natürlich auch Ihrer wissenschaftlichen Arbeit) für das Modellieren des Textes schnell verdecken und wieder sichtbar machen können.

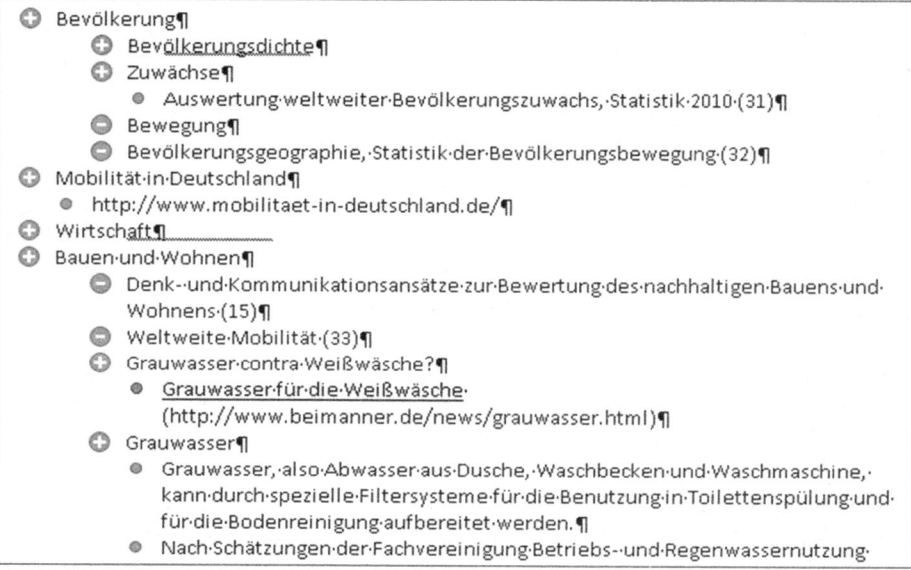

Abbildung 3.18 Die Absätze sind durch unterschiedliche Kreissymbole gekennzeichnet

Darstellung auf bestimmte Ebenen beschränken: Für das Strukturieren einzelner Ebenen ist das gezielte Aus- und Einblenden sehr hilfreich. Bei einer umfangreichen Stoffsammlung ist dies aber zu aufwendig, deshalb können Sie die Ansicht auf bestimmte Ebenen einschränken. Nutzen Sie hierfür das Drop-down-Listenfeld *Ebene anzeigen* auf der Registerkarte *Gliederung*. Angenommen, Sie möchten nur die ersten beiden Ebenen Ihrer Stoffsammlung sehen. Dann wählen Sie hier den Eintrag *Ebene 2* (siehe Abbildung 3.19) aus. Jetzt werden nur noch die Absätze angezeigt, die mit *Überschrift 1* oder *Überschrift 2* formatiert wurden. Alle anderen Überschriften sowie der Text bleiben ausgeblendet. Soll wieder die komplette Stoffsammlung dargestellt werden, wählen Sie im Drop-down-Listenfeld den Eintrag *Alle Ebenen* aus.

Wenn Sie in Ihrer Stoffsammlung nur bestimmte Ebenen einblenden und dann die Stoffsammlung beispielsweise per Strg + P drucken, werden nur die auf dem Bildschirm sichtbaren Ebenen gedruckt. Die Textkörper sowie alle anderen Ebenen werden nicht mitgedruckt.

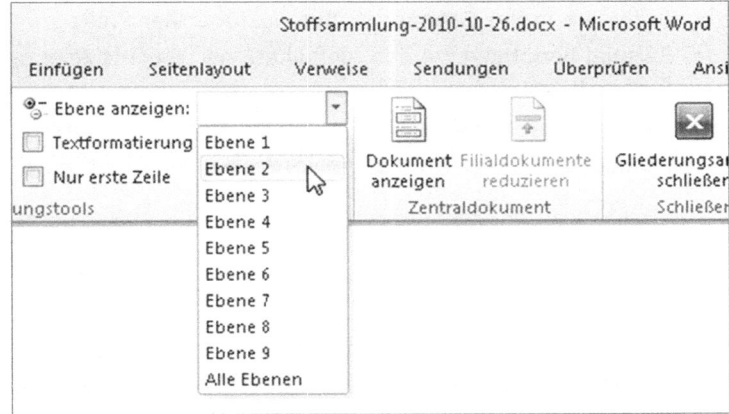

Abbildung 3.19 Steuern, welche der neun Gliederungsebenen eingeblendet werden

Ist unterhalb des Drop-down-Listenfelds *Ebenen anzeigen* das Kontrollkästchen *Nur erste Zeile* aktiviert und Sie zeigen mit *Alle Ebenen* auch die Textkörper an, erscheint vom Text jeweils nur die erste Zeile. So müssen Sie auf die Textkörperanzeige nicht gänzlich verzichten und selbst die umfangreichsten Stoffsammlungen bleiben übersichtlich.

Ebene eines Absatzes höher-/tieferstufen: Neben einer »komprimierten« Darstellung der Stoffsammlung bietet die Gliederungsansicht auch die Möglichkeit, einzelne oder mehrere Ebenen mit einem Klick höher- bzw. tiefer zu stufen. Angenommen, Sie möchten die Stoffsammlung stärker gruppieren und mehrere Überschriften (einschließlich des zugehörigen Textes) der zweiten Ebene in die dritte Ebene verschieben (= tieferstufen). Dann gehen sie wie folgt vor:

1. Klicken Sie in den Absatz, dessen Ebene Sie verändern möchten. Wenn Sie vor dem Höher- bzw. Tieferstufen mehrere Absätze Ihrer Stoffsammlung markieren (Abbildung 3.20), wirkt sich die Änderung der Ebenen auf den ganzen markierten Bereich aus.

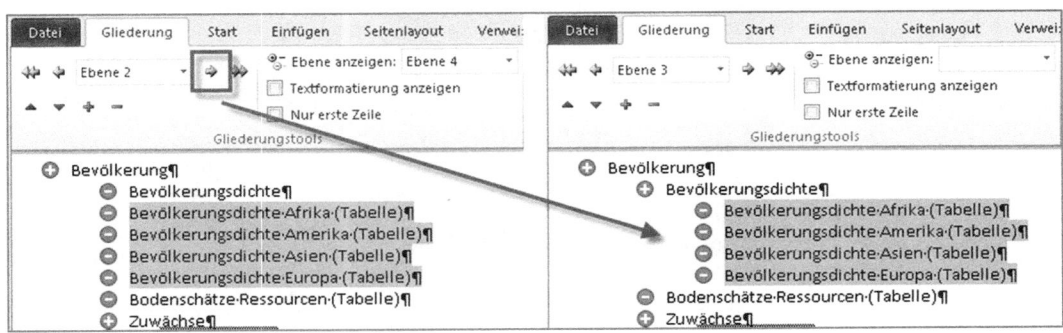

Abbildung 3.20 Gliederungsebenen mithilfe der Pfeile tieferstufen

2. Auf der Registerkarte *Gliederung* finden Sie in der Gruppe *Gliederungstools* vier Pfeile zum Höher- bzw. Tieferstufen. Für das Beispiel benötigen Sie den einfachen, nach rechts zeigenden Pfeil (siehe Abbildung 3.20) zum Tieferstufen.

Nun wird der Absatz bzw. der markierte Text sofort eine Ebene tiefergestuft; allen markierten *Überschrift 2*-Absätzen wird automatisch *Überschrift 3* zugewiesen, der Text wird automatisch eingerückt.

> Alternativ können Sie auch per Tastatur die Ebene ändern: Alt + ⇧ + ← zum Höherstufen und Alt + ⇧ + → zum Tieferstufen.

Textbereiche und Ebenen verschieben: Nicht nur Ebenen lassen sich in der Gliederungsansicht schnell und einfach ändern. Die Gliederungsansicht hilft auch dann, wenn Sie innerhalb der Stoffsammlung ganze Bereiche neu organisieren möchten. Beispielsweise ist es ein Leichtes, einen Bereich von einer Ebene zu einer anderen Ebene zu *verschieben*. Auch die Reihenfolge zweier Ebenen kann in der Gliederungsansicht mit geringem Aufwand getauscht werden – selbstverständlich inklusive aller dazugehörigen Unterebenen und Textkörper. Im Gegensatz zur normalen Seitenlayoutansicht besteht hier nicht die Gefahr, dass ein Absatz vergessen wird oder der Text durch das Umstellen durcheinandergerät.

- **Einzelne Textkörper-Absätze in eine andere Ebene (Überschrift) verschieben:** Platzieren Sie die Einfügemarke in dem Absatz, den Sie einer anderen Überschrift unterordnen möchten. Klicken Sie in der Gruppe *Gliederungstools* auf das nach unten bzw. nach oben zeigende Dreieck oder drücken Sie die Tastenkombination Alt + ⇧ + ↓ bzw. Alt + ⇧ + ↑. Mit jedem Klick auf ein Dreieck bzw. mit jedem Drücken der Tastenkombination wird der aktuelle Absatz eine Position nach unten bzw. oben verschoben (siehe Abbildung 3.21). Sind beim Verschieben mehrere Absätze markiert, wird die komplette Markierung verschoben.

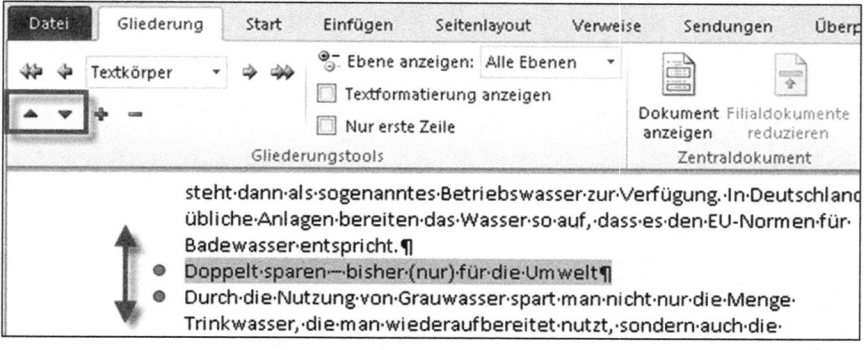

Abbildung 3.21 Sowohl Text als auch Überschriften werden ganz einfach umgestellt

- **Komplette Ebenen »am Stück« verschieben:** Um Ebenen einschließlich aller zugehörigen Unterebenen und Textkörper umzustellen, reduzieren Sie die Ansicht auf die gewünschte

Ebene. Jetzt platzieren Sie die Einfügemarke in der umzustellenden Ebene und klicken auf das nach unten bzw. nach oben zeigende Dreieck. Befindet sich die Ebene an der gewünschten Position, blenden Sie wieder über das Drop-down-Listenfeld Ebene anzeigen alle Ebenen und Textkörper ein.

Je mehr Arbeit Sie in Ihre Stoffsammlung investiert haben, desto wertvoller wird diese Word-Datei für Ihre Arbeit. Achten Sie deshalb darauf, dass Sie immer über eine Sicherungskopie dieser wichtigen Datei verfügen. Speichern Sie die Kopie auf einer externen Festplatte oder auf einem USB-Stick – aber niemals auf demselben Computer oder gar derselben Festplatte wie das Original.

Besonders einfach ist das Anlegen einer Datensicherung mithilfe des Add-Ins *Wissenschaftliches Arbeiten*, das Sie in der Datei *WissenschaftlichesArbeiten.dotm* auf der CD-ROM zu diesem Buch im Ordner *\Add-In_WA* finden. Wenn Sie das Add-In installiert haben, verfügen Sie in Word über die zusätzliche Registerkarte *Wissen. Arbeiten*. Legen Sie über die Schaltfläche *Einstellungen* in der Gruppe *Sicherungs-Assistent* (einmalig) fest, wo Ihre Kopien abgelegt werden (Abbildung 3.22). Ab sofort genügt dann ein Klick auf die Schaltfläche *Speichern (mit Kopie)*, um die aktuelle Datei zu speichern und gleichzeitig eine Kopie des letzten Standes im gewählten Sicherungsordner anzulegen.

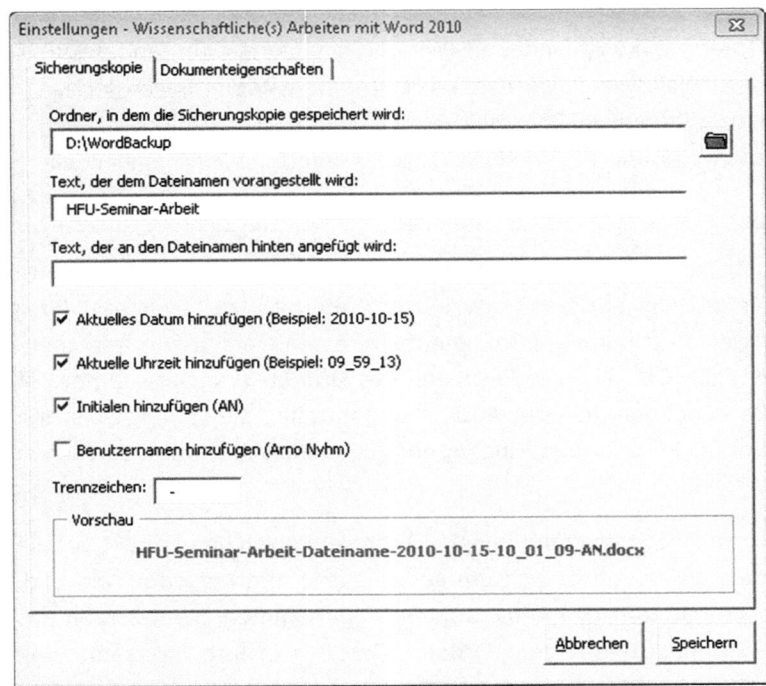

Abbildung 3.22 Per Sicherungs-Assistent eine zusätzliche Kopie der aktuellen Datei speichern

3.2　　Das elektronische Dokumentenarchiv

Viele Fachartikel, Auswertungen oder selbst komplette Bücher stehen als »elektronisches Dokument« zur Verfügung: sei es als PDF-Datei, als Word-Datei, als Excel-Datei oder in eingescannter Form als Bilddatei. Gleichgültig, wo Sie über ein elektronisches Dokument stolpern: Speichern Sie es sofort auf der Festplatte Ihres Computers. Damit Sie Ihre elektronischen Dokumente jederzeit wiederfinden, legen Sie hierzu eine Archivordnerstruktur an, die wie folgt aufgebaut sein kann:

```
\Stoffsammlung \Bilder
               \Internet
               \Literatur
               \Sonstiges
               \Tabellen
               \...
```

Die Aufteilung in Unterordner hat den Vorteil, dass nicht alle Dateien in einem Ordner abgelegt sind. Die Datenstruktur wird so auch in Bezug auf eine regelmäßige Datensicherung übersichtlicher und handlicher. Wie viele Unterordner Sie anlegen und wie detailliert Sie Ihre Dateien aufteilen, bestimmen Sie in Abhängigkeit von der Art und Anzahl Ihrer elektronischen Dokumente.

> Alternativ zur baumartigen Ordnerstruktur können die Dateien auch einfach in zwei Ordnern abgelegt werden: Im Ordner *\Stoffsammlung* landet das Word-Dokument mit der Stoffsammlung, im Ordner *\Recherche* werden alle Ideen abgelegt. Diese Struktur weist im Gegensatz zur Baumstruktur den Vorteil auf, dass Dateien mit den gleichen Namen (Bild und PDF-Datei), aber unterschiedlicher Dateinamenerweiterung im Windows-Explorer sofort als eine Einheit erkennbar sind.

Zu jeder Datei in Ihrer Ordnerstruktur fügen Sie sofort nach dem Speichern der Datei in Ihre Word-Stoffsammlung einen Verweis ein, um dort jederzeit den Überblick zu bewahren. Auch wenn Sie bereits beim Ablegen des elektronischen Dokuments für einen eindeutigen, sprechenden Dateinamen gesorgt haben, gilt: Das alleinige Eintragen des Ordner- und Dateinamens in die Word-Datei ist zu wenig. Denn bei der späteren Auswertung müssten Sie ständig zwischen Word-Datei und Windows-Explorer hin- und herspringen, um die gewünschte Datei zu suchen und zu öffnen.

Die Lösung: Fügen Sie Hyperlinks in Ihre Stoffsammlung ein. Diese verweisen dann direkt auf die entsprechende Datei, unabhängig davon, ob es sich um gespeicherte Internetseiten, ein Bild, eine PDF-Datei, eine Excel-Tabelle mit Statistiken etc. handelt. Angenommen, Sie möchten das Dokument *Bevölkerungsdichte-Europa.xlsx* aus dem Ordner *\Tabellen* in Ihre Stoffsammlung einfügen:

1. Markieren Sie den Tabellenverweis in Ihrer Stoffsammlung. Wechseln Sie im Menüband zur Registerkarte *Einfügen*. Klicken Sie in der Gruppe *Hyperlinks* auf die Schaltfläche *Hyperlink*.

2. Jetzt öffnet sich das Dialogfeld *Hyperlink einfügen*, in dem Sie zunächst über das Feld *Suchen in* zu dem Tabellenordner Ihrer elektronischen Dokumente wechseln. Klicken Sie die aufzunehmende Excel-Datei an.

3. Im Textfeld *Anzuzeigender Text* legen Sie den Text fest, der später in der Stoffsammlung angezeigt wird. Hier gibt Word den Dateinamen vor, passen Sie die Beschreibung entsprechend an (Abbildung 3.23).

Abbildung 3.23 Für Hyperlink sowohl verknüpfte Datei als auch anzuzeigenden Text festlegen

4. Mit *OK* kehren Sie zur Stoffsammlung zurück, in die Word einen Hyperlink auf das Dokument eingefügt hat. Wenn Sie den Mauszeiger auf dem Hyperlink platzieren, erscheint eine QuickInfo mit der kompletten Pfadangabe zur verlinkten Datei (Abbildung 3.24).

Abbildung 3.24 In der QuickInfo ist der komplette Pfad zur verlinkten Datei zu lesen

5. Um das Dokument zu öffnen, halten Sie die Strg-Taste gedrückt und klicken auf den Hyperlink. Windows startet jetzt das Programm, mit dem sich das Quelldokument öffnen

lässt – beispielsweise Internet Explorer, Adobe Reader, Windows-Fotogalerie bzw. Windows-Fotoanzeige, Excel etc.

Wenn Sie Internetseiten mit Internet Explorer als mht-Datei gespeichert haben und diese später öffnen, zeigt die Adressleiste von Internet Explorer den Pfad zur mht-Datei an. Die Original-URL ist dagegen nicht mehr zu sehen. Fügen Sie deshalb in Ihrer Stoffsammlung hinter dem Hyperlink auf die mht-Datei noch die originale URL ein, die Sie aus der Adressleiste von Internet Explorer herauskopieren (Abbildung 3.25).

Grauwasser·für·die·Weißwäsche·(http://www.beimanner.de/news/grauwasser.html)¶

Abbildung 3.25 Notieren Sie hinter dem Link die Original-URL

3.3   Die »Sammelkiste« für Zeitschriften und Bücher

Nicht alle Unterlagen und Informationen, die Sie während der Ideensammlungsphase finden, stehen in elektronischer Form bereit. So ist zwar der Inhalt fast aller Bibliotheken in entsprechenden Datenbanken erfasst und er lässt sich nach Stichwörtern durchforsten. Der gesuchte Zeitschriften- oder Buchartikel ist jedoch oft nur in Papierform erhältlich. Damit Sie auch diese Quellen in Ihrer Stoffsammlung auswerten können, gehen Sie wie folgt vor:

- Kopieren Sie die Artikel aus Fachzeitschriften (Papierkopie). Vergessen Sie dabei nicht, die Titelseite bzw. das Impressum der Zeitschrift zu kopieren. Denn hier sind all die Daten wie ISBN, Verlag oder Ausgabe zu finden, die Sie später für das Literaturverzeichnis benötigen, wenn Sie den Artikel in Ihre Arbeit aufnehmen.
- Das Gleiche gilt für nützliche Passagen in Büchern: Falls nur eine Passage von Interesse ist, halten Sie die entsprechende Seite sowie das Cover (mit Titel-, Autoren-, Verlags-, Auflagen- und ISBN-Angaben) als Papierkopie fest. Erscheint das ganze Buch wichtig, kopieren Sie Cover und Inhaltsverzeichnis. So können Sie später in aller Ruhe recherchieren, welche Kapitel für Ihre Arbeit relevant sind.

Falls das Kopiergerät über eine Möglichkeit verfügt, die kopierten Informationen in Form einer PDF-Datei auszugeben oder gleich per E-Mail zuzusenden, hinterlegen Sie die PDF-Dateien wie in Abschnitt 3.2 »Das elektronische Dokumentenarchiv« beschrieben im entsprechenden Archivordner und als Hyperlink in Ihrer Word-Stoffsammlung.

Klassische Kopiergeräte liefern Ihnen einen Stapel Papier, den Sie anschließend ebenfalls verwalten müssen. Fügen Sie für alle Papierquellen, die Sie sammeln, in Ihrer Word-Stoffsammlung passende Stichwörter ein. Umso leichter finden Sie diese Papierquellen, sobald Sie diese benötigen.

Eine bewährte Möglichkeit, den Überblick zu bewahren, anstatt Papiersalat anzuhäufen, ist folgende: Sammeln Sie zunächst alles »nicht elektronische« Material (Papierkopien, Zeitschriften, Bücher etc.) mehr oder weniger wahllos in einer Sammelkiste.

Sobald Sie die Papierquelle in die Hand nehmen, vergeben Sie ihr eine fortlaufende Nummer. Dann legen Sie die Quelle in einem Aktenordner oder einer entsprechend vorgesehenen Kiste für bereits gesichtetes Material ab. In Ihrem Word-Stoffsammlungsdokument tragen Sie die vergebene fortlaufende Nummer ein, am besten am Ende der Stichwörter in Klammern (Abbildung 3.26). Dank eindeutiger Nummerierung lässt sich jede Quelle später schnell wiederfinden.

Auswertung·weltweiter·Bevölkerungszuwachs,·Statistik·2010·(31)¶

Bevölkerungsgeographie,·Statistik·der·Bevölkerungsbewegung·(32)¶

Weltweite·Mobilität·(33)¶

Abbildung 3.26 Jede Papierquelle mit einer laufenden Nummer kennzeichnen

---

Arbeiten Sie im Team? Dann erhält jedes Teammitglied eigene Nummernbereiche – beispielsweise 0 bis 250, 251 bis 500 etc., so kann es keine Überschneidungen geben.

Apropos »Sammeln«

Word bietet die Möglichkeit, mehrere Texte, Grafiken etc. – auch aus verschiedenen Dokumenten – nacheinander in dem AutoText-Eintrag *Sammlung* zu hinterlegen und diese Sammlung an beliebiger Stelle wieder einzufügen:

1. Markieren Sie das benötigte Sammelobjekt, beispielsweise ein Wort, einen Absatz, eine Grafik oder eine Tabelle (plus Text davor oder danach, sonst wird nur der Tabelleninhalt übernommen) und drücken Sie jeweils `Strg`+`F3`.
2. Der markierte Bereich wird **ausgeschnitten** und in der Datei *Normal.dotm* im Schnellbaustein *Sammlung* (Katalog *AutoText*) gespeichert.
   Da der Bereich nicht kopiert, sondern **ausgeschnitten** wird, nehmen Sie diese Aktion per `Strg`+`Z` sofort wieder zurück oder schließen das Dokument ohne zu speichern.
3. Zum Einfügen und gleichzeitigen Leeren der Sammlung drücken Sie an gewünschter Stelle `Strg`+`⇧`+`F3`. Soll die Sammlung eingefügt, aber nicht geleert werden, tippen Sie das Wort »Sammlung« ein und drücken Sie `F3`. Oder benennen Sie den Schnellbaustein um oder verschieben Sie ihn über *Einfügen | Text | Schnellbausteine | Organizer für Bausteine*.

4 Arbeit vorbereiten

Aktivität	Umsetzung mit Word/sonst. Hilfsmitteln	Ergebnis	Seite
Entwurf der Arbeit anlegen	• Neue Datei auf Basis der in Abschnitt 2.8 angelegten Vorlage erstellen	Entwurfsdokument	135
Literaturquellen erfassen, Quellenverweise einfügen	• Quellen erfassen und verwalten • »Zitate« einfügen • Literaturverzeichnis anlegen	Quellenangaben und Literaturverzeichnis	138
Daten übersichtlich präsentieren	• Tabellen einfügen, Layout anpassen • Tabellen formatieren	Tabellen im Dokument	151
Mathematische, chemische und andere Sachverhalte darstellen	• Formeln neu erstellen • Formeln in Bausteinen speichern und nutzen	Formeln im Dokument	172
Grafiken, Schaubilder, Skizzen etc. einfügen	• Grafiken, SmartArts, Formen einfügen • Abbildungen formatieren, platzieren • Abbildungsunterschriften und Abbildungsverzeichnis hinzufügen	Visuelle Darstellungen und Abbildungsverzeichnis	179
Auf andere Stellen im Dokument verweisen	• Querverweise einfügen • Textmarken hinzufügen	Dynamische Verweise	203
Übersichten einfügen	• Inhaltsverzeichnis anlegen, gestalten • Dokument indizieren und Index einfügen (Stichwortverzeichnis)	Automatisches Inhaltsverzeichnis und Stichwortverzeichnis	205

Sie haben Ihre Ideen- und Stoffsammlung mittlerweile vorangetrieben – dann ist irgendwann die Zeit reif, Ihre Vorarbeiten in die wissenschaftliche Arbeit umzusetzen. Wann dieser Zeitpunkt gekommen ist, bestimmen Sie selbst oder ein externer Zeitplan gibt es vor. Im Idealfall können Sie nun behaupten: Die wichtigsten Quellen sind bekannt, Sie haben die Texte der namhaften Autoren gesichtet und die Richtung Ihrer eigenen Arbeit ist klar geworden.

Spätestens jetzt legen Sie den ersten Entwurf Ihrer wissenschaftlichen Arbeit als Word-Dokument an. Daneben führen Sie Ihre Stoffsammlung als eigenständiges Word-Dokument fort. Denn Sie werden weiter auf neue Quellen und Materialien stoßen, die Sie in der Arbeit nicht gleich verwenden. Die Trennung von Stoffsammlung und Entwurf macht es leichter, zusätzliche Informationen, wann immer sie auftauchen, unstrukturiert festzuhalten.

Der Entwurf selbst ist genau dasjenige Word-Dokument, aus dem nach und nach die spätere fertige Arbeit entsteht. Außerdem dient der Entwurf als Grundlage für ein Proposal oder einen Antrag. Die Erstellung eines Proposals ist im Vorfeld häufig notwendig, um beispielsweise eine

Thesis, Magister-/Diplomarbeit, Dissertation oder Habilitationsschrift zu beantragen, um einen Fachbeitrag bei einer Konferenz einzureichen oder um einem Verlag ein Buchprojekt vorzuschlagen. Abbildung 1.2 zeigt, an welchem Punkt im gesamten Arbeitsablauf Sie nun stehen.

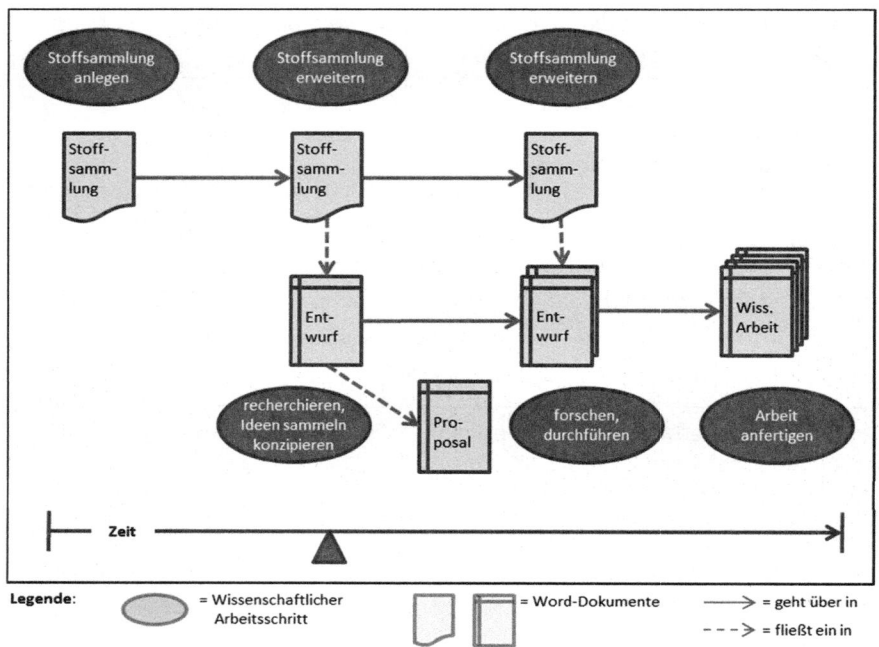

Abbildung 4.1 Der Entwurf als Basis für ein Proposal (oder einen Antrag) und Ihre wissenschaftliche Arbeit

Im Entwurf erarbeiten Sie zunächst den roten Faden für Ihre wissenschaftliche Arbeit. Dazu legen Sie die vorläufigen Überschriften der Hauptkapitel fest. Teilweise ist schon klar, welche Unterkapitel hierunter fallen werden. Dann ergänzen Sie entsprechende Überschriften auf der zweiten Gliederungsebene. Die Gliederungsfunktion von Word (siehe Abschnitt 3.1.5 »Word-Gliederung – Informationen strukturieren«) hilft Ihnen in dieser Phase besonders, weil Sie die Inhalte beliebig umgruppieren können. Dies erleichtert das Arbeiten, denn gerade in der Anfangsphase ist noch nicht klar, wo wann welches Thema behandelt wird. Das Umstellen in der Gliederung lässt sich mit nur wenigen Mausklicks bewerkstelligen. Achten Sie nur darauf, nicht zu viele Gliederungsebenen anzulegen. Zwei oder drei Ebenen reichen im Entwurf fast immer aus. Überschriften auf der vierten oder fünften Ebene dienen allenfalls als »Ideensammler«.

In die einzelnen Kapitel ergänzen Sie dann sukzessive:

- Text: eigenen Text, fremde Zitate, Quellenangaben, Tabellen
- Grafische Elemente: Abbildungen, Zeichnungen/Skizzen

- Verweise: Im Text müssen Sie auf Tabellen und Abbildungen verweisen, diese dürfen nie »aus dem Nichts« heraus auftauchen – Sie müssen *vor* einer Tabelle oder Abbildung mindestens einmal auf sie verweisen. Danach können Sie dies beliebig oft wiederholen.
- Ein Inhaltsverzeichnis: Wenn Sie mehrere Überschriften auf mehreren Ebenen angelegt haben, schafft ein Inhaltsverzeichnis den Überblick über die aktuelle Struktur der Arbeit.

In Kapitel 6 steht Ihnen eine Checkliste (Tabelle 6.1) als Hilfe für die späteren Endarbeiten zur Verfügung. Nutzen Sie diese Checkliste von Beginn an als roten Faden.

> Es lohnt sich, Aufwand in den ersten Entwurf zu stecken! Denn je besser Sie dieses Word-Dokument ausarbeiten, desto höher ist die Wahrscheinlichkeit, Word-Probleme von vornherein zu vermeiden. Statt für lästige Nachbesserungen nutzen Sie Ihre begrenzte Zeit besser für weitere Recherchen, für das Erforschen, Entwickeln und Untersuchen Ihres Themas. Und den Entwurf füllen Sie Schritt für Schritt mit Ihren Ergebnissen – das Entwurfs-Word-Dokument mutiert so zur vollendeten wissenschaftlichen Arbeit.

4.1 Entwurfsdokument anlegen und verwenden

Erstellen Sie Ihr Entwurfsdokument auf Grundlage der in Abschnitt 2.8 »Die Dokumentvorlage – Basis Ihrer Dokumente« erstellten Dokumentvorlage. Wählen Sie dazu im Menüband die Registerkarte *Datei* und anschließend den Befehl *Neu | Meine Vorlagen* (Abbildung 4.2).

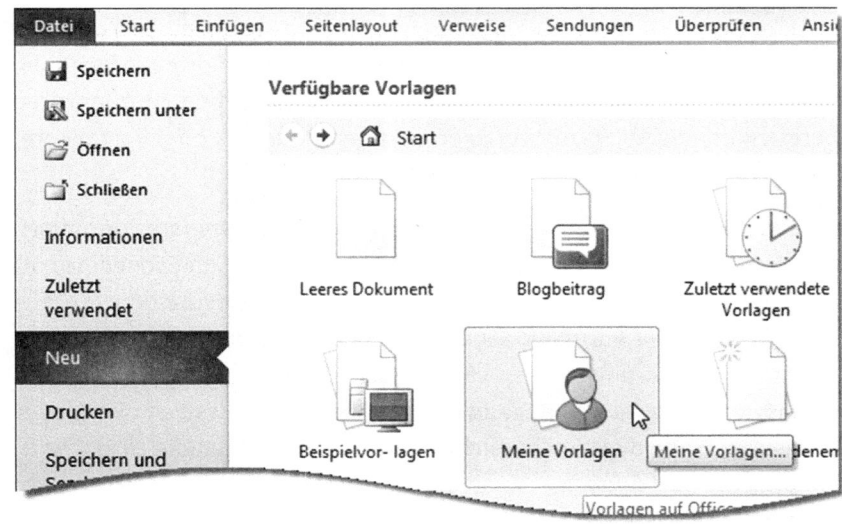

Abbildung 4.2 Ihre eigenen Dokumentvorlagen erreichen Sie über den Befehl *Meine Vorlagen*

Es öffnet sich das Dialogfeld *Neu*, in dem die Registerkarte *Persönliche Vorlagen* Ihren Vorlagenordner mit den darin gespeicherten Dokumentvorlagen repräsentiert. Eventuell vorhandene *nicht leere* Unterordner werden als weitere Registerkarten angezeigt, in Abbildung 4.3 beispielsweise *Seriendruck* und *Tests*. Markieren Sie die benötigte Dokumentvorlage und klicken Sie auf *OK* – oder doppelklicken Sie auf die Vorlage.

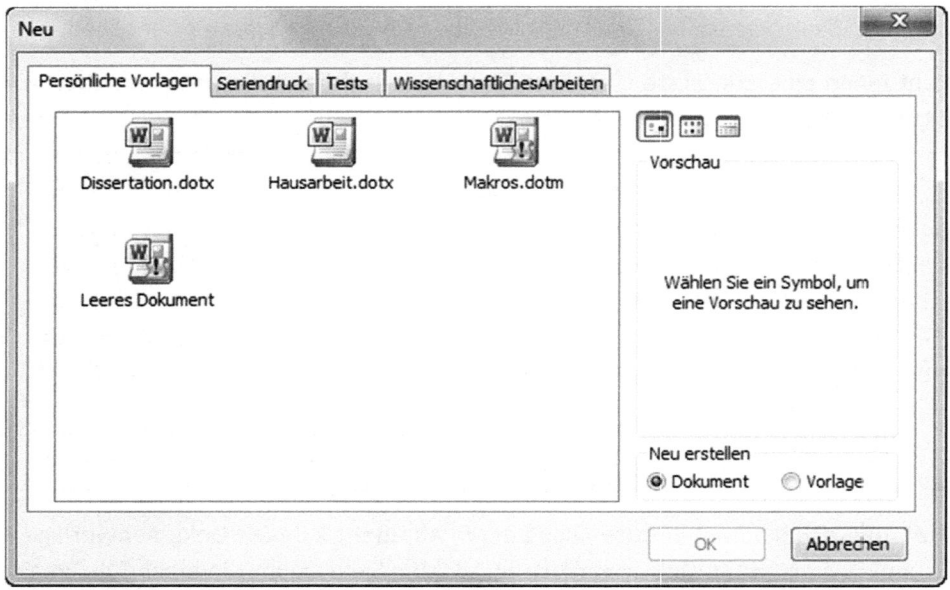

Abbildung 4.3 Über das Dialogfeld *Neu* greift Word auf Ihre Dokumentvorlagen zu

Auf Basis dieser Dokumentvorlage wird ein neues Dokument erstellt, das über ein korrektes Seitenlayout (Seitenränder, Einstellungen zu Kopf- und Fußzeilen) sowie alle Formatierungen in Form von Formatvorlagen verfügt. Sie können sich jetzt ganz auf das Schreiben konzentrieren und die Gestaltung »nebenher« erledigen: Formatvorlagen sind per Mausklick oder Tastenkombination schnell zugewiesen.

Der von Ihnen eingegebene Text wird automatisch mit der Formatvorlage *Standard* formatiert. Um einen Absatz als Kapitelüberschrift zu formatieren, klicken Sie entweder im Schnellformatvorlagen-Katalog (*Start*|*Formatvorlagen*) oder im Aufgabenbereich *Formatvorlagen* (Alt + Strg + ⇧ + S) auf die entsprechende Formatvorlage *Überschrift 1*, *Überschrift 2* etc. (siehe auch Abschnitte 2.6.2 »Formatvorlagen anwenden« sowie 3.1.1 »Text erfassen und gruppieren«). Achten Sie darauf, dass entweder die Einfügemarke innerhalb des Absatzes blinkt oder der Absatz vollständig markiert ist. Sobald ein Teilbereich markiert ist, fungieren die *Überschrift*-Formatvorlagen als *verknüpfte Formatvorlagen* – dann wird nur die Zeichenformatierung angewendet und die Absatzformatierung ignoriert.

> Die Formatvorlagen *Überschrift 1* bis *Überschrift 3* sind bereits mit den Tastenkombinationen Alt + 1 bis Alt + 3 vorbelegt und lassen sich so noch schneller zuweisen.

Den Aufgabenbereich *Formatvorlagen* können Sie freischwebend beliebig am Bildschirm positionieren, indem Sie seine Titelleiste (Abbildung 4.4) anklicken und mit gedrückter linker Maustaste verschieben. Ein Doppelklick auf die Titelleiste lässt ihn wieder auf der rechten Seite des Word-Anwendungsfensters einrasten.

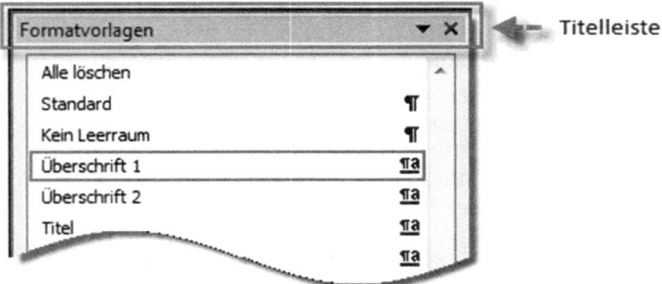

Abbildung 4.4 Der Aufgabenbereich *Formatvorlagen* lässt sich über seine Titelleiste verschieben

Um in Ihrem Entwurf den Überblick zu bewahren und schnell zwischen den einzelnen Kapiteln hin- und herzuwechseln, blenden Sie auch hier wie in der Stoffsammlung (siehe Abschnitt 3.1.4 »Übersicht dank Navigationsbereich«) über *Ansicht|Anzeigen* den *Navigationsbereich* ein. Möchten Sie in Ihrem Entwurf Textpassagen oder ganze Kapitel umstellen, erreichen Sie dies am einfachsten in der Gliederungsansicht (siehe Abschnitt 3.1.5 »Word-Gliederung – Informationen strukturieren«).

Wichtig: Vergessen Sie vor lauter Texteingabe und Formatierung nicht das Speichern Ihres Entwurfs. Machen Sie es sich zur Gewohnheit, nach jedem Absatz oder jedem wichtigen Schritt beispielsweise per [Strg]+[S] zwischenzuspeichern.

Die Arbeiten am Entwurf dauern je nach Genre der wissenschaftlichen Arbeit zwischen einigen Tagen (Hausarbeiten, Fachartikel) und einigen Wochen oder Monaten (alles andere). Um das Öffnen des Entwurfsdokuments, Ihrer Stoffsammlung sowie anderer, regelmäßig benötigter Dokumente zu vereinfachen, »pinnen« Sie die Dokumente in der Liste *Zuletzt verwendete Dokumente* fest.

Sie finden diese Liste auf der Registerkarte *Datei* des Menübands und dann in der *Backstage-Ansicht* auf der Registerkarte *Zuletzt verwendet*. Weitere Informationen hierzu finden Sie in Abschnitt 2.3.4 »Schnell auf häufig benötigte Dokumente und Vorlagen zugreifen«.

Wenn Sie an einem »öffentlichen« PC in der Bibliothek, im Labor etc. arbeiten oder Ihren Benutzerzugang am PC mit anderen teilen, kann ein Dritter sofort erkennen, welche Dateien zuletzt bearbeitet wurden. Auch wenn die Dateien gar nicht mehr vorhanden sind – weil sie sich beispielsweise auf Ihrem USB-Stick befanden –, ist der möglicherweise »sprechende« Dateiname noch in der Liste der zuletzt verwendeten Dokumente sichtbar.

Einzelne Einträge lassen sich über das Kontextmenü aus der Liste entfernen. Um die gesamte Liste zu löschen, setzen Sie die Anzahl in den Word-Optionen unter *Erweitert | Anzeigen | Diese Anzahl zuletzt verwendeter Dokumente anzeigen* auf »0« und verlassen die Optionen mit einem Klick auf *OK*. Rufen Sie die Optionen anschließend erneut auf und tragen Sie wieder den ursprünglichen bzw. gewünschten Wert ein.

Diese Einstellung betrifft jedoch nur Word und ist unabhängig von der gegebenenfalls vom Betriebssystem (im Startmenü) angezeigten Liste zuletzt verwendeter Dokumente.

4.2   Umgang mit Literaturquellen

Sie verweisen in Ihrer wissenschaftlichen Arbeit auf eine Statistik, auf ein Forschungsergebnis oder beziehen sich auf die Aussage eines Dritten? In allen Fällen gilt, dass Sie die Quelle, auf die Sie sich beziehen, eindeutig in Form eines Quellennachweises belegen (siehe Abschnitt 1.4.6 »Literaturverzeichnis«). Denn jeder, der Ihre wissenschaftliche Arbeit liest, muss die Möglichkeit haben, die Quelle zu finden und zu verifizieren.

Gleichgültig, ob die Quelle aus einem Fachartikel, einem Buch oder einer anderen Veröffentlichung stammt: Die Quelle muss im Literaturverzeichnis Ihrer wissenschaftlichen Arbeit auftauchen. Das Führen des Literaturverzeichnisses gehört deshalb von Anfang an zu einer der wichtigsten Aufgaben bei Ihrer wissenschaftlichen Arbeit. Halten Sie in der Entwurfsphase immer sofort alle Quellen fest – vermeiden Sie das nachträgliche Erfassen. Denn können Sie eine Quelle nicht mehr eindeutig belegen, ist diese für Sie verloren und nicht mehr zitierfähig!

Immer wieder kommt die Frage auf, ob die freie Online-Enzyklopädie »Wikipedia« (*http:// de.wikipedia.org*) eine zitierfähige Quelle für wissenschaftliche Arbeiten sei. Die Antwort lautet schlicht: Nein.

Das hat nichts mit mangelnder Qualifikation von Wikipedia-Autoren oder gar mit der Bekanntheit der Plattform Wikipedia zu tun. Der Grund ist viel fundamentaler: Redaktionelle Einträge in Wikipedia können jederzeit von jedermann eingebracht und geändert werden. Die Historie eines Beitrags ist zwar auf der Webseite von Wikipedia auf der Registerkarte *Versionen/ Autoren* nachvollziehbar (und mancher Betreuer wissenschaftlicher Arbeiten geriete ins Staunen, wenn er die Historie zitierter Wikipedia-Beiträge sichten würde). Doch Beiträge in Wikipedia sind somit stetig »im Fluss«. Eine zitierfähige Quelle ist aber ein auf alle Zeit fixer Text.

Fazit: Wikipedia eignet sich bestens für den Einstieg in Recherchen. Doch zum Zitieren müssen Sie anschließend wissenschaftliche Literatur sichten und sich darauf in Ihrer Arbeit beziehen. Unterstützung bei der Suche nach wissenschaftlicher Literatur erhalten Sie bei den jeweiligen Wikipedia-Artikeln oft in den Rubriken *Weblinks*, *Literatur* und *Einzelnachweise*.

Word unterstützt Sie bei Ihrer Literaturverwaltung, Sie können direkt in Word komfortabel Quellen erfassen, Quellennachweise einfügen und ein Literaturverzeichnis erstellen. Im späteren endgültigen Literaturverzeichnis Ihrer wissenschaftlichen Arbeit dürfen nur die Quellen aufgeführt sein, auf die Sie in Ihrer Arbeit verweisen.

Seien Sie jedoch in frühen Phasen beim Erfassen der Quellen großzügig und halten Sie lieber eine Quelle zu viel als eine zu wenig fest. Denn Quellen, auf die Sie sich im Text nicht beziehen, erkennt Word und Sie können diese jederzeit wieder aus dem Literaturverzeichnis herausnehmen.

4.2.1   Hintergrundinformationen

Bevor Sie mit dem Erfassen der ersten Quelle beginnen, noch ein paar wichtige Hintergrundinformationen:

- Zur Verwaltung der Quellen dient der *Quellen-Manager*, den Sie im Menüband über *Verweise|Zitate und Literaturverzeichnis|Quellen verwalten* öffnen.
- Wenn Sie eine Quelle erfassen, wird die Quelle zweimal gespeichert: zum einen in der Word-eigenen Masterliste *Sources.xml* und zum anderen in der *Aktuellen Liste*, die sich in dem Dokument befindet, das Sie gerade geöffnet haben (= Ihre wissenschaftliche Arbeit).
Das doppelte Speichern hat den Vorteil, dass beim Bearbeiten der wissenschaftlichen Arbeit auf einem fremden Computer immer sämtliche in Ihrer Arbeit eingefügte Quellen zur Verfügung stehen – die Quellen »wandern« mit Ihrer wissenschaftlichen Arbeit mit.
- Da die Masterliste unabhängig von dem gerade geöffneten Dokument ständig erweitert wird, verfügen Sie schon bald über eine beträchtliche, dokumentübergreifende Quellensammlung. Jede Quelle aus der Masterliste können Sie in beliebig viele wissenschaftliche Arbeiten übernehmen.Die in der Masterliste hinterlegten Quellen stehen somit allen Dokumenten zur Verfügung, die Sie in Word erstellen.
- Die Datei *Sources.xml* mit der Masterliste befindet sich unter **Windows 7** sowie **Windows Vista** standardmäßig im Ordner *C:\Users\<Benutzername>\AppData\Roaming\Microsoft\ Bibliography*, unter **Windows XP** im Ordner *C:\Dokumente und Einstellungen\<Benutzername>\Anwendungsdaten\Microsoft\Bibliography*. Sie wird jedoch erst nach Anlegen einer Quelle erzeugt.
- Bei der Masterliste handelt es sich um eine XML-Datei (*Sources.xml*), sodass die Daten auch mit anderen Programmen ausgetauscht werden können.
- Wenngleich Word beim Start standardmäßig die Masterliste *Sources.xml* lädt, lassen sich im *Quellen-Manager* über die Schaltfläche *Durchsuchen* andere Masterlisten öffnen. So können Sie beispielsweise Listen mit fachspezifischen Quellen oder Masterlisten Dritter (wichtig beim Arbeiten im Team) öffnen und die Quellen in die eigene wissenschaftliche Arbeit übernehmen (Abbildung 4.5).

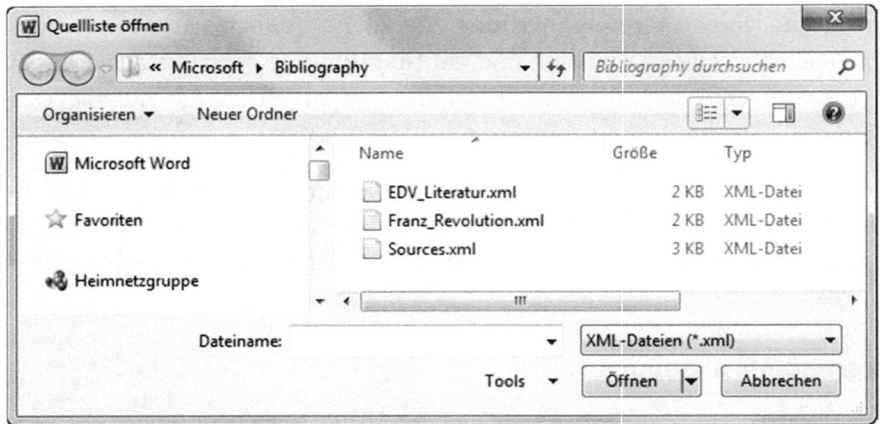

Abbildung 4.5 Neben der Masterliste *Sources.xml* lassen sich weitere Masterlisten laden

4.2.2 Quellen erfassen

Ihre Quellen können Sie bereits beim Recherchieren erfassen und später Ihrer Arbeit zuweisen. Oder Sie erfassen eine Quelle erst dann, wenn Sie zum ersten Mal auf die Quelle verweisen.

1. Wechseln Sie zur Registerkarte *Verweise*. Klicken Sie in der Gruppe *Zitate und Literaturverzeichnis* auf die Schaltfläche *Quellen verwalten*.
2. Es öffnet sich das Dialogfeld *Quellen-Manager* (Abbildung 4.6). Da Sie bislang keine Quellen erfasst haben, ist sowohl die *Masterliste* (links) als auch die *Aktuelle Liste* (rechts) leer.

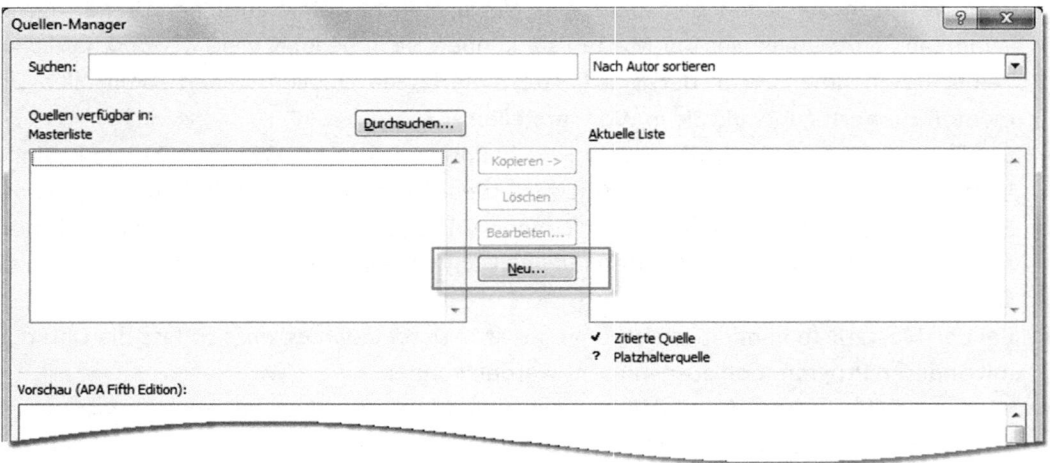

Abbildung 4.6 Im *Quellen-Manager* eine neue Quelle anlegen

3. Um eine neue Quelle anzulegen, klicken Sie in der Mitte des Dialogfelds auf die Schaltfläche *Neu*.

4. In dem Dialogfeld *Quelle erstellen* (Abbildung 4.7) wählen Sie zunächst im Dropdown-Listenfeld *Quellentyp* die Art Ihrer Quelle aus: *Buch, Zeitungsartikel, Website, Elektronische Quelle, Film, Patent* etc. Denn je nach Quellentyp stehen anschließend zur Erfassung der Quelle unterschiedliche Eingabefelder zur Verfügung.

5. Angenommen, Sie haben sich für den Quellentyp *Buch* entschieden. Dann tragen Sie anschließend zuerst den Autor, den Titel, das Jahr, den Ort (Sitz des Verlags) sowie den Verleger ein. Autoren werden in der Form »Nachname, Vorname« erfasst, mehrere Autoren trennen Sie durch ein Semikolon. Über die Schaltfläche *Bearbeiten* können Sie die Eingabe mehrerer Autoren auch komfortabel in einem separaten Dialogfeld durchführen.

6. Aus allen Ihren Angaben erstellt Word automatisch den Namen für ein »Tag« (sprich: »täg«; gemeint ist also der englische Begriff »tag«, der sich auch in Begriffen wie XML-Tag oder HTML-Tag findet), das in dem Dialogfeld unten links bei *Tagname* angezeigt wird. Den Namen des Tags können Sie bei Bedarf auch manuell ändern. Er dient als eindeutiger Verweis auf die Quellenangabe und darf deshalb in allen Ihren Quellen nur ein einziges Mal vorkommen – unabhängig davon, aus welcher Liste die Quelle stammt.

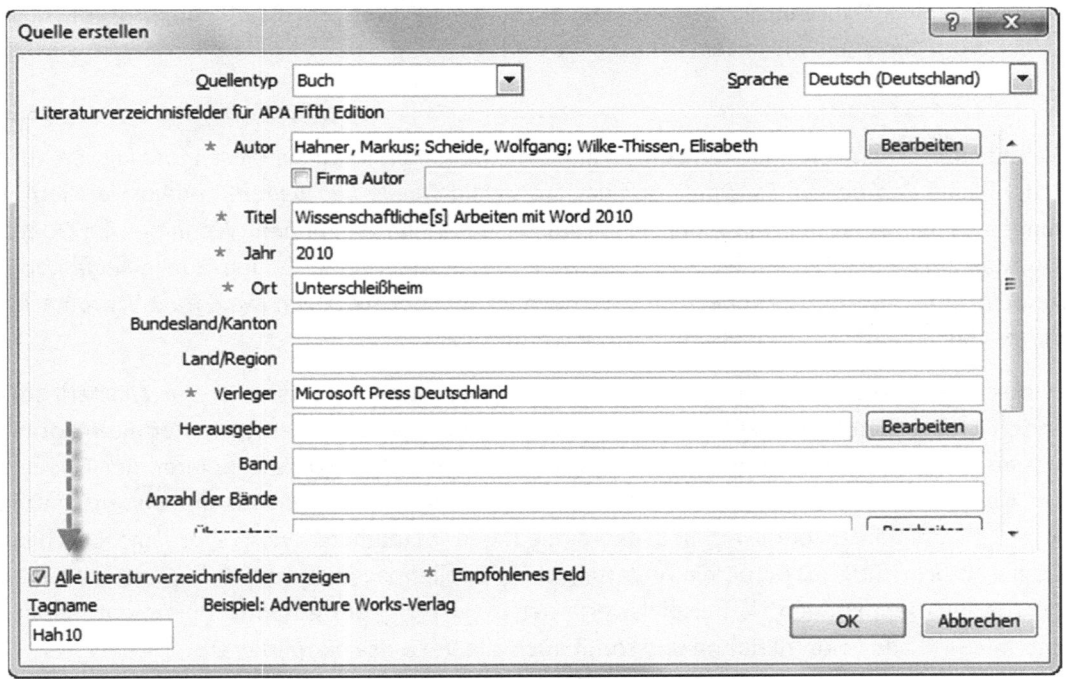

Abbildung 4.7 Die Option *Alle Literaturverzeichnisfelder anzeigen* aktivieren

7. Reichen die Texteingabefelder zur exakten Spezifikation der Quelle nicht aus – es fehlt beispielsweise das Feld für die ISBN/ISSN? Dann aktivieren Sie das Kontrollkästchen *Alle Literaturverzeichnisfelder anzeigen* (Abbildung 4.7), um sämtliche verfügbaren Textfelder ein-

zublenden. Nun können Sie für eine Buch-Quelle auch den *Band*, die ISBN oder ISSN (*Standardnummer*) und vieles mehr erfassen.

8. Wenn Sie das Dialogfeld *Quelle erstellen* mit einem Klick auf die Schaltfläche *OK* verlassen, wird die neue Quelle sowohl links in der *Masterliste* als auch rechts in die *Aktuelle Liste* eingefügt. Sofern Sie die Quellen nur erfassen möchten und diese nicht für das aktuelle Dokument benötigt werden, markieren Sie den Eintrag in *Aktuelle Liste* und klicken Sie auf die Schaltfläche *Löschen* (sichtbar in Abbildung 4.8).

Erfassen Sie Quellen mit unterschiedlichen Sprachen? Dann können Sie über das Dropdown-Listenfeld *Sprache* in den Dialogfeldern *Quelle erstellen* und *Quelle bearbeiten* die Sprache der Quelle festlegen. Sie lässt sich später beim Anlegen eines Literaturverzeichnisses als Selektionskriterium nutzen.

Welche Sprachen hier zur Auswahl stehen, legen Sie in den Word-Optionen fest: Unter *Sprache|Bearbeitungssprachen auswählen* können Sie beliebige Bearbeitungssprachen hinzufügen. Nach einem Neustart von Word stehen die zusätzlichen Sprachen beim Neuanlegen oder Bearbeiten einer Quelle im *Quellen-Manager* zur Verfügung. Wird eine Bearbeitungssprache über die Word-Optionen wieder entfernt, bleibt sie jedoch bei den bereits zugeordneten Quellen bestehen.

Sie möchten einen vorhandenen Eintrag ändern? Dann markieren Sie diesen und klicken auf die Schaltfläche *Bearbeiten*. Es öffnet sich das Dialogfeld *Quelle bearbeiten*, in dem Sie alle Änderungen durchführen und mit einem Klick auf *OK* übernehmen können. Wenn Sie die Quelle in der Masterliste bearbeiten, wird im Gegensatz zum Erfassen einer neuen Quelle *keine* Kopie in *Aktuelle Liste* angelegt. Befindet sich die Quelle auch in der *Aktuellen Liste*, fragt Word nach, ob dieser Quelleneintrag ebenfalls aktualisiert werden soll.

Wurde die Quelle weiteren Dokumenten zugewiesen und wird jetzt in der Masterliste geändert? Dann bleibt die Quelle in den bereits vorhandenen Dokumenten in der alten Form bestehen und muss dort manuell aktualisiert werden. Hierzu genügt das Kopieren der Quelle aus der Masterliste in die *Aktuelle Liste* (siehe Abschnitt 4.2.3 »Quellen für die wissenschaftliche Arbeit zusammenstellen«). Anhand des eindeutigen Tagnamens weist Word die bearbeitete Quelle sofort richtig zu. Damit die Änderungen im Quellennachweis bzw. im Literaturverzeichnis sichtbar werden, können Sie beispielsweise per Strg+A das gesamte Dokument markieren und mit F9 alle Feldfunktionen und somit auch alle Verweise aktualisieren.

4.2.3   Quellen für die wissenschaftliche Arbeit zusammenstellen

Damit erfasste Quellen beim Einfügen eines Quellennachweises und Literaturverzeichnisses in Ihrer wissenschaftlichen Arbeit auch zur Verfügung stehen, müssen sie eventuell zunächst aus der *Masterliste* (eigenständige XML-Datei) in die *Aktuelle Liste* (Ihr Dokument mit der wissenschaftlichen Arbeit) übertragen werden.

Standardmäßig wird ein neuer Eintrag (*Verweise/Zitate und Literaturverzeichnis/Quellen verwalten/Neu*) sowohl in die Masterliste als auch in die *Aktuelle Liste* übernommen. Wenn Sie eine Quelle also aus Ihrer wissenschaftlichen Arbeit heraus neu erstellen, steht sie hier direkt zur Verfügung.

Dagegen müssen Sie Quellen, die in einem anderen Dokument erstellt oder versehentlich aus der *Aktuellen Liste* gelöscht wurden, erst in die *Aktuelle Liste* bzw. das aktuelle Dokument kopieren. Öffnen Sie dazu den *Quellen-Manager* und markieren Sie in der Masterliste alle benötigten Quellen: mehrere einzeln per `Strg`+Mausklick, en bloc per `⇧`+Mausklick. Klicken Sie anschließend auf *Kopieren* (Abbildung 4.8) und *Schließen*.

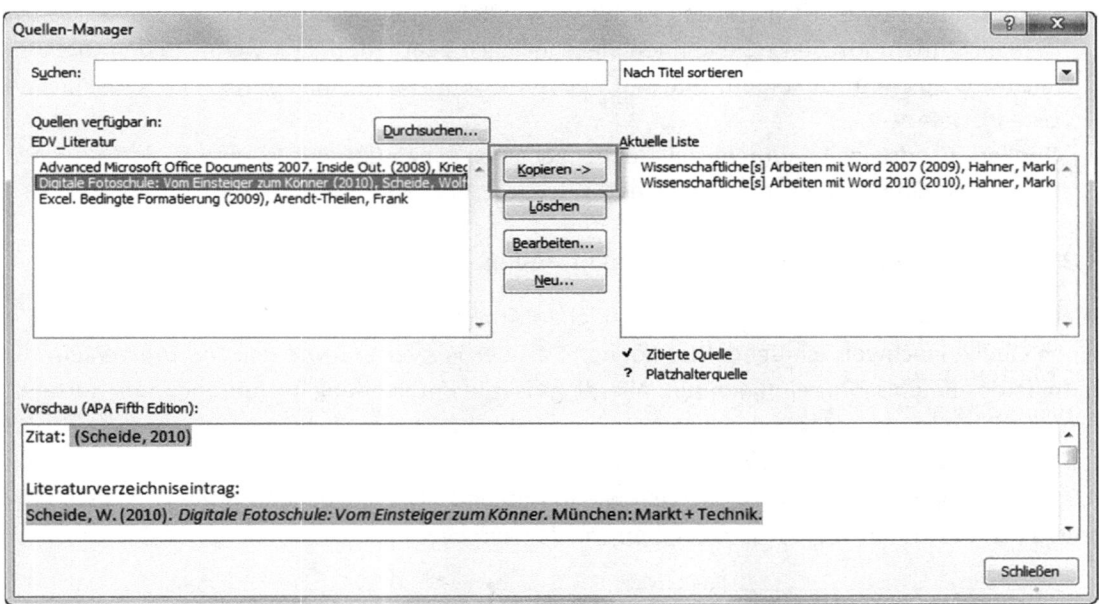

Abbildung 4.8 Nur die Quellen aus der *Aktuellen Liste* stehen im aktuellen Dokument zur Verfügung

Die Masterliste – nach dem Start von Word werden immer die Quellen aus der Datei *Sources.xml* geladen und angezeigt – können Sie jederzeit ändern. Haben Sie beispielsweise von einer Bibliothek die dort verfügbaren Bücher als Masterliste erhalten, lässt sich diese über die Schaltfläche *Durchsuchen* öffnen. Sie kann hierzu in einem beliebigen Ordner abgelegt sein, Word sucht aber zunächst in dem dafür vorgesehenen Ordner *C:\Users\<Benutzername>\ AppData\Roaming\Microsoft\Bibliography* (**Windows 7/Windows Vista**) bzw. *C:\Dokumente und Einstellungen\<Benutzername>\Anwendungsdaten\Microsoft\Bibliography* (**Windows XP**).

Ein Wechsel der Masterliste hat keinen Einfluss auf die bereits gewählten Quellen in der *Aktuellen Liste*.

Aus der *Aktuellen Liste* lassen sich Quellen durch Markieren und anschließendes Klicken auf *Kopieren* auch in die Masterliste übernehmen. Auf diese Weise können Sie Ihre eigene Masterliste mit Quellen aus fremden Dokumenten ergänzen.

Beachten Sie beim Zusammenstellen Ihrer *Aktuellen Liste* folgende Punkte:

- Im Literaturverzeichnis (siehe Abschnitt 4.2.5 »Literaturverzeichnis erstellen und aktualisieren«) werden alle Quellen aufgeführt, die Sie in der *Aktuellen Liste* zusammengestellt haben.
- Die beim Einfügen eines Quellennachweises angebotenen Quellen (siehe Abschnitt 4.2.4 »Quellennachweise in den Text einfügen«) entsprechen den in der *Aktuellen Liste* zusammengestellten Quellen.
- Einmal in Ihrer wissenschaftlichen Arbeit verwendete Quellen lassen sich aus der *Aktuellen Liste* nicht mehr löschen – Sie können diese lediglich bearbeiten. Erst wenn Sie den Quellennachweis aus dem Dokument entfernt haben, lässt sich die Quelle auch aus der *Aktuellen Liste* löschen.
- Quellen, für die im Dokument ein Quellennachweis eingefügt wurde, sind in der *Aktuellen Liste* durch ein Häkchen gekennzeichnet.

4.2.4   Quellennachweise in den Text einfügen

Wann immer Sie sich in Ihrer wissenschaftlichen Arbeit auf eine Quelle beziehen, müssen Sie einen Quellennachweis einfügen. Dies können Sie über *Verweise|Zitate und Literaturverzeichnis* mithilfe des Befehls *Zitat einfügen* tun. Allerdings ist die Bezeichnung irreführend, denn tatsächlich wird hierüber kein Zitat, also kein Auszug aus der Quelle eingefügt, sondern ein Verweis auf die Quelle selbst. Welche Quellen über den Befehl *Zitat einfügen* angeboten werden (Abbildung 4.9), hängt von den Quellen ab, die Sie – wie in Abschnitt 4.2.3 »Quellen für die wissenschaftliche Arbeit zusammenstellen« beschrieben – in der *Aktuellen Liste* zusammengestellt haben.

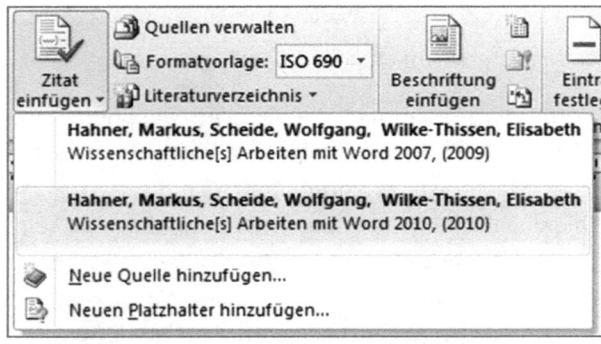

Abbildung 4.9 Einen Quellennachweis einfügen (*Zitat einfügen*)

Für die Art und Weise, wie ein Quellennachweis in einer wissenschaftlichen Arbeit aufgebaut sein muss, gibt es zwar diverse Richtlinien und Normen. Dennoch kann sich der geforderte Aufbau der Quellennachweise je nach Hochschule, Fakultät und Betreuer Ihrer wissenschaftlichen Arbeit stark unterscheiden. Der Aufbau des Quellennachweises (wie auch der des Literaturverzeichnisses, siehe Abschnitt 4.2.5 »Literaturverzeichnis erstellen und aktualisieren«) lässt sich über das Dropdown-Listenfeld *Formatvorlage* in der Gruppe *Zitate und Literaturverzeichnis* festlegen. Hier stehen zehn verschiedene Gestaltungsmöglichkeiten zur Auswahl. Ein Wechsel in dem Dropdown-Listenfeld wirkt sich sofort auf alle im Dokument eingefügten Quellennachweise sowie auf das Literaturverzeichnis aus.

Inwieweit ein Wechsel des Formats an den im Dokument eingefügten Quellenverweisen sichtbar wird, hängt sowohl von den in der Quelle hinterlegten Daten als auch vom Quellentyp ab. In Tabelle 4.1 wird der Unterschied anhand einiger Formate deutlich.

Format	Ergebnis
APA Fifth Edition	(Hahner, Scheide, & Wilke-Thissen, 2010)
Chicago Fifteenth Edition	(Hahner, Scheide und Wilke-Thissen 2010)
GB7714 2005	(Hahner, et al., 2010)
ISO 690 – Numerische Referenz	(#)
MLA Sixth Edition	(Hahner, Scheide und Wilke-Thissen)

Tabelle 4.1 Darstellung und Aufbau des Quellennachweises hängen vom gewählten Format ab

Quellennachweise werden als Felder eingefügt: { *CITATION <Tagname> \l <LCID> }*, die mithilfe von Alt + F9 ein- oder ausgeblendet und per F9 aktualisiert werden können. Änderungen am Quellennachweistext sind also hierüber nicht möglich, diese müssen immer direkt im *Quellen-Manager* erfolgen.

Ein CITATION-Feld kann jedoch mithilfe der Feldschalter »\l« (LCID/Local Identifier), »\v« (Band, Ausgabe), »\f« (dem Nachweis voranzustellender Text), »\s« (dem Nachweis nachzustellender Text) und »\m« (ein weiterer Nachweis) angepasst werden. Entsprechende Informationen und Beispiele finden Sie auf der Webseite *http://office.microsoft.com/de-de/help/field-codes-citation-field-HA010215707.aspx?CTT=5&origin=HA010216843*. Eine PDF-Datei mit den Inhalten der Webseite finden Sie auf der CD-ROM zu diesem Buch im Ordner *Quellen* unter dem Dateinamen *Citation-Field.pdf*.

> Eine Liste aller LCIDs, die mit dem Schalter »\l« verwendet werden können, finden Sie auf der Webseite *http://office.microsoft.com/en-us/infopath-help/locale-identification-numbers-for-language-specific-files-HP010030570.aspx?CTT=5&origin=HA010215707* sowie auf der CD-ROM zu diesem Buch im Ordner *LCID* unter dem Dateinamen *Office-LCID-Übersicht.pdf*.

Die Anpassungen lassen sich nicht direkt im CITATION-Feld vornehmen, da dieses standardmä-ßig in ein nicht zu bearbeitendes Steuerelement eingebettet ist. Klicken Sie das Feld stattdessen mit der rechten Maustaste an und wählen Sie im Kontextmenü den Befehl *Feld bearbeiten*. Nun können Sie notwendige Schalter über das Dialogfeld *Feld* hinzufügen.

Wenn Sie den Quellennachweis in statischen Text umwandeln, können Sie ihn natürlich beliebig verändern. Klicken Sie dazu den Quellennachweis an und wählen Sie über das Dropdown-Dreieck am rechten Rand aus den *Zitatoptionen* (Abbildung 4.10) den Befehl *Zitat in statischen Text konvertieren*. Formatänderungen, Aktualisierungen im *Quellen-Manager* etc. wirken sich folglich nicht mehr auf den Quellennachweis aus. Deshalb sollte diese Möglichkeit nur in Aus-nahmefällen genutzt werden.

Sie können jede Quelle durch Angabe von Seitenzahlen näher spezifizieren bzw. den Autor, das Jahr oder den Titel einzeln unterdrücken. Wählen Sie, wie in Abbildung 4.10 dargestellt, aus den *Zitatoptionen* des Quellennachweises den Befehl *Zitat bearbeiten* und nehmen Sie die ge-wünschten Einstellungen vor.

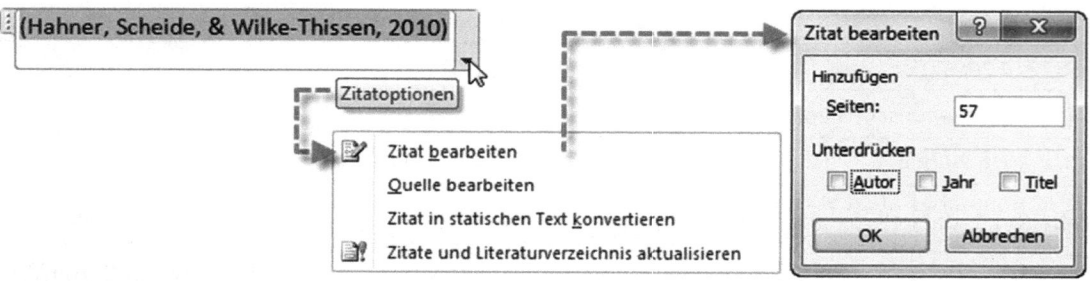

Abbildung 4.10 Jeder Quellennachweis lässt sich über die *Zitatoptionen* spezifizieren

Wie sich die *Zitatoptionen* auf den Quellennachweis auswirken, hängt vom gewählten Format ab. So erscheint die Seitenzahl beispielsweise beim Format *APA Fifth Edition* in der Form »(Hah-ner, Scheide, & Wilke-Thissen, 2010, S. 57)«, beim Format *Chicago Fifteenth Edition* wird hinge-gen auf das »S.« verzichtet: »(Hahner, Scheide und Wilke-Thissen 2010, 57)«.

So gut Sie auch im Vorfeld recherchiert haben: Manchmal kann es vorkommen, dass eine Quel-le noch nicht im *Quellen-Manager* erfasst ist oder dass Sie die Quelle erst noch herausfinden müssen. Fügen Sie in diesem Fall zunächst einen Quellenplatzhalter ein, die Sie nachträglich im *Quellen-Manager* mit Daten füllen können. Wählen Sie hierfür über *Verweise|Zitate und Litera-turverzeichnis|Zitat einfügen* den Befehl *Neuen Platzhalter hinzufügen* und tragen Sie in dem Dialogfeld *Platzhaltername* (Abbildung 4.11) vorzugsweise schon den späteren *Tagnamen* (sie-he Abschnitt 4.2.2 »Quellen erfassen«) ein. Im *Quellen-Manager* sind Quellenplatzhalter in der *Aktuellen Liste* durch ein vorangestelltes Fragezeichen eindeutig gekennzeichnet und lassen sich so schnell für die spätere Bearbeitung finden.

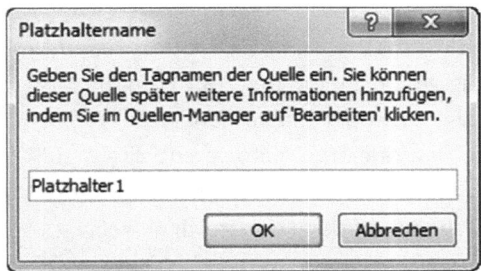

Abbildung 4.11 Bei bislang unbekannten Quellen einen Quellenplatzhalter einfügen

Die zehn Word-eigenen Formate zur Darstellung von Quellennachweisen entsprechen kaum den Vorgaben deutschsprachiger Hochschulen. Jedes Format ist in einer eigenen XSL-Datei, wie *APA.XSL* oder *CHICAGO.XSL*, im Ordner *C:\Programme\Microsoft Office\Office14\Bibliography\ Style* oder *C:\Program Files (x86)\Microsoft Office\Office14\Bibliography\Style* hinterlegt. Leider verfügt Word nicht über eine integrierte Möglichkeit, die Formate für Quellenverweise und Literaturverzeichnisse zu ändern. Einige Hochschulen bieten deshalb bereits hochschuleigene XSL-Dateien an, die in den zuvor genannten Ordner kopiert werden können und dann nach einem **Neustart** von Word automatisch im Dropdown-Listenfeld *Formatvorlage* in der Gruppe *Zitate und Literaturverzeichnis* zur Verfügung stehen. (Eventuell sind im Betriebssystem vorher die Dateieigenschaften zur *Sicherheit* zu ändern.) Die Website *http://bibword.codeplex.com/* von Yves Dhondt bietet ebenfalls Vorlagen zum kostenlosen Download an.

Sie können aber auch vorhandene XSL-Dateien kopieren und selbst anpassen. Detaillierte (eng-lischsprachige) Informationen zum Aufbau einer solchen XSL-Datei bietet Microsoft unter anderem auf der Webseite http://blogs.msdn.com/b/microsoft_office_word/archive/2009/04/29/bibliography-citations-102-building-custom-styles.aspx. Zur Bearbeitung sind jedoch XML-Kenntnisse notwendig. Als Editor können Sie beispielsweise »XML Notepad 2007« verwenden, das von Microsoft zum Download bereitgestellt wird: *http://www.microsoft.com/downloads/ de-de/* (die Option »Zusätzlich Downloads für englischsprachige Versionen anzeigen« aktivieren). Sie finden das Tool (*XmlNotepad.msi*) außerdem auf der CD-ROM zum Buch im Ordner *\XML-Notepad*. Eine modifizierte XSL-Datei ist unter dem Dateinamen *WA_Literatur.xsl* auf der CD-ROM im Ordner *\XSL-Datei* enthalten. Sie basiert auf der *ISO690Nmerical.xsl*, verwendet eckige statt der runden Klammern und wird angezeigt als *ISO 690 – NumRef eckige Klammern*.

Eine wesentlich einfachere Lösung für ein eigenes, an die persönliche wissenschaftliche Arbeit angepasstes Format bietet das Tool »Zitierstil-Creator« von PraWi (siehe *http://www.prawi-officewelt.de*). Eine Demoversion dieses Tools finden Sie in der Datei *Zitierstil-Creator_ Testversion.dotm* auf der CD-ROM zu diesem Buch im Ordner *\PraWi-Zitierstil-Creator*. Mit der Demoversion lässt sich nur der Quellentyp *Tonaufnahme* modifizieren, zur Bearbeitung aller Quellentypen wird die Vollversion (zum Preis von 18,90 Euro) benötigt.

Der Zitierstil-Creator ermöglicht für jeden Quellentyp wie Buch, Webseite, Zeitungsartikel etc., das Format sowohl für den Literaturverzeichniseintrag als auch für den Quellennachweis (= Zitat im Text) individuell zu gestalten. Hierzu lässt sich entweder ein vorhandenes Format modifizieren oder ein komplett neues Format anlegen. Der Zitierstil-Creator greift direkt auf den Ordner mit den Formatdateien zu (unter Windows 7/Windows Vista muss aufgrund der verschärften Sicherheitsfunktionen einmalig der Schreibzugriff auf den Formatordner freigegeben werden).

Per Baukastensystem lässt sich der Aufbau aus den von Word vorgegebenen zur Verfügung stehenden Feldern aus einer Liste mit Abkürzungen (S für Seite, Bd für Band etc.) sowie einer Liste mit Zeichen (runde, eckige oder geschweifte Klammern, Komma, Semikolon etc.) zusammenstellen (Abbildung 4.12). Auch die Formatierung kann für jedes Feld individuell bestimmt werden. In der Vorschau zeigt das Tool den künftigen Aufbau zur Kontrolle an.

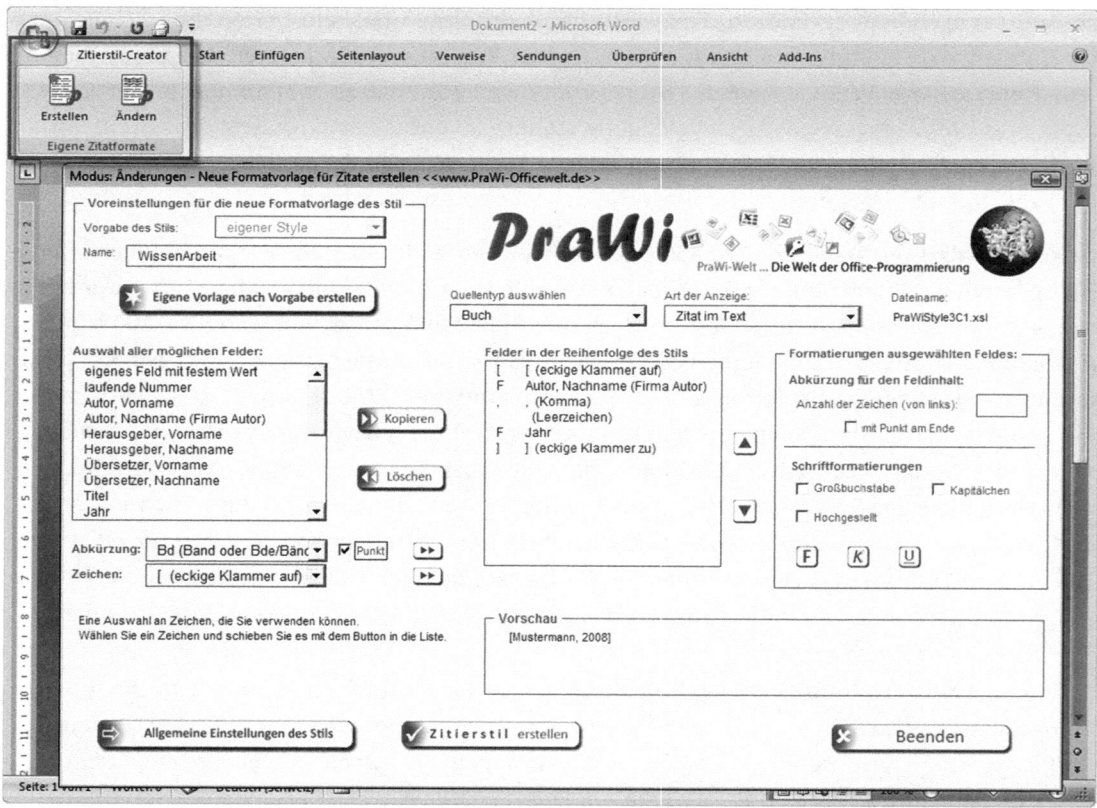

Abbildung 4.12 Mithilfe des »Zitierstil-Creators« lassen sich auch ausgefallene Formate definieren

4.2.5 Literaturverzeichnis erstellen und aktualisieren

Eine Übersicht der in Ihrer wissenschaftlichen Arbeit genutzten Quellen legen Sie mit dem Literaturverzeichnis an. Dieses übernimmt sämtliche in der *Aktuellen Liste* aufgeführten Quellen (siehe Abschnitt 4.2.3 »Quellen für die wissenschaftliche Arbeit zusammenstellen«) – unabhängig davon, ob diese im Dokument auch tatsächlich per Quellennachweis verwendet werden. Um zu vermeiden, dass Quellen aufgeführt werden, auf die gar keine Verweise existieren, rufen Sie nach Fertigstellung Ihrer wissenschaftlichen Arbeit zunächst den *Quellen-Manager* (*Verweise|Zitate und Literaturverzeichnis|Quellen verwalten*) auf. Löschen Sie aus der *Aktuellen Liste* alle Quellen, die nicht mit einem Häkchen versehen sind. Dabei können Sie auch gleich prüfen, ob eventuell noch zu ersetzende Quellenplatzhalter vorhanden sind.

Das Literaturverzeichnis selbst wird in einer wissenschaftlichen Arbeit typischerweise am Ende zusammen mit den anderen Verzeichnissen wie Tabellenverzeichnis, Abbildungsverzeichnis etc. (siehe Abschnitte 4.3.5 »Tabellenbeschriftungen und Tabellenverzeichnis« und 4.5.7 »Abbildungsverzeichnis einfügen«) platziert. Gehen Sie dazu folgendermaßen vor:

1. Platzieren Sie die Einfügemarke dort, wo das Literaturverzeichnis erscheinen soll, und wählen Sie im Menüband den Befehl *Verweise|Zitate und Literaturverzeichnis|Literaturverzeichnis*.
2. Es öffnet sich ein Schnellbaustein-Katalog mit aktuell verfügbaren Formaten für Literaturverzeichnisse, jeweils eingebettet in ein Steuerelement. Am Ende des Katalogs findet sich der Befehl *Literaturverzeichnis einfügen*, der lediglich das Feld { *BIBLIOGRAPHY \l <LCID>* } einfügt – ohne Steuerelement und ohne Überschrift.
3. Per Klick auf einen der Einträge wird ein Literaturverzeichnis eingefügt.

Im Gegensatz zu anderen Verzeichnissen lässt sich das Literaturverzeichnis mehrfach einfügen, ohne dass eine Rückfrage erscheint, ob ein eventuell bereits vorhandenes Verzeichnis überschrieben werden soll. Das ist möglicherweise sinnvoll, wenn Sie mehrere Literaturverzeichnisse gefiltert nach Sprache benötigen oder ein separates Verzeichnis je Kapitel. Ansonsten sorgen Sie gegebenenfalls dafür, dass überflüssige Verzeichnisse gelöscht werden.

Wenn Sie später weitere Quellen in Ihr Dokument einfügen oder vorhandene bearbeiten, muss das Literaturverzeichnis manuell aktualisiert werden – denn auch hierbei handelt es sich um eine Feldfunktion: { *BIBLIOGRAPHY* } bzw. { *BIBLIOGRAPHY \l <LCID>* }.

- Haben Sie beim Erstellen einen der Schnellbausteine mit integriertem Steuerelement verwendet, klicken Sie in das Verzeichnis hinein und anschließend auf den am oberen Rand des Steuerelements eingeblendeten Befehl *Zitate und Literaturverzeichnis aktualisieren* (Abbildung 4.13) oder drücken Sie F9 .
- Hatten Sie für das Verzeichnis keinen der Schnellbausteine verwendet, aktualisieren Sie es mit F9 .

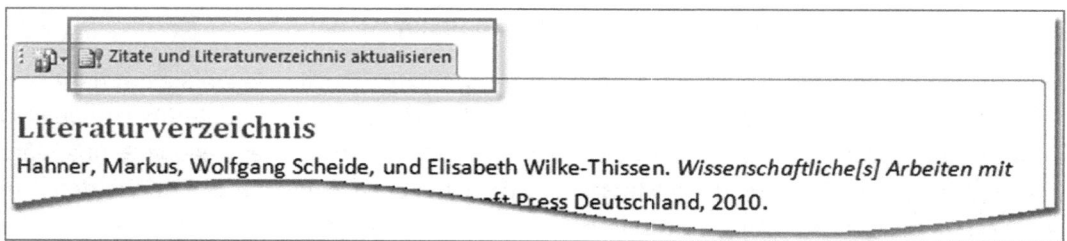

Abbildung 4.13 Ein Literaturverzeichnis aktualisieren

Sowohl dem Titel »Literaturverzeichnis« als auch den einzelnen Quellen werden automatisch integrierte Absatzformatvorlagen zugewiesen: dem Titel die Formatvorlage *Überschrift 1*, den Quellen die Formatvorlage *Literaturverzeichnis*. Falls Sie eine andere Formatierung wünschen, müssen Sie diese Formatvorlagen entsprechend anpassen (siehe Abschnitt 2.6.3 »Formatvorlagen bearbeiten«).

Nutzen Sie eigene Formate, die Sie mithilfe des Zitierstil-Creators erstellt haben? Dann ist den Quellen die Formatvorlage *Standard* zugewiesen, Sie können aber im Zitierstil-Creator jedem einzelnen Baustein eines Quellennachweises und Literaturverzeichnisses verschiedene Formatierungen wie *Fett*, *Kursiv* etc. zuordnen (Abbildung 4.12).

Der Aufbau der Quellen wird über das gleiche Format (*APA*, *ISO 690* etc.) geregelt, das Sie über *Verweise/Zitate und Literaturverzeichnis/Formatvorlage* für Ihre Quellennachweise gewählt haben. Entsprechend lässt sich der Aufbau nur durch Änderungen in der dem Format zugehörigen XSL-Datei bzw. mithilfe eines Tools wie dem Zitierstil-Creator von PraWi anpassen (Abbildung 4.12).

Alternativ können Sie das Literaturverzeichnis per $\boxed{\text{Strg}}$+$\boxed{\triangle}$+$\boxed{\text{F9}}$ oder über den Befehl *Literaturverzeichnis in statischen Text konvertieren* umwandeln und manuell nachbearbeiten. Das darf dann allerdings erst ganz zum Schluss gemacht werden.

Haben Sie Quellen mit unterschiedlichen Sprachen erfasst (siehe Abschnitt 4.2.2 »Quellen erfassen«)? Dann können Sie bei Bedarf für jede Sprache ein eigenes Literaturverzeichnis anlegen. Klicken Sie zunächst in das Literaturverzeichnis und dann am oberen linken Rand auf die Schaltfläche *Literaturverzeichnisse* (in Abbildung 4.14 markiert). Es öffnet sich ein Menü, das unter anderem den Befehl *Sprachen filtern* enthält. Hierüber wählen Sie, wie in Abbildung 4.14 dargestellt, die gewünschte Sprache aus. Wenn Sie per $\boxed{\text{Alt}}$+$\boxed{\text{F9}}$ die Feldfunktionen einblenden, erkennen Sie, dass das Feld um den Feldschalter »\f« und eine Nummer (LCID) für die Sprache ergänzt wurde.

Wurde das Verzeichnis nicht mithilfe eines Schnellbausteins erstellt, müssen Sie das Feld manuell anpassen: Klicken Sie es mit der rechten Maustaste an und wählen Sie im Kontextmenü den Befehl *Feld bearbeiten*. Hier können Sie nun zum Filtern den Schalter »\f« und die erforderliche LCID-Nummer eintragen.

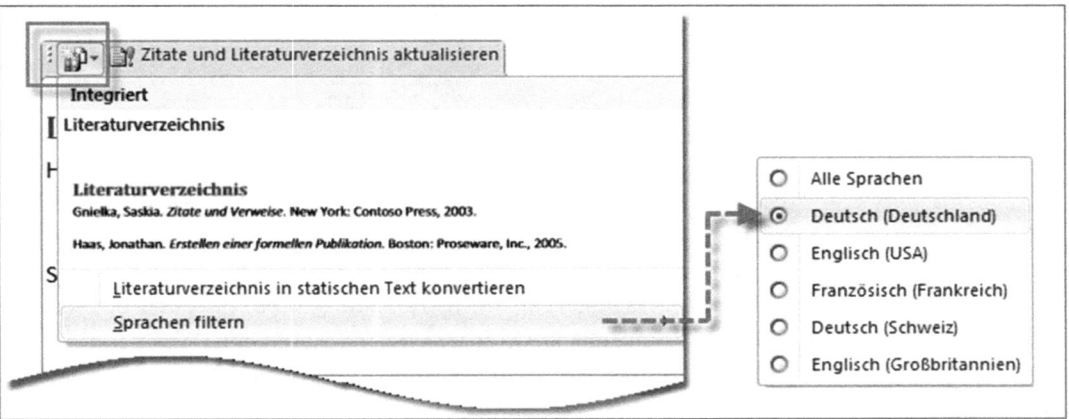

Abbildung 4.14 Die Quellen im Literaturverzeichnis lassen sich auf bestimmte Sprachen eingrenzen

Für das BIBLIOGRAPHY-Feld steht zudem der Schalter »\l« zur Verfügung. Zusammen mit einer LCID legt er die sprachenabhängige Darstellung des Verzeichnisses fest. Eine englischsprachige Erläuterung finden Sie auf der Webseite *http://office.microsoft.com/en-us/word-help/field-codes-bibliography-field-HA010216843.aspx*.

Falls Sie in den Word-Optionen auch *Englisch* als Bearbeitungssprache aktiviert haben, wie in Abschnitt 4.2.2 beschrieben, steht auf der Registerkarte *Verweise* zusätzlich eine Gruppe *Rechtsgrundlagenverzeichnis* mit den Befehlen *Zitat festlegen*, *Rechtsgrundlagenverzeichnis einfügen* und *Tabelle/Rechtsgrundlagenverzeichnis aktualisieren* zur Verfügung. Das Rechts-grundlagenverzeichnis ist für den Einsatz im angelsächsischen Raum konzipiert und für die wissenschaftliche Arbeit kaum von Bedeutung.

4.3 Tabellen: Daten übersichtlich präsentieren

Sie möchten in Ihrem Entwurfstext die Ergebnisse einer Befragung übersichtlich präsentieren? Es sind die Unterschiede verschiedener Faktoren geordnet darzustellen? Oder Sie möchten eine Entscheidungsmatrix gestalten? Für diese und viele weitere Aufgaben eignen sich Word-eigene Tabellen, die Sie sowohl flexibel gestalten als auch mit wenigen Mausklicks ansprechend forma-tieren können.

Befehle, um neue Tabellen einzufügen oder vorhandenen Fließtext in eine Tabelle umzuwan-deln, finden Sie auf der Registerkarte *Einfügen* über die Befehlsschaltfläche *Tabelle* in der Grup-pe *Tabellen*. Befindet sich die Einfügemarke innerhalb einer Tabelle oder ist eine Tabelle mar-kiert, stellen die *Tabellentools* mit den Kontextregisterkarten *Entwurf* und *Layout* eine Vielzahl an Funktionen zur Bearbeitung und Gestaltung Ihrer Tabelle zur Verfügung, wie in Abbildung 4.15 dargestellt.

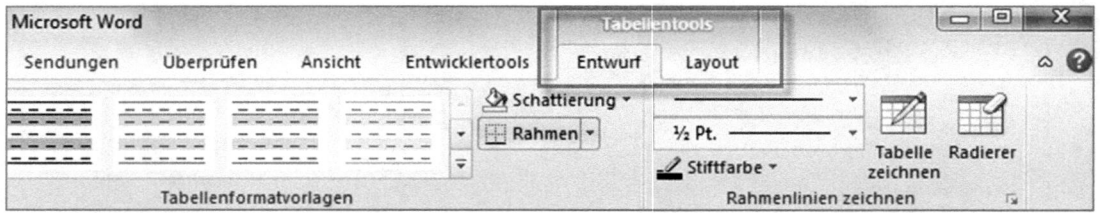

Abbildung 4.15 Die *Tabellentools*-Registerkarten erscheinen nur bei aktiver Tabelle

Tabellen lassen sich in Word sowohl sachlich-nüchtern (Abbildung 4.16) als auch optisch aufwendig gestalten (Abbildung 4.17) – welcher Stil in Ihrer wissenschaftlichen Arbeit zum Einsatz
kommt, hängt von der Art der Arbeit und vom Lehrstuhl bzw. Empfänger ab. Klären Sie im Vorfeld, wie Tabellen aussehen sollen, um sich aufwendiges Nachformatieren zu ersparen.

Branche	Bezugseinheit	Abgrenzung der Größenklassen		
		klein	mittel	groß
Getränkeindustrie				
• Weinkellereien	Ertragsfläche (in ha)	3 bis 10	>10 bis 40	>40
• Fruchtsafthersteller	Umsatz (in Mio € / Jahr)	bis unter 2,5	2,5 bis 20	>20
• Brauereien	Produktionsmenge (in 1.000 hl / Jahr)	2 bis 20	>20 bis 200	>200
Weitere Branchen				
• Molkereien	Verarbeitungsmenge (in 1.000 t / Jahr)	bis 2	>20 bis unter 100	100 und mehr
• Landhandel	Umsatz (in Mio € / Jahr)	bis unter 5	5 bis 25	25 und mehr

Abbildung 4.16 Klassisch: sachlich-nüchterne Tabelle mit nur wenigen Formatierungen

Branche		Bezugseinheit	Abgrenzung der Größenklassen		
			klein	mittel	groß
Getränkeindustrie	Weinkellereien	Ertragsfläche (in ha)	3 bis 10	>10 bis 40	>40
	Fruchtsafthersteller	Umsatz (in Mio € / Jahr)	bis unter 2,5	2,5 bis 20	>20
	Brauereien	Produktionsmenge (in 1.000 hl / Jahr)	2 bis 20	>20 bis 200	>200
Weitere Branchen	Molkereien	Verarbeitungsmenge (in 1.000 t / Jahr)	bis 2	>20 bis unter 100	100 und mehr
	Landhandel	Umsatz (in Mio € / Jahr)	bis unter 5	5 bis 25	25 und mehr

Abbildung 4.17 Modern: optisch aufgewertete Tabelle mit zahlreichen Formatierungen

Wann sollten Sie für Ihre wissenschaftliche Arbeit Word-Tabellen, wann Excel-Tabellen nutzen? Word-eigene Tabellen kommen dann zum Einsatz, wenn die Daten nicht bereits in Excel erfasst wurden und die Tabellen sehr textlastig sind, beispielsweise bei Gegenüberstellungen. Nutzen Sie Excel-Tabellen immer dann,

- wenn große Datenvolumen vorhanden sind,
- wenn Sie die Daten auch in Diagramme umwandeln möchten oder
- wenn Auswertungen und Berechnungen durchzuführen sind.

Word verfügt über die Befehlsschaltfläche *Formel* (*Tabellentools|Layout|Daten*) nur über rudimentäre Rechenfunktionen. Bei den so eingefügten Formeln handelt es sich um Feldfunktionen, die entsprechend nach jeder Änderung in der Tabelle manuell aktualisiert werden müssen: markieren und `F9` drücken. Dies mag für eine Addition oder einfache Mittelwertberechnungen ausreichend sein, den Ansprüchen einer wissenschaftlichen Arbeit kann es aber kaum genügen. Die Übernahme von Excel-Tabellen – sowohl statisch als auch dynamisch – ist in Abschnitt 5.3.1 »Daten aus Excel übernehmen« beschrieben.

4.3.1 Tabelle in das Dokument einfügen

In Word stehen vier verschiedene Methoden zum Einfügen einer Tabelle zur Auswahl. Welche Vorgehensweise Sie wählen, hängt letztlich von der benötigten Tabelle ab. Machen Sie sich am besten vorab in einem Testdokument mit den folgenden Möglichkeiten vertraut:

Tabelle »aufziehen«: Klicken Sie auf der Registerkarte *Einfügen* und dort in der Gruppe *Tabellen* auf die Schaltfläche *Tabelle*. Es öffnet sich ein Menü, dessen oberer Bereich ein Raster anzeigt, aus dem Sie mithilfe des Mauszeigers die gewünschte Anzahl an Tabellenzeilen und -spalten auswählen. Eine Livevorschau stellt die Tabelle im Dokument bereits dar, wie Abbildung 4.18 veranschaulicht. Per Mausklick wird die Tabelle dann eingefügt. Sie können die benötigen Zeilen und Spalten auch per gedrückter linker Maustaste auswählen. Dann wird die Tabelle im Dokument eingefügt, sobald Sie die Maustaste loslassen.

Die Tabelle nimmt die gesamte Seitenbreite (bei Zeitungsspalten eine Spaltenbreite) ein, die Tabellenspalten werden gleichmäßig verteilt. Mit dieser Methode kann eine Tabelle mit maximal zehn Spalten und acht Zeilen eingefügt werden. Weitere Zeilen und Spalten lassen sich aber ergänzen, wie in Abschnitt 4.3.2 »Tabellen (nachträglich) gestalten« beschrieben.

Wenn Sie eine Tabelle markieren – am schnellsten gelingt dies mit einem Klick auf den Tabellenverschiebepunkt ⊞, der bei aktiver Tabelle oben links neben der ersten Zelle der Tabelle angezeigt wird – und `Entf` drücken, wird der komplette Tabelleninhalt gelöscht. Die Tabelle selbst mit allen Zellenformatierungen bleibt bestehen. Dagegen löscht `⇧`+`Entf` eine Tabelle komplett.

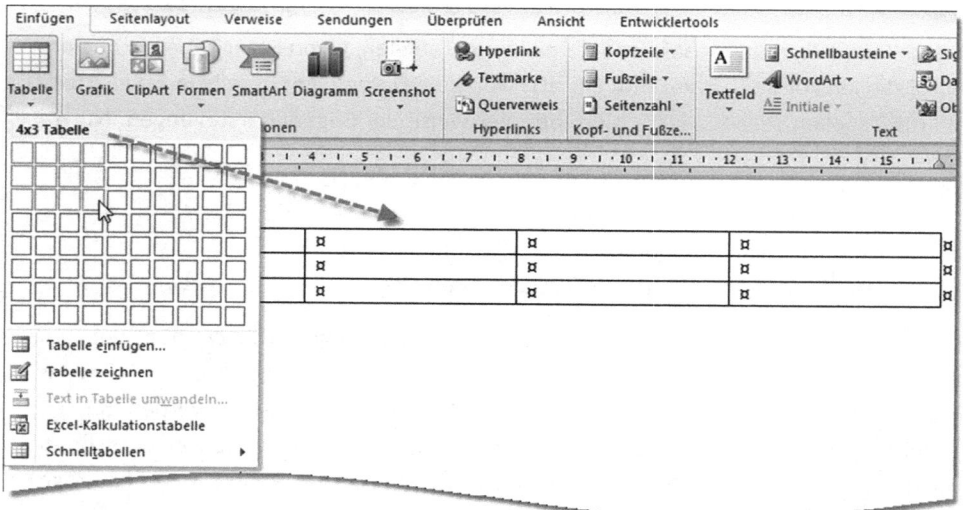

Abbildung 4.18 Durch das »Aufziehen« wird die Tabellengröße festgelegt

Tabelle definieren: Klicken Sie über *Einfügen|Tabellen|Tabelle* auf die Schaltfläche *Tabelle einfügen*. Es öffnet sich das in Abbildung 4.19 dargestellte Dialogfeld *Tabelle einfügen*, in dem Sie eine Spaltenanzahl zwischen 1 und 63 sowie eine Zeilenanzahl zwischen 1 und 32 767 eingeben können. Außerdem können Sie die Breite der Spalten bestimmen oder festlegen, dass sich die Tabelle an den Inhalt oder die Fensterbreite anpassen soll (siehe auch Abschnitt 4.3.2 »Tabellen (nachträglich) gestalten«).

- Das Dialogfeld aus Abbildung 4.19 erscheint nicht, wenn Text markiert ist. Dann bewirkt der Befehl *Tabelle einfügen*, dass der markierte Text sofort in eine Tabelle umgewandelt wird.
- Befindet sich die Einfügemarke bei Aufruf des Befehls *Tabelle einfügen* innerhalb einer Tabelle, wird die neue Tabelle in die aktive Zelle eingefügt, also verschachtelt.

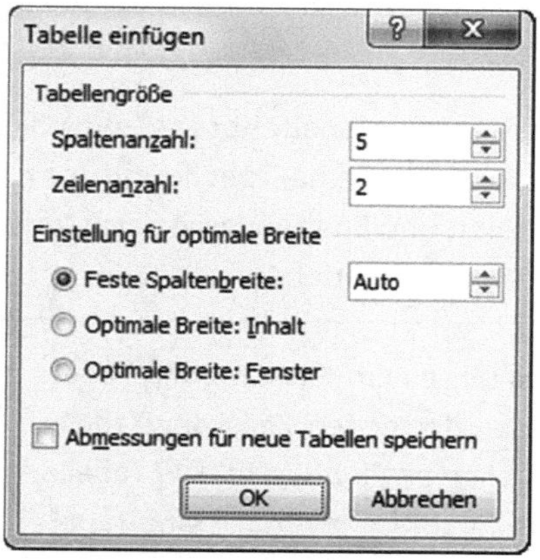

Abbildung 4.19 Tabellen lassen sich beim Einfügen zeilen- und spaltengenau definieren

Wenn Sie in Ihrer wissenschaftlichen Arbeit zahlreiche Tabellen in der gleichen Größe benötigen, aktivieren Sie das Kontrollkästchen *Abmessungen für neue Tabellen speichern*. Word merkt sich dann dauerhaft alle Einstellungen in dem Dialogfeld *Tabelle einfügen* und zeigt diese künftig als Vorgabe an.

Tabelle zeichnen: Wählen Sie über *Einfügen|Tabellen|Tabelle* den Befehl *Tabelle zeichnen*. Der Mauszeiger verwandelt sich sogleich in einen Stift. Bei gedrückter linker Maustaste können Sie nun auf einem freien Bereich der Seite Zelle für Zelle eine Tabelle zeichnen. (Wenn Sie mit dem Stift einen Rahmen um einen Textabsatz ziehen, wird dieser in eine Tabelle konvertiert.)

Um eine Zelle abzulegen, lassen Sie die Maustaste los. Halten Sie dann die Maustaste wieder gedrückt, um eine weitere Zelle zu zeichnen. Sobald der Mauszeiger beim Zeichnen in die Nähe einer bereits vorhandenen Tabellenzelle kommt, »rastet« die neue zu zeichnende Zelle an der vorhandenen Zelle ein. Um das Zeichnen zu beenden, drücken Sie Esc oder deaktivieren Sie den Befehl *Tabelle zeichnen* in der Gruppe *Rahmenlinien zeichnen* auf der Kontextregisterkarte *Tabellentools|Entwurf*.

Der Vorteil des Zeichnens von Tabellen besteht darin, dass sich komplizierte Tabellen mit verschachtelten Zellen sehr einfach und schnell erstellen lassen. In Verbindung mit dem Tabellenradierer (*Tabellentools|Entwurf|Rahmenlinien zeichnen|Radierer*) lassen sich Zellen schnell wieder löschen oder zwei Zellen durch das »Radieren« der Trennlinie zusammenführen. Des Weiteren können mit dem Stiftwerkzeug auch Diagonalen in Tabellenzellen gezeichnet werden – wenngleich es sich dabei nur um eine reine Linie handelt; die Tabellenzelle bleibt eine Einheit.

Ein Nachteil des Zeichnens von Tabellen liegt darin, dass es Übung erfordert und dass die Funktion zu Spielereien verleitet – eine klare Struktur geht oft verloren, und die Position der Tabelle orientiert sich dann eher am Augenmaß als an korrekten Maßen. Anstatt die Daten in der Tabelle vernünftig zu normieren, läuft man Gefahr, die Tabelle zu verkomplizieren. Ferner eignen sich verschachtelte Tabellen nicht zum Rechnen mit den Word-eigenen Rechenfunktionen, da die Zelladressen möglicherweise durcheinanderlaufen und ihre Adressierung zu ungeordnet ist.

Beim Zeichnen – und auch Verschieben – von Tabellen besteht die Gefahr, dass diese mit dem Textumbruch *Umgebend* formatiert werden. Das sollten Sie nach Möglichkeit vermeiden und gegebenenfalls die Option *Ohne* aktivieren (*Tabellentools|Layout|Tabelle|Eigenschaften|Tabelle|Textumbruch*), wie in Abbildung 4.26 (1) dargestellt. Ausrichtung (*Links, Zentriert, Rechts*) und Einzug (gemessen vom linken Seitenrand) einer Tabelle lassen sich dann bei Bedarf direkt in den *Tabelleneigenschaften* festlegen.

Schnelltabelle: Sie benötigen in Ihrer wissenschaftlichen Arbeit mehrfach Tabellen mit einheitlicher Spalten- und Zeilenbeschriftung und müssen lediglich die darin enthaltenen Werte ändern?

Dann lässt sich eine solche Tabelle als Schnellbaustein im Katalog *Tabellen* speichern, um sie später mit wenigen Mausklicks oder Tastenanschlägen erneut ins Dokument einzufügen.

Der *Schnelltabellenkatalog* (Abbildung 4.20) mit den integrierten sowie eigenen Schnellbausteinen wird angezeigt, wenn Sie über *Einfügen | Tabellen | Tabelle* den Befehl *Schnelltabellen* wählen. Per Klick auf eine der hier angezeigten Tabellen wird diese an der aktuellen Position der Einfügemarke eingefügt und kann anschließend beliebig bearbeitet werden. Eine Schnelltabelle lässt sich auch einfügen, indem Sie ihren Namen oder dessen erste eindeutige Zeichenfolge eintippen (etwa »Dop« für die »Doppeltabelle«) und dann ⌑F3⌑ drücken. Wie Sie eigene Schnelltabellen anlegen, ist in Abschnitt 4.3.4 »Schnelltabellen: Tabellen aus der Konserve« beschrieben.

Eine Tabelle markieren Sie schnell per Mausklick auf den Tabellenverschiebepunkt ⊞, der bei aktiver Tabelle oben links neben der ersten Zelle der Tabelle angezeigt wird, oder per ⌑Alt⌑+ ⌑5⌑ (5 auf dem Ziffernblock, wenn dieser deaktiviert ist).

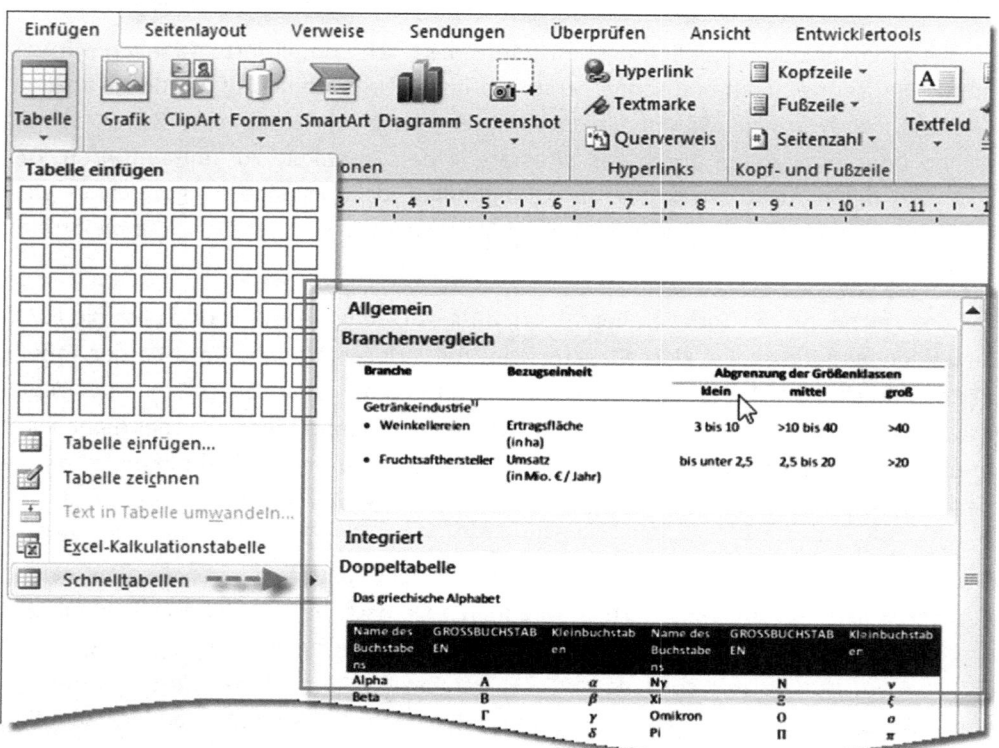

Abbildung 4.20 Schnelltabellen ermöglichen ein komfortables »Tabellenrecycling«

4.3.2 Tabellen (nachträglich) gestalten

Wenn Sie eine vorgegebene, fremde Tabelle (beispielsweise mit Statistikdaten) in Word nachbauen, ist die Tabelle starr und bleibt üblicherweise in der einmal eingefügten Form bestehen. Ansonsten haben Tabellen in aller Regel ein mehr oder weniger dynamisches Eigenleben: Es sind Breite und Höhe von Zellen anzupassen, Zeilen oder Spalten zu ergänzen bzw. zu entfernen, oder es müssen Tabellenzellen zusammengeführt werden.

Zellenbreite und -höhe anpassen: Die Breite der Tabellenzellen ist direkt nach dem Einfügen der Tabelle (leider) so eingestellt, dass sie sich dem Inhalt der Zelle anpasst. Wenn Sie in einer Zelle ein Wort eingeben, das länger ist als die Zellenbreite, verbreitert Word die Spalte automatisch.

Um diesen Effekt abzustellen, markieren Sie die Tabelle und klicken unter *Tabellentools|Layout| Zellengröße|AutoAnpassen* auf den Eintrag *Feste Spaltenbreite* (Abbildung 4.21). Wenn Sie nun viel Text in eine Zelle eingeben, wird nicht mehr die Spaltenbreite angepasst, sondern der Text wird entsprechend in die nächste Zeile umbrochen. Dabei wird die Höhe der Zelle bei Bedarf automatisch vergrößert.

Leider zeigt Word beim erneuten Klick auf die Schaltfläche *AutoAnpassen* nicht die gewählte Einstellung an. Machen Sie es sich deshalb zur Regel, sofort nach dem Einfügen einer Tabelle *Feste Spaltenbreite* einzustellen.

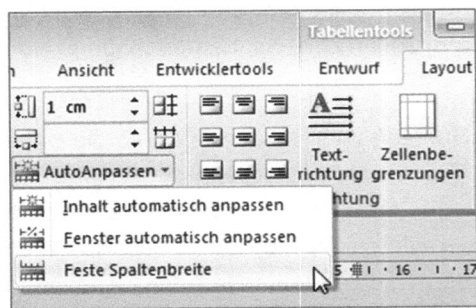

Abbildung 4.21 *Feste Spaltenbreite* verhindert das Anpassen der Spaltenbreite an die Textmenge

Die Breite einer Spalte lässt sich leicht per Maus verändern: Klicken Sie in eine beliebige Zelle der Spalte oder markieren Sie die gesamte Spalte. Bewegen Sie dann den Mauszeiger über der Spaltenbegrenzung, bis er sich in einen Doppelpfeil ◀┃▶ verwandelt. Nun können Sie bei gedrückter linker Maustaste die Trennlinie zwischen den Spalten nach rechts oder links verschieben. Eine gestrichelte Linie sowie die Spaltenanzeige im Lineal zeigen die neue Position bzw. die neue Breite an – bei gedrückter ⎡Alt⎤-Taste mit konkreter Maßangabe.

Die Gesamtbreite der Tabelle ändert sich nicht. Lediglich die Spalte rechts von der soeben veränderten wird schmaler oder breiter – je nachdem, ob die von Ihnen veränderte Spalte mehr oder weniger Platz benötigt. Wenn Sie beim Ziehen mit der Maus auch die ⟨⇧⟩-Taste drücken, bleibt die Nachbarspalte unverändert; stattdessen verändert die Tabelle ihre Gesamtbreite.

Alternativ zur Maus lässt sich die Spaltenbreite auch auf der Kontextregisterkarte *Tabellentools|Layout* über das Drehfeld *Tabellenspaltenbreite* in der Gruppe *Zellengröße* anpassen. Hier können Sie die Breite millimetergenau festlegen, wie in Abbildung 4.22 dargestellt.

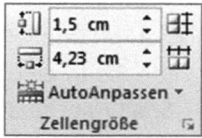

Abbildung 4.22 In der Gruppe *Zellengröße* lassen sich Breite und Höhe der Zelle(n) exakt einstellen

Die gleiche Vorgehensweise gilt für die Änderung der Höhe einer Tabellenzeile. Auch diese lässt sich per Ziehen mit der Maus oder über das Drehfeld *Tabellenzeilenhöhe* anpassen.

> Ist bei der Änderung der Spaltenbreite eine einzelne Zelle markiert, wirkt sich die Breitenänderung nur auf diese sowie auf die Zelle rechts daneben aus. (Soll die Zelle rechts daneben ihre Breite nicht ändern, halten Sie ⟨⇧⟩ beim Verschieben der Zellbegrenzung gedrückt).

Besonders praktisch sind auch die Funktionen *Zeilen verteilen* bzw. *Spalten verteilen*, die Sie in Abbildung 4.22 direkt rechts neben den Textfeldern *Tabellenzeilenhöhe* und *Tabellenspaltenbreite* finden. Damit lässt sich die Breite aller (markierten) Zeilen bzw. Spalten unabhängig von deren Inhalt gleichmäßig verteilen.

Sie möchten vermeiden, dass eine Tabellenzelle beim Einfügen von Text automatisch die Höhe ändert? Dann klicken Sie auf der Kontextregisterkarte *Tabellentools|Layout* in der Gruppe *Zellengröße* auf das *Startprogramm für ein Dialogfeld*. In dem jetzt angezeigten Dialogfeld (Abbildung 4.23) wechseln Sie zur Registerkarte *Zeile*. Aktivieren Sie hier das Kontrollkästchen *Höhe definieren*, geben Sie die gewünschte Höhe ein und wählen Sie im Dropdown-Listenfeld *Zeilenhöhe* den Eintrag *Genau* aus. Sie erreichen das Dialogfeld *Tabelleneigenschaften* auch über *Tabellentools|Layout|Tabelle|Eigenschaften*.

Hier können Sie auch für die aktuell markierte(n) Tabellenzeile(n) festlegen, ob ein Seitenwechsel erfolgen darf (*Zeilenwechsel auf Seiten zulassen*), was standardmäßig der Fall ist. Deaktivieren Sie die Option, wenn der Inhalt einer Zeile immer zusammengehalten und auf derselben Seite erscheinen soll. Auf diese Weise lässt sich jedoch nicht verhindern, dass eine Tabelle durch Seitenwechsel auseinandergerissen wird. In diesem Fall weisen Sie allen Absätzen der Tabelle – außer den letzten – das Absatzformat *Nicht vom nächsten Absatz trennen* zu (*Start|Absatz|Startprogramm für ein Dialogfeld|Zeilen- und Seitenumbruch*).

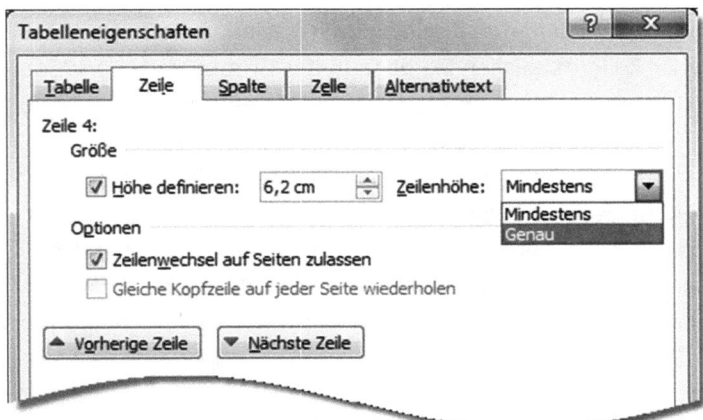

Abbildung 4.23 Zeilenhöhe und Spaltenbreite im Dialogfeld *Tabelleneigenschaften* fixieren

Spalten, Zeilen und Zellen hinzufügen oder entfernen: Wenn am Ende einer Tabelle eine neue Zeile hinzugefügt werden soll, platzieren Sie die Einfügemarke in der rechten, untersten Zelle der Tabelle und drücken ⇥. Soll innerhalb der Tabelle eine neue Zeile eingefügt werden, klicken Sie an das Ende der Zeile (= *hinter* die Zeile), auf die eine neue folgen soll, und drücken ↵. Alternativ und um Spalten einzufügen, wechseln Sie auf der Kontextregisterkarte *Tabellentools/Layout* zur Gruppe *Zeilen und Spalten* (Abbildung 4.24) und nutzen eine der vier Schaltflächen *Darüber einfügen*, *Darunter einfügen*, *Links einfügen* und *Rechts einfügen*. Es werden so viele Spalten oder Zeilen eingefügt, wie zuvor markiert sind: Sind drei Spalten markiert, erstellt der Befehl *Links einfügen* drei neue Spalten. Allerdings dürfen die Spalten oder Zeilen nur zusammenhängend (also nicht per Strg) markiert worden sein.

Sind einzelne Zellen markiert und es sollen statt ganzer Zeilen oder Spalten lediglich Zellen links oder oberhalb der markierten eingefügt werden, klicken Sie unter *Tabellentools/Layout/Zeilen und Spalten* auf das *Startprogramm für ein Dialogfeld*. Es öffnet sich das Dialogfeld *Zellen einfügen*, in dem Sie festlegen, ob die vorhandenen Zellen durch die neu einzufügenden *nach rechts* oder *nach unten* verschoben werden sollen.

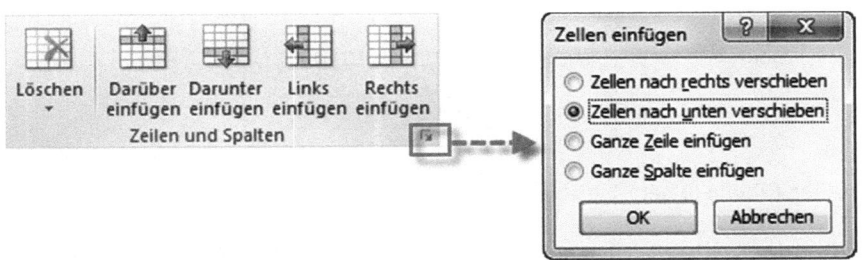

Abbildung 4.24 Befehle zum Hinzufügen und Löschen von Zeilen, Spalten und Zellen

Das Löschen überflüssiger Zeilen, Spalten und Zellen ist ähnlich einfach: Markieren Sie zuerst die zu löschende(n) Zeile(n), Spalte(n) oder Zelle(n). Klicken Sie dann in der Gruppe *Zeilen und Spalten* auf die Schaltfläche *Löschen*. In dem nun geöffneten Menü stehen Befehle zum Löschen von Spalten, Zeilen, Zellen oder der ganzen Tabelle zur Verfügung.

> Um eine ganze Spalte zu markieren, bewegen Sie den Mauszeiger auf den oberen Rand der Spalte und klicken, sobald er sich in einen nach unten zeigenden Pfeil ⬇ verwandelt hat. Eine Tabellenzeile markieren Sie ebenso wie eine Textzeile: Platzieren Sie den Mauszeiger links vor der Zeile, bis er sich in einen diagonalen Pfeil 𝄃 verwandelt, und klicken Sie dann mit der linken Maustaste.

Zellen verbinden oder teilen: Sie benötigen in Ihrer Tabelle einzelne Zeilen mit Zwischenüberschriften? Damit der Text auch die gesamte Breite der Tabelle einnimmt, verbinden Sie die Zellen und führen sie so zu einer einzigen Zelle zusammen. Dazu markieren Sie zunächst die zu »verschmelzenden« nebeneinanderliegenden Zellen und klicken dann auf der Kontextregisterkarte *Tabellentools|Layout* in der Gruppe *Zusammenführen* auf die Schaltfläche *Zellen verbinden* (sichtbar ganz links in Abbildung 4.25). Zellen lassen sich sowohl vertikal als auch horizontal verbinden.

Auch der umgekehrte Weg ist möglich, das Teilen einer Zelle oder mehrerer Zellen sowohl horizontal als auch vertikal: Platzieren Sie dazu die Einfügemarke in der zu teilenden Zelle oder markieren Sie gegebenenfalls mehrere unter- oder übereinanderliegende Zellen. Klicken Sie dann in der Gruppe *Zusammenführen* auf die Schaltfläche *Zellen teilen*. Es öffnet sich das in Abbildung 4.25 dargestellte Dialogfeld *Zellen teilen*, in welchem Sie die gewünschte Anzahl an Spalten und Zeilen eintragen. Das Teilen wirkt sich auf alle markierten Zellen separat aus, wenn Sie die Option *Zellen vor dem Teilen zusammenführen* deaktivieren. Ansonsten werden alle markierten Zellen zuerst zu einer verbunden und dann geteilt.

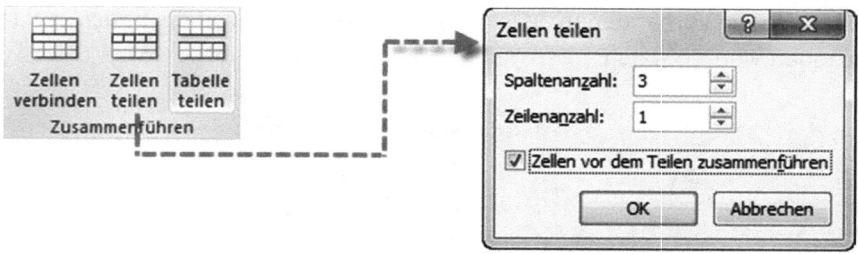

Abbildung 4.25 Zellen einer Tabelle lassen sich sowohl verbinden als auch teilen

Tabellen zusammenführen oder teilen: Sie möchten zwei bislang getrennte Tabellen zu einer Tabelle zusammenführen? Dann brauchen Sie lediglich die zwischen den Tabellen vorhandenen Leerabsätze zu entfernen. Word verbindet daraufhin die Tabellen automatisch miteinander – unabhängig davon, aus wie vielen Spalten die einzelnen Tabellen bestehen. Anschließend ist möglicherweise manuelle Nacharbeit angesagt, um Spaltenabstände oder sonstige Formatierungen anzugleichen. Hierbei kann im ersten Schritt der Befehl *AutoAnpassen|Fenster automatisch anpassen* (*Tabellentools|Layout|Zellengröße*) hilfreich sein.

Falls die Tabellen – insbesondere, wenn es sich um unterschiedlich formatierte handelt (siehe Abschnitt 4.3.3 »Tabellen formatieren«) – wider Erwarten nicht verbunden werden, überprüfen Sie zunächst in den *Tabelleneigenschaften*, ob eine der beiden Tabellen mit Textumbruch *Umgebend* formatiert ist und ändern Sie dies gegebenenfalls. Ansonsten weisen Sie beiden Tabellen die gleiche Formatvorlage zu (*Tabellentools|Entwurf|Tabellenformatvorlagen*).

Ob es sich um eigenständige, nicht miteinander verbundene Tabellen handelt, erkennen Sie vor allem daran, dass jede Tabelle einen eigenen Tabellenverschiebepunkt ⊞ einblendet, sobald Sie mit der Maus auf die Tabelle zeigen oder hineinklicken. Nützlich kann auch der Befehl *Gehe zu* (F5) sein, um Tabellen ausfindig machen.

Um eine Tabelle in zwei Tabellen aufzuteilen, platzieren Sie die Einfügemarke in der Zeile, oberhalb derer die Tabelle geteilt werden soll (Tabellen lassen sich nur horizontal teilen, nicht vertikal). Drücken Sie dann Strg + ⇧ + ↵ . Auch ein Strg + ↵ teilt eine Tabelle, fügt aber gleichzeitig einen Seitenumbruch ein.

Soll eine Tabelle nicht geteilt werden, sondern lediglich mit einer bestimmten Tabellenzeile auf einer neuen Seite beginnen, formatieren Sie den ersten Absatz in dieser Zeile mit *Seitenumbruch oberhalb* (*Start|Absatz|Startprogramm für ein Dialogfeld|Zeilen- und Seitenumbruch*). Die Tabelle bleibt als Einheit bestehen, Überschriftenzeilen werden weiterhin wiederholt.

Tabelle drehen: Soll eine Tabelle im Querformat gedruckt werden, fügen Sie sowohl vor als auch hinter der Tabelle einen Abschnittsumbruch *Nächste Seite* (*Seitenlayout|Seite einrichten| Umbrüche*) ein und formatieren den Tabellen-Abschnitt im Querformat. Oder Sie markieren die Tabelle und legen unter *Seitenlayout|Seite einrichten|Startprogramm für ein Dialogfeld|Seitenränder* die Ausrichtung *Querformat* fest sowie *Übernehmen für: Markierten Text*. Für die Kopf- und Fußzeileninhalte dieses Abschnitts müssen dann eventuell mithilfe eines Textfeldes oder einer kleinen Tabelle die Textrichtung und die Position geändert werden.

Tabellen, die sich nicht über mehrere Seiten erstrecken, können alternativ in ein Textfeld eingefügt und mit diesem frei gedreht werden. Je nach Aufbau Ihrer Tabelle kann es auch sinnvoll sein, diese zunächst in Excel zu transponieren und in Word anschließend hochformatig einzubinden.

Tabelle frei auf der Seite platzieren: Wenn Sie eine Tabelle aufziehen oder definieren, ist sie quasi im Fließtext »verankert«; wird vor der Tabelle Text eingefügt, verschiebt sich die Tabelle entsprechend. Zeichnen Sie eine Tabelle, »schwebt« sie möglicherweise frei auf der Seite und behält diese Position bei; wird Text eingefügt, fließt der Text um die Tabelle herum.

Eine aufgezogene oder definierte Tabelle lässt sich leicht per Ziehen und Ablegen verschieben: Klicken Sie auf den Tabellenverschiebepunkt ⊞ und ziehen Sie die Tabelle mit gedrückter linker Maustaste an die gewünschte Position. Für eine wissenschaftliche Arbeit ist jedoch eine präzisere Vorgehensweise zu bevorzugen: Legen Sie den umgebenden Textumbruch sowie die Tabellenposition über die *Tabelleneigenschaften* fest, dargestellt in Abbildung 4.26 (2).

Um eine frei platzierte Tabelle wieder in den Fließtext zu integrieren, klicken Sie die Tabelle mit der rechten Maustaste an und wählen im Kontextmenü den Befehl *Tabelleneigenschaften*. Wechseln Sie im Dialogfeld *Tabelleneigenschaften* zur Registerkarte *Tabelle* und klicken Sie im Bereich *Textumbruch* auf *Ohne*, siehe Abbildung 4.26 (1).

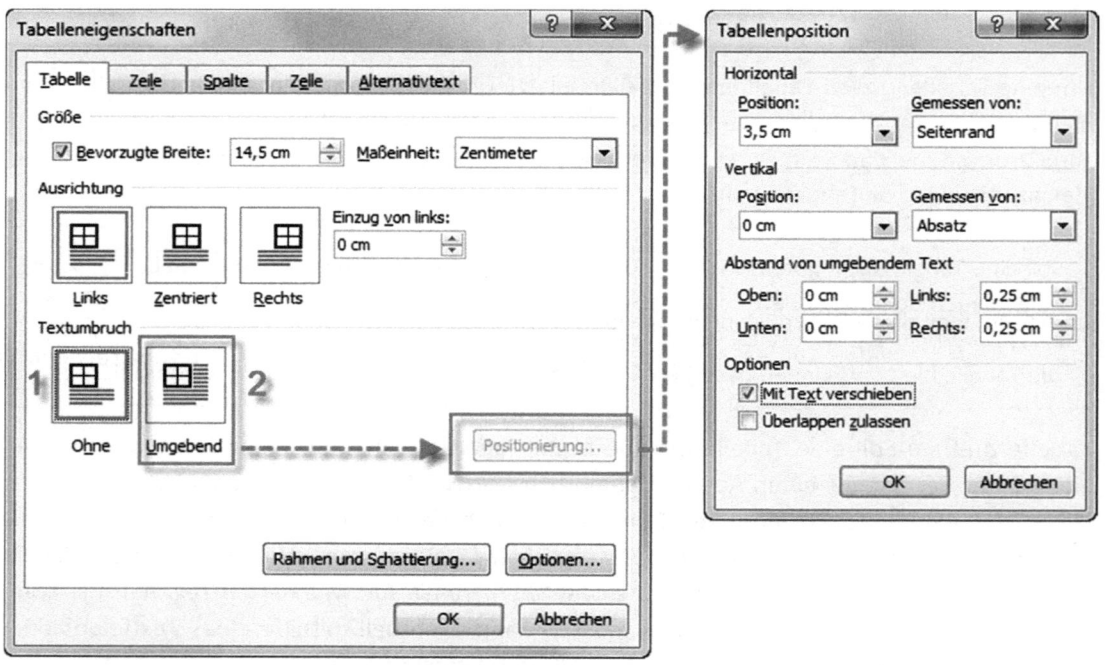

Abbildung 4.26 Textumbruch (1) und Positionierung (2) in den *Tabelleneigenschaften* festlegen

Frei schwebende Tabellen erweisen sich in der Praxis häufig als problematisch. Die Tabelle springt beim Verschieben scheinbar willkürlich auf der Seite herum und die Funktion *Überschriften wiederholen* (siehe Abschnitt 4.3.3 »Tabellen formatieren«) steht nicht zur Verfügung. Formatieren Sie deshalb – wenn überhaupt – nur kleine Tabellen mit Textumbruch *Umgebend*. Die exakte Positionierung erfolgt dann in den *Tabelleneigenschaften*, siehe Abbildung 4.26 (2). Hier legen Sie unter anderem die horizontale sowie vertikale Position fest: in Abhängigkeit von Seite (Papierrand), Seitenrand, Spalte oder Absatz.

Wie eine mehrzeilige Tabellenüberschrift aufgebaut sein sollte, darüber gibt es unterschiedliche Ansichten. Dabei ist das Prinzip einfach: Jede Spalte hat eine Spaltenüberschrift. Sollen mehrere Spalten wiederum mit einem Oberbegriff versehen werden, bekommen diese Spalten noch eine gemeinsame Spaltenüberschrift. Nach diesem Prinzip ist die Spalte ganz links einfach eine Spalte wie alle anderen auch und erhält ihre eigene Spaltenüberschrift (Abbildung 4.27). Nutzen Sie diese eindeutige Gestaltungsform für Tabellenüberschriften – außer, wenn es ein Fachbereich anders wünscht.

Kategorie	Konstellation	
	Betroffenheitsindikatoren a) und b)	Betroffenheitsindikator c)
1. besonders problematisch	hoch	hoch
2. eingeschränkt problematisch	mittel bis niedrig	hoch
3. wenig problematisch	mittel bis niedrig	mittel bis niedrig

Abbildung 4.27 Mehrzeilige Tabellenüberschriften – eine zu bevorzugende Variante

Immer wieder werden Tabellenüberschriften jedoch gestaltet, wie in Abbildung 4.28 dargestellt: Die oberste linke Zelle wird durch einen Schrägstrich zweigeteilt, wobei die rechte Diagonalzelle als Spaltenüberschrift für alle rechts liegenden Spalten gedacht ist. Dieses Prinzip ist jedoch unlogisch, weil diese Spaltenüberschrift eben nicht **über** den zugehörigen Spalten liegt, sondern **neben** ihnen. Wenden Sie die Schrägstrichvariante daher nur an, wenn vom entsprechenden Lehrstuhl ausdrücklich so gewünscht.

Konstellation Kategorie	Betroffenheitsindikatoren a) und b)	Betroffenheitsindikator c)
1. besonders problematisch	hoch	hoch
2. eingeschränkt problematisch	mittel bis niedrig	hoch
3. wenig problematisch	mittel bis niedrig	mittel bis niedrig

Abbildung 4.28 Mehrzeilige Tabellenüberschriften – eine zu vernachlässigende Variante

4.3.3 Tabellen formatieren

Nachdem Sie Ihre Tabelle erstellt und passgenau eingerichtet haben, geht es mit der Gestaltung weiter. Hierbei gilt: Auch wenn die *Tabellenformatvorlagen* zahlreiche Möglichkeiten bieten – halten Sie sich in Ihrer wissenschaftlichen Arbeit mit übertriebener Tabellenformatierung zurück. Gestalten Sie Ihre Tabellen besser schlicht. Sie müssen mit dem *Inhalt* überzeugen und weniger mit dem *Layout*.

In einer neuen Tabelle sind standardmäßig alle Zellen mit einer durchgehenden, ½ Punkt dicken Rahmenlinie versehen. Sie können diese Linien entweder für die gesamte Tabelle oder für jede einzelne Zelle individuell anpassen und beispielsweise durch gestrichelte oder dickere Linien ersetzen; oder Sie nutzen eine Tabellenformatvorlage, die bereits alle gewünschten Formatierungen für die Tabelle enthält.

Werden die Rahmenlinien einer Tabelle entfernt, ist die Struktur bzw. das »Gerüst« der Tabelle nicht mehr zu erkennen (rechte Tabelle in Abbildung 4.29) – es sei denn, die Anzeige der Gitternetzlinien (in Word 2010 *Rasterlinien* genannt) ist aktiviert. Dann ist die Tabelle mit ihren Zellbegrenzungen am Bildschirm durch gestrichelte Linien erkennbar, wie in der linken Tabelle aus Abbildung 4.29 zu sehen. Im Gegensatz zu den Rahmenlinien lassen sich diese Gitternetzlinien nicht mit ausdrucken. (In Excel dagegen können Gitternetzlinien nicht nur aus- und eingeblendet, sondern auch gedruckt werden.)

Um Tabellen-Gitternetzlinien einzublenden, klicken Sie in eine beliebige Tabelle und aktivieren unter *Tabellentools\|Layout\|Tabelle* die Schaltfläche *Rasterlinien anzeigen*. Auf dem gleichen Weg lassen sie sich wieder ausblenden.

Hinweis: Die Option *Ansicht\|Anzeigen\|Gitternetzlinien* im Menüband hat nichts mit Tabellen zu tun, sondern blendet im Dokument ein Zeichnungsraster ein, an dem beispielsweise Zeichnungsobjekte ausgerichtet werden können.

Konstellation	
Betroffenheitsindikatoren a) und b)	Betroffenheitsindikator c)
hoch	hoch
mittel bis niedrig	hoch
mittel bis niedrig	mittel bis niedrig

Konstellation	
Betroffenheitsindikatoren a) und b)	Betroffenheitsindikator c)
hoch	hoch
mittel bis niedrig	hoch
mittel bis niedrig	mittel bis niedrig

Abbildung 4.29 Eine rahmenlose Tabelle mal mit und mal ohne eingeblendete *Rasterlinien*

Formatieren per Tabellenformatvorlage: Sie möchten Ihre Tabelle schnell mit wenig manuellem Aufwand gestalten? Dann weisen Sie der Tabelle eine der zahlreichen Word-eigenen Tabellenformatvorlagen zu. Öffnen Sie dazu auf der Kontextregisterkarte *Tabellentools\|Entwurf* in der Gruppe *Tabellenformatvorlagen* den Katalog mit allen verfügbaren Tabellenformatvorlagen (Abbildung 4.30), indem Sie auf das Dreiecksymbol im rechten unteren Bereich des Listenfelds klicken. Sobald Sie den Mauszeiger auf eine der Vorlagen platzieren, wird Ihre Tabelle dank

»Livevorschau« sofort mit der entsprechenden Formatierung dargestellt und per Mausklick wird die Formatierung übernommen. Möchten Sie den Vorgang abbrechen bzw. den Katalog schließen, drücken Sie [Esc] oder klicken außerhalb des Katalogs.

Abhängig von den in der Formatvorlage definierten Eigenschaften erhalten jeweils die erste und letzte Zeile (*Kopfzeile* und *Ergebniszeile*), die erste und letzte Spalte, die linke obere und rechte obere Zelle, jede zweite Zeile etc. eine eigene Formatierung. Unter *Tabellentools|Entwurf| Optionen für Tabellenformat* können Sie je Tabelle die Anwendung folgender Formatierungen einzeln aktivieren und deaktivieren: *Überschrift, Ergebniszeile, Verbundene Zeilen, Erste Spalte, Letzte Spalte* und *Verbundene Spalten*.

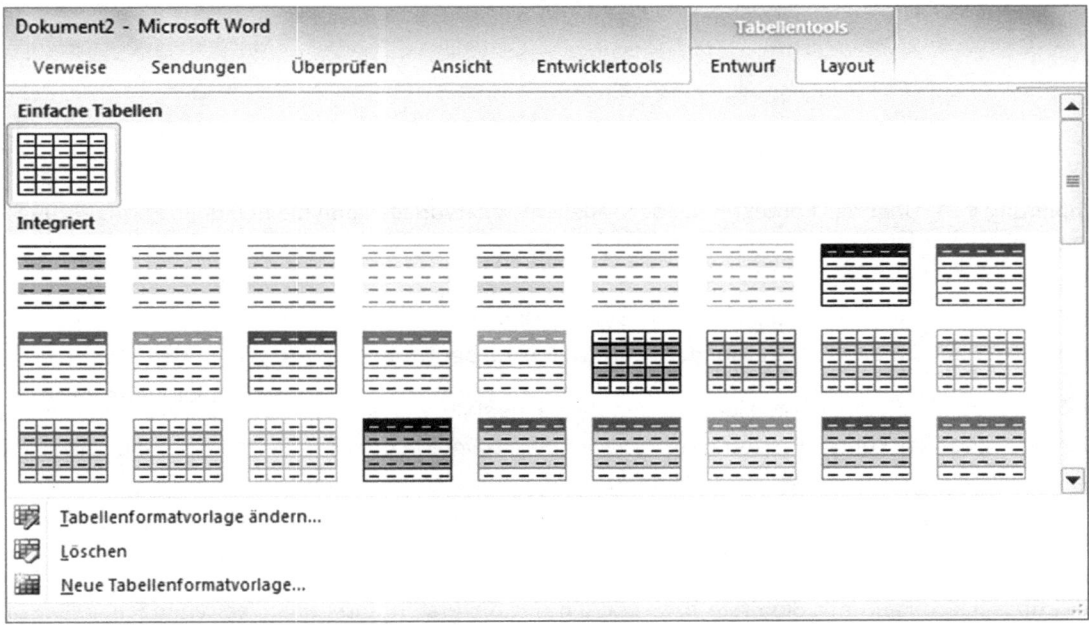

Abbildung 4.30 Mit *Tabellenformatvorlagen* gelingt das Formatieren der Tabelle per Mausklick

Ein Vorteil von Tabellenformatvorlagen besteht darin, dass beim Einfügen oder Löschen von Zeilen bzw. Spalten die Formatierung automatisch von Word angepasst wird. Haben Sie beispielsweise jede zweite Zeile durch eine Schattierung hervorgehoben und fügen eine neue Zeile ein, korrigiert Word die Schattierung in allen nachfolgenden Zeilen.

Sollte keine der Vorlagen für Ihre Tabelle geeignet sein, können Sie eine der integrierten an Ihren Bedarf anpassen oder auch eine neue Tabellenformatvorlage erstellen. Die entsprechenden Befehle *Tabellenformat ändern* und *Neues Tabellenformat* finden Sie im Kontextmenü (Abbildung 4.31) einer Tabellenformatvorlage. (Alternativ können Sie auch den Aufgabenbereich *Formatvorlagen* mit seinen Möglichkeiten verwenden, wie in Abschnitt 2.6 »Mit Formatvorlagen arbeiten« beschrieben.)

Nach dem Zuweisen einer Tabellenformatvorlage lässt sich die Tabellenformatierung beliebig manuell anpassen, um beispielsweise Rahmenlinien und Schattierungen hinzuzufügen oder zu entfernen sowie die Ausrichtung des Zelleninhalts anzupassen. Die manuellen Formatierungen gehen normalerweise verloren, wenn Sie zu einem späteren Zeitpunkt die Tabellenformatvorlage erneut zuweisen oder eine andere Tabellenformatvorlage auswählen. Das Kontextmenü einer Formatvorlage bietet allerdings die Möglichkeit, die manuelle Formatierung gegebenenfalls beizubehalten, siehe Abbildung 4.31.

| Übernehmen (und Formatierung löschen) |
| Übernehmen und Formatierung beibehalten |
| Neues Tabellenformat |
| Tabellenformat ändern |
| Tabellenformat löschen |
| Als Standard festlegen... |
| Katalog zur Symbolleiste für den Schnellzugriff hinzufügen |

Abbildung 4.31 Über das Kontextmenü der Tabellenformatvorlage kann die manuelle Formatierung beibehalten werden

Erstreckt sich Ihre Tabelle über mehrere Seiten? Dann ist es hilfreich, wenn Überschriftenzeilen nicht nur auf der ersten Seite, sondern auch zu Beginn der folgenden Seiten zu finden sind.

Markieren Sie die erste Tabellenzeile und gegebenenfalls weitere Überschriftenzeilen und klicken Sie auf der Kontextregisterkarte *Tabellentools│Layout* in der Gruppe *Daten* auf die Schaltfläche *Überschriften wiederholen*. (In den *Tabelleneigenschaften* findet sich auf der Registerkarte *Zeile* analog der Befehl *Gleiche Kopfzeile auf jeder Seite wiederholen*.) Die zuvor markierten Zeilen werden nun auf jeder Seite wiederholt, über die sich die Tabelle erstreckt.

Grundsätzlich kann nur die erste bzw. können nur die ersten untereinanderstehenden Zeilen einer Tabelle als Überschriften fungieren. Es lassen sich dagegen keine Zeilen mitten aus der Tabelle als Überschriften definieren. Beachten Sie, dass nur die Originalüberschrift am Anfang der Tabelle verändert werden kann; auf den Folgeseiten wird sie quasi »gespiegelt«; eine Bearbeitung ist dort nicht möglich.

Falls Ihre Tabelle als »frei platzierbar« formatiert ist (siehe Abschnitt 4.3.2 »Tabellen (nachträglich) gestalten«), bleibt die Funktion *Überschriften wiederholen* wirkungslos.

Tabellen manuell formatieren: In wissenschaftlichen Arbeiten gelten optisch aufwendig gestaltete Tabellen eher als zu verspielt und werden folglich nicht so gerne gesehen. In den Tabellenformatvorlagen gibt es zwar auch einfach gehaltene Varianten, doch eignen sich diese nicht immer.

Dann ist Handarbeit angesagt. Sie müssen die Rahmen und eventuell gewünschte Schattierungen manuell zuweisen. Markieren Sie zunächst die Zellen, deren Rahmen bzw. Schattierung Sie ändern möchten, und klicken Sie dann auf der Kontextregisterkarte *Tabellentools|Entwurf* in der Gruppe *Tabellenformatvorlagen* auf das kleine Dropdown-Dreieck neben der Schaltfläche *Rahmen*. Jetzt öffnet sich ein Menü, in dem zahlreiche Befehle zum Setzen von Rahmenlinien zur Auswahl stehen. Wenn Sie hier nicht auf Anhieb die gewünschte Funktion finden, klicken Sie am Ende der Liste auf den Befehl *Rahmen und Schattierung*. Es öffnet sich das Dialogfeld *Rahmen und Schattierung* mit der Registerkarte *Rahmen*, siehe Abbildung 4.32. (Dieses Dialogfeld ist übrigens das gleiche, mit dem auch Absätzen, markiertem Text oder Seitenrändern Rahmen und Schattierungen zugewiesen werden.)

Bestimmen Sie zunächst Linienart (1), Linienfarbe (2) und Linienbreite (3). Legen Sie fest, ob die Formatierung auf markierte Zellen oder die gesamte Tabelle angewendet werden soll (5). Standardmäßig ist im linken Bereich des Dialogfelds unter *Einstellung* die Option *Kontur* aktiv. Das bedeutet, dass die Zellen oder die Tabelle rundherum einen Rahmen erhalten. Im *Vorschau*-Bereich rechts im Dialogfeld können Sie mit der Maus direkt in die Vorschau oder auf eine der Schaltflächen daneben bzw. darunter klicken, um Rahmenlinien links, rechts, oben (4), unten, diagonal oder gegebenenfalls zwischen den Zellen zu entfernen oder zuzuweisen. So lässt sich jede Seite der Tabelle oder Zelle(n) mit einer anderen Rahmenlinie versehen.

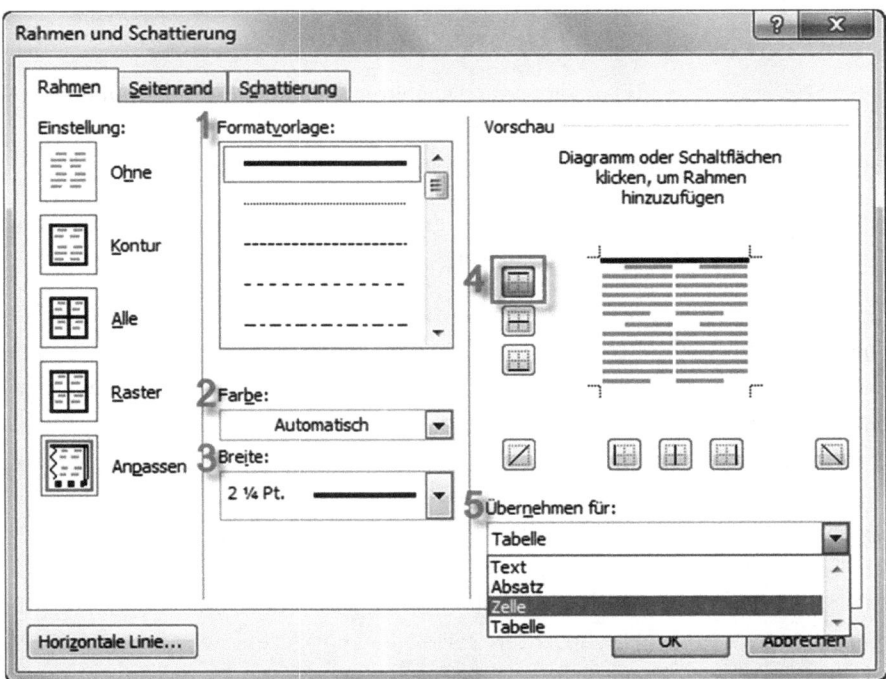

Abbildung 4.32 In einer Tabelle können Sie die Formatierung jeder einzelnen Rahmenlinie anpassen

Möchten Sie den Zellen oder der Tabelle gleich auch eine Hintergrundfarbe zuweisen, wechseln Sie zur Registerkarte *Schattierung* und wählen dort eine Füllfarbe aus. Alternativ können Sie Hintergrundfarben über die Kontextregisterkarte *Tabellentools/Entwurf* zuweisen: Klicken Sie in der Gruppe *Tabellenformatvorlagen* auf die Schaltfläche *Schattierung* und wählen Sie eine der *Design-* oder *Standardfarben*. Über den Befehl *Weitere Farben* können Sie auch eigene Farben »mischen« (Abbildung 4.33).

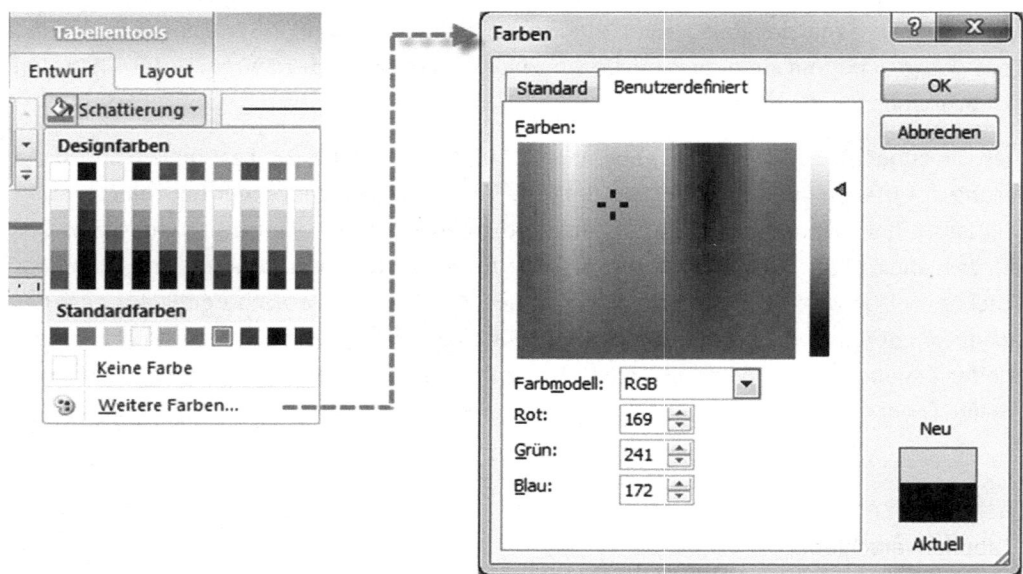

Abbildung 4.33 Schattierungen für Tabellen und Zellen festlegen

Nachdem Sie für passende Rahmen und Schattierungen gesorgt haben, müssen Sie unter Umständen den Inhalt in den Tabellenzellen (neu) ausrichten:

1. Markieren Sie die Zelle bzw. Zellen oder auch Tabelle, deren Inhalt Sie ausrichten möchten.
2. Klicken Sie anschließend auf der Kontextregisterkarte *Tabellentools/Layout* in der Gruppe *Ausrichtung* auf eine der neun Ausrichtungsschaltflächen (Abbildung 4.34): *Oben links ausrichten*, *Oben zentriert ausrichten*, *Mitte links ausrichten* etc. Es handelt sich hierbei jeweils um eine Kombination vertikaler und horizontaler Zellenausrichtung. In den *Tabelleneigenschaften* bietet die Registerkarte *Zelle* lediglich die Möglichkeit der vertikalen Ausrichtung.
3. Wenn lange Überschriften oder Texte in schmalen Zellen untergebracht werden sollen, bietet es sich an, den Text um 90 Grad zu drehen. Damit kann der vorhandene Platz besser ausgenutzt werden. Der Text läuft dann von oben nach unten oder von unten nach oben. Positionieren Sie die Einfügemarke in der gewünschten Zelle oder markieren Sie mehrere Zellen. Per Mausklick auf die Schaltfläche *Textrichtung* (Abbildung 4.34) können Sie dann wechselnd zwischen drei verschiedenen Textrichtungen wählen: von oben nach unten, von unten nach oben und von links nach rechts. Auf den Kopf stellen lässt sich der Text jedoch nicht.

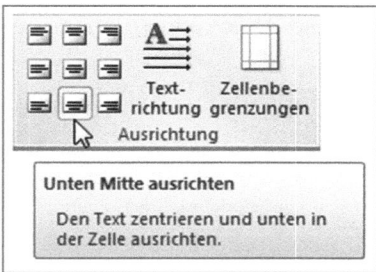

Abbildung 4.34 Zelleninhalte vertikal und horizontal ausrichten

4.3.4 Schnelltabellen: Tabellen aus der Konserve

Kommen in Ihrer Arbeit immer wieder gleich aufgebaute Ergebnistabellen zum Einsatz und unterscheiden sich lediglich die enthaltenen Daten sowie die Anzahl der Zeilen? Dann sparen Sie sich doch einfach die Arbeit, die Tabelle jedes Mal neu anzulegen. Auch das ständige Kopieren einer bereits vorhandenen Tabelle und das anschließende Löschen der darin enthaltenen Daten ist nicht optimal – zu groß ist die Gefahr, dass alte Daten versehentlich zurückbleiben.

Legen Sie regelmäßig benötigte Tabellen besser als *Schnelltabelle* an. Die Tabelle wird einmalig erstellt, vollständig formatiert und vor der Eingabe von Daten als Baustein abgelegt. Künftig lässt sie sich mit drei Mausklicks in Ihr Dokument einfügen.

1. Markieren Sie die Tabelle, die Sie als Schnelltabelle speichern möchten, mit einem Klick auf den Tabellenverschiebepunkt ⊞.
2. Wechseln Sie zur Registerkarte *Einfügen* und wählen Sie in der Gruppe *Tabellen* die Befehlsfolge *Tabelle|Schnelltabellen|Auswahl im Schnelltabellenkatalog speichern*.
3. Im nun angezeigten Dialogfeld tragen Sie unter *Name* eine eindeutige Bezeichnung ein, denn dieser wird später auch im *Schnelltabellenkatalog* angezeigt.
4. Wählen Sie im Dropdown-Listenfeld *Kategorie* den Eintrag *Neue Kategorie erstellen* und tragen Sie beispielsweise *_Wissenschaftliche Arbeit* ein. Der Unterstrich zu Beginn des Namens sorgt dafür, dass die Kategorie immer am Anfang des *Schnelltabellenkatalogs* erscheint. Bestätigen Sie mit *OK*.
5. Fügen Sie dem Baustein eine kurze *Beschreibung* hinzu, wie in Abbildung 4.35 dargestellt. Diese erscheint später in einer QuickInfo, wenn der Mauszeiger im *Schnelltabellenkatalog* auf die Tabelle bewegt wird.
6. Soll die Schnelltabelle nur auf Ihrem Computer zur Verfügung stehen? Dann belassen Sie es im Dropdown-Listenfeld *Speichern in* bei dem Eintrag *Building Blocks.dotx*. Soll die Schnelltabelle hingegen auch auf den Computern genutzt werden, auf denen Sie die Dokumentvorlage Ihres wissenschaftlichen Arbeitsdokuments einsetzen werden? Dann wählen Sie in dem Dropdown-Listenfeld Ihre Dokumentvorlage aus. In diesem Fall steht Ihnen die Schnelltabel-

le immer dann zur Verfügung, wenn Sie ein Dokument auf Basis dieser Dokumentvorlage geöffnet haben.

Abbildung 4.35 Name, Kategorie, Beschreibung und Speicherort für eine Schnelltabelle festlegen

7. Mit *OK* kehren Sie zu Ihrem Dokument zurück und können ab sofort Ihre Tabelle im *Schnelltabellenkatalog* auswählen. Damit die Schnelltabelle auch dauerhaft zur Verfügung steht, müssen Sie beim Beenden von Word auf jeden Fall die Rückfrage zum Speichern der Bausteine mit *Ja* bestätigen.

Möchten Sie Ihre Schnelltabelle löschen oder Name, Kategorie, Speicherort etc. ändern, wählen Sie im Menüband die Registerkarte *Einfügen* und dann *Text/Schnellbausteine/Organizer für Bausteine*. Markieren Sie in der Liste *Bausteine* Ihre Schnelltabelle und klicken Sie – je nach Zielsetzung – auf *Löschen* oder auf *Eigenschaften bearbeiten*. (Wenn Sie die Art des *Katalogs* ändern, beispielsweise von *Tabellen* zu *AutoText*, wird Ihre Tabelle zukünftig nicht mehr im *Schnelltabellenkatalog* angezeigt. Sie muss dann auf anderem Weg eingefügt werden.) Auch hier müssen Sie die Änderungen an Ihren Bausteinen beim Beenden von Word mit *Ja* bestätigen.

Zur näheren Erläuterung von Tabelleninhalten ist in wissenschaftlichen Arbeiten – wie in Abbildung 4.36 zu sehen – manchmal eine kurze Bemerkung notwendig. Wenn Sie auf einen Tabelleninhalt referenzieren müssen, fügen Sie hinter dem entsprechenden Eintrag eine arabische Ziffer – beginnend mit 1 – gefolgt von der runden Klammer ein, also beispielsweise »1)«.

Markieren Sie die Zeichen und drücken Sie anschließend Strg+[+] für das Zeichenformat *Hochgestellt* oder nutzen Sie die entsprechende Schaltfläche unter *Start/Schriftart*. Professioneller ist es jedoch, wenn Sie die Zeichenformatvorlage *Fußnotenzeichen* zuweisen.

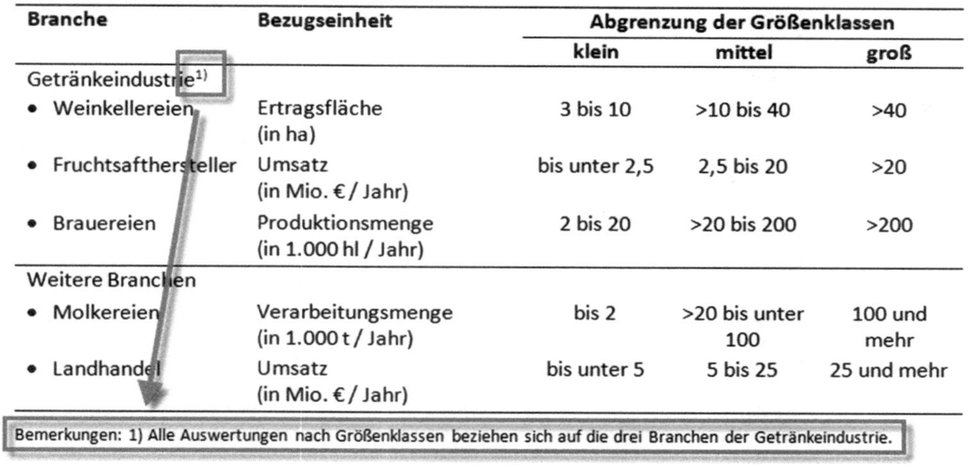

Branche	Bezugseinheit	Abgrenzung der Größenklassen		
		klein	mittel	groß
Getränkeindustrie[1]				
• Weinkellereien	Ertragsfläche (in ha)	3 bis 10	>10 bis 40	>40
• Fruchtsafthersteller	Umsatz (in Mio. € / Jahr)	bis unter 2,5	2,5 bis 20	>20
• Brauereien	Produktionsmenge (in 1.000 hl / Jahr)	2 bis 20	>20 bis 200	>200
Weitere Branchen				
• Molkereien	Verarbeitungsmenge (in 1.000 t / Jahr)	bis 2	>20 bis unter 100	100 und mehr
• Landhandel	Umsatz (in Mio. € / Jahr)	bis unter 5	5 bis 25	25 und mehr

Bemerkungen: 1) Alle Auswertungen nach Größenklassen beziehen sich auf die drei Branchen der Getränkeindustrie.

Abbildung 4.36 Verweise in Tabellen jeweils mit hochgestellter arabischer Ziffer und Klammer

4.3.5 Tabellenbeschriftungen und Tabellenverzeichnis

In einer wissenschaftlichen Arbeit sind alle Tabellen fortlaufend zu nummerieren und mit einer Tabellenunterschrift zu versehen, nur selten mit einer Tabellenüberschrift. Sie erstellen diese Tabellenbeschriftungen auf ähnliche Weise, wie es in Abschnitt 4.5.6 »Abbildungsunterschriften hinzufügen« für Abbildungen beschrieben ist:

1. Klicken Sie unterhalb oder bei Bedarf oberhalb der Tabelle in den Absatz, der die Beschriftung aufnehmen soll.

> Wenn Sie die Einfügemarke innerhalb der Tabelle platzieren, wird die Beschriftung dennoch ober- oder unterhalb der Tabelle eingefügt, abhängig davon, was zuvor im Dialogfeld *Beschriftung einfügen* als Position aktiviert wurde. Word belässt die Beschriftung auf keinen Fall in der Tabelle.
>
> Eventuell benötigen Sie aber eine Beschriftung *innerhalb* einer Zelle, weil beispielsweise in der linken Spalte eine Grafik oder Formel positioniert ist und in der Zelle rechts daneben Nummerierung und Beschreibung erscheinen sollen. Dann müssen Sie die außerhalb der Tabelle eingefügte Beschriftung in die Zelle verschieben. Sofern dies häufiger vorkommt, speichern Sie eine Beschriftung oder eine zweispaltige Tabelle inklusive Beschriftung als *Schnellbaustein/AutoText* ab.

2. Wählen Sie die Befehlsfolge *Verweise|Beschriftungen|Beschriftung einfügen* (übernehmen Sie diesen Befehl am besten direkt in die *Symbolleiste für den Schnellzugriff*).
3. Weisen Sie die gewünschte Bezeichnung zu und schließen Sie das Dialogfeld mit *OK*.

4. Geben Sie Ihren beschreibenden Text in den nun mit der Formatvorlage *Beschriftung* formatierten Absatz ein.

Das Tabellenverzeichnis erstellen Sie als Abbildungsverzeichnis, wie in Abschnitt 4.5.7 »Abbildungsverzeichnis einfügen« beschrieben. Allerdings wählen Sie unter *Verweise|Beschriftungen|Abbildungsverzeichnis einfügen|Beschriftungskategorie* den Eintrag *Tabelle* (oder gegebenenfalls eine andere von Ihnen verwendete Bezeichnung) aus.

> Beachten Sie, dass Sie im Text Ihrer wissenschaftlichen Arbeit auf alle Tabellen verweisen müssen. Der Verweis muss immer vor der eigentlichen Tabelle zu finden sein. Er kann sowohl mitten im Text in der Form »… die Ergebnisse sind in Tabelle 12 zusammengefasst.« oder als einfacher Verweise in der Form »(vgl. Tabelle 27)« erfolgen.

4.4 Formeln

Zur Erzeugung von Formeln, formelähnlichen Konstruktionen und von speziellen Symbolen verfügt Word über den *Formel-Editor*. Damit können Sie mathematische Brüche, Wurzeln, Integrale, komplexe Matrizen sowie komplexe physikalische, chemische oder elektrotechnische Formeln und noch vieles mehr, wie die Beispiele in Abbildung 4.37 demonstrieren, sehr viel besser und einfacher darstellen als in früheren Word-Versionen (vor Word 2007).

$$d = \frac{\begin{vmatrix} x_1 - x_2 & y_1 - y_2 & z_1 - z_2 \\ \cos\alpha_1 & \cos\beta_1 & \cos\gamma_1 \\ \cos\alpha_2 & \cos\beta_2 & \cos\gamma_2 \end{vmatrix}}{\sqrt{\begin{vmatrix} \cos\beta_1 & \cos\gamma_1 \\ \cos\beta_2 & \cos\gamma_2 \end{vmatrix}^2 + \begin{vmatrix} \cos\gamma_1 & \cos\alpha_1 \\ \cos\gamma_2 & \cos\alpha_2 \end{vmatrix}^2 + \begin{vmatrix} \cos\alpha_1 & \cos\beta_1 \\ \cos\beta\alpha_2 & \cos\beta_2 \end{vmatrix}^2}}$$

$$f(x) = a_0 + \sum_{n=1}^{\infty} \left(a_n \cos\frac{n\pi x}{L} + b_n \sin\frac{n\pi x}{L} \right)$$

$$z_1 = \int \frac{x^2 + y_2 \, dx}{\Delta}$$

Abbildung 4.37 Mithilfe des Formel-Editors komplexe Formeln und Ähnliches erzeugen

4.4.1 Formel einfügen

Eine Auswahl an vorgefertigten Formeln steht Ihnen bereits im Formelkatalog unter *Einfügen|Symbole|Formel* zur Verfügung. Sie können diese Formeln direkt verwenden oder als Vorlage, um eine ähnliche Formel zu erstellen. Über den Befehl *Weitere Formeln von Office.com* am Ende dieses Katalogs stehen noch weitere vorgefertigte Formeln zur Verfügung. In den meisten Fällen werden Sie jedoch keine Formel im Katalog finden, die Sie sofort oder nach Durchführung kleinerer Nachbearbeitungen verwenden können. Dann erzeugen Sie von Grund auf eine eigene Formel:

1. Klicken Sie auf der Registerkarte *Einfügen* in der Gruppe *Symbole* direkt auf die Schaltfläche *Formel*. Oder drücken Sie direkt im Dokument Alt+⇧+0 (gemeint ist die Taste 0 (Null) auf dem Haupttastaturfeld). Der dritte und längste Weg führt über das Dropdown-Dreieck und den Befehl *Neue Formel einfügen*. (Natürlich können Sie den Befehl auch der *Symbolleiste für den Schnellzugriff* hinzufügen.)
2. Jetzt erscheint an der aktuellen Position der Einfügemarke das Eingabefeld für die Formel mit dem Hinweistext *Geben Sie hier eine Formel ein*. Gleichzeitig wird im Menüband die Kontextregisterkarte *Formeltools|Entwurf* eingeblendet.

> Die folgende Beschreibung gilt auch, wenn Sie keine Formel komplett neu erzeugen, sondern eine der vorgefertigten Formeln aus dem Katalog verwenden oder eine bestehende, bereits im Dokument befindliche Formel überarbeiten.

3. In das Eingabefeld können Sie die Formel direkt »von Hand« eingeben. Wenn Sie beispielsweise die Formel »x = 15/3« eintippen und hinter der »3« die Leertaste drücken, wandelt Word »15/3« automatisch in einen Bruch in üblicher Schreibweise mit waagrechtem Bruchstrich um (Abbildung 4.38). Neben dem Schrägstrich (/) werden noch weitere Zeichen entsprechend in Formelformatierung umgewandelt, zum Beispiel wird eine mit ^ eingeleitete Zahl hochgestellt.

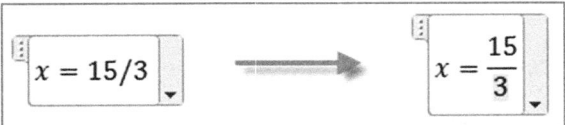

Abbildung 4.38 Word passt die Darstellung einer Formel automatisch an

4. Sie können das Schreiben der Formel jederzeit unterbrechen. Hierzu klicken Sie an eine beliebige Stelle außerhalb des Formeleingabefeldes. Daraufhin verschwindet die Kontextregisterkarte *Formeltools|Entwurf* und Sie können an Ihrem Fließtext weiterarbeiten. Um die Formel erneut zu bearbeiten, klicken Sie sie an einer beliebigen Stelle an.

Mit der reinen manuellen Eingabe lassen sich nur einfache Formeln erstellen. Für speziellere Formeln stehen auf der Kontextregisterkarte *Formeltools|Entwurf* (Abbildung 4.40) in der Gruppe *Symbole* (Abbildung 4.39) eine Vielzahl unterschiedlicher Symbole zur Verfügung, die Sie per Mausklick an die aktuelle Position der Einfügemarke übernehmen. Wenn Sie die Palette mit den Symbolen aufklappen, können Sie im linken oberen Bereich über das Listenfeld zwischen verschiedenen Kategorien wie beispielsweise *Griechische Buchstaben* oder *Geometrie* wählen.

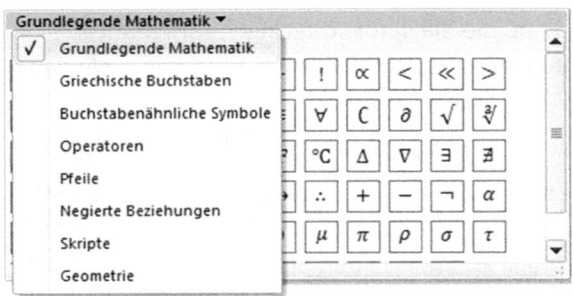

Abbildung 4.39 In der Gruppe *Symbole* stehen für Formeln verschiedene Kategorien zur Auswahl

Über die Gruppe *Strukturen* lassen sich *Bruch*, *Wurzel*, *Integral* und verschiedene Klammern etc. in Ihre Formel einfügen.

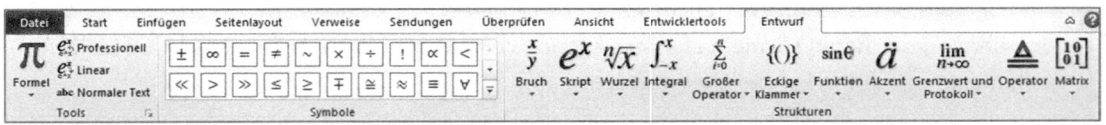

Abbildung 4.40 Die Kontextregisterkarte *Formeltools|Entwurf* mit einer Auswahl an Formelbefehlen

Wenn Sie auf der Kontextregisterkarte *Formeltools|Entwurf* unten rechts in der Gruppe *Tools* auf das *Startprogramm für ein Dialogfeld* (kleiner Pfeil) klicken, öffnet sich das in Abbildung 4.43 dargestellte Dialogfeld *Formeloptionen*. Hier können Sie über entsprechende Einstellungen das Verhalten des Formel-Editors beeinflussen. Beachten Sie darin auch die Schaltflächen *AutoKorrektur von Mathematik* sowie *Erkannte Funktionen*.

4.4.2 Darstellung der Formel anpassen

Sobald Sie eine Formel markieren, erscheint sie eingerahmt und an ihrem rechten Rand wird ein Dropdown-Dreieck eingeblendet, über das sich ein Menü mit verschiedenen Optionen öffnen lässt. Beispielsweise können Sie hier zwischen den zwei Darstellungsarten *Linear* und *Professionell* wechseln (Abbildung 4.41).

$$x = 4/(a^2 - 5) \qquad x = \frac{4}{a^2 - 5}$$

Abbildung 4.41 Links die lineare, rechts die professionelle Darstellung einer Formel

Bei *Linear* wird die Formel ohne Umwandlung angezeigt, also mit normalen Schriftzeichen. Diesen Modus können Sie zur vereinfachten Nachbearbeitung Ihrer bereits eingegebenen Formeln nutzen. Sobald Sie die Überarbeitung abschließen, wird die gesamte Formel wieder in die professionelle Anzeige umgewandelt. Der lineare Modus ist also stets ein Zwischenmodus, um sich die Formel in der Rohform anzuschauen und diese dort alternativ zu bearbeiten (kleinere Änderungen wie zum Beispiel den Austausch einer Zahl können Sie aber auch genauso gut direkt, also bei professioneller Anzeige durchführen). Generell gilt, dass eine lineare Eingabe wie »x=4/(a^2-5)« und die dann von Word automatisch durchgeführte Umwandlung in *Professionell* wesentlich einfacher ist, als die Formel mühevoll mithilfe der Befehle auf der Kontextregister-karte *Formeltools/Entwurf* zusammenzusetzen. Jede Formel kann des Weiteren im Modus *Inline* oder *Anzeige* dargestellt werden (Abbildung 4.42). Bei *Inline* befindet sich die Formel mitten im Fließtext. Bei *Anzeige* nimmt die Formel einen eigenen Absatz ein, und zwar standardmäßig mit Absatzausrichtung *Blocksatz*. Die Ausrichtung lässt sich mit den üblichen Absatzausrichtungen in *links*, *zentriert* und *rechts* unter *Start/Absatz* ändern.

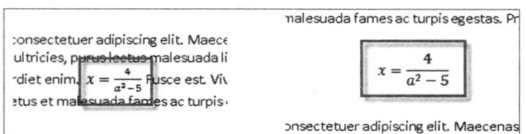

Abbildung 4.42 *Inline* positioniert die Formel mitten im Text (links), *Anzeige* in einem eigenen Absatz

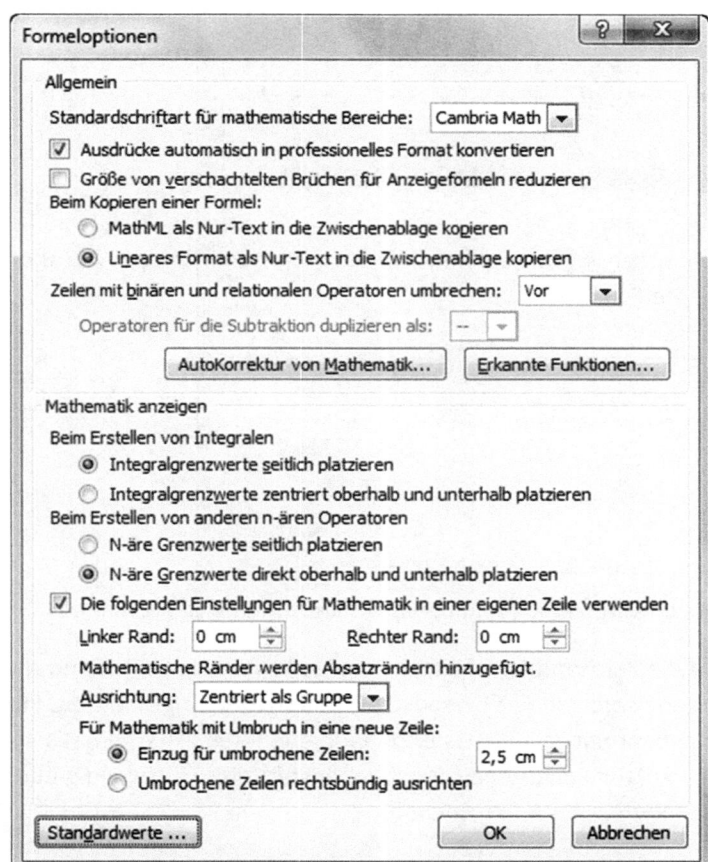

Abbildung 4.43 Die *Formeloptionen* steuern das Verhalten des Formel-Editors

4.4.3   AutoKorrektur für mathematische Zeichen

Zusätzlich zu den normalen Umwandlungsfunktionen des Formel-Editors wie bei 1/4 + Leer-taste, bei dem ein horizontaler Bruchstrich eingesetzt wird, steht die umfangreiche *AutoKor-rektur von Mathematik* zur Verfügung. Diese finden Sie in den *Word-Optionen* unter *Dokumentprüfung|AutoKorrektur-Optionen|AutoKorrektur von Mathematik* sowie über die *Formeloptionen* (Abbildung 4.43). Die AutoKorrektur-Liste enthält bereits eine Vielzahl an Ein-trägen, und Sie können jederzeit weitere hinzufügen (Abbildung 4.44).

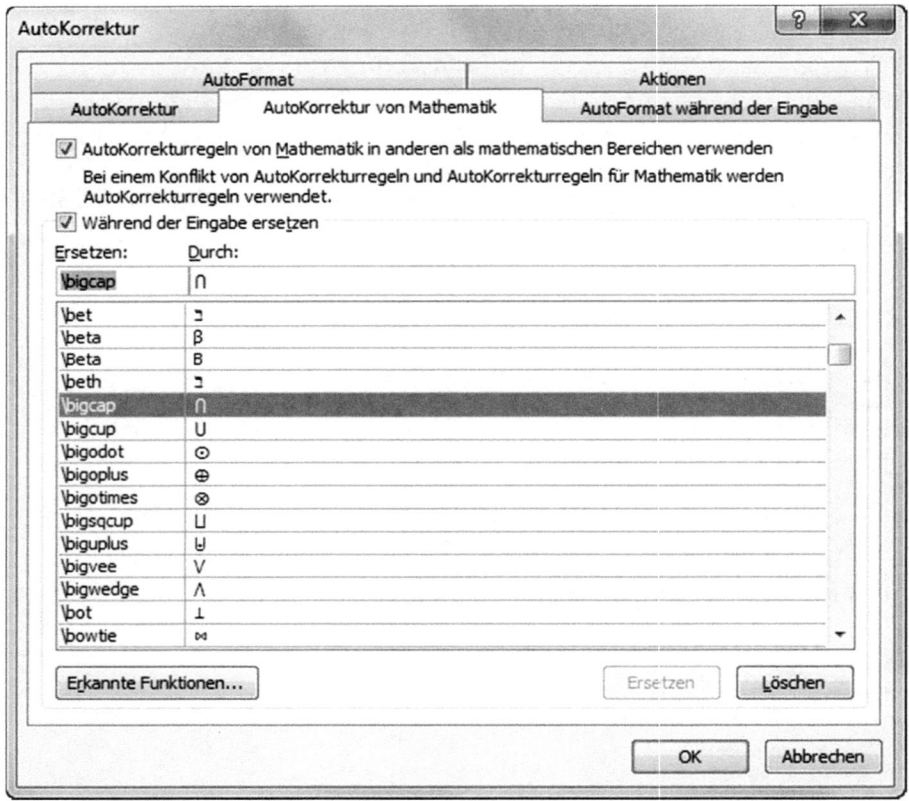

Abbildung 4.44 In der *AutoKorrektur von Mathematik* sind bereits zahlreiche Einträge vorhanden

Wird beispielsweise in einer Formel die Zeichenfolge »\infty« eingegeben und anschließend die Leertaste gedrückt, wird die Eingabe sofort in das Unendlich-Zeichen »∞« umgewandelt. Für jemanden, der regelmäßig mit Formeln arbeitet, lohnt es sich, häufig benötigte mathematische Zeichen per mathematischer AutoKorrektur-Funktion einzugeben, anstatt diese aufwendig über die Kontextregisterkarte *Formeltools|Entwurf* herauszusuchen.

4.4.4   Formel als Baustein ablegen

Kommt in Ihrer wissenschaftlichen Arbeit eine Formel oft in ähnlicher Form (beispielsweise die gleiche Formel mit unterschiedlichen Variablen oder Werten) vor? Dann brauchen Sie die Formel natürlich nicht jedes Mal neu zu erstellen. Auch das ständige Kopieren und anschließende Überarbeiten einer Formel ist nicht optimal – zu groß ist die Gefahr, dass alte Daten versehentlich zurückbleiben.

Übernehmen Sie die regelmäßig benötigte Formel als Baustein in den Formelkatalog. Dann steht sie künftig per Mausklick zur Verfügung.

1. Klicken Sie auf das Dropdown-Dreieck am rechten Rand Ihrer Formel.
2. Wählen Sie in dem Menü, das sich öffnet, den Befehl *Als neue Formel speichern*.
3. Im Dialogfeld *Neuen Baustein erstellen* geben Sie im Textfeld *Name* eine eindeutige Bezeichnung für Ihre Formel ein. Diese wird später im Formelkatalog angezeigt.
4. Wählen Sie im Dropdown-Listenfeld *Kategorie* den Eintrag *Neue Kategorie erstellen* und tragen Sie beispielsweise *_Wissenschaftliche Arbeit* als Name ein. Der Unterstrich am Anfang des Namens sorgt später dafür, dass die Kategorie am Anfang des Formelkatalogs erscheint. Bestätigen Sie die Eingabe der neuen Kategorie mit *OK*.
5. Fügen Sie dem Baustein, wie in Abbildung 4.45 dargestellt, eine kurze Beschreibung hinzu. Diese wird später in einer QuickInfo angezeigt, wenn der Mauszeiger im Formelkatalog auf eine Formel bewegt wird.

Abbildung 4.45 Eine Formel als neuen Baustein speichern

6. Falls die Formel nur auf Ihrem Computer zur Verfügung stehen muss, belassen Sie es unter *Speichern in* bei dem Eintrag *Building Blocks.dotx*.
7. Soll die Formel hingegen auch an anderen Computern genutzt werden, an denen Sie die Dokumentvorlage Ihres wissenschaftlichen Arbeitsdokuments einsetzen werden, wählen Sie als Speicherort Ihre Dokumentvorlage aus. So steht die Formel zukünftig immer zur Verfügung, wenn Sie ein auf dieser Dokumentvorlage basierendes Dokument öffnen.

8. Mit *OK* kehren Sie zu Ihrem Dokument zurück, Ihre Formel lässt sich ab sofort im Formelkatalog auswählen. Wenn Sie Word beenden, bestätigen Sie die Rückfrage, ob Änderungen gespeichert werden sollen, mit *Ja*.

Wie alle anderen Schnellbausteine lassen sich Formeln auch einfügen, indem man die ersten Zeichen oder den vollständigen Namen des Bausteins eintippt und anschließend F3 drückt.

Zum Löschen einer Formel aus dem Formelkatalog öffnen Sie den *Organizer für Bausteine* (*Einfügen|Text|Schnellbausteine*). Markieren Sie die zu entfernende Formel und klicken Sie auf *Löschen*. Auch hier müssen Sie die Änderungen an Ihren Bausteinen beim Beenden von Word wieder mit *Ja* bestätigen.

4.4.5   Formeln in Zusammenarbeit mit älteren Word-Versionen

Alte Formeln weiter nutzen: Der Formel-Editor in Word 2007/2010 wurde grundlegend überarbeitet. Formeln, die mit dem Editor (»Microsoft Formel-Editor 3.0«) aus Vorgängerversionen erstellt wurden, sind deshalb nicht mit dem neuen Editor kompatibel. Ist in einem Word-Dokument im Doc-Format eine Formel enthalten und öffnen Sie die Datei in Word 2010 im Kompatibilitätsmodus, steht die Formel dennoch unverändert zur Verfügung. Wenn Sie auf diese doppelklicken, wird der »alte« Formel-Editor geladen, Word 2010 verhält sich wie die Vorgängerversionen und Sie können die Formel bearbeiten.

Ist in Word 2010 eine Doc-Datei im *Kompatibilitätsmodus* geöffnet, bleibt der neue Formel-Editor inaktiv. Das Einfügen neuer Formeln erfordert zwingend eine Docx-Datei.

Auch lassen sich noch Formeln mit dem alten Formel-Editor in einer Docx-Datei erstellen. Dazu wählen Sie *Einfügen|Text|Objekt|Objekt* und als Objekttyp *Microsoft Formel-Editor 3.0* (Abbildung 4.46). Daraufhin wird eine »alte« Formel erstellt.

Neue Formeln in alten Word-Versionen: Möchten Sie ein Word 2010-Dokument mit einer »neuen« Formel in einer Vorgängerversion von Word bearbeiten? Dann können Sie entweder beim Speichern in Word 2010 oder – sofern in Word 2003, 2002/XP oder 2000 der Fileformat-Converter installiert ist – beim Öffnen in den Vorgängerversionen die 2010er-Datei in das alte Doc-Format umwandeln. Da der neue Formel-Editor in den alten Versionen nicht zur Verfügung steht, wird die Formel in eine Grafik umgewandelt. Die Formel kann daher in der Vorgängerversion nicht bearbeitet werden.

Feature-Refresh nutzen: Wandeln Sie ein ursprünglich aus Word 2010 stammendes Dokument, das Sie zwischenzeitlich im Doc-Format gespeichert hatten, später wieder in das Word 2010-Format zurück, kommt die als »Feature-Refresh« bezeichnete Funktion in Word 2010 zum Einsatz: Da es sich bei der Formelgrafik ursprünglich um eine Word 2010-Formel handelte, wird diese auch wieder in eine Formel zurückgewandelt und kann in Word 2010 wieder bearbeitet werden. Änderungen, die Sie in der Vorgängerversion an der Position oder der Größe der (Grafik-)Formel vorgenommen haben, bleiben unverändert erhalten.

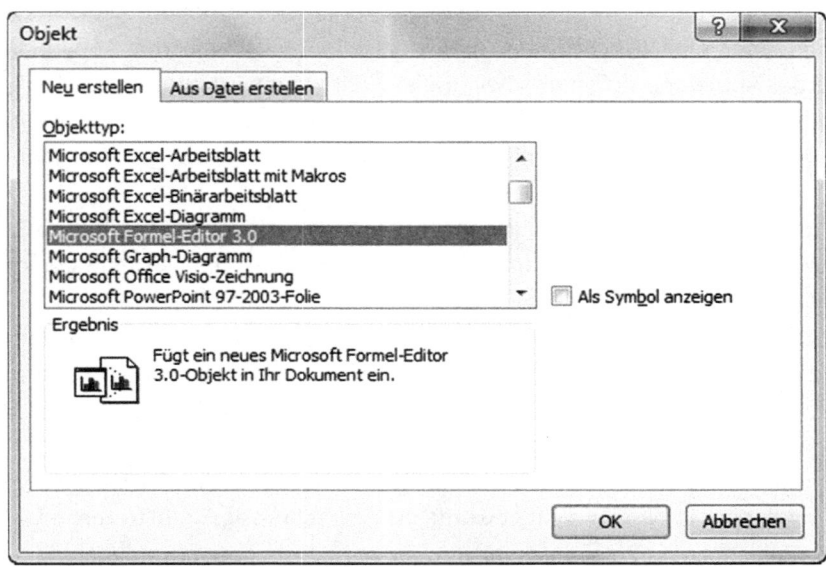

Abbildung 4.46 Der alte Formel-Editor kann über die *Objekte* nach wie vor genutzt werden

4.5 Abbildungen

Sowohl im Entwurf als auch in Ihrer endgültigen wissenschaftlichen Arbeit benötigen Sie die unterschiedlichsten Abbildungen: So dienen Grafiken beispielsweise im Wechselspiel mit dem Text zur Veranschaulichung komplexer Zusammenhänge; Fotos dokumentieren Ihre Forschungsergebnisse; Skizzen mit Bau-, Schalt- oder Ablaufplänen beschreiben Vorgehensweisen. Abbildungen lockern das Gesamtbild einer Arbeit auf und vermeiden »Bleiwüsten« (eintönige Textpassagen). Halten Sie Ihre Abbildungen schlicht und schnörkellos. Effekthaschereien wie Farbverläufe im Hintergrund oder besonders poppige ClipArts sind in aller Regel fehl am Platz. Befindet sich auf Ihrer Grafik Text, muss dieser gut lesbar sein – er sollte möglichst die gleiche Größe haben wie der Text Ihrer wissenschaftlichen Arbeit.

Fügen Sie in Ihrer Arbeit Fotos von Digitalkameras ein? Dann achten Sie darauf, dass Sie die Fotos zuvor auf die in Word benötigte Größe verkleinern. Ein 10-Megapixel-Bild mit drei oder vier MB Dateigröße später auf wenige Zentimeter zu verkleinern, ist wenig sinnvoll, da die komplette Datei von Word bearbeitet bzw. sogar in der Word-Datei abgelegt werden muss.

Beim Einfügen von Abbildungen sollten Sie folgende Regeln beachten:

*   In einer wissenschaftlichen Arbeit sind alle Abbildungen zu nummerieren. Ob dabei eine fortlaufende Nummer (1, 2, 3, …) oder eine kapitelbezogene Nummerierung (1.1, 1.2, 1.3, …) zum Einsatz kommt, hängt von der Art Ihrer Arbeit und den Vorgaben der Hochschule ab.
*   Jede Abbildung verfügt über eine Beschriftung, die unmittelbar unterhalb der Abbildung platziert wird und aus der Abbildungsnummer sowie meist einer kurzen Erläuterung besteht.
*   Auf jede Abbildung muss im Text zuvor verwiesen werden. Dies kann in der Form »… wie in Abbildung 3.4 zu sehen, sind die …« oder als einfacher Verweise in der Form »(siehe Abbildung 4.18)« erfolgen.
*   Alle Abbildungen werden mit der Abbildungsnummer, der Erläuterung sowie der Seitenzahl im Abbildungsverzeichnis aufgeführt (vgl. Abschnitt 4.5.7 »Abbildungsverzeichnis einfügen«).
*   Legenden einer Grafik müssen immer erläutert werden.
*   Abbildungen, die nicht von Ihnen stammen, müssen über einen entsprechenden Quellennachweis verfügen.

Achten Sie darauf, dass Ihnen sämtliche in Ihrer wissenschaftlichen Arbeit eingefügten Abbildungen zusätzlich als eigenständige Datei zur Verfügung stehen. Das Löschen der Originaldatei eines digitalen Fotos, nachdem es in Word eingefügt wurde, ist grob fahrlässig. Denn treten mit Ihrem Word-Dokument Probleme auf, fehlen Ihnen nicht nur der Text, sondern auch die Abbildungen. Diese lassen sich im Gegensatz zum Text unter Umständen nicht mehr reproduzieren. Dies gilt auch für Diagramme aus Excel, Grafiken aus PowerPoint usw., die Sie per Zwischenablage in Ihr Word-Dokument kopieren. Die Ursprungsdatei muss immer erhalten bleiben, sodass auch nachträgliche Korrekturen möglich sind.

4.5.1   Abbildung im Fließtext einfügen

Das Einfügen einer Abbildung zwischen zwei Absätzen mit Text ist mit wenigen Schritten erledigt. Damit die Abbildung korrekt angezeigt wird, stellen Sie sicher, dass die Ansicht *Seitenlayout* aktiviert ist. In der Entwurfs- oder der Gliederungsansicht werden Abbildungen je nach Art des Textumbruchs nicht angezeigt.

Per Zwischenablage: Übernehmen Sie eine Abbildung aus einem anderen Programm und kopieren diese per Zwischenablage nach Word? Dann platzieren Sie die Einfügemarke an der Zielposition in einem leeren Absatz. Drücken Sie [Strg]+[V], um die Abbildung in den Absatz einzufügen. Drücken Sie [Alt]+[Strg]+[V], um eventuell ein anderes Grafikformat bestimmen.

Aus einer Datei: Befindet sich die Abbildung in einer eigenen Datei – beispielsweise ein Foto einer Digitalkamera? Dann wechseln Sie zur Registerkarte *Einfügen* und klicken in der Gruppe *Illustrationen* auf die Schaltfläche *Grafik*. Es erscheint das *Grafik einfügen*-Dialogfeld, in dem Sie die Grafikdatei markieren und auf die Schaltfläche *Einfügen* klicken.

> Die Abbildung wird standardmäßig »wie ein Zeichen« in den Absatz eingefügt. Daher darf die-
> sem Absatz kein fester Zeilenabstand zugewiesen sein. Ansonsten wird der Teil der Abbildung
> abgeschnitten, der die eingestellte Zeilenhöhe überragt. Dass ein Teil der Abbildung »fehlt«,
> erkennen Sie, wenn Sie die Abbildung anklicken: Ein Rahmen zeigt dann die tatsächliche Größe
> an (Abbildung 4.47).

Gleichgültig, welche der beiden zuvor genannten Methoden Sie zum Einfügen einer Abbildung nutzen, die Abbildung wird bei beiden Methoden direkt in der Word-Datei gespeichert. Dies ist bei wissenschaftlichen Arbeiten des Genres Seminar-, Haus- oder Studienarbeit mit 10 bis 40 Seiten und in aller Regel nicht mehr als 15 bis 20 Abbildungen kein Problem. Sobald es jedoch um Bachelor- und Masterthesis, Magister- und Diplomarbeit, Dissertation (Doktorarbeit), Habili-tationsschrift oder umfangreiche Forschungsberichte mit Dutzenden von Abbildungen geht, ist die Word-Datei mit der Aufnahme des Textes und aller Abbildungen überfordert. Die Datei schwillt typischerweise auf zehn und mehr MB an, das Laden, Speichern und Arbeiten im Doku-ment wird immer träger, und es besteht die Gefahr, dass sich die ganze Datei über kurz oder lang nicht mehr öffnen lässt.

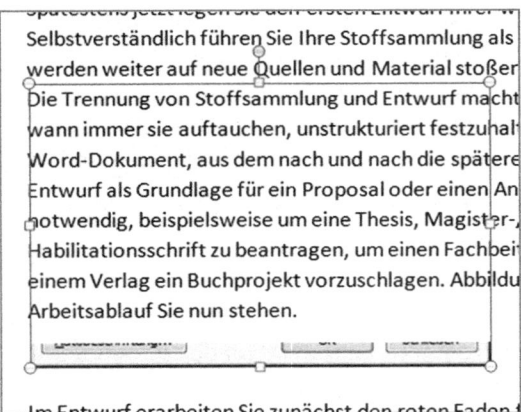

Abbildung 4.47 Der Rahmen zeigt die tatsächliche Höhe der Grafik an

Um dies zu vermeiden, lassen sich Text und Abbildungen trennen: Die Abbildungen werden dabei lediglich als Verknüpfung in das Dokument eingefügt. Entsprechend wird der eigentliche Inhalt nicht in der Word-Datei gespeichert. Verknüpfungen haben den Vorteil, dass das Doku-ment klein und schnell bleibt. Der Nachteil ist, dass Sie sowohl die Textdatei als auch die zu-gehörigen Bilder verwalten müssen. Da Word zu jedem Bild den kompletten Pfad speichert, müssen die Bilder auch immer im gleichen Pfad zu finden sein. Dies sorgt für Komplikationen, wenn Sie das Dokument auf unterschiedlichen Computern bearbeiten und dort die Daten (Word-Datei und Abbildungen) nicht immer im gleichen Pfad ablegen können. Für die Veröffent-lichung Ihrer wissenschaftlichen Arbeit hat die Trennung von Text und Bildern keinen Nachteil, da Sie die Arbeit entweder in gedruckter Form oder als PDF-Datei (siehe Kapitel 6) weitergeben. Gehen Sie so vor, um Abbildungen als Verknüpfung einzufügen:

1. Speichern Sie die Abbildungsdateien im gleichen Ordner wie Ihre wissenschaftliche Arbeit. Wenn Sie Ihr Dokument auf unterschiedlichen Computern bearbeiten, achten Sie darauf, dass Sie Word-Dokument und Abbildungen in einem Ordner ablegen, der auf allen Computern angelegt werden kann bzw. dort zur Verfügung steht (beispielsweise *D:\WissArbeit*). Das Dokument einschließlich der Bilder in den von Windows vorgegebenen Ordnern zu speichern, ist nicht zu empfehlen. Denn diese Ordner liegen im Windows-Benutzerprofil und beinhalten immer den jeweiligen Windows-Anmeldenamen. Ist dieser nicht auf allen Computern gleich, ist auch der Pfad zum Ordner unterschiedlich.
2. Platzieren Sie die Einfügemarke an der Zielposition in einem leeren Absatz.
3. Wechseln Sie zur Registerkarte *Einfügen* und klicken Sie in der Gruppe *Illustrationen* auf die Schaltfläche *Grafik*. Im Dialogfeld *Grafik einfügen* markieren Sie die Datei mit der Abbildung.
4. Klicken Sie rechts neben der Schaltfläche *Einfügen* auf das kleine Dropdown-Dreieck. In dem jetzt geöffneten Menü wählen Sie den Befehl *Mit Datei verknüpfen*. Die Abbildung wird daraufhin mit Ihrem Dokument verknüpft und erscheint an der gewählten Stelle.

Im gleichen Menü finden Sie auch den Befehl *Einfügen u. Verknüpfen*, der die Abbildung verknüpft und gleichzeitig als Kopie in der Word-Datei speichert. Nutzen Sie diese Möglichkeit, wenn in Ihrer Arbeit nur wenige Abbildungen zu speichern und eventuell später noch zu ändern sind. Markieren Sie dann am Ende Ihr gesamtes Dokument (Strg + A) oder gegebenenfalls einzelne Bilder, um sie mithilfe der Taste F9 zu aktualisieren. Da sich in der Word-Datei immer auch Kopien der Abbildungen befinden, müssen Sie bei der Weitergabe der Word-Datei keine Abbildungsdateien mitliefern.

Dass es sich bei der Abbildung um eine Verknüpfung handelt, ist auf den ersten Blick nicht zu erkennen. Wenn Sie das Dokument jedoch zu einem späteren Zeitpunkt wieder öffnen und die verknüpfte Datei mit der Abbildung wurde umbenannt, gelöscht oder in einen anderen Ordner verschoben, zeigt Word anstelle der Abbildung einen leeren Rahmen mit einer Fehlermeldung an (Abbildung 4.48).

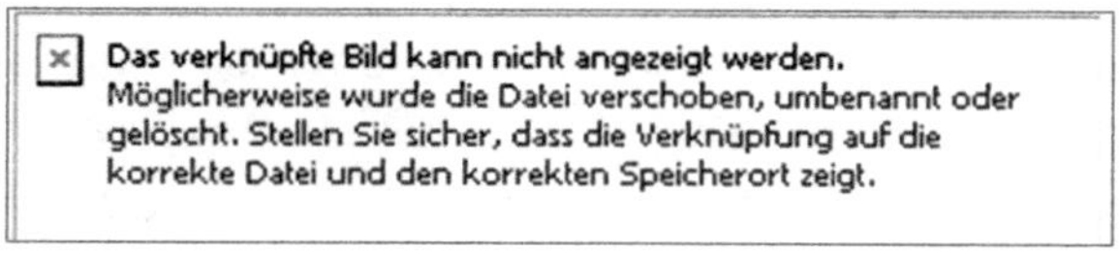

Das verknüpfte Bild kann nicht angezeigt werden. Möglicherweise wurde die Datei verschoben, umbenannt oder gelöscht. Stellen Sie sicher, dass die Verknüpfung auf die korrekte Datei und den korrekten Speicherort zeigt.

Abbildung 4.48 Fehlt die verknüpfte Abbildungsdatei, erscheint eine Fehlermeldung

Sie arbeiten im Team und haben ein Dokument erhalten, dessen verknüpfte Bilder sich in einem anderen Ordner als dem von Ihnen genutzten befinden? Dann können Sie die Pfade nachträglich über *Datei|Informationen|Verknüpfungen mit Dateien bearbeiten* anpassen. Oder fügen Sie diesen Befehl zunächst der *Symbolleiste für den Schnellzugriff* (siehe Abschnitt 2.3.2 »Symbolleiste für den Schnellzugriff anpassen«) hinzu:

1. Klicken Sie am rechten Ende der *Symbolleiste für den Schnellzugriff* auf das Dropdown-Dreieck und wählen Sie den Befehl *Weitere Befehle*.
2. Im Dialogfeld *Word-Optionen* wählen Sie im Dropdown-Listenfeld *Befehle auswählen* den Eintrag *Alle Befehle* und markieren in der darunter liegenden Liste den Eintrag *Verknüpfungen mit Dateien bearbeiten*. Klicken Sie auf die Schaltfläche *Hinzufügen*.
3. Nachdem Sie das Dialogfeld mit *OK* geschlossen haben, befindet sich die neue Kettensymbol-Schaltfläche dauerhaft in der *Symbolleiste für den Schnellzugriff*.
4. Um den Pfad zu einer verknüpften Abbildung anzupassen, klicken Sie auf die neue Schaltfläche. Es öffnet sich das Dialogfeld *Verknüpfungen* mit einer Liste aller Verknüpfungen im aktuellen Dokument (Abbildung 4.49). Wenn Sie einen Eintrag anklicken, werden unterhalb des Listenfeldes der Pfad und Dateiname der verknüpften Abbildung angezeigt.
5. Markieren Sie die Quelldatei, deren Pfad Sie ändern möchten, und klicken Sie auf die Schaltfläche *Quelle ändern*. Nun können Sie die Abbildung im »richtigen« Ordner auswählen und mit *Öffnen* übernehmen.
6. Zurück im *Verknüpfungen*-Dialogfeld hat Word den Pfad korrigiert. Wiederholen Sie den Vorgang für alle anderen Abbildungen mit »falschen« Pfaden.

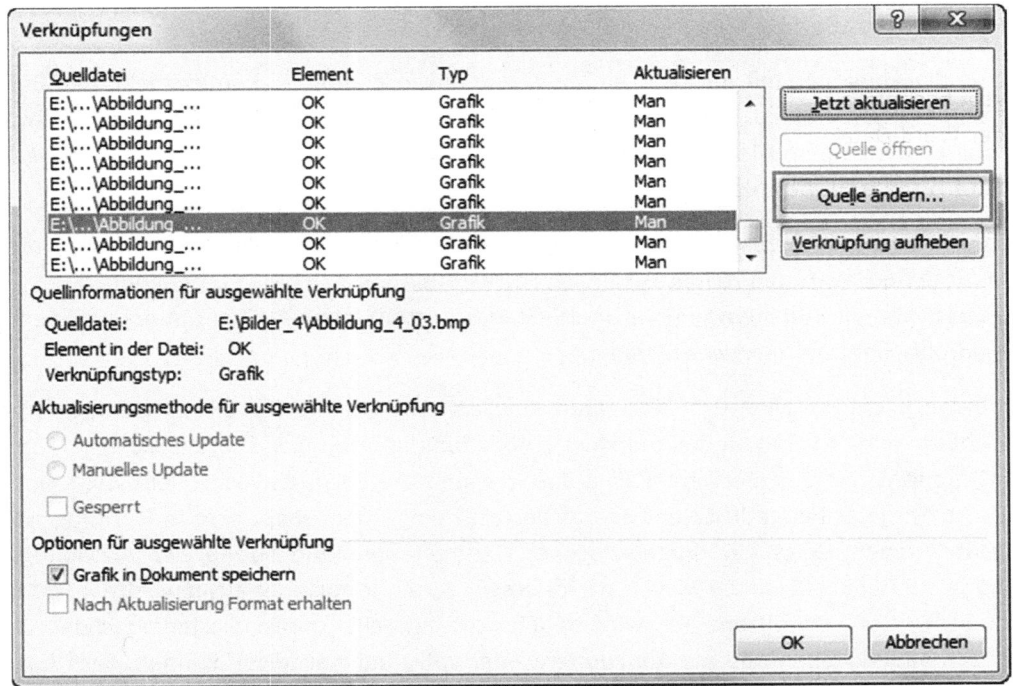

Abbildung 4.49 Für Verknüpfungen den Pfad zur Quelle oder die Quelldatei ändern

4.5.2   Abbildungen formatieren

Nach dem Einfügen der Abbildung können Sie diese formatieren. Wenngleich Ihnen Word hierzu ein ganzes Funktionsfüllhorn anbietet: Beschränken Sie sich in Ihrer wissenschaftlichen Arbeit auf das Wesentliche. Eine Abbildung mit weichen Kanten, abgeschrägt mit 3D-Drehung und hinterlegtem Farbverlauf mag zwar imposant aussehen – dem wissenschaftlichen Ansatz, die darin enthaltenen Informationen übersichtlich wiederzugeben, wird sie jedoch kaum gerecht.

Größe: Eine Abbildung wird zunächst immer in ihrer Originalgröße in Word eingefügt. Es sei denn, die Breite bzw. Höhe der Seite reicht nicht aus. In diesem Fall wird die Abbildung unter Beibehaltung ihrer Proportionen verkleinert. Wenn Sie die Grafik in eine Tabellenzelle, ein Textfeld oder einen Positionsrahmen einfügen, verringert sie ihre Größe entsprechend der aktuellen Breite oder Höhe dieser Elemente. Das kann nützlich sein, wenn Ihnen Grafiken unterschiedlicher Größen vorliegen, diese im Dokument aber einheitlich breit oder hoch dargestellt werden sollen. Die Größe einer Grafik wird allerdings nicht bei nachträglichen Veränderungen von Zelle, Textfeld oder Positionsrahmen angepasst.

Um die Größe der Abbildung zu ändern, klicken Sie diese an, sodass der Markierungsrahmen erscheint. Ziehen Sie einen der vier Eckziehpunkte bei gedrückter linker Maustaste in Richtung Abbildungsmitte (= verkleinern) oder nach außen (= vergrößern); das Breiten-Höhen-Verhältnis bleibt dabei bestehen. Drücken Sie dabei ⌊Strg⌋, wird die Abbildung aus der Mitte heraus verkleinert bzw. vergrößert.

Wenn Sie die Abbildung mit der rechten Maustaste anklicken und im Kontextmenü den Befehl *Größe und Position* wählen, stehen weitere Möglichkeiten zur Größenfestlegung zur Auswahl. Alternativ können Sie im Menüband unter *Bildtools|Format* das *Startprogramm für ein Dialogfeld* in der Gruppe *Größe* anklicken.

Drehen: Um eine markierte Abbildung zu drehen, klicken Sie auf den oben befindlichen grünen Punkt und ziehen dann den Mauszeiger nach rechts oder links. Ziehen Sie bei gedrückter ⌊⇧⌋-Taste, dreht sich die Abbildung immer in 15-Grad-Schritten. Weitere Drehoptionen finden Sie unter *Bildtools|Format|Anordnen|Drehen*.

Zuschneiden (nicht bei allen Grafikformaten möglich): Soll nur ein Teil der eingefügten Abbildung sichtbar sein? Klicken Sie bei markierter Abbildung im Menüband unter *Bildtools|Format* in der Gruppe *Größe* auf die Schaltfläche *Zuschneiden*. Die Form der acht Ziehpunkte ändert sich. Wenn Sie jetzt bei gedrückter linker Maustaste einen der Ziehpunkte in Richtung Abbildungsmitte ziehen, zeigt ein durchgezogener Rahmen die neue Größe der Abbildung an (Abbildung 4.50). Sobald Sie die Maustaste loslassen, wird nur noch der ausgewählte Ausschnitt dargestellt. Der abgeschnittene Teil wird dabei nicht gelöscht, sodass Sie jederzeit den Ziehpunkt nach außen ziehen und die Abbildung wieder vollständig anzeigen können. Falls Augenmaß bzw. das Zuschneiden mit der Maus nicht ausreichend sind, klicken Sie unter *Bildtools| Bildformatvorlagen* auf das *Startprogramm für ein Dialogfeld* (kleiner Pfeil). Es öffnet sich das

Dialogfeld *Grafik formatieren*, in dem Sie über den Befehl *Zuschneiden* genaue Maße eintragen können.

Abbildung 4.50 Mithilfe der Funktion *Zuschneiden* lassen sich Ausschnitte erstellen

Wenn Sie die Markierungspunkte nach außen ziehen bzw. negative Zentimeterangaben machen, wird der Grafik am Rand zusätzliche Leerfläche hinzugefügt.

Zum **Entfernen** von Bereichen innerhalb einer Grafik (*Bildtools|Format|Anpassen|Freistellen*) finden Sie das Lernvideo *Freistellen.wmv* im Ordner *\Videos* auf der CD-ROM zu diesem Buch.

Das Menüband bietet über die Kontextregisterkarte *Bildtools|Format* noch weitere Formatierungsmöglichkeiten wie etwa

- in der Gruppe *Bildformatvorlagen* das Zuweisen von Rahmen und Bildeffekten,
- in der Gruppe *Anpassen* das Neueinfärben einer Grafik oder Zuweisen künstlerischer Effekte.

Soll eine Grafik **unter Beibehaltung der aktuellen Größe und Formatierung** lediglich ausgetauscht werden, wählen Sie in der Gruppe *Anpassen* (oder im Kontextmenü der Grafik) den Befehl *Bild ändern*.

In Word 2010 besteht nun – wie bisher schon in PowerPoint – die Möglichkeit, ein Bild über das Kontextmenü separat zu speichern: Klicken Sie das Bild mit der rechten Maustaste an und wählen Sie den Befehl *Als Grafik speichern*.

Da es sich bei den neuen Dateiformaten ab Word 2007 (*.docx, *.docm, *.dotx, *.dotm) eigentlich um jeweils mehrere »gezippte« Dateien und Ordner handelt, lassen sich diese auch entpacken, um unter anderem die einzelnen Bilddateien zu extrahieren.

Wie in den älteren Word-Versionen können Sie Bilder aber weiterhin aus einem Dokument lösen, indem Sie das Dokument im HTML-Format speichern. Bilder werden dann in einem separaten Ordner hinterlegt.

4.5.3   Abbildung frei bzw. mit Textumbruch positionieren

Besonders im Umgang mit Grafiken wird deutlich, dass es sich bei Word um eine Textverarbeitung und nicht um ein Desktop-Publishing- oder gar Bildbearbeitungsprogramm handelt. Deshalb sind Grafiken grundsätzlich einfacher zu handhaben, wenn sie *Mit Text in Zeile* positioniert sind. Grafiken verhalten sich dann wie ein Textzeichen und können über Absatzformate einschließlich Tabstopps wunschgemäß platziert werden. Soll sich links oder rechts neben einer Grafik ein Textblock befinden, der aber nicht um die Grafik herumfließen soll, ist dies am einfachsten mithilfe einer rahmenlosen zwei- oder dreispaltigen Tabelle zu realisieren.

Soll eine Grafik jedoch von Text umgeben werden oder sich beispielsweise als Wasserzeichen *hinter* dem Text befinden, wählen Sie die gewünschte Option über *Bildtools|Format|Anordnen| Zeilenumbruch* bzw. *Position* (Abbildung 4.51). Über den Befehl *Weitere Layoutoptionen* lassen sich genauere Einstellungen vornehmen.

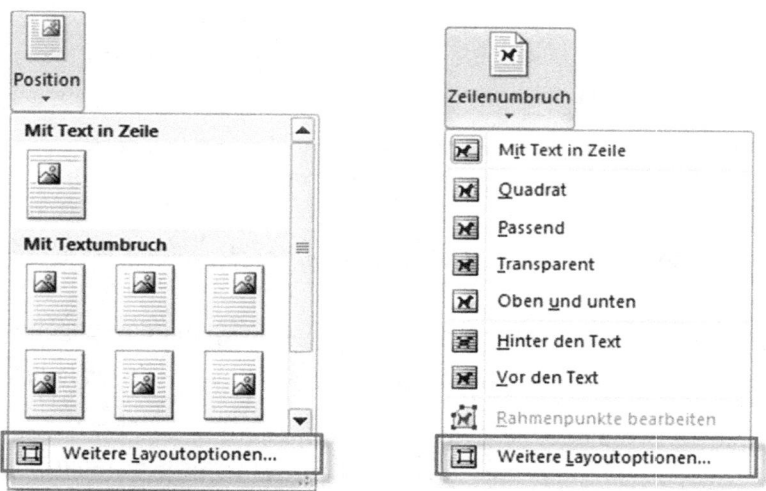

Abbildung 4.51 Position und Art des Textumbruchs für Grafiken festlegen

Nachdem eine andere Option als *Mit Text in Zeile* aktiviert wurde, befindet sich die Grafik nicht mehr auf der Textebene, sondern auf der Grafikebene und ist *lose* im zugehörigen Absatz verankert. Um welchen Absatz es sich dabei handelt, erkennen Sie bei eingeblendeten Formatierungszeichen an dem Ankersymbol zu Beginn des Absatzes, wie in Abbildung 4.52 links dargestellt.

Wird die Grafik verschoben, bewegt sich unter Umständen auch der Anker automatisch mit, und zwar zu einem der Grafik näher gelegenen Absatz. Umgekehrt lässt sich der Anker per gedrückter linker Maustaste separat einem anderen Absatz zuordnen, ohne dass sich die Grafik selbst bewegt – es sei denn, Sie verschieben den Anker auf eine andere Seite, dann wandert auch die Grafik auf diese Seite.

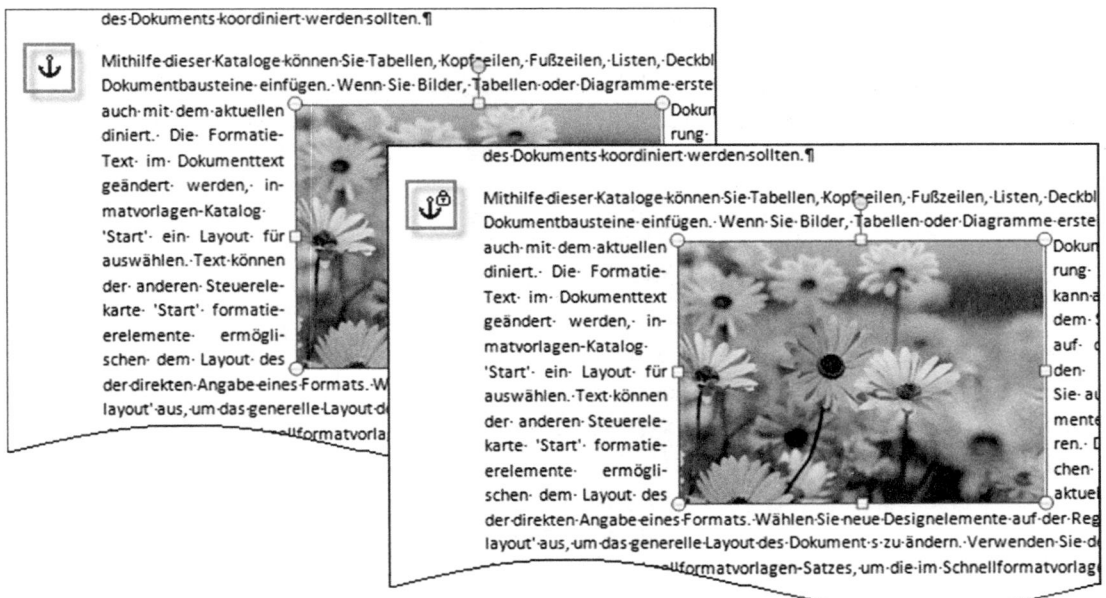

Abbildung 4.52 Eine Grafik mit Textumbruch *Passend* – einmal *lose* und einmal *fest* verankert

Grafiken (ebenso eingebettete Objekte) sind immer an einen Absatz gebunden: Dabei befinden sie sich grundsätzlich auf derselben Seite wie der zugehörige Absatz und werden zusammen mit diesem gelöscht.

Möchten Sie verhindern, dass sich eine Grafik *innerhalb* einer Seite zusammen mit dem zugehörigen Absatz bewegt oder dass der Anker »wandert«, sobald die Grafik verschoben wird, wählen Sie zunächst den Befehl *Weitere Layoutoptionen* aus Abbildung 4.51.

- Deaktivieren Sie im Dialogfeld *Layout* (Abbildung 4.53) die Option *Objekt mit Text verschieben*, wenn die Grafik nicht zusammen mit dem Absatz verschoben werden soll. Sie wird dann nicht abhängig vom Absatz, sondern vom Seiten- oder Papierrand positioniert. Wohlgemerkt: Wechselt der Absatz auf eine andere Seite, wandert die Grafik dennoch mit.
- Aktivieren Sie die Option *Verankern*, wenn die Grafik fest in einem Absatz verankert werden soll. Der Anker bleibt nun dauerhaft mit dem zugeordneten Absatz verbunden. Er kann nicht mehr per Maus verschoben werden und sucht auch keinen neuen Ankerplatz, wenn die Grafik verschoben wird. Das Ankersymbol ist durch ein Schloss-Symbol gekennzeichnet, wie in Abbildung 4.52 rechts dargestellt.

Die standardmäßig aktivierte Option *Überlappen zulassen* im Dialogfeld *Erweitertes Layout* bewirkt, dass sich Grafiken überlagern dürfen. Die jeweilige Ebene kann dann über *Bildtools|Format|Anordnen* mithilfe der Optionen unter *Ebene nach vorne* sowie *Ebene nach hinten* festgelegt werden.

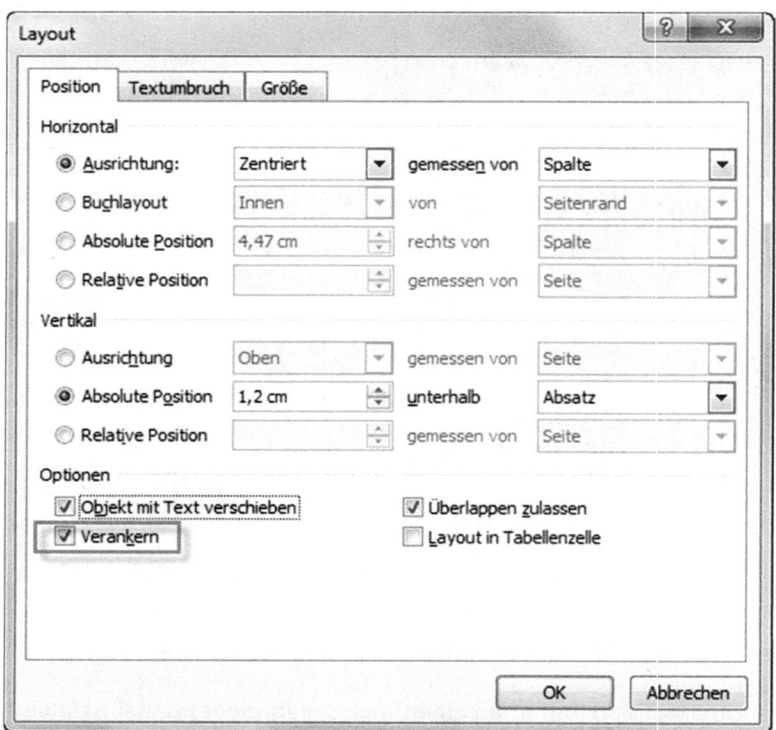

Abbildung 4.53 Position und Textfluss von Grafiken und Objekten detailliert festlegen

Die Option *Layout in Tabellenzelle* positioniert Grafiken, die mit Absätzen in einer Tabelle verbunden sind, innerhalb der Zelle. Ist diese Option deaktiviert, wird die Grafik außerhalb der Tabelle positioniert.

> Per ⇥ oder ⇧+⇥ können Sie sich zwischen Objekten, die mit einem Textumbruch formatiert sind, vorwärts oder rückwärts bewegen und diese jeweils markieren. Das gilt auch für Objekte, die *Hinter den Text* positioniert wurden. Alternativ aktivieren Sie den Befehl *Start/ Bearbeiten/Markieren/Objekte markieren*, um die von Text überlagerten Objekte per Maus zu erfassen.

4.5.4   Zeichnungen und Skizzen in/mit Word erstellen

Zeichnungen unterschiedlicher Komplexität, kleine Skizzen, Ablaufdiagramme oder auch nur die grafische Darstellung eines Fragenaufbaus einer Umfrage werden in fast jeder wissenschaftlichen Arbeit zur Visualisierung benötigt. Mithilfe der zahlreichen Formen lassen sich solche Zeichnungen direkt in Word erstellen, frei platzieren und beliebig skalieren (Abbildung 4.54).

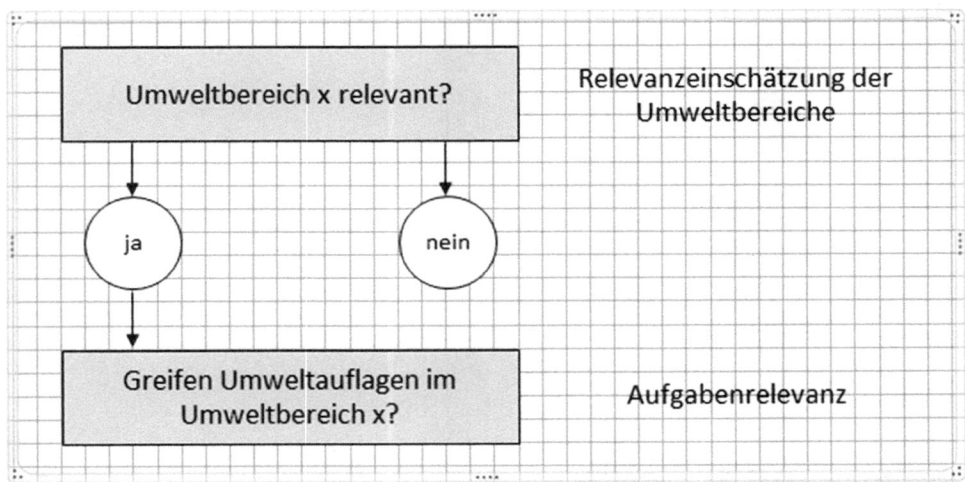

Abbildung 4.54 Skizzen oder Ablaufdiagramme mithilfe von Formen und Zeichenbereich erstellen

Benötigen Sie in Ihrer wissenschaftlichen Arbeit nur eine einzelne Form, fügen Sie diese über den Befehl *Einfügen | Illustrationen | Formen* ein. Die Form wird standardmäßig frei positionierbar eingefügt und liegt über dem Text. Daher lässt sie sich frei auf der Seite verschieben und platzieren. Ist dies nicht gewünscht, können Sie – wie auch bei Abbildungen – den Textumbruch bei markierter Form über die Kontextregisterkarte *Zeichentools | Format | Anordnen | Zeilenumbruch* anpassen.

Sie möchten mithilfe mehrerer Formen eine Zeichnung, ein Ablaufdiagramm etc. erstellen? Dann nutzen Sie den Zeichenbereich, in dem die Formen zusammengefasst werden und der sich beliebig skalieren lässt.

Zeichenbereich einfügen: Zeichenbereiche werden standardmäßig *Mit Text in Zeile* eingefügt (der Textumbruch lässt sich aber jederzeit ändern). Platzieren Sie die Einfügemarke an der Stelle in Ihrem Dokument, an der Sie Ihre Zeichnung einfügen möchten. Wählen Sie anschließend *Einfügen | Illustrationen | Formen | Neuer Zeichenbereich*. Der Zeichenbereich wird – wenn er markiert ist – auf dem Bildschirm durch ein abgerundetes Rechteck mit breitem hellblauen Rahmen angezeigt. Sobald Sie außerhalb des Zeichenbereichs klicken, verschwindet die Markierung.

Gitternetz-/Rasterlinien einschalten: Damit sich im Zeichenbereich die Formen exakt platzieren lassen, schalten Sie am besten die Gitternetzlinien ein: im Menüband über *Ansicht | Anzeigen | Gitternetzlinien* oder über *Zeichentools | Format | Anordnen | Ausrichten | Gitternetzlinien anzeigen*). Bei aktivierten Gitternetzlinien werden alle Formen automatisch auf dem angezeigten Raster ausgerichtet. Benötigen Sie ein feineres oder gröberes Raster, legen Sie dies über den Befehl *Zeichentools | Format | Anordnen | Ausrichten | Rastereinstellungen* fest (Abbildung 4.55).

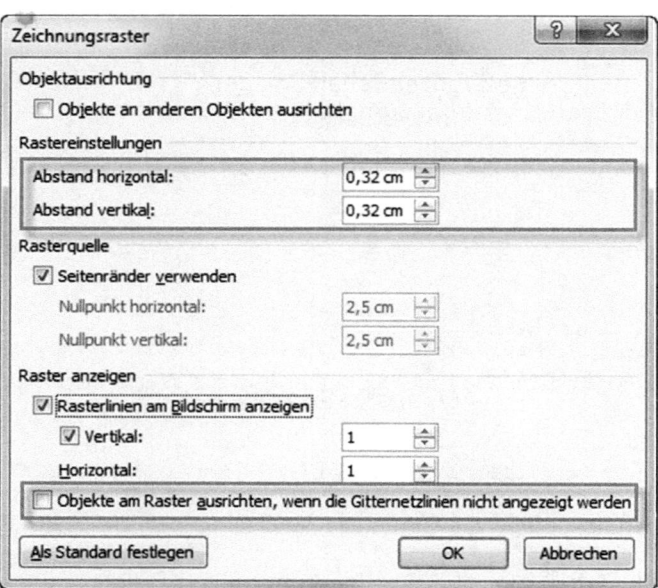

Abbildung 4.55 Legen Sie hier den Abstand der Gitternetzlinien fest

Wenn im Dialogfeld *Zeichnungsraster* das Kontrollkästchen *Objekte am Raster ausrichten, wenn die Gitternetzlinien nicht angezeigt werden* deaktiviert ist (= Standard), hat das Aktivieren bzw. Deaktivieren der Gitternetzlinienanzeige auch Einfluss auf die automatische Ausrichtung. Letztere wird entsprechend aufgehoben, wenn die Gitternetzlinien ausgeblendet sind.

Formen einfügen und platzieren: Ist der Zeichenbereich markiert, wechseln Sie zum Einfügen von Formen zur Kontextregisterkarte *Zeichentools|Format*. In der Gruppe Form*en einfügen* stehen einige der zuletzt verwendeten Formen zur Auswahl. Mit einem Klick auf das Dropdown-Dreieck können Sie eine Liste mit weiteren Formen öffnen. Zur Übernahme einer Form müssen Sie die Form anklicken und anschließend im Zeichenbereich bei gedrückter linker Maustaste die gewünschte Größe aufziehen. Wenn Sie die Gitternetzlinien eingeschaltet haben, rastet der Mauszeiger beim Ziehen immer auf den Rasterpunkten ein.

Wenn Sie eine Form im Zeichenbereich kopieren, wird die Kopie nicht automatisch auf dem Raster platziert. Verschieben Sie die markierte Form, »rastet« sie ein. Dabei kann es vorkommen, dass die Form nicht exakt platziert wird. In diesem Fall verschieben Sie die Form per Tastatur (Pfeiltasten) jeweils einmal über die gewünschte Rasterposition hinaus und anschließend wieder zurück (sowohl in vertikaler als auch in horizontaler Richtung).

Text in Formen einfügen: Soll eine Form mit Text gefüllt werden, markieren Sie sie und schreiben einfach los oder klicken Sie die Form mit der rechten Maustaste an und wählen Sie im Kontextmenü den Befehl *Text hinzufügen*. Jetzt blinkt die Einfügemarke in der Form und Sie können den Beschriftungstext einfügen. Beachten Sie, dass der Text mit der Formatvorlage *Standard* formatiert wird – und somit in aller Regel über Absatzformatierungen verfügt, die in der Form eher störend sind (vor allem Absatzendeabstand). Legen Sie deshalb bei Bedarf für die Beschriftung von Formen eine eigene Formatvorlage an.

Die horizontale Ausrichtung bei der Beschriftung regeln Sie über das Absatzformat *Zentriert* (*Start|Absatz*). Um den Text auch vertikal zu zentrieren, klicken Sie die Form mit der rechten Maustaste an und wählen im Kontextmenü den Befehl *Form formatieren*. Im jetzt angezeigten Dialogfeld wählen Sie im Bereich *Textfeld* als *Vertikale Ausrichtung* die Option *Mitte* (Abbildung 4.56). Damit der Text in der Form perfekt zentriert ist, können Sie außerdem die Werte bei *Innerer Seitenrand* auf *0 cm* setzen.

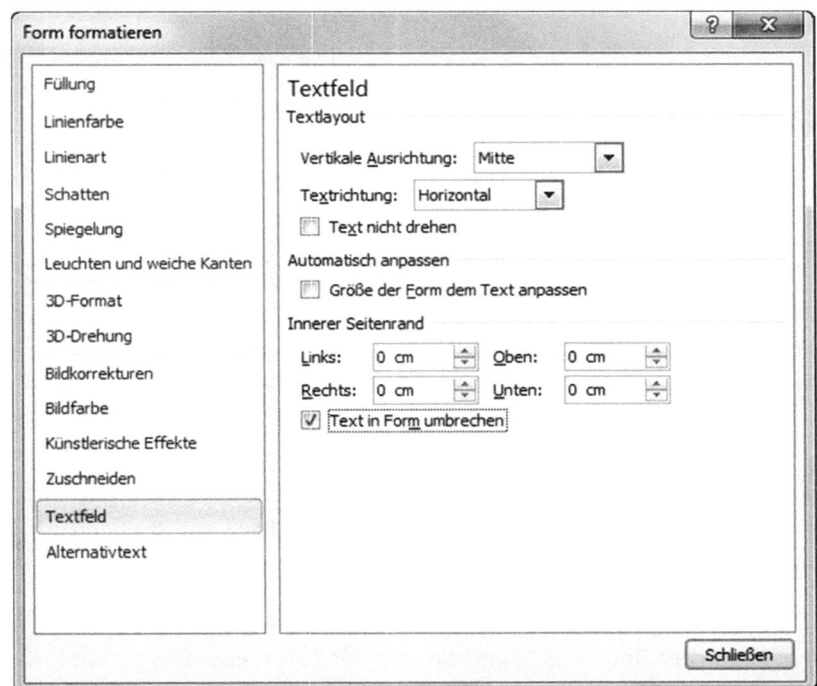

Abbildung 4.56 Innere Ränder und vertikale Ausrichtung für das Textfeld einer Form festlegen

Über den Kontextmenübefehl *Form formatieren* können Sie nicht nur die Textdarstellung innerhalb der Form bestimmen. Wie in Abbildung 4.56 erkennbar, stehen Ihnen hier eine Vielzahl an weiteren Formatierungsmöglichkeiten zur Verfügung, um beispielsweise Füll-und Linienfarbe, Schatten- und Spiegelungseffekte etc. zuzuweisen oder gegebenenfalls zu ändern. Einige dieser Befehle sind auch über die Kontextregisterkarte *Zeichentools|Format* erreichbar.

Formen mit Linien und Pfeilen verbinden: In einem Ablaufdiagramm müssen die Formen mit Linien und Pfeilen verbunden werden. Auch diese Elemente finden Sie in der Formenübersicht. Wählen Sie beispielsweise eine Linie und bewegen den Mauszeiger über die Form, erscheinen am Rand der Form mögliche Verbindungspunkte (kleine rote Rechtecke). Wenn Sie einen der Verbindungspunkte (Abbildung 4.57) anklicken, rastet die Linie dort ein. Ziehen Sie die Linie dann bei gedrückter Maustaste zu einer anderen Form. Sobald diese ihre Verbindungspunkte anzeigt, klicken Sie einen davon an und lassen die Maustaste los. Beide Verbindungspunkte (Anfang/Ende der Linie) werden rot dargestellt – ein eindeutiges Zeichen, dass eine *feste* Verknüpfung besteht. Wenn Sie nun eine der beiden Formen verschieben, führt Word die Linie zwischen den Verbindungspunkten automatisch nach, die beiden Formen bleiben automatisch verbunden. Beachten Sie, dass das automatische Einrasten nur beim Arbeiten im Zeichenbereich funktioniert.

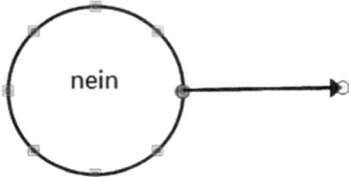

Abbildung 4.57 Linien rasten an Verbindungspunkten ein und sorgen für die dauerhafte Verbindung

> Ob eine Linie an einem Verbindungspunkt mit einer Form verbunden ist, erkennen Sie an der Farbe des Linienendpunktes, wenn Sie die Linie anklicken: Rot = Verbindungspunkt, Hellblau = Linie grenzt nur an die Form.

Formen ausrichten: Das Ausrichten der Formen innerhalb des Zeichenbereichs – diese müssen zuvor markiert werden – erfolgt über die Funktionen, die Sie mit einem Klick auf *Zeichentools/ Format/Anordnen/Ausrichten* aufrufen. Hier werden alle verfügbaren Ausrichtungsfunktionen wie *Linksbündig, Oben ausrichten, Horizontal verteilen* etc. angezeigt.

Zeichenbereich zuschneiden: Ist die Zeichnung fertiggestellt und der Zeichenbereich ist deutlich größer als die Zeichnung selbst? Dann können Sie den überflüssigen Zeichenbereich abschneiden. Klicken Sie hierzu auf einen der acht Ziehpunkte, die in den Ecken und auf der Seite des Zeichenbereichs platziert sind. Wenn Sie bei gedrückter linker Maustaste den Ziehpunkt in die Mitte des Zeichenbereichs ziehen, verkleinern Sie den Bereich. Ziehen Sie nach außen, wird der Zeichenbereich vergrößert.

> Um den Zeichenbereich exakt an die Größe der Zeichnung anzupassen, klicken Sie mit der rechten Maustaste den Rahmen des Zeichenbereichs an. Anschließend wählen Sie im Kontextmenü den Befehl *Anpassen*.

Zeichenbereich skalieren: Der komplette Zeichenbereich mit allen Formen, Linien und dem darin enthaltenen Text lässt sich beliebig skalieren. Klicken Sie hierzu mit der rechten Maustaste den Rahmen des Zeichenbereichs an und wählen Sie im Kontextmenü den Befehl *Zeichnung skalieren* (Abbildung 4.58). Wenn Sie nun einen Ziehpunkt bei gedrückter linker Maustaste verschieben, legen Sie somit die neue Größe der Zeichnung fest. Um den Skalierungsmodus zu beenden, klicken Sie ein weiteres Mal den Rahmen des Zeichenbereichs mit der rechten Maustaste an und wählen erneut im Kontextmenü den Befehl *Zeichnung skalieren*.

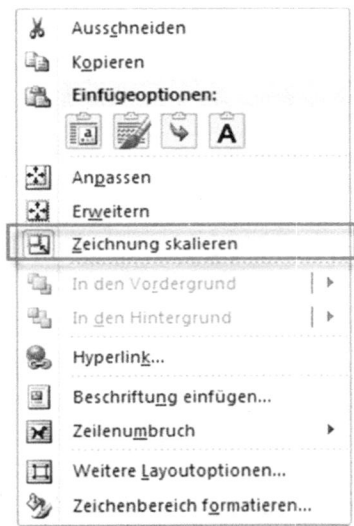

Abbildung 4.58 Der komplette Zeichenbereich lässt sich beliebig skalieren

4.5.5   Mithilfe von SmartArt Zusammenhänge darstellen

Die Wiedergabe von Organigrammen, (Produktions-)Kreisläufen, logistischen Szenarien und ähnlichen visuellen Sachverhalten in einer ansprechenden Grafik ist mithilfe von SmartArts leicht möglich. Obwohl sich hinter der *SmartArt*-Schaltfläche auf der Registerkarte *Einfügen* eine riesige Palette grafischer Möglichkeiten versteckt (Abbildung 4.59), ist die Vorgehensweise zum Einfügen und Gestalten von SmartArts bei allen Grafiken identisch:

- Stellen Sie zuerst – zumindest in Gedanken – die Daten zusammen, die in der SmartArt-Grafik visualisiert werden sollen. Je detaillierter Sie die darzustellenden Punkte bereits im Vorfeld festgelegt haben, desto leichter fällt die Umsetzung.
- Öffnen Sie die SmartArt-Bibliothek und entscheiden Sie sich für die Grafik, die am besten zu Ihren Daten passt. Die einmal ausgewählte Grafik lässt sich in aller Regel nur mit Verlusten nachträglich ändern.
- Fügen Sie die SmartArt-Grafik in Ihr Dokument ein. Wählen Sie in den *SmartArt-Tools* auf den beiden Kontextregisterkarten *Entwurf* und *Format* die gewünschte Darstellung aus.

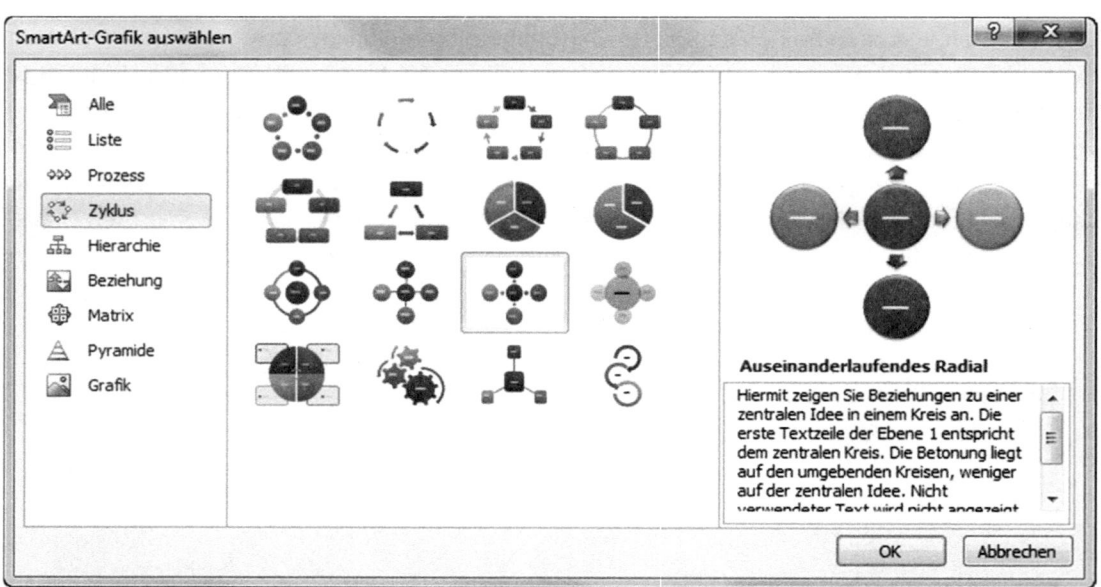

Abbildung 4.59 Hinter den SmartArts versteckt sich eine riesige Palette grafischer Möglichkeiten

Wenn Sie ein Word-Dokument einer älteren Word-Version mit der Dateinamenerweiterung .doc in Word 2010 öffnen, wird diese im Kompatibilitätsmodus geöffnet. Dies ist auf den ersten Blick nur in der Titelleiste sichtbar, hier erscheint hinter dem Dateinamen noch der Hinweis *[Kompatibilitätsmodus]*. Solange die Datei nicht als echtes Word 2010-Dokument im Docx-Format gespeichert wird, stehen einige Funktionen nicht zur Verfügung. Wenn Sie bei einer geöffneten Doc-Datei den Befehl *Einfügen|Illustrationen|SmartArt* aufrufen, öffnet sich nicht wie erwartet die SmartArt-Bibliothek, sondern es erscheint das aus den älteren Word-Versionen bekannte Dialogfeld für *Schematische Darstellungen*. In eine Doc-Datei lassen sich keine SmartArts einfügen.

Wenn Sie Ihr Word 2010-Dokument im alten Doc-Dateiformat speichern, meldet sich sofort die Office-Word-Kompatibilitätsprüfung und weist Sie darauf hin, dass die SmartArt-Grafik in ein Objekt konvertiert wird, das in früheren Word-Versionen nicht bearbeitet werden kann. In früheren Word-Versionen steht die SmartArt-Grafik dann nur als nicht veränderbares Bild zur Verfügung.

Wenn Sie als Word 2010-Benutzer ein derart bearbeitetes Doc-Dokument zurückerhalten, können Sie es in Word 2010 im »Kompatibilitätsmodus« öffnen. Auch hier erscheint die SmartArt-Grafik noch als nicht veränderbares Bild. Speichern Sie die Doc-Datei dann jedoch über den Befehl *Datei|Speichern unter* im Word 2010-Docx-Format, kommt die als »Feature-Refresh« bezeichnete Funktion zum Einsatz: Die SmartArt-Grafik ist wieder aktiv und lässt sich beliebig ändern.

Angenommen, Sie möchten aufzeigen, aus welchen Bestandteilen sich eine Stichprobe zusammensetzt. Dies soll nicht als einfache Aufzählung, sondern in Gestalt einer ansprechenden SmartArt-Grafik geschehen:

1. Platzieren Sie die Einfügemarke an der Stelle in Ihrem Dokument, an der Sie die SmartArt-Grafik einfügen möchten. Wechseln Sie zur Registerkarte *Einfügen* und klicken Sie in der Optionsgruppe *Illustrationen* auf die Schaltfläche *SmartArt*. Daraufhin erscheint das Dialogfeld mit allen zur Verfügung stehenden SmartArts. Wählen Sie jetzt, wie in Abbildung 4.60 zu sehen, in der Rubrik *Beziehung* den Typ *Zusammenlaufendes Radial* aus.

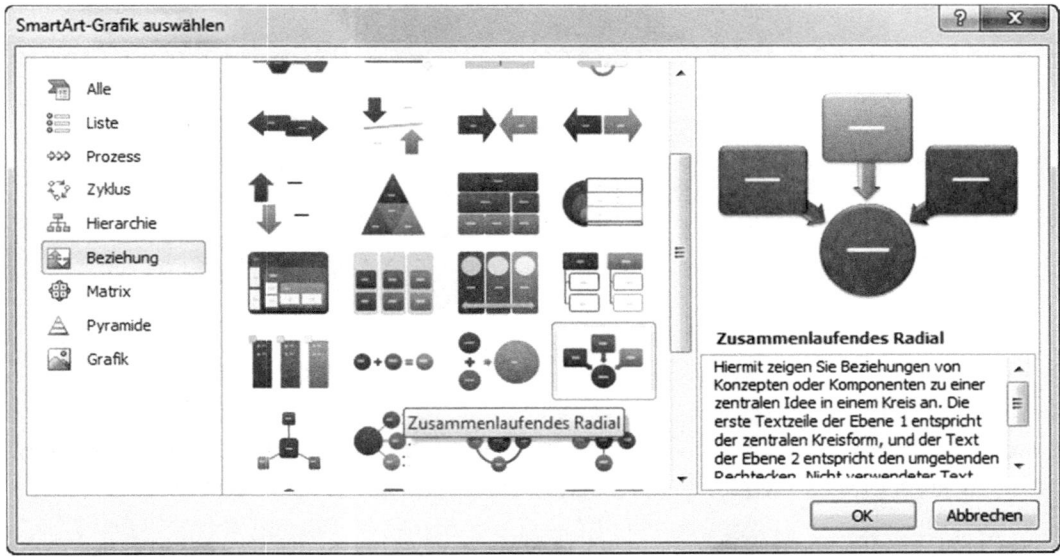

Abbildung 4.60 Wählen Sie für das Beispiel die SmartArt-Grafik *Zusammenlaufendes Radial*

Die SmartArt-Grafik erscheint jetzt in der Regel in der falschen Größe. Die Größe passen Sie erst zum Schluss an, wenn Sie sich um die Gestaltung der SmartArt gekümmert haben. Tragen Sie nun als Erstes die Texte ein, die in der SmartArt-Grafik angezeigt werden sollen. Hierzu können Sie direkt auf das entsprechende Element der SmartArt-Grafik klicken – dort wo der Hinweis *[Text]* zu finden ist – und mit der Eingabe beginnen. Die Textgröße passt sich automatisch an.

2. In der SmartArt-Grafik sind nur drei rechteckige Formen vorhanden, Sie benötigen aber fünf. Stellen Sie deshalb sicher, dass auf der linken Seite der SmartArt-Grafik der Textbereich mit dem Titel *Geben Sie hier Ihren Text ein* geöffnet ist. Falls der Textbereich nicht sichtbar ist, klicken Sie am linken Rand des SmartArt-Rahmens auf das Symbol mit den beiden Dreiecksymbolen (Abbildung 4.61).

3. Im Textbereich klicken Sie hinter den letzten Buchstaben des letzten Eintrags. Wenn Sie nun ⏎ drücken, fügt Word eine weitere Form hinzu, die Sie jetzt direkt im Textbereich oder in

der Form selbst füllen können. Sie haben den Text, der in den einzelnen Formen angezeigt werden soll, bereits in Ihrem Dokument eingetragen? Dann können Sie ihn über die Zwischenablage auch in den Textbereich kopieren. Jeder Absatz ergibt eine neue Form, bei einem Zeilenwechsel (⇧ + ↵) wird eine neue Zeile in der Form eingefügt.

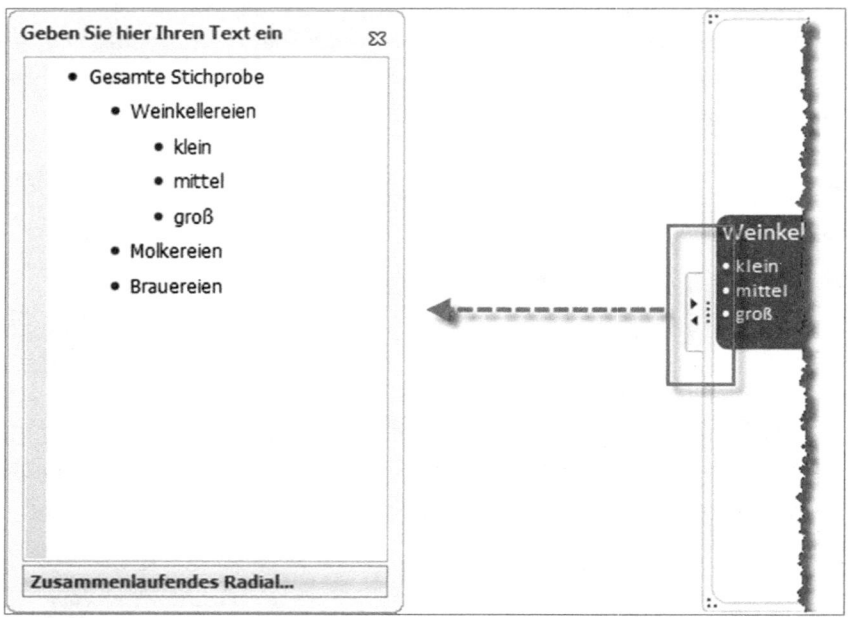

Abbildung 4.61 Den Textbereich der SmartArt-Grafik öffnen

4. Bei mehrstufigen Texten können Sie mit ⇥ den aktuellen Text eine Ebene nach rechts verschieben bzw. mit ⇧ + ⇥ wieder zur vorhergehenden Ebene zurückgehen, um so eingerückte Gliederungspunkte zu erzeugen (Abbildung 4.62). Sobald Sie alle fünf Formen angelegt und mit Text gefüllt haben, schließen Sie den Textbereich über die Schaltfläche *Schließen* oben rechts.
5. Legen Sie nun die Größe der SmartArt-Grafik fest. Klicken Sie zu diesem Zweck einfach auf einen der Ziehpunkte (= drei kleine Punkte) am äußeren Rand der SmartArt-Grafik. Bei gedrückter linker Maustaste können Sie nun die Größe durch Verschieben der Maus anpassen.
6. Jetzt folgt die Formatierung der SmartArt-Grafik. Wechseln Sie zur Kontextregisterkarte *SmartArt-Tools|Entwurf* und legen Sie in der Gruppe *SmartArt-Formatvorlagen* (diese haben nichts mit den Zeichen- oder Absatzformatvorlagen zu tun!) die optische Darstellung der Grafik fest (Abbildung 4.63).
Nutzen Sie hier zur Auswahl der passenden Darstellung die überall in Word vorhandene Livevorschaufunktion: Sobald Sie mit dem Mauszeiger einen Moment auf einer Darstellungsoption verweilen, wird die SmartArt-Grafik vorübergehend im Dokument in der neuen

Darstellung angezeigt. Aber erst wenn Sie eine Darstellungsoption mit der linken Maustaste anklicken, übernimmt die SmartArt-Grafik die ausgewählte Darstellungsform dauerhaft.

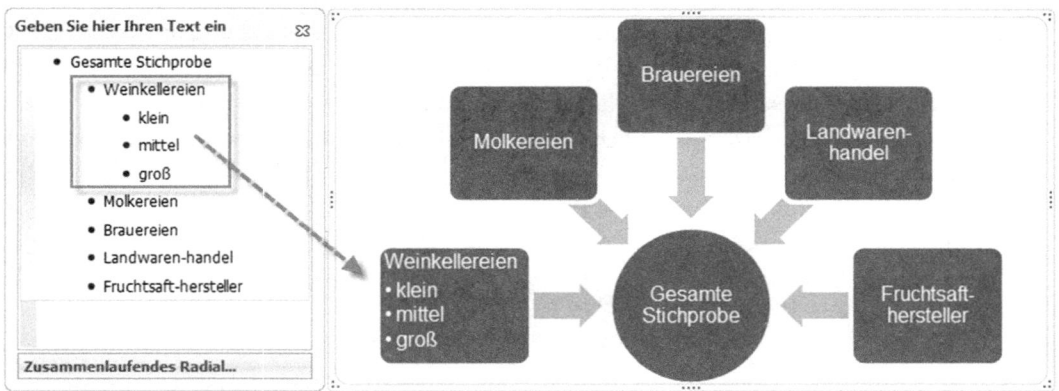

Abbildung 4.62 Im Textfeld der SmartArt-Grafik zusätzliche Gliederungsebenen anlegen

Stellen Sie im Nachhinein fest, dass Sie den falschen SmartArt-Typ gewählt haben? Dann können Sie in der Gruppe *Layouts* auf der Kontextregisterkarte *SmartArt-Tools|Entwurf* nachträglich ein anderes Layout zuweisen. Beachten Sie, dass dabei eventuell Formatierungen und je nach SmartArt-Typ auch Text verloren gehen kann. Es ist auf alle Fälle ein wenig Nacharbeit notwendig.

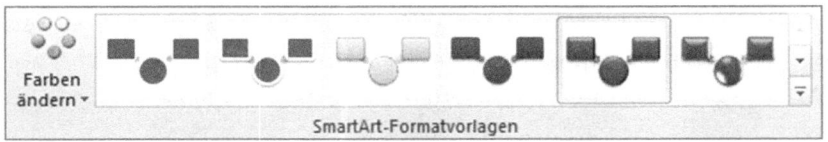

Abbildung 4.63 Einer SmartArt-Grafik eine Formatvorlage zuweisen

7. Weiter geht es mit der Formatierung auf der Kontextregisterkarte *SmartArt-Tools|Format*: In der Gruppe *Formenarten* stehen Ihnen zahlreiche weitere Darstellungsmöglichkeiten zur Auswahl. Selbstverständlich ist auch hier die Livevorschau verfügbar. Ist die SmartArt-Grafik fertig gestaltet, klicken Sie an eine beliebige Stelle außerhalb der SmartArt-Grafik. Daraufhin verschwindet der Rahmen um die SmartArt und Sie können mit der Bearbeitung Ihres Dokuments fortfahren.

8. SmartArts lassen sich wie Bilder auf einer Seite platzieren: Nach dem Einfügen ist die SmartArt-Grafik mit der aktuellen Position der Einfügemarke verbunden; der Textumbruch der Grafik lautet *Mit Text in Zeile*. Um den Textumbruch zu ändern, klicken Sie den Rahmen der SmartArt-Grafik mit der rechten Maustaste an und wählen im Kontextmenü den Befehl *Zeilenumbruch* (Abbildung 4.64).

9. Beachten Sie, dass die Wahl der Ansicht (wie auch bei anderen Grafiken) festlegt, in welcher Form die SmartArts am Bildschirm angezeigt werden. Befinden Sie sich in der Ansicht *Seitenlayout*, erscheinen Ihre SmartArts immer – gleichgültig, ob der Textumbruch als *Mit Text in Zeile* oder frei positionierbar festgelegt wurde. Wechseln Sie hingegen zur Ansicht *Entwurf*, werden frei positionierbare SmartArts nicht angezeigt. Und bei SmartArts mit dem Textumbruch *Mit Text in Zeile* bleibt der Platz, den die SmartArt-Grafik einnimmt, einfach leer. Fügen Sie eine neue SmartArt ein, wechselt Word bei Bedarf automatisch in die Ansicht *Seitenlayout*.

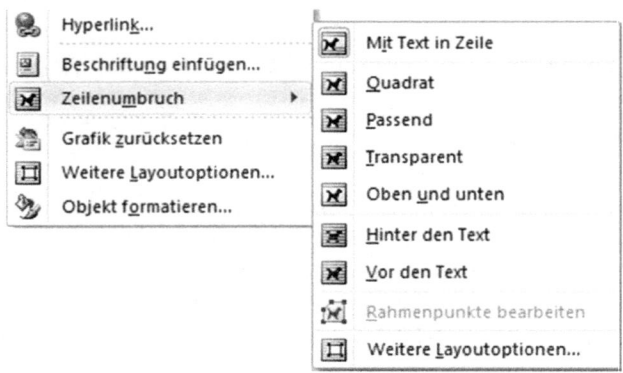

Abbildung 4.64 Über das Kontextmenü festlegen, wie Text um die SmartArt-Grafik fließt

Die SmartArt-Bibliothek lässt sich mit zusätzlichen Grafiken erweitern. So bietet beispielsweise Microsoft auf der englischsprachigen Internetseite *http://office.microsoft.com/en-us/templates/CT101636101033.aspx* SmartArt-Grafiken zum kostenlosen Download an.

Die heruntergeladenen SmartArts – diese tragen die Dateinamenerweiterung .glox – müssen je nach Windows-Version in unterschiedlichen Ordnern abgelegt werden: **Windows 7/Windows Vista**: *C:\Users\<Benutzername>\AppData\Roaming\Microsoft\Templates\SmartArt Graphics*, **Windows XP**: *C:\Dokumente und Einstellungen\<Benutzername>\Anwendungsdaten\Microsoft\Templates\SmartArt Graphics*.

Sobald sich in dem Ordner eine neue SmartArt-Grafik befindet, steht diese nach einem Neustart von Word sofort in der SmartArt-Auswahl zur Verfügung. Je nach SmartArt-Typ wird die neue SmartArt in die bestehenden Rubriken oder in die neue Rubrik *Andere* aufgenommen.

Auch andere Anbieter stellen nützliche SmartArts zur Verfügung. So hat der Autor Scott Sherman auf seiner Internetseite *http://diagrams.loki3.com/index.html* eine umfangreiche SmartArt-Sammlung veröffentlicht, die ebenfalls kostenlos genutzt werden darf.

4.5.6 Abbildungsunterschriften hinzufügen

Sämtliche Abbildungen (Grafiken, Diagramme, Fotos, eigene Zeichnungen) in einer wissenschaftlichen Arbeit werden eindeutig nummeriert sowie in aller Regel mit einer kurzen Erläuterung versehen. Nutzen Sie hierzu die Word-eigene Beschriftungsfunktion:

1. Markieren Sie die Abbildung, zu der Sie eine Abbildungsunterschrift einfügen möchten.
2. Klicken Sie auf der Registerkarte *Verweise* in der Gruppe *Beschriftungen* auf die Schaltfläche *Beschriftung einfügen*.
3. In dem jetzt angezeigten Dialogfeld *Beschriftung* wählen Sie zuerst im Dropdown-Listenfeld *Bezeichnung* den Eintrag *Abbildung*.
4. Im Textfeld *Beschriftung* wird der Text *Abbildung* sowie eine laufende Nummer angezeigt. Tragen Sie hinter der Nummer – beispielsweise gefolgt von einem Doppelpunkt – eine kurze Erläuterung ein (Abbildung 4.65). Wird ein Tabulator benötigt, kann er innerhalb des Dialogfelds per ⌈Strg⌉+⌈⇥⌉ eingefügt werden.

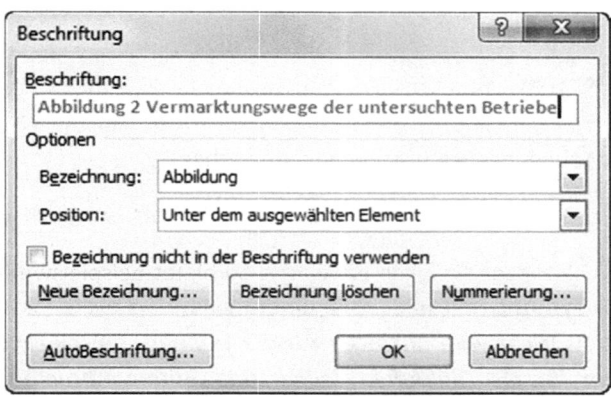

Abbildung 4.65 Den Beschriftungstyp legen Sie über das Dropdown-Listenfeld *Bezeichnung* fest

5. Sollen Ihre Abbildungen kapitelweise nummeriert werden, das heißt, die Nummer soll aus der aktuellen Kapitelnummer (hierzu muss eine nummerierte Überschrift vorhanden sein, siehe Abschnitt 2.6.6 »Listenformatvorlagen – das Nonplusultra für stabile Listen«) sowie einer fortlaufenden Nummer bestehen, die mit jedem Kapitel wieder von vorn beginnt (so wie in diesem Buch)? Dann klicken Sie in dem Dialogfeld auf die Schaltfläche *Nummerierung*. Es öffnet sich ein weiteres Dialogfeld, in dem Sie das Kontrollkästchen *Kapitelnummer einbeziehen* aktivieren (Abbildung 4.66). Kontrollieren Sie auch den Eintrag in dem Dropdown-Listenfeld *Kapitel beginnt mit Formatvorlage*; hier muss die Formatvorlage aufgeführt werden, deren Nummer Sie in die Abbildungsnummer übernehmen möchten. Über das Dropdown-Listenfeld *Trennzeichen verwenden* legen Sie fest, wie die Kapitel- und Abbildungsnummer verbunden werden.

6. Schließen Sie alle Dialogfelder mit *OK*. Word fügt nun die Abbildungsunterschrift in einem eigenen Absatz direkt unterhalb der Abbildung ein. Die Abbildungsunterschriften passen sich der Absatzausrichtung (linksbündig, zentriert, rechtsbündig) an, und zwar als direkte Formatierung, was eventuell bei einer späteren Änderung der Formatvorlage zu berücksichtigen ist. Handelt es sich um eine frei positionierbar formatierte Abbildung, wird die Beschriftung in einem Textfeld unterhalb der Abbildung eingefügt (Abbildung 4.67). Dieses Textfeld wird automatisch so breit wie die Abbildung selbst und im selben Absatz wie die Abbildung *lose* verankert.

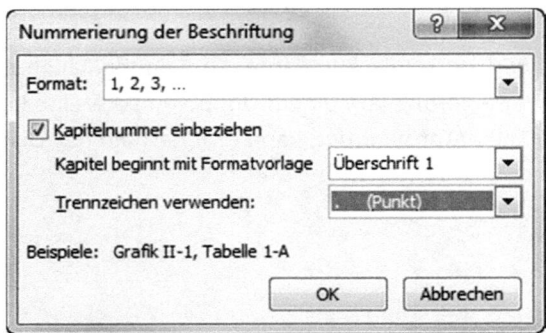

Abbildung 4.66 Die Kapitelnummer in Abbildungsbeschriftungen einbeziehen

Grundsätzlich sind Abbildung und Beschriftung nicht miteinander verknüpft, sondern vollkommen unabhängig voneinander.

- Befindet sich eine Abbildung vom Typ *Mit Text in Zeile* in einem eigenen Absatz, aktivieren Sie für diesen daher die Option *Nicht vom nächsten Absatz trennen* (beispielsweise über *Start|Absatz|Startprogramm für ein Dialogfeld|Zeilen- und Seitenumbruch*). Andernfalls können Abbildung und Beschriftung durch Seitenwechsel auseinandergerissen werden. Bei vielen Abbildungen ist es sinnvoll, eine Formatvorlage zu erstellen, die die benötigten Absatzformate (*Abstand vor*, *Abstand nach*, *nicht vom nächsten Absatz trennen*) festlegt.
- Befindet sich eine Abbildung nicht auf Textebene, aktivieren Sie sowohl für die Abbildung als auch für das Textfeld jeweils die Option *Verankern* (Kontextregisterkarte *Bildtools|Format* bzw. Kontextregisterkarte *Zeichentools|Format*, dann *Anordnen|Zeilenumbruch|Weitere Layoutoptionen|Position*).

> Alternativ können Sie die Grafik und das zugehörige Beschriftungstextfeld gruppieren: Markieren Sie zunächst die Grafik und anschließend bei gedrückter ⌈Strg⌋-Taste zusätzlich das Textfeld. Wählen Sie dann über das Kontextmenü oder über *Bildtools|Format|Anordnen|Gruppieren* den Befehl *Gruppieren*. Damit verhält sich die Gruppe wie eine einzelne Grafik, sodass Sie nicht zwei Objekte separat verankern müssen.

> Das Markieren mehrerer Grafiken oder Textfelder lässt sich auch komfortabel über den *Auswahlbereich* erledigen, den Sie über *Bildtools|Format* und dann *Anordnen|Auswahlbereich* einblenden.

7. Bei der Abbildungsnummerierung handelt es sich um Feldfunktionen: *{ SEQ Abbildung * ARABIC }*. Diese können mithilfe von Alt+F9 ein- oder ausgeblendet werden.

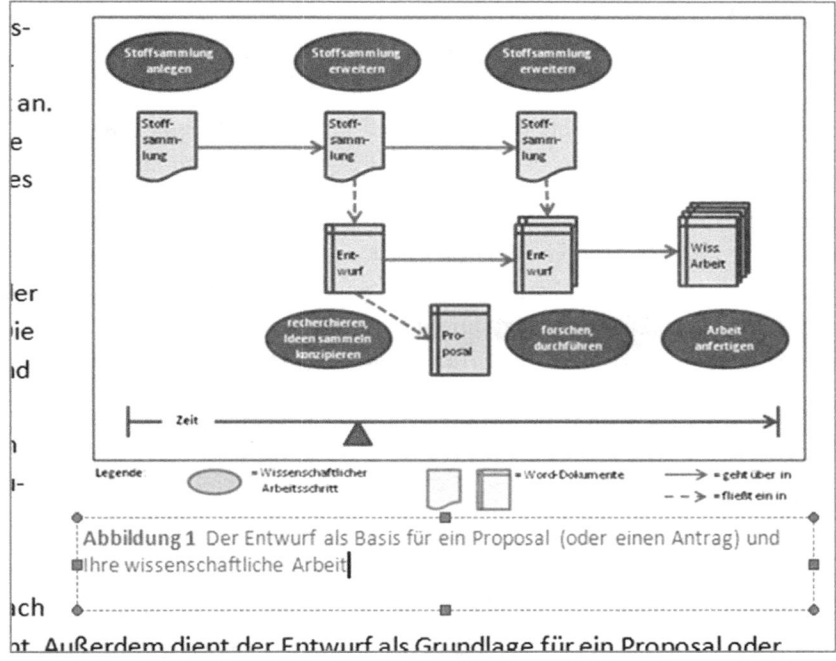

Abbildung 4.67 Bei Abbildungen mit Textumbruch erscheinen die Abbildungsunterschriften in einem Textfeld

Die Abbildungsnummern werden von Word automatisch verwaltet und hochgezählt. Fügen Sie beispielsweise vor einer vorhandenen Abbildung eine neue Abbildung ein, wird die Nummerierung spätestens beim Drucken oder einem Wechsel in die Druckvorschau angepasst. Sie können das Dokument aber auch mit Strg+A markieren und die Feldfunktionen mit F9 aktualisieren. Da Word die Abbildungsnummern selbstständig verwaltet, dürfen Sie in Ihrem Text den Verweis nicht manuell einfügen – bei einer Änderung der Nummer wäre sonst anschließend der Verweis falsch. Hier müssen Sie Querverweise nutzen (siehe Abschnitt 4.6 »Automatische Verweise einfügen«), die ebenfalls von Word automatisch aktualisiert werden.

Dem Absatz mit der Abbildungsunterschrift weist Word automatisch die Formatvorlage *Beschriftung* zu. Änderungen an der Formatierung nehmen Sie deshalb direkt an der Formatvorlage vor, worauf alle in Ihrer wissenschaftlichen Arbeit enthaltenen Abbildungsunterschriften auf einen Schlag »korrekt« formatiert sind.

Eigene Kategorien wie beispielsweise »Abb.«, »Tab.«, »Foto« und »Zeichnung«, die Sie über den Befehl *Neue Bezeichnung* (Abbildung 4.65) erstellen, werden in der globalen Dokumentvorlage *Normal.dotm* gespeichert. Wird ein Dokument, in dem diese Bezeichnungen verwendet werden, von mehreren Anwendern bearbeitet, müssen die Bezeichnungen von jedem Anwender einmalig neu erstellt werden. Falls Sie das Dokument allein, jedoch an verschiedenen Computern bearbeiten, können Sie die Datei *Normal.dotm* auf die anderen Computern kopieren.

4.5.7 Abbildungsverzeichnis einfügen

Auf der Grundlage der in Abschnitt 4.5.6 »Abbildungsunterschriften hinzufügen« eingefügten Abbildungsunterschriften kann Word automatisch ein Abbildungsverzeichnis erstellen.

1. Platzieren Sie die Einfügemarke an der Stelle in Ihrem Dokument, an der Sie das Abbildungsverzeichnis einfügen möchten. In einer wissenschaftlichen Arbeit ist dies typischerweise am Anfang des Dokuments nach dem Inhaltsverzeichnis und vor dem eigentlichen Text, siehe Abschnitt 1.4.12 »Schnellübersicht (Zusammenfassung)«.
2. Auf der Registerkarte *Verweise* klicken Sie in der Gruppe *Beschriftungen* auf die Schaltfläche *Abbildungsverzeichnis einfügen*.
3. In dem jetzt angezeigten Dialogfeld (Abbildung 4.68) stellen Sie zuerst unten links die Beschriftungskategorie auf *Abbildung*. Des Weiteren können Sie in dem Dialogfeld die Gestaltung des Abbildungsverzeichnisses beeinflussen.
4. Wenn Sie das Dialogfeld mit *OK* verlassen, fügt Word das Abbildungsverzeichnis auf der Grundlage der momentan in Ihrer wissenschaftlichen Arbeit vorhandenen Abbildungsunterschriften ein.
5. Erscheint am Bildschirm anstelle des Abbildungsverzeichnisses nur ein Text wie *{ TOC \h \z \c "Abbildung" }*, ist die Anzeige der Feldfunktionen aktiv. Drücken Sie dann $\boxed{\text{Alt}}$+$\boxed{\text{F9}}$.

Das Abbildungsverzeichnis müssen Sie immer dann aktualisieren, wenn Sie in Ihrem Dokument Text einfügen oder entfernen und sich somit die Seitenzahl der Seite, auf der sich eine Abbildung befindet, ändert oder wenn Sie Abbildungen hinzufügen oder entfernen. Klicken Sie hierzu in das Abbildungsverzeichnis oder markieren Sie das ganze Dokument und drücken Sie anschließend $\boxed{\text{F9}}$. Im jetzt angezeigten Dialogfeld *Abbildungsverzeichnis* aktualisieren wählen Sie die Option *Gesamtes Verzeichnis aktualisieren* und bestätigen mit *OK*.

Die Formatierung des Abbildungsverzeichnisses basiert auf der Formatvorlage *Abbildungsverzeichnis*. Möchten Sie die Formatierung ändern, müssen Sie die Formatvorlage anpassen, da manuelle Formatänderungen beim Aktualisieren verloren gehen.

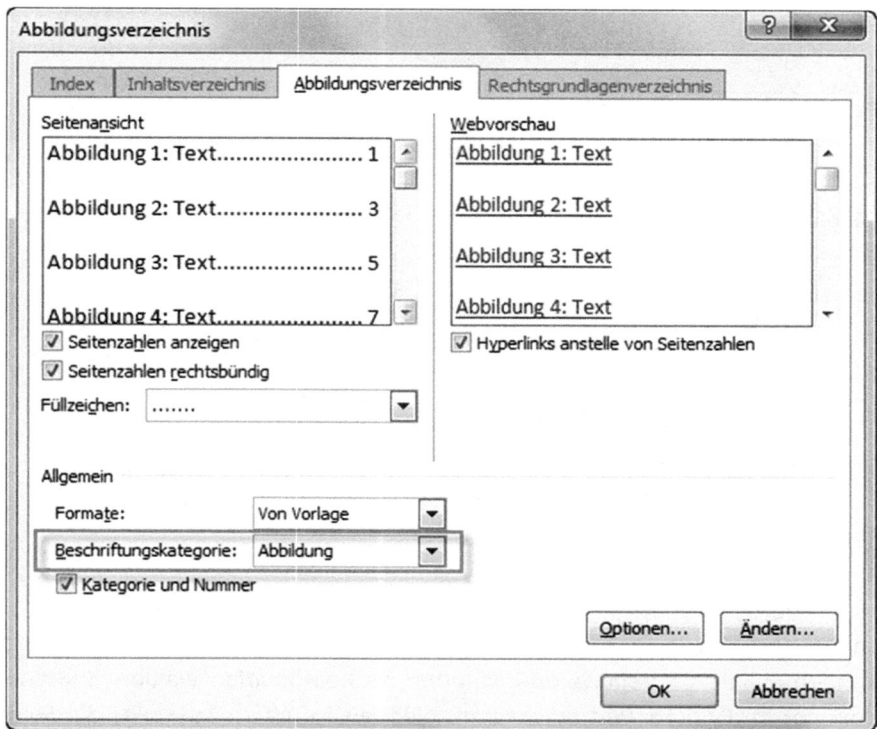

Abbildung 4.68 Die Art des Verzeichnisses legen Sie über die Beschriftungskategorie fest

4.6 Automatische Verweise einfügen

Wenn Sie im Dokument beispielsweise auf eine Abbildung, Tabelle, Fußnote, Überschrift, auf einen nummerierten Absatz oder eine bestimmte Textstelle verweisen möchten, führt der Weg fast immer über den Befehl *Verweise/Beschriftungen/Querverweis*. Wie Sie dann auf Absätze in Ihrem Dokument verweisen, die mit den *Überschrift*-Formatvorlagen formatiert sind, wurde bereits in Abschnitt 2.7 »Formatvorlagen – nicht nur zum Formatieren« erläutert.

- Um auf andere Elemente zu verweisen, öffnen Sie im Dialogfeld *Querverweis* (Abbildung 4.69) das Listenfeld *Verweistyp* (1) und wählen darin das benötigte Element.

  Standardmäßig stehen hier *Nummeriertes Element*, *Überschrift*, *Textmarke*, *Fußnote*, *Endnote*, *Abbildung*, *Formel* und *Tabelle* zur Auswahl. Haben Sie eigene Beschriftungskategorien erstellt, werden auch diese angeboten.

- Alle Elemente des von Ihnen gewählten Verweistyps werden im unteren Bereich des Dialogfelds aufgelistet. Markieren Sie darin das Element, auf das verwiesen werden soll.

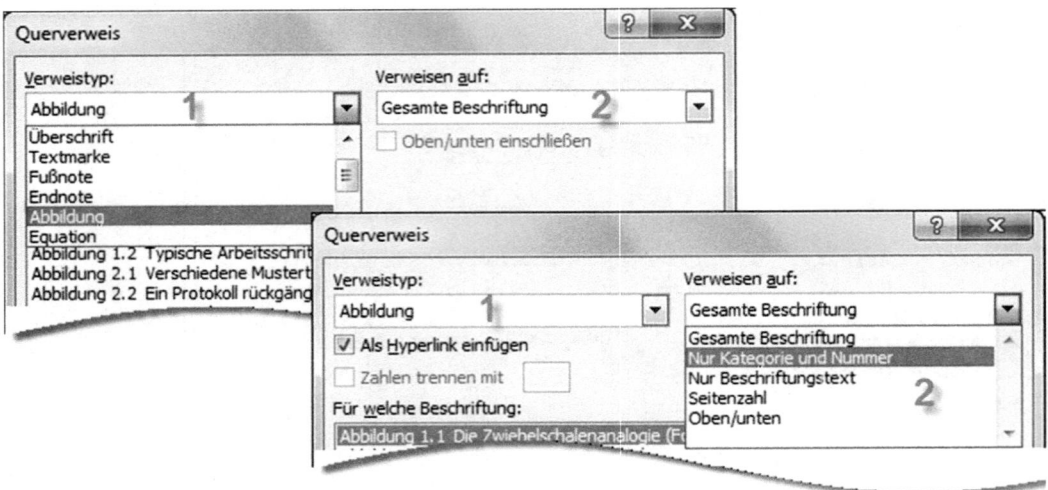

Abbildung 4.69 Querverweis auf eine Abbildung erstellen

- Im Listenfeld *Verweisen auf* (2) wählen Sie eine der vom Verweistyp abhängigen Varianten.

  Für den Verweistyp *Beschriftung* wird allerdings nicht angeboten, allein auf die Nummer zu verweisen. Sie können lediglich *Kategorie und Nummer* als Kombination wählen. Soll ausschließlich die Nummer im Querverweis erscheinen, blenden Sie per $\boxed{\text{Alt}}$+$\boxed{\text{F9}}$ die Feldfunktionen ein und ergänzen das Feld um den Formatschalter \# 0 (gemeint ist die Ziffer Null). Das Referenzfeld sieht dann etwa so aus: { REF _Ref218925266 \# 0 \h }. Das funktioniert jedoch nur für Beschriftungen, in die keine Kapitelnummern einbezogen sind. Bei Verweisen unter Einbeziehung von Kapitelnummern erzeugen Sie dagegen eine Textmarke in der Beschriftung, die die Kapitelnummer und die Abbildungsnummer umfasst, und verweisen dann auf die Textmarke, wie es gleich im Anschluss erläutert wird.

Bei allen Verweistypen außer *Textmarke* vergibt Word automatisch Textmarken, auf welche die *REF-* oder *PAGEREF*-Felder dann verweisen. Wo sich diese Textmarken im Dokument befinden, können Sie über *Einfügen|Hyperlinks|Textmarke|Ausgeblendete Textmarken* herausfinden. (Falls die ausgeblendeten Textmarken nicht sofort aufgelistet werden, wechseln Sie einmal zwischen den Optionen *Ort* und *Namen*.) Markieren Sie eine Textmarke und klicken Sie auf *Gehe zu*.

Wenn Sie auf Inhalte verweisen wollen, die durch keinen anderen Verweistyp identifizierbar sind, müssen Sie selbst Textmarken erstellen. Diese stehen dann beim Einfügen eines Querverweises zur Auswahl, wenn Sie den Verweistyp *Textmarke* wählen.

1. Markieren Sie im Dokument den Text oder das Objekt, dem eine Textmarke zugewiesen werden soll.
2. Wählen Sie *Einfügen|Hyperlinks|Textmarke*.

3. Geben Sie unter *Textmarkenname* eine Bezeichnung ein und klicken Sie auf *Hinzufügen*. Beachten Sie, dass Textmarkennamen mit einem Buchstaben beginnen müssen und keine Leerzeichen enthalten dürfen.

Im Gegensatz zu den automatisch erzeugten Textmarken sind die von Ihnen erstellten im Dokument anhand grauer eckiger Klammern erkennbar, sofern unter *Word-Optionen|Erweitert| Dokumentinhalt anzeigen* die Option *Textmarken anzeigen* aktiviert ist.

4.7   Verzeichnisse erstellen

Textverarbeitungsprogramme wie Word bieten natürlich die Möglichkeit, automatische Inhalts-, Abbildungs-, Tabellen- oder Stichwortverzeichnisse zu erstellen, wie bereits in vorangegangenen Kapiteln angesprochen. Voraussetzung ist allerdings, dass die in das Verzeichnis aufzunehmenden Texte im Dokument entsprechend gekennzeichnet sind. In der Regel legt man die Einträge für ein Inhalts- oder Abbildungsverzeichnis schon *während* des Schreibens fest. Dagegen bedarf der Index gesonderter Aufmerksamkeit – seine Einträge werden am besten erst zum Schluss festgelegt.

Die Verzeichnisse selbst werden entweder über das Feld *TOC* oder das Feld *INDEX* und die zugehörigen Feldschalter realisiert. Abhängig davon, welche Inhalte Sie aufnehmen möchten und wie diese in dem jeweiligen Verzeichnis dargestellt werden sollen, sind die Art der Kennzeichnung und der Verzeichnistyp zu wählen.

Eine kurze Übersicht zu Gemeinsamkeiten von und Unterschieden zwischen den beiden Verzeichnistypen finden Sie in Tabelle 4.2. So können Sie Vor- und Nachteile abwägen, falls Sie ein vom Standard abweichendes Verzeichnis benötigen.

TOC-Feld	INDEX-Feld
{ TOC } wird standardmäßig verwendet für ein • Inhaltsverzeichnis • Abbildungsverzeichnis	{ INDEX } wird standardmäßig verwendet für ein • Stichwortverzeichnis
Das Verzeichnis wird erstellt auf Basis von • *Überschrift*-Formatvorlagen • anderen Absatz-Formatvorlagen • Gliederungsebenen • TC-Feldern (Verzeichniseintragsfeldern) • Beschriftungskategorien	Das Verzeichnis wird erstellt auf Basis von • XE-Feldern
Die automatisch eingefügte Überschrift für Verzeichnisse in Inhaltssteuerelementen erhält die Formatvorlage • Inhaltsverzeichnisüberschrift	entfällt

TOC-Feld	INDEX-Feld
Verzeichniseinträge erhalten abhängig von ihrer jeweiligen Verzeichnisebene die Formatvorlagen • *Verzeichnis 1* bis *Verzeichnis 9* und im Abbildungsverzeichnis die Formatvorlage • *Abbildungsverzeichnis*	Verzeichniseinträge erhalten abhängig von ihrer jeweiligen Verzeichnisebene die Formatvorlagen • *Index 1* bis *Index 9*
Verzeichniseinträge werden **entsprechend der Reihenfolge im Haupttext** sortiert.	Verzeichniseinträge werden **alphabetisch** sortiert.
Seitenzahlen können wahlweise angezeigt oder ausgeblendet werden.	Seitenzahlen können nur über einen Umweg ausgeblendet werden. Dazu fügen Sie den XE-Feldern den Schalter \t und ein Leerzeichen hinzu.
Verzeichnis wird **einspaltig** erstellt.	Verzeichnis kann **mehrspaltig** erstellt werden.
Verzeichnis kann mithilfe von Textmarken für Teilbereiche des Dokuments erstellt werden.	Verzeichnis kann mithilfe von Textmarken für Teilbereiche des Dokuments erstellt werden.
Verzeichniseinträge können wahlweise als Hyperlink fungieren.	Verzeichniseinträge können **nicht** mit Hyperlink-Funktionalität versehen werden.
Sie können (mithilfe der TC-Felder) beispielsweise ein Verzeichnis mit verkürzten Überschriften oder eine chronologische Auflistung von verwendeten Namen oder Fachbegriffen erstellen (siehe auch Info-Kasten auf Seite 215).	Sie können etwa ein alphabetisch sortiertes Abkürzungsverzeichnis oder Glossar erstellen; die jeweilige Langform bzw. Begriffserläuterung wird als Index-Untereintrag oder mithilfe des Schalters \t eingegeben.

Tabelle 4.2 Gegenüberstellung von *TOC*- und *INDEX*-Feld

4.7.1 Inhaltsverzeichnisse auf Basis von Überschrift- und Gliederungsebenen

Der Befehl *Verweise|Inhaltsverzeichnis|Inhaltsverzeichnis* stellt die Standardvariante und damit einfachste Möglichkeit dar, ein Inhaltsverzeichnis einzufügen. Wählen Sie hier *Automatische Tabelle 1* oder *Automatische Tabelle 2*, wird ein Inhaltsverzeichnis für die ersten drei Überschrift- und Gliederungsebenen erstellt. Word geht davon aus, dass den Überschriften in Ihrem Dokument die integrierten *Überschrift*-Formatvorlagen zugewiesen sind.

An der Position der Einfügemarke wird innerhalb eines Inhaltssteuerelements außer der Überschrift »Inhalt« oder »Inhaltsverzeichnis« das Feld { TOC \o "1-3" \h \z \u } eingefügt, das per Alt+F9 ein- bzw. ausgeblendet werden kann. Darin bewirkt der Feldschalter \o, dass die *Überschrift*-Ebenen (in diesem Fall drei) übernommen werden. Der Feldschalter \u hat zur Folge, dass auch Absätze für das Inhaltsverzeichnis berücksichtigt werden, denen mithilfe anderer Formatvorlagen oder denen in Gestalt von *direkten* Absatzformatierungen Gliederungsebenen zugewiesen wurden.

Möchten Sie das *TOC*-Feld ändern, um beispielsweise vier Ebenen einzubeziehen (\ *o "1-4"*) oder den Schalter für die Hyperlink-Funktionalität (*h*) zu entfernen, können Sie erforderliche Angaben direkt eingeben bzw. überflüssige Feldschalter löschen. Alternativ rufen Sie im Kontextmenü den Befehl *Feld bearbeiten* auf und nehmen die gewünschten Änderungen vor.

Den Einträgen im Inhaltsverzeichnis werden – analog zu ihren Gliederungsebenen im Haupttext – Verzeichnisebenen zugewiesen. Beispielsweise werden Absätze, denen im Haupttext die Gliederungsebene »1« zugeordnet ist, im Inhaltsverzeichnis mit der Formatvorlage *Verzeichnis 1* formatiert, bei Absätzen mit Gliederungsebene »2« ist es dann *Verzeichnis 2* usw. Bei Bedarf können Sie jedoch andere Verzeichnisebenen zuweisen. Und natürlich lassen sich die Formatvorlagen *Verzeichnis 1* bis *Verzeichnis 9* an eigene Vorstellungen anpassen, wie es in den Abschnitten 2.6.3 »Formatvorlagen bearbeiten« und 2.7.2 »Inhaltsverzeichnisse« beschrieben ist.

Legen Sie für Verzeichnis-Formatvorlagen einen rechten Absatzeinzug von etwa 1,5 cm fest. So umbrechen lange Überschriften **vor** der für die Seitenzahlen definierten Tabstoppposition.

4.7.2 Inhaltsverzeichnisse auf Basis von Formatvorlagen

Das zuvor beschriebene standardmäßige Inhaltsverzeichnis kann auch über den Befehl *Verweise|Inhaltsverzeichnis|Inhaltsverzeichnis|Inhaltsverzeichnis einfügen* erstellt und angepasst werden; in diesem Fall wird es nicht in ein Inhaltssteuerelement integriert und erhält keine automatische Überschrift. Soll ein Verzeichnis nicht auf Basis der *Überschrift-*, sondern auf Basis anderer Formatvorlagen erstellt werden, wählen Sie ebenfalls diesen Weg. Im Dialogfeld *Inhaltsverzeichnis* klicken Sie dann auf die Schaltfläche *Optionen* und deaktivieren die Option *Gliederungsebenen*. Weisen Sie anschließend den zu berücksichtigenden Formatvorlagen eine Inhaltsverzeichnisebene zu, wie in Abschnitt 2.7.2 »Inhaltsverzeichnisse« beschrieben.

Wurde beispielsweise ein Verzeichnis mit Absätzen erstellt, denen im Haupttext die Formatvorlagen *Appendix_1* und *Appendix_2* zugewiesen sind, sieht das Verzeichnis-Feld etwa so aus: *{ TOC \h \z \t "Appendix_1;5;Appendix_2;6" }*. Der Feldschalter *\t* verweist auf die verwendeten Formatvorlagen, wobei im Beispiel den *Appendix_1*-Einträgen die Verzeichnisebene 5 und den *Appendix_2*-Einträgen die Verzeichnisebene 6 zugeordnet wird.

Soll ein Verzeichnis grundsätzlich keine Seitenzahlen enthalten, deaktivieren Sie unter *Verweise|Inhaltsverzeichnis|Inhaltsverzeichnis|Inhaltsverzeichnis einfügen* die Option *Seitenzahlen anzeigen*. Dem TOC-Feld wird dann automatisch der Schalter *\n* hinzugefügt.

Soll jedoch nur eine bestimmte Ebene keine Seitenzahlen aufweisen, müssen Sie den Schalter *\n* mit Angabe der Ebene(n) selbst ergänzen. Das Feld *{ TOC \o "1 3" \h \n "1 1"}* beispielsweise erstellt ein Inhaltsverzeichnis für die ersten drei *Überschrift*-Ebenen, wobei für die erste Ebene die Seitenzahlen ausgeblendet werden.

4.7.3   Inhaltsverzeichnisse auf Basis von Verzeichniseintragsfeldern

Vielleicht benötigen Sie ein Inhaltsverzeichnis, in dem nicht die vollständigen Überschriften erscheinen sollen, sondern jeweils eine verkürzte Form. Möglicherweise möchten Sie einem Inhaltsverzeichnis Einträge (beispielsweise eine Art Oberbegriff) hinzufügen, die so im Haupttext gar nicht vorhanden sind. Dann helfen Ihnen *Verzeichniseintragsfelder* bzw. *TC*-Felder weiter.

1. Markieren Sie den Text, der ins Verzeichnis aufgenommen werden soll. Oder positionieren Sie die Einfügemarke an der Stelle, auf deren Seitenzahl im Verzeichnis verwiesen werden soll.
2. Drücken Sie dann die Tastenkombination ⎡Alt⎤+⎡⇧⎤+⎡O⎤ (Buchstabentaste »O«), um das in Abbildung 4.70 dargestellte Dialogfeld zu öffnen.

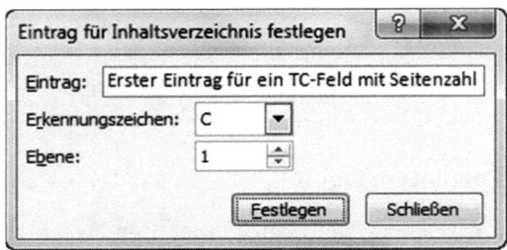

Abbildung 4.70 Verzeichniseintragsfelder per Tastenkombination festlegen

3. Hatten Sie Text markiert, wird dieser bereits als Eintrag vorgeschlagen. Ansonsten geben Sie den für das Verzeichnis benötigten Text ein. Klicken Sie anschließend auf die Schaltfläche *Festlegen*.
4. Das Dialogfeld kann nun geöffnet bleiben, um eventuell weitere Einträge aufzunehmen. Andernfalls klicken Sie auf die Schaltfläche *Schließen*.

> *TC*-Felder werden ebenso wie *XE*-Felder als verborgener Text formatiert, erkennbar an der gepunkteten Unterstreichung, und sind daher nur sichtbar, wenn Sie die Formatierungszeichen (¶) anzeigen lassen. Im Gegensatz zu anderen Feldern werden sie nicht per ⎡Alt⎤+⎡F9⎤ ein- oder ausgeblendet.

Das Feld aus dem Beispiel in Abbildung 4.70 sieht nun folgendermaßen aus: *{ TC "Erster Eintrag für ein TC-Feld mit Seitenzahl" \f C \l "1" }*. Über das Erkennungszeichen (*A, B, C* ...) besteht die Möglichkeit, Einträge verschiedenen Inhaltsverzeichnissen zuzuordnen. Die gewählte Ebene legt fest, mit welcher Verzeichnis-Formatvorlage der Eintrag im Verzeichnis formatiert werden soll.

Ein Inhaltsverzeichnis nur für die festgelegten *TC*-Felder erstellen Sie folgendermaßen:

1. Wählen Sie den Befehl *Verweise|Inhaltsverzeichnis|Inhaltsverzeichnis|Inhaltsverzeichnis einfügen|Optionen*.

2. Aktivieren Sie die Option *Verzeichniseintragsfeldern*.
3. Deaktivieren Sie die Optionen *Formatvorlagen* und *Gliederungsebenen*.
4. Bestätigen Sie mit *OK|OK*.

Daraus resultiert das Feld *{ TOC \f \h \z }*, das lediglich die mithilfe von *TC*-Feldern festgelegten Einträge ermittelt, und zwar solche mit dem Erkennungszeichen »C« oder ohne Erkennungszeichen. Die Einträge im Verzeichnis werden mit den *Verzeichnis*-Formatvorlagen formatiert und es werden Seitenzahlen angezeigt, sofern die entsprechende Option nicht deaktiviert wurde.

Soll ein Verzeichnis sowohl aus den drei *Überschrift*-Ebenen als auch aus *TC*-Feldern erstellt werden, gehen Sie gleichermaßen vor. Allerdings müssen Sie die Option *Formatvorlagen* aktiviert lassen. Das Feld *{ TOC \o "1-3" \f \h \z }* ermittelt dann zusätzlich zu den *TC*-Feldern auch die Überschriften im Dokument, wie in Abbildung 4.71 dargestellt.

Falls im Inhaltsverzeichnis für einzelne aus *TC*-Feldern resultierende Einträge keine Seitenzahlen angezeigt werden sollen, benötigen Sie den Schalter *\n*. Dieser muss den Verzeichniseintragsfeldern nachträglich manuell hinzugefügt werden.

Abbildung 4.71 Verzeichnis aus Überschriften sowie Verzeichniseintragsfeldern mit Seitenzahlen

Oder Sie erstellen das *TC*-Feld nicht per ⌐Alt⌐+⌐⇧⌐+⌐O⌐ (Buchstabentaste »O«), sondern über *Einfügen|Text|Schnellbausteine|Feld*. Wie in Abbildung 4.72 dargestellt, können Sie dann das Kontrollkästchen für die gewünschte Option aktivieren oder Sie wählen *Feldfunktionen| Optionen*, um den notwendigen Schalter hinzuzufügen. Schließlich sieht das *TC*-Feld etwa so aus: *{ TC "Eintrag für ein TC-Feld ohne Seitenzahl" \f \l "1" \n }*.

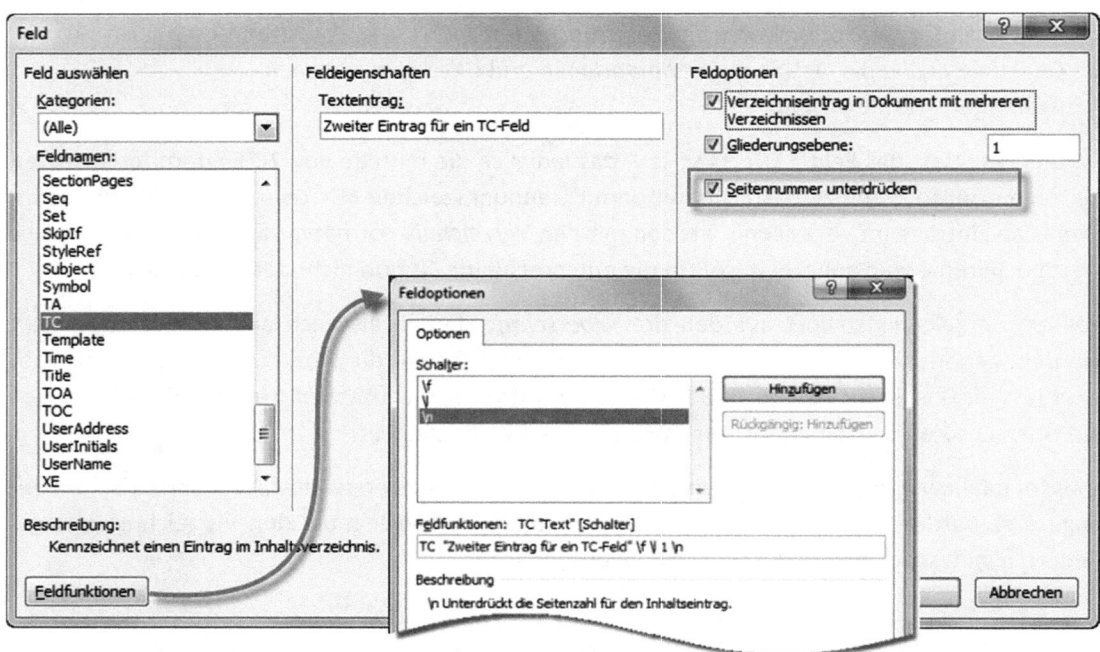

Abbildung 4.72 Verzeichniseintragsfelder über das Dialogfeld *Feld* erstellen

Das Inhaltsverzeichnis enthält dann Seitenzahlen für die aus Formatvorlagen resultierenden Einträge, während die aus *TC*-Feldern mit dem Schalter \n resultierenden Einträge keine Seitenzahl aufweisen, wie in Abbildung 4.73 dargestellt.

Erster Eintrag für ein TC-Feld ohne Seitenzahl

1   Überschrift erster Ebene..**1**

   1.1   Überschrift zweiter Ebene...1

   1.1.1 Überschrift dritter Ebene 2

   1.1.2 Überschrift dritter Ebene 3

   1.2   Überschrift zweiter Ebene...3

Zweiter Eintrag für ein TC-Feld ohne Seitenzahl

2   Überschrift erster Ebene..**4**

   2.1   Überschrift zweiter Ebene...4

   2.2   Überschrift zweiter Ebene...6

Abbildung 4.73 Verzeichnis aus Überschriften und Verzeichniseintragsfeldern ohne Seitenzahlen

4.7.4 Inhaltsverzeichnisse der besonderen Art

Die bisher geschilderten Möglichkeiten dürften bereits den Hauptbedarf an Verzeichnissen abdecken. Aber auch folgende Sonderfälle könnten speziell in Ihrer Arbeit Verwendung finden:

1. Ein Verzeichnis für Teilbereiche des Dokuments erstellen

   - Markieren Sie – beispielsweise in der Gliederungsansicht – den Bereich, für den Sie ein separates Verzeichnis benötigen.
   - Weisen Sie eine Textmarke zu (*Einfügen|Hyperlinks|Textmarke*).
   - Erstellen Sie das Inhaltsverzeichnis wie gewohnt und blenden Sie per Alt + F9 die Feldfunktionen ein.
   - Erweitern Sie das *TOC*-Feld um den Schalter *\b* mit dem Namen der Textmarke, beispielsweise: *{ TOC \o "1-3" \h \b IhreTextmarke }*.
   - Wechseln Sie per Alt + F9 zurück in die Ergebnisansicht und aktualisieren Sie das Feld per F9.

2. Ein Verzeichnis über mehrere Dokumente hinweg erstellen

   - Positionieren Sie die Einfügemarke dort, wo das Inhaltsverzeichnis eingefügt werden soll.
   - Erstellen Sie ein Inhaltsverzeichnis wie gewohnt; ignorieren Sie eine eventuelle Fehlermeldung.
   - Nun benötigen Sie *RD*-Felder, die auf die anderen Dokumente verweisen. Erstellen Sie dazu leere Felder per Strg + F9 oder wählen Sie die Befehlsfolge *Einfügen|Schnellbausteine|Feld|RD*.
   - Geben Sie den jeweils benötigten Pfad zum Dokument ein, wobei als Pfadtrennzeichen doppelte Backslashes (umgekehrte Schrägstriche) verwendet werden müssen (per AltGr + ß erzeugbar). Da *RD*-Felder ausgeblendet formatiert werden, sind sie nur bei eingeblendeten Formatierungszeichen sichtbar. Die fertigen Felder müssen ähnlich wie diese aussehen:
   { TOC \o "1-3" \h \z \u }
   { RD "C:\\Ordner\\Unterordner\\Kapitel_1.docx" }
   { RD "C:\\Ordner\\Unterordner\\Kapitel_2.docx" }
   - Wechseln Sie zur Ergebnisansicht und aktualisieren Sie das Verzeichnis. Und denken Sie daran, vorher für die richtige Seitennummerierung der einzelnen Dokumente zu sorgen.

Die gleiche Vorgehensweise gilt für einen dokumentübergreifenden Index. Verweisen Sie mithilfe von *RD*-Feldern auf die verschiedenen Dokumente und erstellen Sie dann den Index wie gewohnt.

3. Ein Verzeichnis für Teil-Überschriften erstellen

In Abschnitt 4.7.3 »Inhaltsverzeichnisse auf Basis von Verzeichniseintragsfeldern« ist beschrieben, wie mithilfe von Verzeichniseintragsfeldern lediglich Teile einer Überschrift in ein Verzeichnis übernommen werden können. Als Alternative zu diesen *TC*-Feldern sei hier die Verwendung des *Formatvorlagentrennzeichens* genannt.

Angenommen, Ihr Dokument enthält einen längeren Absatz, dem die Formatvorlage *Überschrift 1* zugewiesen ist. Aber nur die ersten vier Wörter dieses Absatzes sollen im Verzeichnis erscheinen.

- Drücken Sie nach dem vierten Wort die ⏎-Taste, sodass ein zweiter Absatz entsteht.
- Klicken Sie zurück in den ersten Absatz und drücken Sie die Tastenkombination Alt + Strg + ⏎. Die beiden Absätze verschmelzen zwar optisch wieder zu einem, sind durch die nun verborgen formatierte Absatzmarke aber weiterhin getrennt. Sie können dem zweiten Teil der Überschrift daher eine andere Absatzformatvorlage zuweisen, sodass nur der erste Teil im Verzeichnis erscheint.

Falls Sie das Formatvorlagentrennzeichen häufiger benötigen, können Sie es auch der *Symbolleiste für den Schnellzugriff* hinzufügen: *Word-Optionen│Symbolleiste für den Schnellzugriff│Alle Befehle│Formatvorlagentrennzeichen* (¶).

4.7.5   Ergänzende Hinweise zu Inhaltsverzeichnissen

Wie Sie bereits wissen, werden die Einträge eines Inhaltsverzeichnisses normalerweise mit den Formatvorlagen *Verzeichnis 1* bis *Verzeichnis 9* formatiert. Die Einträge eines Abbildungsverzeichnisses dagegen werden mit der Formatvorlage *Abbildungsverzeichnis* versehen. Diesen Unterschied bewirkt der Schalter \c. Möchten Sie, dass ein Inhaltsverzeichnis mit der Formatvorlage *Abbildungsverzeichnis* formatiert wird, fügen Sie dem *TOC*-Feld den Schalter hinzu, wie hier geschehen: *{ TOC \o "1-3" \h \c }*. Oder erstellen Sie das Verzeichnis über *Verweise│Beschriftungen│Abbildungsverzeichnis einfügen│Optionen│Formatvorlage*.

Sie benötigen individuelle Formatierungen für ein Verzeichnis? Dann ist meist Handarbeit angesagt, die Sie aber erst zum Schluss durchführen sollten, wenn das Verzeichnis nicht mehr aktualisiert werden muss. Markieren Sie dann das Verzeichnis und heben Sie die Feldverknüpfung per Strg + ⇧ + F9 auf. Das Verzeichnis liegt nun als statischer Text vor, den Sie nach Bedarf überarbeiten können.

4.7.6   Ein Stichwortverzeichnis (Index) erstellen

Um ein automatisches Stichwortverzeichnis erstellen zu können, müssen die Wörter im Dokument zunächst erfasst werden. Dabei handelt es sich um keine einfache Aufgabe; in einigen

Ländern hat sich daraus sogar der Beruf eines Indexers entwickelt. Ein Index soll schließlich nicht die einfache alphabetische Aneinanderreihung von bestimmten Wörtern und deren Häufigkeit im Dokument darstellen. Vielmehr soll er dazu dienen, den Leser schnell zu wichtigen Informationen über ein bestimmtes Thema zu führen.

> Informationen zu dem Beruf des Indexers, vor allem aber zum Thema Stichwortverzeichnis an sich, finden Sie unter anderem auf der Website *http://www.indexers.org.uk/index.php?id=234*. Auch die Datei *http://www.d-indexer.org/ress/bibl/Mueller-Hillebrand_Volltext_oder_Stichwortverzeichnis_tekom03.pdf* (»Volltextsuche oder Stichwortverzeichnis, was ist besser?«) könnte für Sie interessant sein, zumal sie weitere hilfreiche Webseiten benennt.

Ein Index darf durchaus auch Wörter bzw. Worte enthalten, die so im Dokument gar nicht enthalten sind, nach denen Leser im Zusammenhang mit einem bestimmten Thema aber vermutlich suchen werden. Im Index finden sie dann ihren Suchbegriff und werden darüber entweder auf einen anderen Begriff verwiesen oder direkt auf die richtige Dokumentseite geleitet.

Wenn im Dokument beispielsweise das Thema »Marginalien« behandelt wird, können Sie davon ausgehen, dass viele Leser eher den Begriff »Randbemerkungen« im Index suchen werden. Entsprechend führen Sie »Randbemerkungen« als zusätzlichen Indexeintrag auf und verweisen dort auf den Eintrag »Marginalien«.

Indexeinträge erstellen Sie mithilfe von XE-Feldern:

1. Markieren Sie das in den Index aufzunehmende Wort.
2. Drücken Sie die Tastenkombination ⌊Alt⌋+⌊⇧⌋+⌊x⌋. Alternativ können Sie die Befehlsfolge *Verweise|Index|Eintrag festlegen* wählen.
3. Im Dialogfeld *Indexeintrag festlegen* ist der markierte Text als *Haupteintrag* übernommen worden. Diesen können Sie bei Bedarf ändern sowie zusätzlich einen *Untereintrag* festlegen, wie es in Abbildung 4.74 im linken Dialogfeld dargestellt ist.
4. Standardmäßig wird im Stichwortverzeichnis die Seitenzahl eingetragen, auf deren Seite sich der Indexeintrag befindet. Sie können stattdessen aber auf einen anderen Begriff verweisen, wie es in Abbildung 4.74 im rechten Dialogfeld zu sehen ist. Die beiden im Beispiel erstellten *XE*-Felder sehen im Dokument schließlich wie folgt aus:
   { XE "Formatvorlagen:Listenformatvorlage" }
   { XE "Randbemerkungen" \t "Siehe Marginalien" }
5. Soll ein Indexeintrag Anführungszeichen beinhalten, müssen diese durch den umgekehrten Schrägstrich (\) »maskiert« werden, um nicht als Abgrenzung des Eintrags zu gelten:
   { XE "AutoText "\»Sammlung\«"}
   XE-Felder werden ausgeblendet formatiert und sind daher nur sichtbar, wenn die Anzeige der Formatierungszeichen (¶) aktiviert ist.

Abbildung 4.74 Indexeinträge mit Angabe der Seitenzahl oder Verweis auf einen anderen Eintrag

Soll einem Indexeintrag ein mehrere Seiten umfassender Bereich zugeordnet werden, müssen Sie Textmarken verwenden:

1. Markieren Sie den Textbereich, der ein bestimmtes Thema abhandelt bzw. für den Sie einen Indexeintrag erstellen möchten, beispielsweise die aktuellen Seiten 11 bis 14.
2. Wählen Sie *Einfügen│Hyperlinks│Textmarke*.
3. Geben Sie unter *Textmarkenname* eine Bezeichnung ein und klicken Sie auf *Hinzufügen*. Textmarkennamen müssen mit einem Buchstaben beginnen und dürfen keine Leerzeichen enthalten.
4. Legen Sie wie gewohnt einen Indexeintrag fest – beispielsweise zu Beginn des Textmarken-bereichs. Im Dialogfeld *Indexeintrag festlegen* (Abbildung 4.74) aktivieren Sie die Option *Sei-tenbereich* und wählen im Listenfeld *Textmarke* die von Ihnen erstellte Textmarke aus. Das *XE*-Feld enthält jetzt den Schalter *\r* mit Angabe der Textmarke: *{ XE "Verzeichnisse" \r "Ei-neTextmarke" }*

Für *XE*-Felder bietet das Kontextmenü leider nicht den Befehl *Feld bearbeiten* an. Möchten Sie ein Feld eventuell um weitere Schalter ergänzen und benötigen die entsprechenden Informati-onen, wählen Sie *Einfügen│Text│Schnellbausteine│Feld│XE│Feldfunktionen│Optionen*. Ermitteln Sie die benötigten Schalter und fügen Sie sie anschließend in das bereits existierende Feld ein oder bauen Sie auf diesem Weg ein neues *XE*-Feld auf.

Das Stichwortverzeichnis schließlich erstellen Sie über *Verweise│Index│Index einfügen*. Legen Sie im Dialogfeld *Index* (Abbildung 4.75) die gewünschten Optionen fest und bestätigen Sie mit *OK*.

Wie *TC*-Felder (siehe Abschnitt 4.7.3 »Inhaltsverzeichnisse auf Basis von Verzeichniseintragsfeldern«) bieten auch *XE*-Felder die Möglichkeit, per Schalter \f einen Typ festzulegen, um mehrere Verzeichnisse zu erstellen. Möchten Sie außer dem Stichwortverzeichnis beispielsweise auch ein Abkürzungsverzeichnis aus *XE*-Feldern erstellen, könnten Sie die Einträge für das Abkürzungsverzeichnis mit dem Schalter \f und dem *Indexeintragstyp* »abk« kennzeichnen: *{ XE "USA" \t "United States of America" \f "abk" }*. In diesem Beispiel ist der Abkürzung »USA« der Text »United States of America« zugeordnet.

Das spätere Abkürzungsverzeichnis könnte als Feldfunktion so aussehen (der Schalter \f definiert den *Indexeintragstyp* des Verzeichnisses, der Schalter \k das *Trennzeichen* zwischen Abkürzung und Langform): *{ INDEX \f "abk" \k "→"}*. Der Pfeil (→) symbolisiert hier ein Tabulatorzeichen.

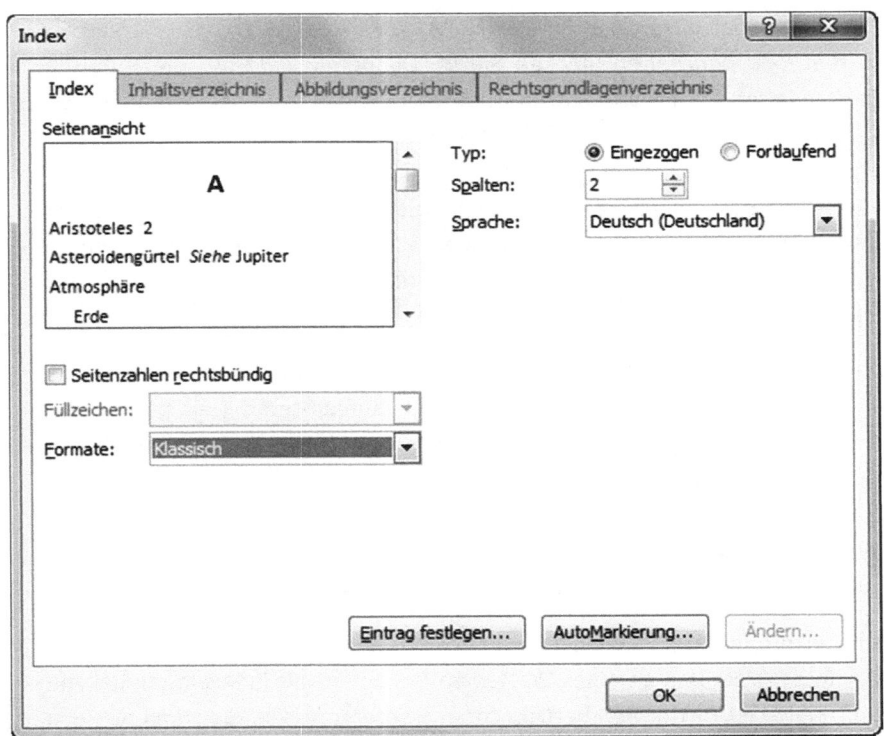

Abbildung 4.75 Die Optionen für das Stichwortverzeichnis festlegen

Der in Abbildung 4.76 dargestellte Ausschnitt zeigt, wie die *XE*-Felder aus den zuvor genannten Beispielen aufgrund ihrer unterschiedlich festgelegten Optionen im Stichwortverzeichnis erscheinen.

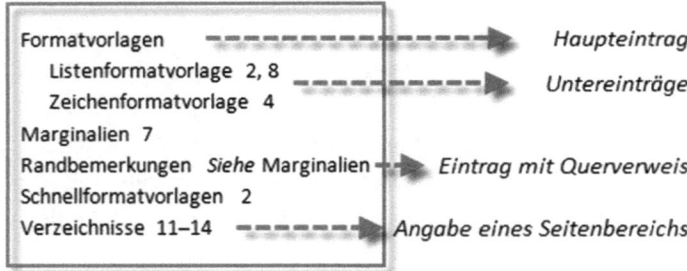

Abbildung 4.76 Stichwortverzeichnis aus Indexeinträgen mit unterschiedlichen Optionen

Standardmäßig wird ein Index zweispaltig formatiert, wobei vor und nach dem Verzeichnis entsprechend Abschnittswechsel vom Typ »Fortlaufend« eingefügt werden, was am besten in der Entwurfsansicht erkennbar wird.

Möchten Sie ein *INDEX*-Feld – beispielsweise *{ INDEX \c "2" \z "1031" }* – ändern, wählen Sie im Kontextmenü den Befehl *Feld bearbeiten*. Klicken Sie im Dialogfeld *Feld* auf die Schaltfläche *Feldfunktionen* und anschließend auf *Optionen*. In dem jetzt angezeigten Dialogfeld finden Sie eine Liste aller Feldschalter sowie zugehörige Informationen.

Im Dialogfeld *Index* werden Sie möglicherweise die Schaltfläche *AutoMarkierung* entdeckt haben. Darüber besteht die Möglichkeit, ein Stichwortverzeichnis mithilfe einer Konkordanzdatei zu erstellen. Grundsätzlich ist diese Methode nicht empfehlenswert, aber Sie sollen natürlich wissen, was sich dahinter verbirgt:

Man erstellt zunächst ein separates Dokument mit einer zweispaltigen Tabelle. In der linken Spalte werden zeilenweise sämtliche Wörter des Dokuments aufgelistet, die als Indexeintrag gekennzeichnet werden sollen. In die zweite Spalte trägt man den jeweils gewünschten Haupteintrag ein – und getrennt durch einen Doppelpunkt gegebenenfalls auch einen Untereintrag. Über den Befehl *AutoMarkierung* laden Sie diese Konkordanzdatei mit der Tabelle. Word sucht dann in Ihrem Dokument alle Wörter aus der ersten Spalte, kennzeichnet sie als Indexeintrag und ordnet ihnen jeweils Eintrag sowie Untereintrag aus der zweiten Spalte zu.

Die Arbeit mit einer Konkordanzdatei ist deshalb nicht zu empfehlen, weil dadurch *sämtliche* – also auch nicht relevante – Vorkommen eines Wortes im Dokument als Indexeintrag gekennzeichnet werden und weil alle Wortformen berücksichtigt werden müssen, die somit als separate Einträge im Index erscheinen.

5 Ergebnisse festhalten

Aktivität	Umsetzung mit Word/sonst. Hilfsmitteln	Ergebnis	Seite
Daten aufbereiten	• Optimales Programm wählen • Verfahren zur Datenübernahme bestimmen	Von Word verwertbare Daten	218
Weg zur Datenübernahme festlegen	• Per Zwischenablage übernehmen • Daten aus (Text-) Dateien importieren • Zeichensatzkodierung beim Importieren festlegen	Übernommene Umfrageergebnisse, Messwerte, Labordaten etc.	220
Daten in eine Word-Tabelle oder ein Diagramm umwandeln	• Text in Tabelle umwandeln • Diagramm erstellen	In Tabellen- und Diagrammform aufbereitete Daten	224
Daten und Diagramm aus Excel übernehmen	• Per Zwischenablage übernehmen • Daten statisch einfügen oder dynamisch verknüpfen • Diagramme als Grafik einfügen	In Word eingefügte Excel-Tabellen und -Diagramme	227
Zusammenhänge visualisieren	• SmartArt-Grafiken in PowerPoint erstellen und als Grafik übernehmen	Optisch ansprechende Schaubilder	235

Ein wichtiger Punkt bei Ihrer wissenschaftlichen Arbeit ist das Festhalten von Forschungsergebnissen. Hierbei werden Sie fast immer mit mehr oder weniger umfangreichem Zahlenmaterial, textbasierenden Auswertungen aus Umfragen, Interviews usw. sowie der Visualisierung von Ergebnissen in Form von Tabellen, Diagrammen und Grafiken konfrontiert. Daraus ergeben sich Fragen wie die folgenden:

- **Umfragen:** Was tun, wenn Sie Umfrageergebnisse, die Sie aus unterschiedlichen Quellen erhielten, zusammenfassen und normieren müssen?
- **Messdaten:** Was tun, wenn Sie umfangreiche Daten – die beispielsweise von Messgeräten erfasst wurden – statistisch auswerten müssen?
- **Diagramme:** Was tun, wenn Sie auf Basis von ermittelten Daten ein Diagramm oder andere Übersichtsgrafiken erstellen müssen?

Wie Sie Word-Tabellen erstellen und gestalten sowie Abbildungen in Ihrer wissenschaftlichen Arbeit platzieren und darauf verweisen, haben Sie bereits in Kapitel 4 »Arbeit vorbereiten« erfahren. Doch ist Word für die Datenverarbeitung und Visualisierung überhaupt das richtige Programm? Oder lohnt es sich, die Daten in Excel zu erfassen, zu verarbeiten und in einem Diagramm darzustellen, in PowerPoint per SmartArt zu visualisieren und so nur die Ergebnisse in Ihre wissenschaftliche Arbeit zu übernehmen?

Was passiert mit den Daten aus Statistik- und Mathematikprogrammen, (CAD-)Konstruktionsprogrammen oder anderen Spezialanwendungen? Wie lassen sich diese Daten oder Abbildungen Ihrer wissenschaftlichen Arbeit in Word übertragen?

So viel vorweg: Die allgemeingültige, immer passende Patentlösung gibt es nicht. Sie müssen von Fall zu Fall unterscheiden, welcher Weg für Ihren Aufgaben- und Anwendungsbereich der optimale ist. Scheuen Sie sich dabei nicht, zwischendurch auch umzuschwenken und einen anderen Weg einzuschlagen.

Hierzu zwei Beispiele: Wenn mitten in der wissenschaftlichen Arbeit das Datenvolumen aufgrund zusätzlicher zu untersuchender Parameter explodiert, ist eine Word-Tabelle schnell überfordert und Excel die bessere Lösung. Übernehmen Sie in diesem Fall einfach Ihre in Word begonnene Tabelle nach Excel (siehe Abschnitt 5.2.4 »Daten an Excel übergeben«).

Wenn Sie hingegen feststellen, dass die Daten in Ihrer in Excel begonnenen Tabelle letztlich hauptsächlich aus Text bestehen, kann eine Word-Tabelle die bessere Lösung sein. In diesem Fall übertragen Sie – wie in Abschnitt 5.3.1 »Daten aus Excel übernehmen« beschrieben – die Excel-Tabelle in Word und füllen sie dort mit Ihrem Text.

5.1   Vorüberlegungen

Bevor Sie Daten in Tabellen erfassen, auf der Grundlage von Daten ein Diagramm erstellen oder mithilfe von SmartArt-Grafiken Zusammenhänge visualisieren, prüfen Sie, welches Programm dafür am besten geeignet ist. Die Entscheidungsmatrix in Tabelle 1.1 zeigt die Vor- und Nachteile der verschiedenen Programme auf. Die jeweiligen Favoriten, die Sie bevorzugt nutzen sollten, sind in der Tabelle an den grau schattierten Feldern erkennbar.

Programm	Tabellen	Diagramme	SmartArt-Grafiken
Word	+ Formatierung sehr einfach + Flexibler Tabellenaufbau + Optimal für viel Text in Tabellenzellen + Daten lassen sich leicht in Tabellen umwandeln − Kann in Tabellen nur sehr eingeschränkt rechnen − Tabellen sollten nicht länger als etwa zehn Seiten sein	− Für das Speichern der Daten wird automatisch Excel genutzt, deshalb Diagramm direkt in Excel erstellen − In Word stehen im Vergleich zu Excel nicht alle Grafikfunktionen zur Verfügung	− Word verfügt nicht über alle in PowerPoint verfügbaren Grafikfunktionen − Keine Möglichkeit, Text in SmartArt-Grafiken umzuwandeln

Programm	Tabellen	Diagramme	SmartArt-Grafiken
Excel	+ Verarbeitet auch noch die umfangreichsten Datenbestände mit Zehntausenden von Datensätzen + Eignet sich als Schnittstelle für den Datenzugriff auf Datenbanken + Hervorragende mathematische Auswertungen möglich – Tabellen können nicht so flexibel wie in Word aufgebaut werden	+ Volle Office-Funktionalität + Umfangreiche Gestaltungsmöglichkeiten + Direkte Verbindung zwischen Daten und Diagramm	– Keine Möglichkeit, Text in SmartArt-Grafiken umzuwandeln
PowerPoint	– Tabelle kann nicht größer als eine Folie sein – Nicht für umfangreiches Datenvolumen geeignet	– Für das Speichern der Daten wird automatisch Excel genutzt, deshalb Diagramm direkt in Excel erstellen	+ Gliederung auf einer Folie lässt sich direkt in eine SmartArt-Grafik umwandeln + Im Vergleich zu Word mehr Formatierungsmöglichkeiten

Tabelle 5.1 Entscheidungsmatrix zur Auswahl des passenden Office 2010-Programms

> Wenn Sie Daten aus Excel in eine Word-eigene Tabelle übernehmen, spielt die Excel-Version (beispielsweise Excel 2003) keine Rolle. Anders verhält es sich bei der Übernahme von Diagrammen und Grafiken aus Excel oder PowerPoint: Da die Grafikfunktionen in Office 2007/2010 im Vergleich zu den Vorgängerversionen stark erweitert wurden, ist nur bei der Übernahme aus einer Office 2007/2010-Anwendung sichergestellt, dass beispielsweise Formatierungen wie Farben erhalten bleiben.
>
> Wenn Sie in Ihre wissenschaftliche Arbeit Tabellen, Diagramme oder Grafiken per Verknüpfung einfügen, sollten Sie ebenfalls auf gleiche Versionsstände achten.

5.2 Fremddaten in Word übernehmen und aufbereiten

Die Umfrageergebnisse, Ihre Messwerte oder die Labordaten liegen nach intensiver Forschungsarbeit vor und müssen jetzt den Weg in Ihre wissenschaftliche Arbeit finden. Hierzu müssen Sie die Daten im ersten Schritt übernehmen – und zwar so, dass beispielsweise Umlaute und das »ß« korrekt übernommen werden und bei der Übernahme nicht die Formatierung Ihrer wissenschaftlichen Arbeit zerstört wird. Anschließend geht es an die Aufbereitung der Daten, bei der Sie beispielsweise mehrspaltige Zahlenkolonnen in eine Tabelle umwandeln und für die richtige Formatierung sorgen.

5.2.1   Daten übernehmen

Für die Übernahme von Daten stellt Word unterschiedliche Funktionen zur Verfügung. Welche Sie nutzen, hängt von den vorliegenden Daten ab.

Per Zwischenablage: Ist das Quellprogramm auf dem gleichen Computer wie Word installiert? Kann das Quellprogramm die Daten per Zwischenablage übergeben? Dann kopieren Sie die Daten im Quellprogramm in die Zwischenablage. In Word klicken Sie bei *Start⎪Zwischenablage⎪ Einfügen* auf das kleine nach unten zeigende Dreieck. In dem jetzt geöffneten Menü wählen Sie bei den *Einfügeoptionen* das Symbol *Nur den Text übernehmen* (Abbildung 5.1).

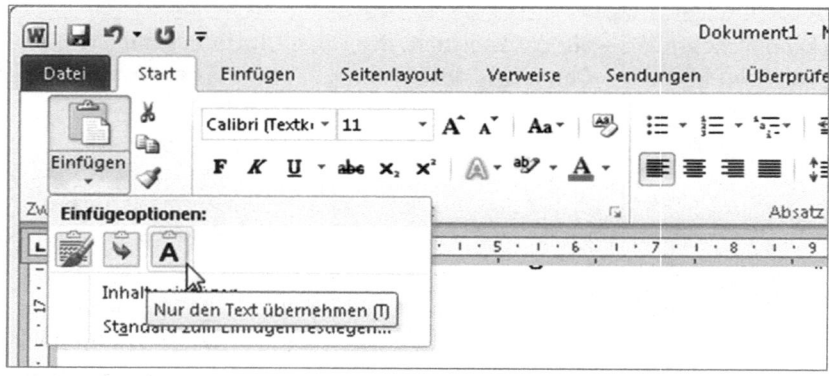

Abbildung 5.1 Der Text wird ohne Formatierungen übernommen

Das Ganze geht auch per Tastatur: Drücken Sie ⎡Strg⎤+⎡Alt⎤+⎡V⎤, worauf sich das Dialogfeld *Inhalte einfügen* öffnet. Markieren Sie hier per ⎡↓⎤ den Eintrag *Unformatierter Unicode-Text* und bestätigen Sie mit ⎡↵⎤.

Im Gegensatz zum Einfügen per ⎡Strg⎤+⎡V⎤ werden die Daten aus der Zwischenablage ohne jegliche Formatierungen in Ihr Dokument übernommen. So ist sichergestellt, dass in Ihrer wissenschaftlichen Arbeit ausschließlich die in Abschnitt 2.6 »Mit Formatvorlagen arbeiten« erstellten Formatvorlagen zum Einsatz kommen – Formatierungsfehler und andere Inkonsistenzen wie falsche Nummerierungen können so erst gar nicht auftreten.

Da Sie die Daten nach der Übernahme ohnehin aufbereiten, vereinfacht die unformatierte Übernahme auch gleich die Arbeit. Zeichen, die Word nach dem Einfügen als »Nur Text« nicht darstellen kann, weil beispielsweise das Zeichen in der aktuellen Schriftart nicht belegt ist, werden mit einem schwarz umrahmten Fragezeichen »▯« gekennzeichnet.

Aus einer Word-Datei: Liegen die zu übernehmenden Daten – beispielsweise einer Umfrage – als Word-Datei vor? Dann öffnen Sie die Word-Datei, markieren den benötigten Text, kopieren ihn mit Strg+C in die Zwischenablage und gehen dann wie zuvor bei »Per Zwischenablage« beschrieben vor.

Auch hier gilt: Fremde Formatierungen haben in Ihrer wissenschaftlichen Arbeit nichts zu suchen. Nicht nur dass das nachträgliche Löschen fremder Formatierungen viel Arbeit bedeutet, die fremden Formatierungen können auch für Fehler bei den eigenen Formatierungen und Nummerierungen sorgen.

Aus einer Datei mit einem von Word unterstützten Dateiformat: Ihre Daten liegen in einer Datei vor, die von OpenOffice, WordPerfect oder von einem Programm stammt, das die Daten im RTF-Format speichert? Diese Dateien lassen sich wie ein Word-eigenes Dokument direkt in Word öffnen. Übernehmen Sie auch hier zur Vermeidung von Formatierungsproblemen die Daten wie unter »Aus einer Word-Datei« beschrieben in Ihre wissenschaftliche Arbeit.

Aus einer Textdatei: Viele Mess- oder Laborgeräte speichern die Daten in reine Textdateien. In der Textdatei befinden sich dann nur Zahlen und Text, jedoch keine Formatierungen. Dennoch ist auch bei der Übernahme von solchen Daten eine Besonderheit zu beachten: In Textdateien, die von Mess- und Laborgeräten stammen, sind die Daten häufig im ASCII-Format (wird auch als MS-DOS-Format bezeichnet) gespeichert, während Windows die Zeichen im ANSI-Format nutzt.

Der Unterschied der beiden Formate liegt in der Art und Weise, wie die einzelnen Zeichen in den Zeichensätzen kodiert sind: Jedem Zeichen ist ein Zeichencode zugewiesen, das »A« hat beispielsweise den Zeichencode »65«, das »B« den Zeichencode »66« usw. Während die Zeichencodes der Ziffern »0« bis »9« sowie der Buchstaben »A« bis »Z« und »a« bis »z« im ANSI- und im ASCII-Code identisch sind, unterscheiden sich unter anderem die Zeichencodes für die Umlaute Ä, Ö, Ü, ä, ö, ü und das ß.

Wenn Sie Daten aus Textdateien übernehmen, in denen sich nicht nur Zahlen befinden, müssen Sie deshalb darauf achten, dass bei der Übernahme das richtige Zeichenformat eingestellt ist. Sonst erhalten Sie in Word beispielsweise anstelle von Umlauten und dem »ß« nur sonderbare Zeichen. Dies führt dann beispielsweise zu »K"ln« anstelle von »Köln« oder die Umlaute fehlen wie bei »Mnchen« anstelle von »München« einfach komplett. Zur Übernahme von Textdateien gehen Sie wie folgt vor:

1. Platzieren Sie die Einfügemarke in Ihrer wissenschaftlichen Arbeit an der gewünschten Einfügestelle. Klicken Sie im Menüband bei *Einfügen|Text|Objekt* auf das kleine Dropdown-Dreieck.
2. Daraufhin öffnet sich ein Menü, in dem Sie auf den Befehl *Text aus Datei* klicken (Abbildung 5.2).

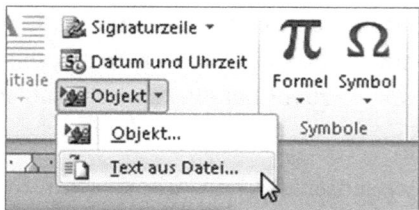

Abbildung 5.2 Fügen Sie Daten aus externen Dateien ein

3. Im jetzt angezeigten Dialogfeld öffnen Sie in der linken unteren Ecke das Dropdown-Listenfeld mit den Dateiformaten. Wählen Sie wie in Abbildung 5.3 zu sehen den Eintrag *Alle Dateien (*.*)* (nicht *Textdateien (*.txt)*!). Daraufhin werden in dem Dialogfeld alle Dateiformate angezeigt, unabhängig davon, welche Dateinamenerweiterung die Dateien tragen.

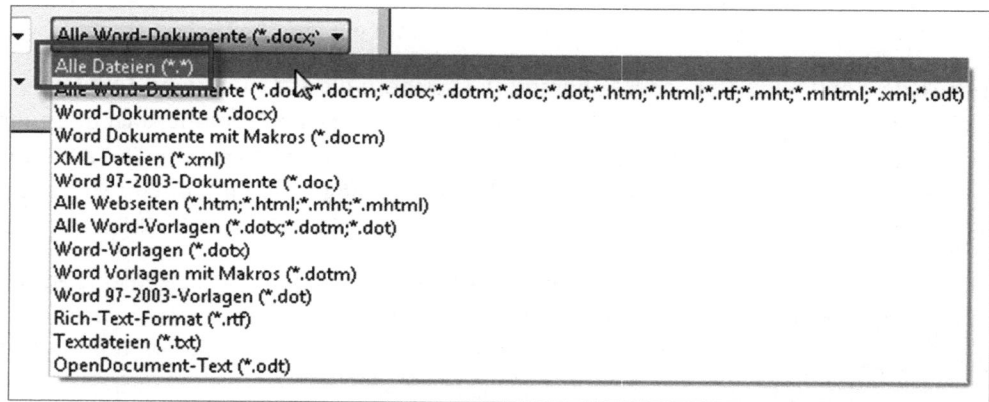

Abbildung 5.3 So sind Sie unabhängig von der Dateinamenerweiterung

4. Wechseln Sie zu dem Dialogfeld in den Ordner, in dem sich Ihre Textdatei befindet. Doppelklicken Sie dann auf den Dateinamen. Kann Word das Zeichenformat in der Textdatei nicht zweifelsfrei bestimmen, erscheint jetzt ein weiteres Dialogfeld zur Auswahl des Zeichenformats. Für Textdateien im ANSI-Format wählen Sie bei *Textcodierung* das Optionsfeld *Windows (Standard)* aus. Bei Dateien im ASCII-Format entscheiden Sie sich für das Optionsfeld *MS-DOS*.
Sind die Daten in einem anderen Format gespeichert, wählen Sie das Optionsfeld *Andere Codierung* aus und legen über den entsprechenden Listenfeldeintrag das Format fest. In der Vorschau können Sie immer sofort kontrollieren, ob die Daten korrekt angezeigt werden (Abbildung 5.4 zeigt den Fall, bei dem Sie das passende Format gewählt haben) oder ob Zeichen falsch bzw. gar nicht erscheinen (Abbildung 5.5).

5. Wenn Sie das richtige Format ausgewählt und mit einem Klick auf *OK* bestätigt haben, werden die Daten in Ihre wissenschaftliche Arbeit eingefügt und stehen zur Aufbereitung zur Verfügung.

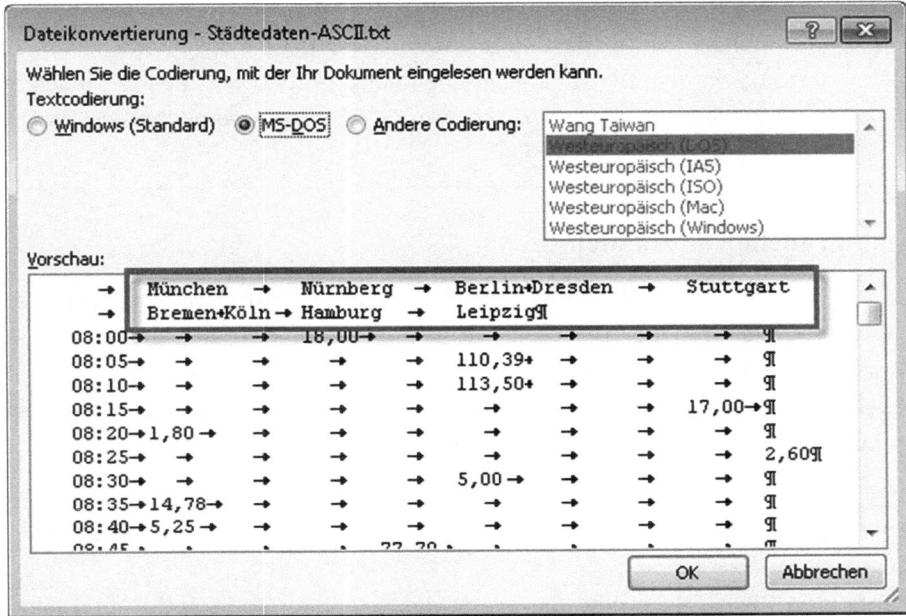

Abbildung 5.4 Bei korrektem Zeichenformat erscheinen die Umlaute und das »ß« korrekt

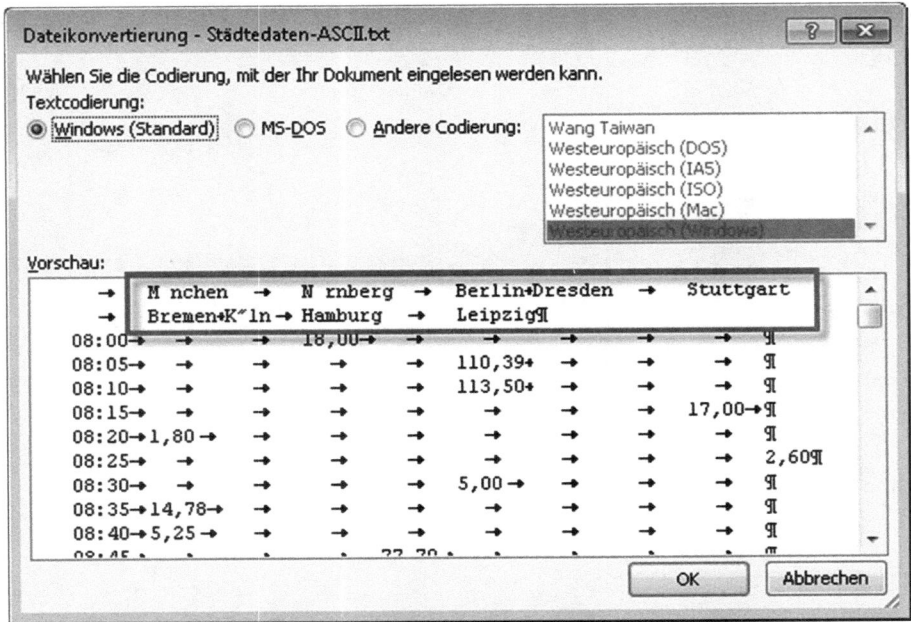

Abbildung 5.5 Bei falschem Zeichenformat fehlen die »Sonderzeichen«

Üben Sie die Datenübernahme aus Textdateien zuerst an einem Beispieldokument, sodass Sie mit der Funktion vertraut werden. Hierzu stehen Ihnen auf der CD-ROM zu diesem Buch im Ordner \Datenübernahme die zwei Dateien Städtedaten-ASCII.txt und Städtedaten-ANSI.txt zur Verfügung.

5.2.2 Daten in Tabellen umwandeln

Die Übernahme von fremden Daten wie in Abschnitt 5.2.1 »Daten übernehmen« beschrieben ist geschafft, die Daten erscheinen jedoch in Word nicht in der erwünschten Tabellenform, sondern äußerst sonderbar als lange Zahlenreihe oder in mehreren, durch Semikolon oder Tabstopps getrennten Zeilen? Dann wandeln Sie die auf den ersten Blick chaotisch erscheinenden Daten wie folgt in eine übersichtliche Tabelle um:

1. Markieren Sie alle Daten, die Sie in eine Tabelle umwandeln möchten. Klicken Sie auf *Einfügen|Tabellen|Tabelle* und wählen Sie im geöffneten Menü den Befehl *Text in Tabelle umwandeln*.

2. Im jetzt angezeigten Dialogfeld prüfen Sie zuerst das gewählte Optionsfeld unterhalb von *Text trennen bei*. Hier muss das Trennzeichen (Abbildung 5.6) ausgewählt bzw. bei *Andere* eingegeben sein, mit dem die einzelnen Daten innerhalb einer Zeile getrennt sind. Handelt es sich bei Ihren Daten um eine einspaltige Zahlenkolonne, wählen Sie das Optionsfeld *Absätze* aus.

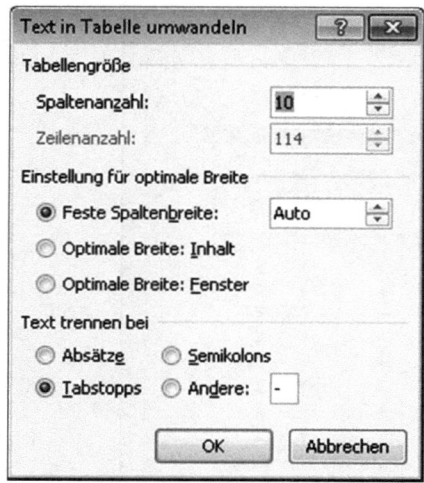

Abbildung 5.6 Text lässt sich flexibel in eine Tabelle umwandeln

3. Jetzt prüfen Sie die Anzahl der Spalten, die Word im Textfeld *Spaltenzahl* anzeigt. Falls Ihre Daten aus einer einspaltigen Zahlenkolonne bestehen, tragen Sie den Wert *1* ein. Kommt das im letzten Schritt gewählte Trennzeichen hingegen in einer Zeile mehrfach vor, erhöhen Sie

die gefundene Anzahl der Trennzeichen um eins und tragen diesen Wert ein. Haben nicht alle Zeilen die gleiche Anzahl an Trennzeichen, ermitteln Sie die Zeile mit der maximalen Anzahl an Trennzeichen, erhöhen auch diesen Wert um eins und tragen ihn hier ein.

4. Zum Schluss kümmern Sie sich noch um die Breite der Tabellenspalten: Da Sie die Spaltenbreite wie in Abschnitt 4.3.2 »Tabellen (nachträglich) gestalten« beschrieben jederzeit nachträglich anpassen können, lassen Sie hier die Einstellung auf *Auto* stehen. Einzige Ausnahme: Bei Ihren Daten handelt es sich um eine einspaltige Zahlenkolonne; in diesem Fall tragen Sie je nach Anzahl der Ziffern pro Zeile einen Wert zwischen 1 und 3 Zentimeter ein.

5. Wenn Sie jetzt das Dialogfeld mit einem Klick auf *OK* bestätigen, wandelt Word die Daten in eine Word-Tabelle um.

Die Tabelle lässt sich nun beliebig gestalten, Sie können eine Tabellenformatvorlage zuweisen oder Zeilen- und Spaltenbreiten anpassen (siehe 4.3.2 »Tabellen (nachträglich) gestalten«).

Zahlen aus externen Quellen sind häufig nicht richtig formatiert. Insbesondere bei Nachkommastellen fehlen oft die Nullen, um die Zahlen mit ein, zwei oder mehr Nachkommastellen einheitlich darzustellen. Je nach Datenquelle kann es auch vorkommen, dass als Dezimaltrennzeichen der Punkt anstelle des Kommas zum Einsatz kommt. Das Tausendertrennzeichen – beispielsweise in 10.245,12 – fehlt ebenfalls häufig.

Word bietet keine Möglichkeit, das Zahlenformat in Tabellenzellen festzulegen. Wenn das Zahlenformat nicht Ihren Anforderungen entspricht, nutzen Sie deshalb den folgenden Trick: Übernehmen Sie die Tabelle – direkt nach der Umwandlung der eingefügten Daten in eine Tabelle und noch vor dem Gestalten der Tabelle – wie in Abschnitt 5.2.4 »Daten an Excel übergeben« beschrieben in Excel. Dort formatieren Sie die Zahlen und kopieren dann die Tabelle wie in Abschnitt 5.3.1 »Daten aus Excel übernehmen« beschrieben zurück in Word.

5.2.3 Daten in ein Diagramm umwandeln

Ihre Daten liegen nun in Word in Form einer Tabelle vor. Angenommen, Sie möchten diese Daten zusätzlich visualisieren, beispielsweise in Gestalt eines Balkendiagramms. In diesem Fall führt der Weg über Excel: Übergeben Sie die Daten wie in Abschnitt 5.2.4 »Daten an Excel übergeben« beschrieben an Excel, erzeugen Sie in Excel das Diagramm und übernehmen Sie dann wie in Abschnitt 5.3.2 »Diagramme aus Excel übernehmen« erläutert das Diagramm in Ihre wissenschaftliche Arbeit.

5.2.4 Daten an Excel übergeben

Sie stellen beim Bearbeiten Ihrer Daten in Word fest, dass Sie diese doch besser in Excel verarbeiten möchten? Oder möchten Sie wie im vorigen Tipp beschrieben eine Word-Tabelle zur weiteren Bearbeitung an Excel übergeben? Der Datenaustausch zwischen Word und Excel funktioniert reibungslos. Dabei werden neben den reinen Daten auch alle Formatierungen übernommen.

Tabellen an Excel übergeben: Befinden sich die nach Excel zu übernehmenden Daten in einer Word-Tabelle? Dann gehen Sie wie folgt vor:

1. Markieren Sie die Tabelle, deren Daten Sie an Excel übergeben möchten. Klicken Sie hierzu mit der linken Maustaste auf den Tabellenverschiebepunkt ⊞, der sich links oben neben der aktiven Tabelle befindet.
2. Sobald die Tabelle markiert ist, drücken Sie ⌜Strg⌝+⌜C⌝. Die komplette Tabelle – die sich durchaus auch über mehrere Seiten erstrecken kann – wird in die Zwischenablage kopiert.
3. Öffnen Sie Excel und klicken Sie in die Zelle, die die oberste linke Ecke der zu übernehmenden Tabelle darstellen soll. Wenn Sie jetzt ⌜Strg⌝+⌜V⌝ drücken, wird die Tabelle aus der Zwischenablage in Excel eingefügt.
4. Excel übernimmt dabei nicht nur die Inhalte der Word-Tabellenzellen, sondern auch alle in Excel darstellbaren Formatierungen.

Jetzt lässt sich die Tabelle in Excel völlig unabhängig von der Tabelle in Word bearbeiten. Entsprechend können Sie die Zahlen formatieren, die Daten in ein Diagramm umwandeln usw.

Nicht tabellarische Daten an Excel übergeben: Handelt es sich bei den nach Excel zu übernehmenden Daten um einzelne Zeilen, die durch eine Absatzmarke »¶« oder einen Zeilenwechsel »↵« getrennt sind? Auch solche Daten können Sie in Word markieren, mit ⌜Strg⌝+⌜C⌝ kopieren und in Excel mit ⌜Strg⌝+⌜V⌝ einfügen. In diesem Fall trennt Excel den Text jedoch am Ende der Absatzmarke bzw. des Zeilenwechsels und fügt jeden Absatz bzw. jede Zeile in einer neuen Zelle ein (Abbildung 5.7).

Abbildung 5.7 Zeilen- und Absatzwechsel in Word führen in Excel zu einzelnen Zellen

Sind in einer Zeile mehrere durch einen Tabstopp getrennte Daten vorhanden? Dann verteilt Excel die Daten automatisch in mehrere Zellen. Die Daten werden dabei immer am Tabstopp aufgesplittet.

Das automatische Trennen funktioniert **nicht** bei anderen Trennzeichen wie dem Semikolon oder einem Komma. In diesem Fall werden die Daten alle in einem einzigen Feld zusammengefasst. Mithilfe der Ersetzen-Funktion (Strg + H) könnten Sie die Zeichen vorher in Tabstopps umwandeln – eventuell in einem Hilfsdokument, um die Originaldaten nicht zu verfälschen.

5.3 Daten und Diagramme aus Excel übernehmen

Bei großen Datenvolumen (Excel eignet sich hervorragend als Frontend und Analysetool für Datenbanken wie Microsoft SQL Server, Access etc.) oder auszuführenden Berechnungen (siehe Tabelle 1.1) ist Excel die beste Lösung zur Aufbereitung Ihrer Daten. In diesem Fall übernehmen Sie in Ihrer wissenschaftlichen Arbeit nur die aufbereiteten Ergebnisse oder die visualisierten Daten in Form von Diagrammen.

5.3.1 Daten aus Excel übernehmen

So einfach wie die Übernahme einer Tabelle von Word nach Excel ist, so einfach ist auch der Weg von Excel nach Word. Hier muss jedoch zwischen der statischen und der dynamischen Datenübernahme sowie dem Einbetten eines Excel-Objekts unterschieden werden.

Statische Datenübernahme: Bei der statischen Datenübernahme gehen Sie wie in Abschnitt 5.2.4 »Daten an Excel übergeben« beim Kopieren von Word-Daten nach Excel vor: Markieren Sie in Excel den gewünschten Tabellenbereich, kopieren Sie ihn mit Strg + C in die Zwischenablage und fügen Sie ihn anschließend in Word mit Strg + V an der gewünschten Stelle in Ihrem Dokument ein. Jetzt befindet sich in Word eine Kopie der Excel-Daten. Entsprechend gibt es bei dieser Übernahmeart keine Abhängigkeit zwischen Word und Excel. In Word befinden sich nur die reinen Zahlen, es werden keine Formeln übernommen – eine auf diese Weise übertragene Excel-Tabelle rechnet in Word nicht!

Beachten Sie, dass beim Kopieren nur die Zellen übernommen werden, die in Excel angezeigt wurden. Haben Sie in einer Excel-Tabelle beispielsweise die Anzeige einiger Zeilen per Filter oder Spalten per Ausblenden-Befehl unterdrückt, werden nur die sichtbaren Zellen übertragen. Beim Kopieren übernimmt Word alle umsetzbaren Formatierungen aus Excel. Während Rahmen, Schattierungen, Schriftarten etc. dabei eins zu eins übernommen werden, müssen Sie die Zeilenhöhen und Spaltenbreiten bisweilen in Word nachbearbeiten.

Wenn Sie die aus Excel übernommene Tabelle in Word umfangreich umarbeiten müssen, ist es hilfreich, die Tabelle ohne die Excel-Formatierungen wie Zellenschattierungen, farbige Schrift etc. zu übernehmen. Nachdem Sie die markierte Tabelle in Excel mit Strg + C in die Zwischenablage kopiert haben, klicken Sie in Word bei *Start|Zwischenablage|Einfügen* auf das kleine nach unten zeigende Dreieck. In dem jetzt geöffneten Menü wählen Sie bei den *Einfügeoptionen* das Symbol *Zielformatvorlagen verwenden* (Abbildung 5.8). Nun erscheint die Tabelle im schlichten Standardrahmenformat.

Abbildung 5.8 Tabelle ohne Excel-Formatierungen übernehmen

Dynamische Datenübernahme: Wenn Sie die Excel-Daten dynamisch übernehmen, wird in Word lediglich eine Kopie der Excel-Daten in Form einer Feldfunktion eingefügt. Ändern sich die Daten in Excel, genügt in Word das Aktualisieren der Feldfunktion und schon stehen die geänderten Daten in Word zur Verfügung. Für eine dynamische Datenübernahme markieren Sie in Excel den gewünschten Tabellenbereich und kopieren ihn mit $\boxed{\text{Strg}}$+$\boxed{\text{C}}$ in die Zwischenablage. In Word platzieren Sie die Einfügemarke an der gewünschten Einfügestelle. Klicken Sie bei *Start/Zwischenablage/Einfügen* auf das Dreieck am unteren Ende der *Einfügen*-Schaltfläche. Im jetzt geöffneten Menü wählen Sie den Befehl *Inhalte einfügen* (alternativ dazu können Sie auch $\boxed{\text{Strg}}$+$\boxed{\text{Alt}}$+$\boxed{\text{V}}$ drücken). Im angezeigten Dialogfeld (Abbildung 5.9) aktivieren Sie das Optionsfeld *Verknüpfung einfügen*. Im Listenfeld *Als* belassen Sie es bei dem voreingestellten Eintrag *HTML-Format*. Nach dem Klick auf *OK* befindet sich die kopierte Excel-Tabelle in Word.

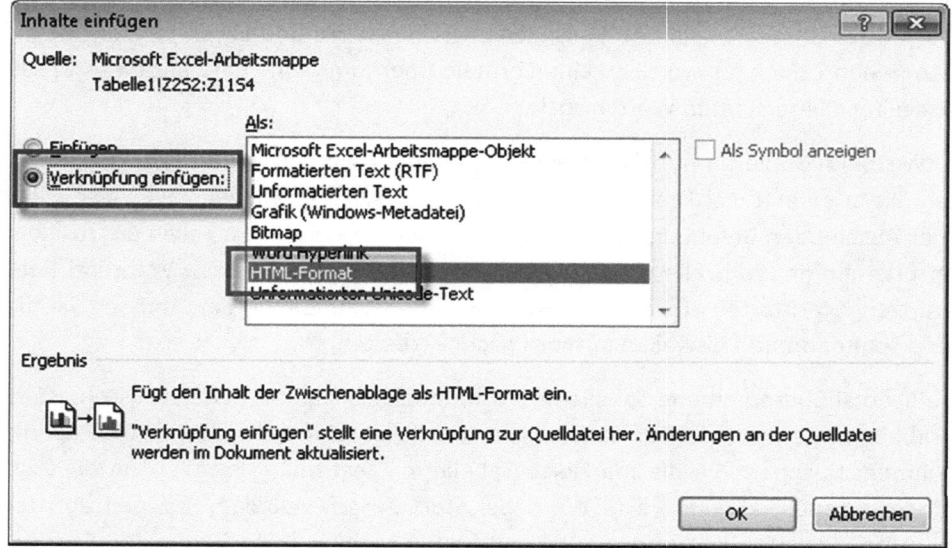

Abbildung 5.9 Fügen Sie Tabellen als dynamische Verknüpfung ein

Dass es sich um eine Tabelle handelt, die mit der Excel-Datei verknüpft ist, erkennen Sie, wenn Sie [Alt]+[F9] drücken. Jetzt wird anstelle der Tabelle eine Feldfunktion angezeigt (Abbildung 5.10). In der Feldfunktion sind sowohl der vollständige Pfad als auch der übernommene Excel-Tabellenbereich aufgeführt. Drücken Sie erneut [Alt]+[F9], kehren Sie zur Tabellenansicht zurück.

{·LINK·Excel.Sheet.12·"x:\\Seminare\\Word-Anwendertage\\Excel-Daten.xlsx"· "Tabelle1!Z2S2:Z11S4"· \a·\f·4·\h·}¶

Abbildung 5.10 In der Feldfunktion sind der Pfad und der Tabellenbereich zu erkennen

Wenn Sie in eine verknüpfte Tabelle klicken, werden dort alle Zellen, in denen sich Daten befinden, »grau« hinterlegt – ein weiteres Zeichen dafür, dass die Daten dynamisch und nicht statisch eingefügt wurden. Wenn Sie an der verknüpften Tabelle in Word Änderungen vornehmen, bleiben diese nur so lange erhalten, bis die Feldfunktion aktualisiert wird (bei markierter Tabelle [F9] drücken). Jetzt übernimmt Word wieder die Originaldaten und Originalformatierungen aus Excel. Entsprechend ist das Aktualisieren immer dann notwendig, wenn Sie in Excel Änderungen an der Tabelle vornehmen.

Wurde die Excel-Datei verschoben oder umbenannt, kann Word in der Regel nicht mehr auf die Daten zugreifen. Entsprechend erhalten Sie beim Aktualisieren eine Fehlermeldung (Abbildung 5.11). Wechseln Sie dann mit [Alt]+[F9] in die Feldfunktionsansicht, korrigieren Sie den Dateinamen und Pfad (beachten Sie die doppelten »\\« im Pfad), wechseln Sie mit [Alt]+[F9] in die Tabellenansicht zurück und drücken Sie [F9]. Jetzt erscheint wieder die korrekte Tabelle. Sie können Verknüpfungen auch über den Befehl *Datei | Informationen | Verknüpfungen mit Dateien bearbeiten* aktualisieren, ändern oder aufheben.

Fehler!·Keine·gültige·Verknüpfung.¶

Abbildung 5.11 Fehlt die Excel-Datei, gibt Word nur eine Fehlermeldung aus

Möchten Sie die Verknüpfung zur Excel-Datei aufheben, klicken Sie in die Tabelle und drücken [Strg]+[⇧]+[F9]. Daraufhin wird die Excel-Tabelle in eine Word-Tabelle umgewandelt. Die Tabelle besteht daraufhin nur noch aus statischem Text, der sich beliebig bearbeiten lässt.

Da Sie beim Einfügen von Inhalten die Option *HTML-Format* gewählt haben, erscheint die Tabelle so formatiert wie in Excel. Word platziert die Tabelle in einem eigenen Absatz. Möchten Sie trotz Verknüpfung das Format der Tabelle in Word – beispielsweise über eine Word-eigene

Tabellenformatvorlage – festlegen? Dann wählen Sie im Listenfeld *Als* den Eintrag *Formatierten Text (RTF)*.

Soll der Inhalt einer einzelnen Zelle – beispielsweise das Ergebnis einer umfangreichen Berechnung, an der Sie noch arbeiten – dynamisch im Fließtext eingefügt werden? Dann wählen Sie anstelle von *HTML-Format* die Option *Unformatierten Text*. Jetzt wird der Zelleninhalt als normaler Fließtext eingefügt und übernimmt die Formatierung des umgebenden Textes.

Excel-Objekt einbetten: Neben der statischen und dynamischen Übernahme verfügt Word mit dem eingebetteten Excel-Objekt noch über eine dritte Möglichkeit, Daten aus Excel zu übernehmen. Wenn Sie beim Einfügen der Daten aus Excel im Dialogfeld *Inhalte einfügen* (Abbildung 5.9) die Option *Einfügen* aktivieren und im Listenfeld *Als* den Eintrag *Microsoft Excel-Arbeitsmappe-Objekt* wählen, wird die Tabelle als Objekt in Ihre wissenschaftliche Arbeit eingefügt.

Dabei entsteht eine intelligente Kopie der Excel-Tabelle in Word: Ein Doppelklick auf die Tabelle sorgt dafür, dass Excel aktiv wird. Und zwar nicht als eigenständiges Programm, sondern direkt in Word: Um die Word-Tabelle herum erscheinen die Excel-typischen Spalten- und Zeilenköpfe (Abbildung 5.12); auch das Menüband wechselt und zeigt die Excel-Funktionen an. Sobald Sie außerhalb der Tabelle klicken, verschwindet Excel wieder.

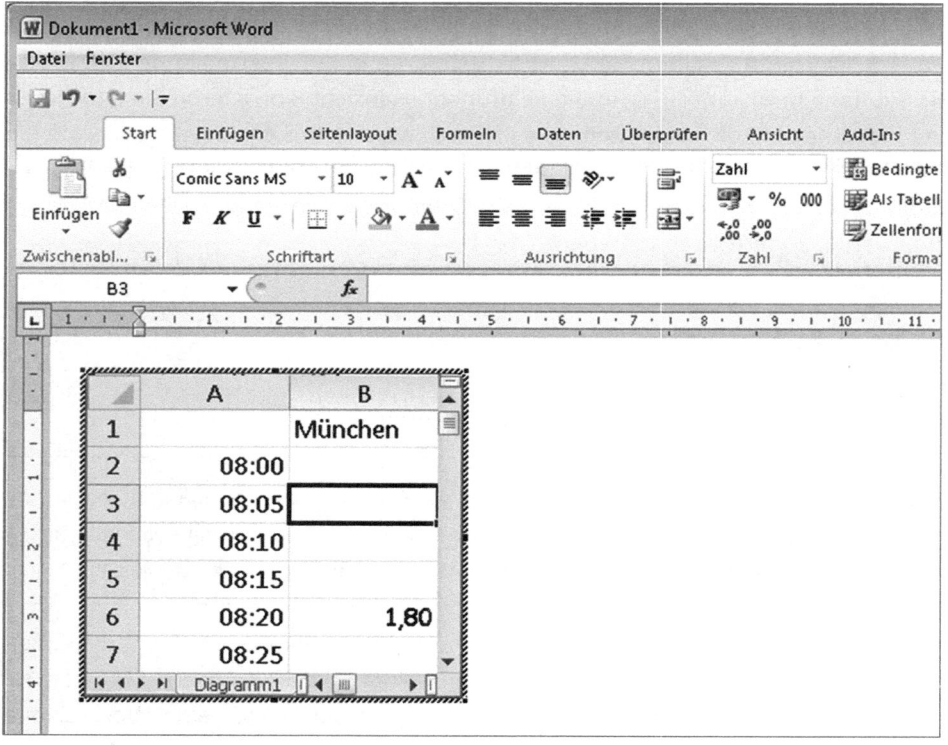

Abbildung 5.12 Beim Einfügen als Objekt »lebt« die eingebundene Tabelle

Beachten Sie, dass Sie bei dieser Einfügeart eine Kopie der kompletten Excel-Datei in Word einfügen. Auch wenn Sie nur einen Teil einer Excel-Tabelle einfügen, werden dennoch alle Blätter der Excel-Datei übernommen und können in Word sichtbar gemacht werden.

Die so eingefügte Excel-Tabelle verfügt über alle mathematischen Funktionen, da es sich bei der Tabelle letztlich um eine echte Excel-Tabelle handelt. Ihre wissenschaftliche Arbeit dient lediglich als eine Art Wirtsprogramm für die Tabelle.

Ob Sie Ihre Daten statisch oder dynamisch übernehmen oder die Tabelle sogar als Objekt einbetten, hängt sowohl von den Daten als auch von Ihrer wissenschaftlichen Arbeit ab. So komfortabel die dynamische Übernahme bei nachträglichen Aktualisierungen auch ist, durch den hinterlegten Pfad treten beim Datenaustausch im Team oder bei der Weitergabe an Korrektoren systembedingt immer wieder Probleme auf.

Bewährt hat sich folgende Vorgehensweise: Sofern die in der wissenschaftlichen Arbeit einzufügenden Daten noch großen Änderungen unterworfen sind und Sie die wissenschaftliche Arbeit allein erstellen, greifen Sie auf die dynamische Übernahme zurück. Sobald die endgültigen Daten vorliegen, wird das Dokument ein letztes Mal aktualisiert und dann die dynamische Feldfunktion mit `Strg`+`⇧`+`F9` in statischen Text umgewandelt. Wird das Dokument ständig auf unterschiedlichen Computern oder im Team bearbeitet, sollte auf die Dynamik gänzlich verzichtet werden. Denn der etwas höhere, manuelle Aufwand für das Aktualisieren der Daten steht meist in keinem Verhältnis zu den damit eingehandelten Problemen mit falschen Pfaden, nicht vorhandenen Excel-Dateien, falschen Excel-Versionen usw.

Vom auf den ersten Blick sehr verlockenden Einfügen der Daten als Objekt ist abzuraten. Denn je enger Sie die Excel-Daten mit Ihrer wissenschaftlichen Arbeit verbinden, desto größer ist das Risiko, dass bei einem defekten Excel-Objekt die ganze wissenschaftliche Arbeit unbrauchbar wird. Und eingebettete Objekte haben sich in der Vergangenheit in großen Dokumenten immer wieder als äußerst problematisch erwiesen.

Generell gilt: Halten Sie die (Excel-)Daten möglichst vollständig getrennt von Ihrer wissenschaftlichen Arbeit. Dann kann sich Word auf das Verarbeiten der eigenen textbasierenden Daten konzentrieren. Auch bei Defekten an der Datendatei, die beim Speichern, Kopieren oder beim E-Mail-Versand auftreten können, ist Ihre wissenschaftliche Arbeit niemals in Gefahr.

5.3.2 Diagramme aus Excel übernehmen

Sie haben Ihre Daten in Excel visualisiert und möchten das so entstandene Diagramm in Ihre wissenschaftliche Arbeit übernehmen? Hier stehen Ihnen ähnlich wie bei der Übernahme der Datentabellen (siehe Abschnitt 5.3.1 »Daten aus Excel übernehmen«) drei Wege zur Verfügung:

Statisches Einfügen: Bei der statischen Übernahme fügen Sie das Excel-Diagramm in Word als reines Bild ein – es besteht anschließend keinerlei Verbindung zu den Excel-Daten, die dem Diagramm zugrunde liegen. Diese Vorgehensweise hat den Vorteil, dass Sie die Excel-Daten anschließend beliebig und losgelöst von Ihrer wissenschaftlichen Arbeit modifizieren können. Das Diagramm kann aus einer beliebigen Quelle stammen, bei der Weitergabe der Word-Datei mit der wissenschaftlichen Arbeit muss die Excel-Datei nicht mitgegeben werden.

Der Nachteil ist folgender: Ändert sich das Diagramm, müssen Sie es – am besten im Rahmen des letzten Abstimmungsdurchgangs, bei dem Sie alle Tabellen, Bilder etc. aktualisieren – erneut in Ihre wissenschaftliche Arbeit einfügen. Achten Sie darauf, dass Ihnen die Excel-Datei, aus der Sie das Diagramm übernehmen, für Änderungen jederzeit zur Verfügung steht und Sie diese beispielsweise in Ihrem Stoffsammlungsordner (siehe Kapitel 3 »Ideen sammeln und aufbereiten«) speichern.

Markieren Sie das gewünschte Diagramm in Excel. Dabei ist es gleichgültig, ob sich das Diagramm auf einem eigenen Diagrammblatt oder auf einem Tabellenblatt befindet. Klicken Sie nun in Excel bei *Start/Zwischenablage* auf das kleine Dreieck rechts neben der *Kopieren*-Schaltfläche und wählen Sie den Befehl *Als Bild kopieren*. Wenn Sie das nun angezeigte Dialogfeld (Abbildung 5.13) mit *OK* bestätigen, können Sie das Diagramm per `Strg`+`V` in Ihre wissenschaftliche Arbeit einfügen und weiterbearbeiten (Position, Größe etc.), wie in Abschnitt 4.5.2 »Abbildungen formatieren« beschrieben.

Abbildung 5.13 Statisch zu übernehmendes Diagramm als Bild kopieren

Da Sie in Excel bei *Format* die Option *Bild* gewählt haben, wird das Diagramm als erweiterte Metadatei in die Zwischenablage kopiert. Entsprechend lässt sich das Diagramm nahezu verlustfrei vergrößern und verkleinern. Bei der Option *Bitmap* hingegen treten bei starken Vergrößerungen sowohl bei Texten als auch bei schrägen und kurvenförmigen Linien unästhetische Treppenstufeneffekte auf (Abbildung 5.14).

Einfügen: Um ein Diagramm dynamisch zu übernehmen, markieren Sie zunächst das gewünschte Diagramm in Excel. Dabei ist es gleichgültig, ob sich das Diagramm auf einem eigenen Diagrammblatt oder auf einem Tabellenblatt befindet. Drücken Sie nun in Excel `Strg`+`C`. Zurück in Word fügen Sie das Diagramm mit $\boxed{\texttt{Strg}}$ + $\boxed{\texttt{V}}$ an der aktuellen Position der Einfügemarke ein.

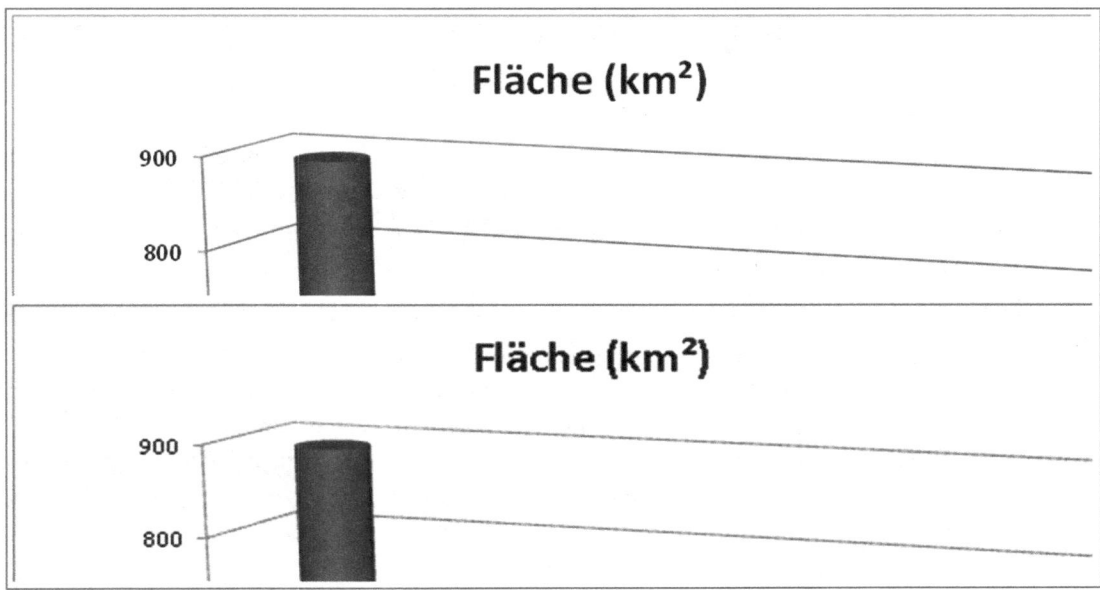

Abbildung 5.14 *Bild* (oben) kontra *Bitmap*: Beim Vergrößern schwächelt *Bitmap*

Beim dynamischen Einfügen bleibt das Diagramm mit den Daten verknüpft. Änderungen am Diagramm in Excel lassen sich durch Drücken der Taste $\boxed{\texttt{F9}}$ (= Feldfunktionsaktualisierung) auch in Word in Ihre wissenschaftliche Arbeit übernehmen. Steht die Excel-Datei zur Aktualisierung nicht zur Verfügung, erscheint eine Meldung. Das Diagramm bleibt jedoch unverändert bestehen. Sobald die Excel-Datei wieder vorhanden ist, können Sie diese mit $\boxed{\texttt{F9}}$ aktualisieren. Hat sich der Pfad zur Excel-Datei geändert, lässt sich dieser wie in Abschnitt 4.5.1 »Abbildung im Fließtext einfügen« beschrieben korrigieren.

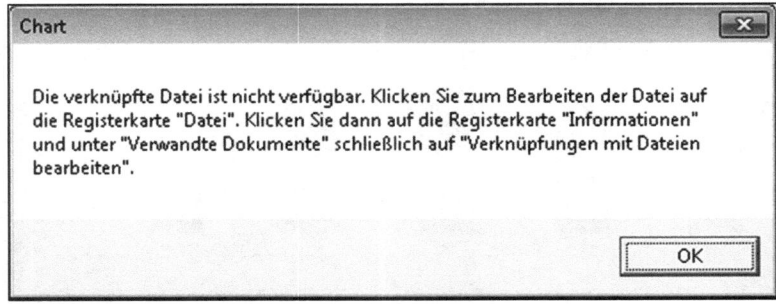

Abbildung 5.15 Bei fehlender Excel-Datei führt das Aktualisieren zu einer Fehlermeldung

Möchten Sie die Excel-Daten bearbeiten, markieren Sie das Diagramm und klicken auf *Diagrammtools|Entwurf|Daten|Daten bearbeiten*. Jetzt öffnet sich die zum Diagramm gehörende Excel-Datei. Änderungen am Diagramm – die Sie direkt in Word über die drei *Diagrammtools*-Kontextregisterkarten *Entwurf*, *Layout* und *Format* durchführen – werden sofort in dem in Word eingefügten Diagramm übernommen.

Excel-Objekt einbetten: Diagramme lassen sich wie Excel-Tabellen in Word als Objekt einbetten. Nachdem Sie das Diagramm in Excel mit ⌷Strg⌷+⌷C⌷ kopiert haben, öffnen Sie in Word über *Start|Zwischenablage|Einfügen* mit einem Klick auf die Dreieckschaltfläche und Auswahl des Befehls *Inhalte einfügen* das gleichnamige Dialogfeld. Wählen Sie im Listenfeld *Als* die Option *Microsoft Excel-Diagramm-Objekt*.

Das Diagramm wird nun als Objekt in Ihre wissenschaftliche Arbeit eingefügt. Dabei entsteht eine intelligente Kopie des Excel-Diagramms in Word: Ein Doppelklick auf das Diagramm sorgt dafür, dass Excel aktiv wird. Und zwar nicht als eigenständiges Programm, sondern direkt in Word. Am unteren Rand des Diagramms erscheinen die Registerkarten der verschiedenen Excel-Blätter (Abbildung 5.16). Außerdem wechselt das Menüband und zeigt je nach gewähltem Arbeitsblatt die passenden Excel-Funktionen an. Sobald Sie außerhalb des Diagramms klicken, verschwindet Excel wieder.

Beachten Sie, dass Sie bei dieser Einfügeart eine Kopie der **kompletten** Excel-Datei in Word übernehmen. Auch wenn Sie nur ein Diagramm einfügen, werden dennoch alle Blätter der Excel-Datei übernommen und können in Word sichtbar gemacht werden.

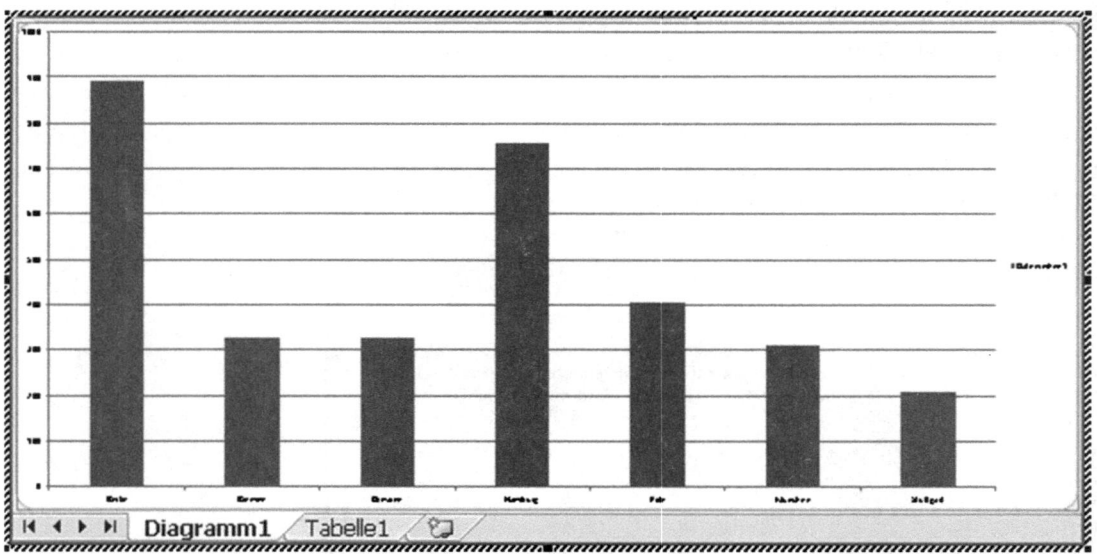

Abbildung 5.16 Das als Objekt eingebundene Diagramm »lebt« in Word

> Für das Einfügen von Diagrammen gelten die gleichen Regeln wie für Tabellen. Umgehen Sie alle Verknüpfungs- und Objektprobleme und fügen Sie wann immer möglich Ihre Diagramme als Bild ein. Nur wenn sich das Diagramm ständig ändert, greifen Sie auf die dynamische Einfügevariante zurück. Vom Einfügen als Objekt sollten Sie bei einer umfangreichen wissenschaftlichen Arbeit ganz Abstand nehmen.

5.4 SmartArt-Grafiken aus PowerPoint übernehmen

PowerPoint kommt dann zum Einsatz, wenn Sie in Ihrer wissenschaftlichen Arbeit bestimmte Zusammenhänge per SmartArt visualisieren möchten. PowerPoint beherrscht als einziges Office-Programm die Umwandlung von Text in eine SmartArt und bietet die meisten Grafikfunktionen zur Bearbeitung der SmartArt.

Um den darzustellenden Text in eine SmartArt-Grafik umzuwandeln, kopieren Sie diesen in ein Inhaltstextfeld einer PowerPoint-Folie. Markieren Sie den Text, klicken Sie mit der rechten Maustaste und wählen Sie den Befehl *In SmartArt konvertieren | Weitere SmartArt-Grafiken*. Nun öffnet sich das SmartArt-Dialogfeld, in dem Sie das gewünschte SmartArt-Grafiklayout auswählen. Nachdem Sie die Grafik über die *SmartArt-Tools*-Kontextregisterkarten *Entwurf* und *Format* gestaltet haben, speichern Sie unbedingt die PowerPoint-Präsentation mit der SmartArt-Grafik.

Wenn Sie die SmartArt-Grafik nun in PowerPoint markieren und per Zwischenablage in Word kopieren, können Sie die SmartArt-Grafik direkt in Word unabhängig von PowerPoint bearbeiten; die SmartArt-Grafik wurde als »lebendes« Objekt übernommen.

Da Ihnen die Grafik in der PowerPoint-Datei jederzeit zur Bearbeitung zur Verfügung steht, können Sie wie bei den Excel-Objekten (siehe Abschnitt 5.3 »Daten und Diagramme aus Excel übernehmen«) auf die Übernahme der SmartArt als Objekt verzichten und die SmartArt-Grafik als einfache Abbildung in Word einfügen. Klicken Sie die SmartArt hierzu zunächst in PowerPoint mit der rechten Maustaste an. Wählen Sie anschließend im Kontextmenü den Befehl *Als Grafik speichern* (Abbildung 5.17) und speichern Sie die Datei im Ordner mit den Bildern Ihrer wissenschaftlichen Arbeit. Als Dateiformat hat sich TIFF oder PNG bewährt.

Daraufhin fügen Sie die Grafikdatei mit der SmartArt-Grafik in Ihre wissenschaftliche Arbeit ein (siehe Abschnitt 4.5 »Abbildungen«). So verhält sich die SmartArt-Grafik wie eine ganz normale Abbildung, die sich in Word beliebig formatieren lässt. Außerdem können Sie die vertrauten Abbildungsunterschriften (siehe Abschnitt 4.5.6 »Abbildungsunterschriften hinzufügen«) nutzen, und die SmartArt-Grafik erscheint auch problemlos im Abbildungsverzeichnis (siehe Abschnitt 4.5.7 »Abbildungsverzeichnis einfügen«).

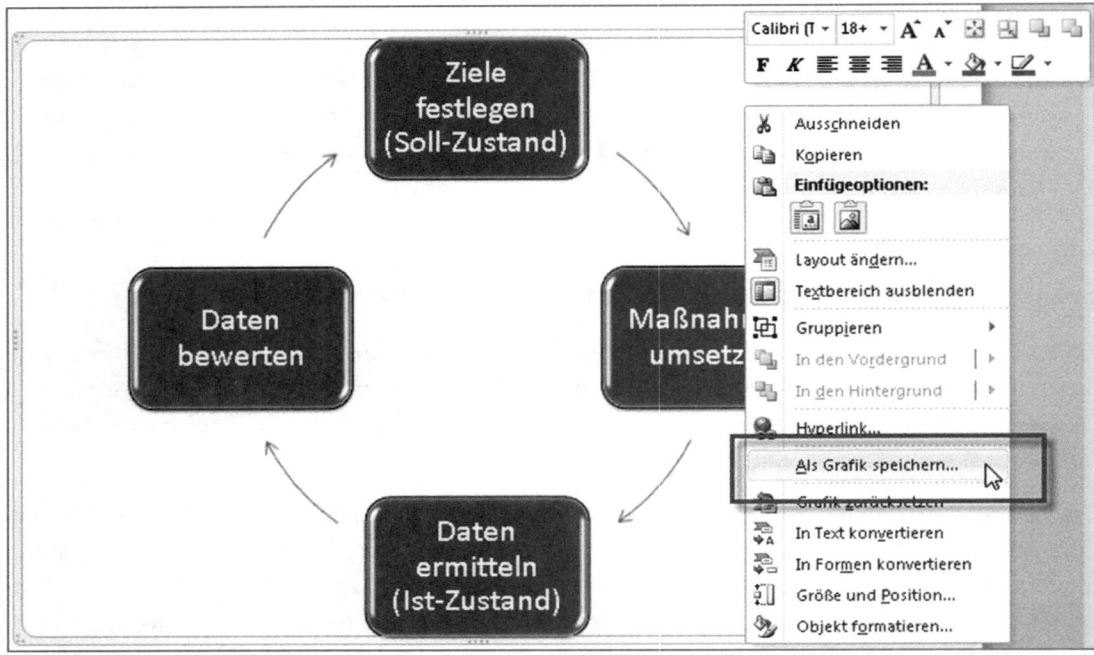

Abbildung 5.17 Speichern der SmartArt-Grafik in PowerPoint als eigenständige Grafik

Das Speichern von Grafiken in PowerPoint können Sie nicht nur für zu übernehmende SmartArt-Grafiken nutzen, sondern auch für alle Abbildungen, die Sie eingebettet in einer PowerPoint-Datei erhalten und in Ihrer wissenschaftlichen Arbeit in Word benötigen.

Auch in Word lassen sich eingebundene Grafiken per Kontextmenü als eigenständige Datei speichern. Während PowerPoint die Grafik jedoch exakt in der angezeigten Größe speichert und somit das Verkleinern bzw. Vergrößern der Grafik erlaubt, wird die Grafik in Word in der Originaleinfügegröße gespeichert. Grafikformatierungen wie Schatten oder 3D-Effekte bleiben in PowerPoint erhalten, in Word gehen diese beim Speichern verloren.

5.5   Daten und Grafiken aus Nicht-Office-Programmen übernehmen

Leider verfügen nicht alle Programme über Schnittstellen, mit denen sich Daten und Grafiken in Word übernehmen lassen. Folgende Tricks ermöglichen dennoch die Datenübernahme:

- Liegen Daten nicht im Excel-Format vor, können Sie diese mit den in Abschnitt 5.2.1 »Daten übernehmen« erläuterten Tipps in Word laden, in eine Word-Tabelle umwandeln und schließlich an Excel zur Visualisierung übergeben. Falls es sich um ein sehr großes Datenvolumen handelt, lassen sich die Daten direkt in Excel importieren; auch Excel ist in der Lage, Daten in verschiedenen Formaten wie ASCII oder ANSI zu konvertieren.

- Falls die Daten in einer Datenbank abgelegt sind, nutzen Sie Excel als Frontend für die Datenbank. Wählen Sie in Excel *Daten|Externe Daten abrufen|Aus anderen Quellen|Von Microsoft Query*, um beispielsweise Datenbanken im alten dBase-Format auszulesen.

- Verfügt das Programm, in dem sich die benötigten Daten befinden, nicht über eine Exportfunktion und die Daten sind in einem unbekannten Datenbankformat gespeichert? Dann kann ein Ausdruck der Daten die Lösung liefern. Installieren Sie sich hierzu den Windows-eigenen Druckertreiber (Hersteller »Generic«, Modell »Generic/Text Only«), dem Sie als Druckeranschluss »FILE: (Ausgabe in Datei umleiten)« zuweisen. Jetzt werden die Daten in eine Textdatei »gedruckt«, die sich anschließend in Word bzw. Excel laden und weiterbearbeiten lässt (Abbildung 5.18).

- Kann das verwendete Programm eine Grafik nicht in einem Format speichern, das von Word verarbeitet werden kann? Dann prüfen Sie, ob kostenlose Programme wie IrfanView (*http://www.irfanview.de*) das Grafikformat importieren und in ein Format umwandeln können, das von Word unterstützt wird.

- Lassen sich Grafiken in dem Programm generell nicht speichern? Dann können Sie mithilfe eines Screenshot-Programms den Bildschirm »abfotografieren« und das Bild anschließend aufbereiten. Eines der zurzeit leistungsfähigsten Screenshot-Programme (mit dem auch alle Bildschirmfotos dieses Buches erstellt wurden) ist Snagit des Herstellers TechSmith (unter *http://www.snagit.de* ist eine 30-Tage-Testversion erhältlich).

- Liegen die Daten bzw. Grafiken nur als PDF-Datei vor, können Sie die Daten direkt in Adobe Reader markieren und per Zwischenablage in Word übernehmen. Voraussetzung dafür ist aber, dass der Hersteller des PDFs diese Funktion nicht per DRM (*Digital Rights Management*) gesperrt hat.

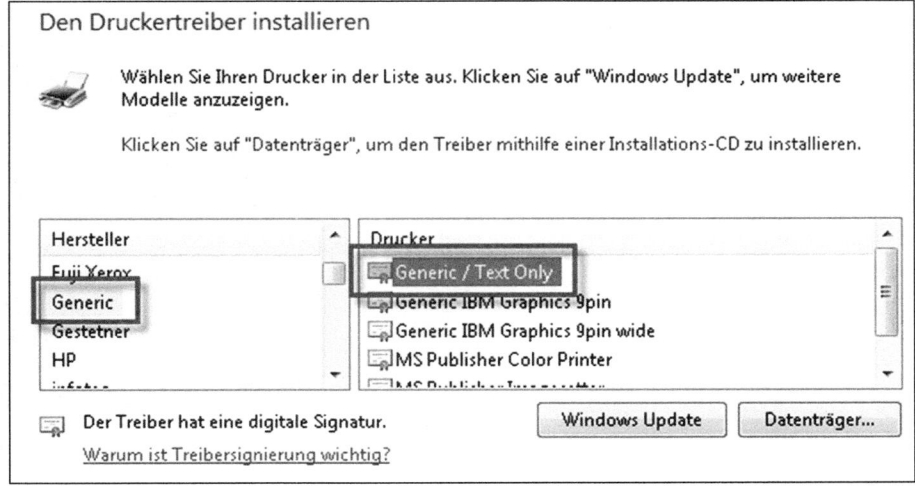

Abbildung 5.18 Der *Generic/Text Only*-Druckertreiber erzeugt reine Textdateien

6 Arbeit fertigstellen

Aktivität	Umsetzung mit Word/sonst. Hilfsmitteln	Ergebnis	Seite
Titelseite anlegen	• Deckblatt anlegen, Deckblatt zuweisen	Ansprechende Titelseite	242
Auf Rechtschreib- und Grammatik- fehler prüfen	• Rechtschreibkorrektur ausführen • Grammatikprüfung durchführen	Orthografisch und gram- matikalisch korrekte Fas- sung	245
Wörter bei Bedarf trennen	• Silbentrennung nutzen	Ausgewogenes Schriftbild	249
Wortdoppelungen vermeiden	• Thesaurus abfragen • Synonyme einfügen	Stilistisch verbesserter Text	251
Text durch Dritte korrigieren lassen	• Nachverfolgung einsetzen • Kommentare nutzen • Dokumente vergleichen	Inhaltlich korrigierter Text	252
Wörter und Text- passagen auffinden und ersetzen	• Per Navigationsbereich suchen • Erweiterte Suche einsetzen • Sonderformate bei der Suche nutzen • Per Platzhaltersuche komplexe Suchen- Vorgänge ausführen	Geprüfter und bei Bedarf korrigierter Text, ein- heitliche Schreibweisen	261
Letzte Kontrolle, Arbeit drucken	• Spezifische Druckereinstellungen be- achten • Layout in der Dokumentvorschau prü- fen • Ausdruck starten	Printversion	274
PDF-Datei erstellen	• Im PDF-Format speichern • Auf PDF-Druckertreibern ausgeben	PDF-Datei	275

Ihre Arbeit ist inzwischen fast fertiggestellt. Die Inhalte sind formuliert und im Großen und Gan- zen wunschgemäß formatiert. Nun gilt es, den letzten Schliff vorzunehmen. Dazu gehören Kor- rekturen von Rechtschreibung, Grammatik und Silbentrennung sowie die Überprüfung von Querverweisen, Grafiken und Inhalts- bzw. Abbildungsverzeichnissen.

Wurde die Arbeit auf mehrere Dokumente verteilt und/oder von mehreren Autoren bearbeitet, müssen die Dateien zusammengeführt und eventuell noch auf einheitliche Formatierung und Schreibweisen hin überprüft werden. Wurden Anlagen eingeplant, ist deren Vollständigkeit zu überprüfen. Und anschließend bleibt hoffentlich genügend Zeit, um das Gesamtwerk von min- destens einer »unbeteiligten« Person, wenn nicht gar von einem Fachlektor, kritisch durchlesen zu lassen.

Optimal ist, wenn Sie gleich zu Beginn Ihrer Arbeit eine Checkliste (siehe Tabelle 6.1) über die durchzuführenden Endarbeiten erstellen und zwischendurch ergänzen. Die folgende Liste hilft weiter:

Elemente	Was ist zu tun	Erläuterung in diesem Buch
Abbildungsverzeichnis	aktualisieren, stichprobenartig prüfen	Kapitel 4
Abkürzungsverzeichnis	auf Vollständigkeit prüfen	Kapitel 1
Anhang	ergänzen, auf Vollständigkeit prüfen und sicherstellen, dass im Text Bezug darauf genommen wurde	Kapitel 1
Autorenverzeichnis	kontrollieren, ob es noch aktuell ist	Kapitel 1
Beschriftungen	kontrollieren und prüfen, ob jeweils Querverweise im Text vorhanden sind	Kapitel 2, Kapitel 4
Deckblatt	erstellen, einfügen und auf Fehlerfreiheit prüfen	Kapitel 6
Druckertreiber	für Endlayout installieren	Kapitel 6
Eidesstattliche Erklärung	einfügen (und nach dem Druck unterschreiben)	Kapitel 1
Felder	alle aktualisieren	Kapitel 2, Kapitel 6
Grafiken	endgültige Position festlegen, auf Quellenverweise überprüfen	Kapitel 4
Inhaltsverzeichnis	aktualisieren und komplett prüfen	Kapitel 4
Kopf-/Fußzeileninhalte	kontrollieren (Seitenzahlen, Kapitelverweise etc.)	Kapitel 2
Literaturverzeichnis	auf Vollständigkeit prüfen, überflüssige Quellen entfernen	Kapitel 4
Querverweise	auf Korrektheit und Vollständigkeit kontrollieren	Kapitel 2
Rechtschreibprüfung	eventuell Dokument erneut prüfen lassen	Kapitel 6
Separate Kapitel	in einem Dokument zusammenführen	Kapitel 6
Silbentrennung	Zeilenenden kontrollieren, gegebenenfalls manuell eingreifen	Kapitel 6
Stichwortverzeichnis	Einträge hinzufügen, Verzeichnis erstellen	Kapitel 4
Tabellenverzeichnis	aktualisieren, stichprobenartig prüfen	Kapitel 4
Vorwort	erstellen und Danksagung einfügen	Kapitel 1

Tabelle 6.1 Checkliste für alle Endarbeiten

6.1   Titelseite

Das Erste, was der Empfänger Ihrer wissenschaftlichen Arbeit zu sehen bekommt, ist die Titel-seite. Sie ist Ihre Visitenkarte, die den Empfänger motivieren soll, die Arbeit zu lesen. Wird Ihre wissenschaftliche Arbeit letztlich als Buch herausgegeben oder ist sie Bestandteil eines Ta-gungsbandes und wird somit nicht eigenständig veröffentlicht? Dann sollte Ihr Manuskript trotzdem eine Titelseite besitzen, damit der Empfänger den Inhalt auf einen Blick erfassen kann.

Was in welcher Reihenfolge auf der Titelseite stehen muss, wird häufig von den Hochschulen vorgegeben. Folgende Informationen sind üblich:

- Thema/Titel
- Hochschule und Lehrstuhl
- Genre der wissenschaftlichen Arbeit
- Betreuer oder Prüfer
- Abgabetermin
- Name und eventuell Anschrift

Nicht nur der Inhalt, auch die Gestaltung der Titelseite wird von vielen Hochschulen vorgege-ben. Die Titelseite besteht dann in aller Regel aus den zuvor aufgeführten Angaben, die in der Standardschriftart zentriert ausgerichtet sind. Auf der Titelseite befinden sich weder Kopf- noch Fußzeile, auch eine Seitenzahl hat hier nichts zu suchen. Das nachträgliche, manuelle Einfügen einer Titelseite kann recht viel Aufwand bedeuten und schnell zu unerwünschten Ergebnissen führen – denn Sie benötigen für die Titelseite einen eigenen Abschnitt, müssen dort die Kopf- und Fußzeilen ausblenden und der Text muss auch entsprechend zentriert gesetzt werden. Ein-facher geht es, wenn Sie Ihre Titelseite einmalig als Word-Deckblatt anlegen. Dieses lässt sich künftig mit zwei Mausklicks jedem noch so aufwendig gestalteten Dokument hinzufügen, es wird automatisch immer am Anfang des Dokuments eingefügt.

Deckblätter gehören zur Gruppe der Bausteine (wie Schnellbausteine, Kopf- und Fußzeilen, Seitenzahlen, Schnelltabellen etc.) und werden standardmäßig lokal in der Bausteindatei *Buil-ding Blocks.dotx* abgelegt. Also in Ihrer persönlichen Bausteinedatei, die direkt nach der Instal-lation von Word/Office 2010 noch leer ist. Im Gegensatz zur Bausteinedatei *Built-In Building Blocks.dotx*, in der sich sämtliche von Word/Office vorgegebene Bausteine befinden.

Beide Dateien befinden sich unter **Windows 7/Windows Vista** im Pfad *C:\Users\ <Anmeldename>\AppData\Roaming\Microsoft\Document Building Blocks\<LCID>\14*, unter **Windows XP** im Pfad *C:\Dokumente und Einstellungen\<Anmeldename>\Anwendungsdaten\ Microsoft\Document Building Blocks\<LCID>\14*. Der Platzhalter *<Anmeldename>* steht für Ihren Windows-Benutzernamen, *<LCID>* für die Gebietsschema-ID. Eine Übersicht aller LCIDs ist auf der CD-ROM zu diesem Buch im Ordner *\LCID* unter dem Dateinamen *Office-LCID-Übersicht.pdf* zu finden.

6.1.1   Titelseitendeckblatt anlegen

Das Anlegen einer wiederverwendbaren Titelseite, die Sie wie in Abschnitt 6.1.2 »Deckblatt dem Dokument hinzufügen« beschrieben künftig mit wenigen Mausklicks jedem Dokument zuweisen können, ist schnell durchgeführt:

1. Öffnen Sie mit der Tastenkombination $\boxed{\text{Strg}}$+$\boxed{\text{N}}$ ein neues, leeres Dokument. Legen Sie dann über *Seitenlayout|Seite einrichten|Seitenränder|Benutzerdefinierte Seitenränder* die Seitenränder fest.

2. Fügen Sie den Text der Titelseite ein. Wenn Sie bei den Formatierungen des Deckblatts die gleichen Formatvorlagen bzw. die gleichen Formatvorlagennamen nutzen wie in Ihrer wissenschaftlichen Arbeit, »erbt« das Deckblatt nach dem Einfügen in Ihrer wissenschaftlichen Arbeit automatisch alle dort hinterlegten Formatierungen und passt sich Ihrer Arbeit perfekt an. Achten Sie darauf, dass das Deckblatt nur aus einer einzigen Seite besteht.

3. Platzieren Sie die Einfügemarke am Ende des Deckblatts. Klicken Sie bei *Seitenlayout|Seite einrichten|Umbrüche|Abschnittsumbrüche* auf *Nächste Seite*. Am Ende Ihres Deckblatts wird daraufhin ein Abschnittswechsel eingefügt.

4. Ist die Gestaltung des Deckblatts abgeschlossen, markieren Sie das komplette Deckblatt einschließlich des Abschnittswechsels; nicht jedoch den leeren Absatz nach dem Abschnittswechsel. Weiter geht es mit *Einfügen|Seiten|Deckblatt*. Im geöffneten Deckblattkatalog klicken Sie unten auf den Befehl *Auswahl im Deckblattkatalog speichern*.

5. Im jetzt angezeigten Dialogfeld geben Sie im Textfeld *Name* den Namen des Deckblatts ein, beispielsweise *Titelseite Diplomarbeit* (Abbildung 6.1). Im Textfeld Beschreibung tragen Sie einen Hinweis ein, wann das Deckblatt zum Einsatz kommt. Zu guter Letzt ändern Sie im Dropdown-Listenfeld Optionen die Auswahl auf *Nur Inhalt* einfügen. Alle anderen Einstellungen lassen Sie unverändert und bestätigen mit *OK*.

Abbildung 6.1 Die richtigen Einstellungen sind für die korrekte Funktionsweise unerlässlich

Das Deckblatt ist erfolgreich angelegt und steht ab sofort im Deckblattkatalog unter *Einfügen|Seiten|Deckblatt* in der Kategorie *Allgemein* zur Auswahl. Beachten Sie, dass Sie beim Beenden von Word die Meldung zum Speichern von Änderungen an der Bausteindatei *Building Blocks.dotx* unbedingt mit *Ja* bestätigen müssen.

Sollen eine oder mehrere Dokumenteigenschaften automatisch auf dem Deckblatt erscheinen? (Dokumenteigenschaften legen Sie für jedes Dokument in der Backstage-Ansicht über *Datei|Informationen|Eigenschaften* fest.) Dann müssen Sie hierzu auf dem Deckblatt die passenden Inhaltssteuerelemente einfügen, die Sie unter *Einfügen|Text|Schnellbausteine|Dokumenteigenschaft* finden. Die Steuerelemente, die sich auf der optional anzuzeigenden Registerkarte *Entwicklertools* in der Gruppe *Steuerelemente* befinden, werden nicht automatisch mit den Dokumentinformationen gefüllt!

6.1.2 Deckblatt dem Dokument hinzufügen

Das Hinzufügen eines Deckblatts ist schnell und einfach durchgeführt – gleichgültig, ob es sich um Ihr eigenes oder eines im Lieferumfang von Word enthaltenen Deckblatts handelt:

1. Platzieren Sie die Einfügemarke an einer beliebigen Stelle in Ihrer wissenschaftlichen Arbeit; das Deckblatt wird von Word immer automatisch am Dokumentanfang eingefügt.
2. Wählen Sie im Deckblattkatalog unter *Einfügen|Seiten|Deckblatt* das gewünschte Deckblatt (Abbildung 6.2).

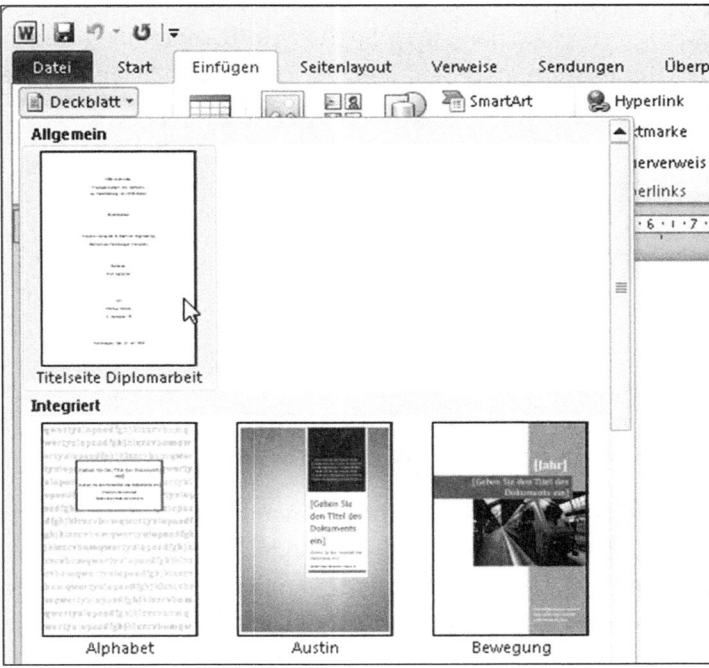

Abbildung 6.2 Der Deckblattkatalog enthält sowohl eigene als auch die Word-Deckblätter

3. Der Katalog wird geschlossen und das Deckblatt in Ihre wissenschaftliche Arbeit eingefügt. Der im Deckblatt hinterlegte Abschnittswechsel sorgt dafür, dass das Format des Deckblatts (Seitenränder, Papierformat etc.) bestehen bleibt und sich nicht auf Ihre wissenschaftliche Arbeit auswirkt.

6.1.3   Vorhandenes Deckblatt aus dem Dokument löschen

Sie haben in Ihrem Dokument ein Deckblatt eingefügt und möchten dieses wieder entfernen? Dann öffnen Sie über *Einfügen|Seiten|Deckblatt* erneut den Deckblattkatalog. Klicken Sie nun am unteren Rand des Katalogs auf den Befehl *Aktuelles Deckblatt entfernen*. Daraufhin wird das Deckblatt sofort aus dem Dokument entfernt.

Haben Sie auf dem Deckblatt Steuerelemente (Dokumenteigenschafts- oder Inhaltssteuerelement) eingefügt und in deren Eigenschaften unter *Entwicklertools|Steuerelemente|Eigenschaften* festgelegt, dass das Steuerelement nicht gelöscht werden kann (Abbildung 6.3)? Dann kann Word weder das Steuerelement noch das Deckblatt, auf dem das Steuerelement platziert ist, löschen. Das Deckblatt bleibt bestehen! Deshalb dürfen Sie auf Deckblättern die Inhaltssteuerelemente nur durch das Gruppieren (*Entwicklertools|Steuerelemente|Gruppieren*) vor dem versehentlichen Löschen schützen.

Abbildung 6.3 Steuerelemente auf Deckblättern dürfen nicht geschützt sein

Die einmal in den Inhaltssteuerelementen im Deckblatt eingetragenen Informationen merkt sich das Dokument dauerhaft. Wenn Sie das Deckblatt entfernen und später wieder hinzufügen oder ein anderes Deckblatt wählen, auf dem die gleichen Inhaltssteuerelemente zum Einsatz kommen, erscheinen die in diesem Dokument bereits einmal erfassten Daten sofort wieder. Gleichgültig, ob Sie die Datei inzwischen geschlossen hatten oder ob Sie die Datei von jemand anderem erhielten.

Deckblätter lassen sich auch in Doc-Dateien (Word 97-2003-Format) einfügen; die Schaltfläche *Deckblatt* ist auch im Kompatibilitätsmodus aktiv. Beachten Sie jedoch, dass das automatische Entfernen des Deckblatts wie zuvor beschrieben im Kompatibilitätsmodus nicht möglich ist. Im Kompatibilitätsmodus müssen Sie das Deckblatt zum Entfernen vollständig markieren und dann mit `Entf` löschen.

Befindet sich in Ihrem Dokument, das Sie im Kompatibilitätsmodus geöffnet haben, bereits ein Deckblatt und Sie wählen ein neues Deckblatt aus, wird das neue Deckblatt vor dem vorhandenen Deckblatt am Dokumentanfang eingefügt. Sie müssen im Kompatibilitätsmodus das »alte« Deckblatt immer zuerst löschen.

6.2 Dokument prüfen

Bevor Sie Ihre wissenschaftliche Arbeit abgeben oder an Korrektoren weitergeben, sorgen Sie für eine korrekte Rechtschreibung und Grammatik. Dank Thesaurus vermeiden Sie ständige Wortwiederholungen. Und mithilfe der Silbentrennung reduzieren Sie zu große – optisch nicht vorteilhafte – Abstände zwischen den Wörtern.

6.2.1 Rechtschreibung und Grammatik prüfen

Word prüft pausenlose Ihre Eingaben auf korrekte Rechtschreibung. Ist ein Wort nicht im Word-eigenen Wörterbuch zu finden, wird es mit einer roten Wellenlinie unterstrichen. Wenn Sie ein so gekennzeichnetes Wort mit der rechten Maustaste anklicken, erhalten Sie – sofern vorhanden – im Kontextmenü Vorschläge zur korrekten Schreibweise. Ein Klick auf den gewünschten Vorschlag ersetzt dann das Wort im Text durch die korrekte Schreibweise; sämtliche Formatierungen bleiben dabei erhalten.

Handelt es sich bei dem falsch geschriebenen Wort um einen typischen Buchstabendreher, der Ihnen immer wieder passiert? Dann klicken Sie im Kontextmenü zuerst auf den Befehl *AutoKorrektur* und dann auf den Korrekturvorschlag. Jetzt wird das falsch geschriebene Wort korrigiert und gleichzeitig ein AutoKorrektur-Eintrag mit der falschen und der korrekten Schreibweise angelegt. Unterläuft Ihnen künftig erneut dieser Buchstabendreher, wird das Wort bereits nach dem Eingeben automatisch korrigiert.

AutoKorrektur-Einträge speichert Word in eigenen AutoKorrektur-Dateien, die sich unter **Windows 7/Windows Vista** im Pfad *C:\Users\<Anmeldename>\AppData\Roaming\Microsoft\ Office* und unter **Windows XP** im Pfad *C:\Dokumente und Einstellungen\<Anmeldename>\ Anwendungsdaten\Microsoft\Office* befinden. Der Platzhalter *<Anmeldename>* in der Pfadangabe steht für Ihren Windows-Benutzernamen. Für jede Sprache wird eine eigene AutoKorrektur-Datei im Stil von *MSO<LCID>.acl* angelegt. *<LCID>* steht dabei für die Gebietsschema-ID.

Eine Übersicht aller LCIDs ist auf der CD-ROM zu diesem Buch im Ordner *\LCID* unter dem Dateinamen *Office-LCID-Übersicht.pdf* zu finden. Die deutschsprachige Datei lautet *MSO1031.ACL*,
die französischsprachige Datei *MSO1036.ACL* usw. In welcher Datei der AutoKorrektur-Eintrag
aufgenommen wird, hängt von der Sprache ab, die Sie dem Begriff in Word zugewiesen haben.

Ist das vermeintlich als falsch markierte Wort korrekt geschrieben? Dann ist das Wort nicht im
Word-eigenen Wörterbuch enthalten. In diesem Fall wählen Sie im Kontextmenü den Befehl
Hinzufügen zum Wörterbuch (Abbildung 6.4). Daraufhin wird das Wort in das Standardbenut-
zerwörterbuch eingefügt und künftig bei der Rechtschreibprüfung berücksichtigt.

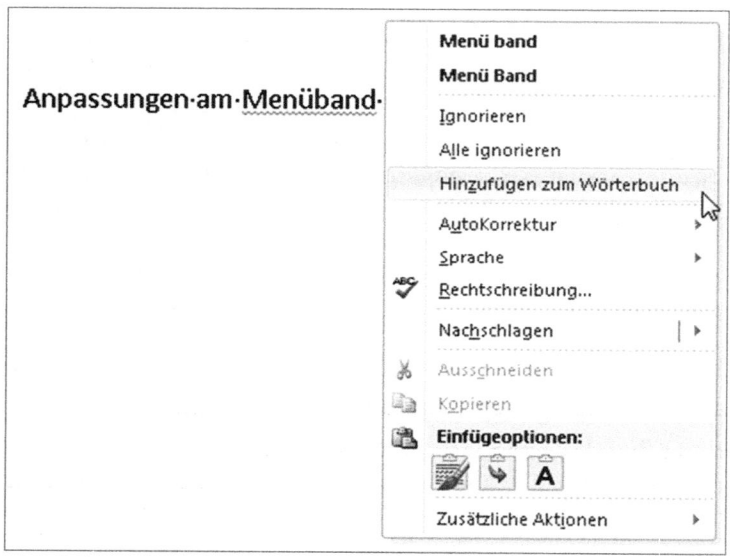

Abbildung 6.4 Das Benutzerwörterbuch lässt sich individuell erweitern

Welche Wörter sich im Standardbenutzerwörterbuch befinden, können Sie in den Word-
Optionen *Datei|Optionen|Dokumentprüfung|Bei der Rechtschreibkorrektur in Microsoft Office-
Programmen|Benutzerwörterbücher* nachschlagen. Im Listenfeld *Benutzerwörterbücher* werden
alle Benutzerwörterbücher aufgeführt; die mit einem Häkchen versehenen Wörterbücher werden bei der Rechtschreibprüfung berücksichtigt. Das Wörterbuch, in dem die unbekannten Wörter beim Klick auf den Kontextmenübefehl *Hinzufügen zum Wörterbuch* landen, ist mit dem
Hinweis *(Standard)* gekennzeichnet. Wenn Sie ein Wörterbuch markieren und auf *Wortliste
bearbeiten* klicken (Abbildung 6.5), öffnet sich ein Dialogfeld, in dem alle Wörter des Wörter-
buchs verzeichnet sind. Hier können Sie weitere Wörter hinzufügen oder fälschlicherweise in
das Wörterbuch geratene Wörter wieder entfernen.

Bei einem langen Dokument ist es sehr mühsam, jede rot unterringelte Textstelle zu suchen und
einzeln zu prüfen. Einfacher geht es in diesem Fall mit *Überprüfen|Dokumentprüfung|*

Rechtschreibung und Grammatik. Hier springt Word automatisch, beginnend von der aktuellen Position der Einfügemarke in Richtung Dokumentende, zum nächsten unbekannten Wort; am Ende angelangt wird auf Wunsch vom Anfang bis zum Startpunkt geprüft.

Über die Schaltflächen *Einmal ignorieren* (das »falsche« Wort wird ignoriert) bzw. *Alle ignorieren* (sämtliche Fundstellen des »falschen« Wortes im Dokument werden ignoriert) überspringen Sie gezielt vermeintlich falsche Wörter. Ignorierte Wörter werden zunächst auch in weiteren Prüfdurchgängen übersprungen und auch nicht mehr direkt im Dokument als Fehler dargestellt, solange das Dokument noch geöffnet ist. Nach dem Schließen und erneuten Öffnen des Dokuments wird die Liste ignorierter Wörter zurückgesetzt und die entsprechenden Wörter werden wieder als falsch markiert.

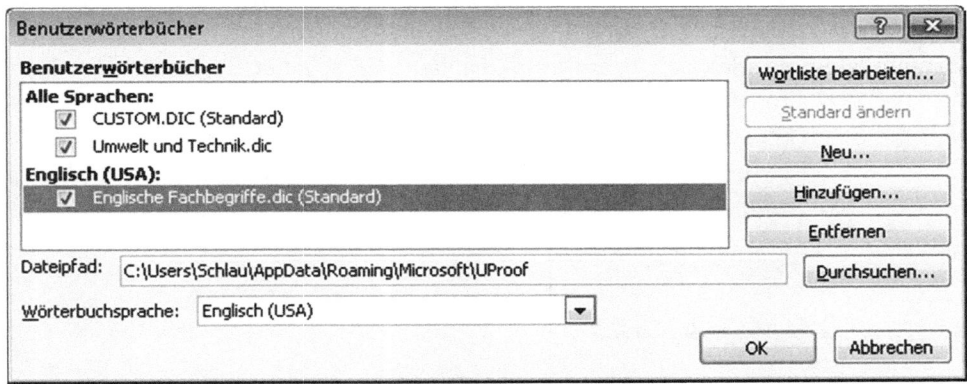

Abbildung 6.5 Eigene Benutzerwörterbücher lassen sich individuell verwalten

> Legen Sie sich für Fachtexte ein eigenes Wörterbuch an, das Sie während der Korrektur des Fachtextes im Dialogfeld *Benutzerwörterbücher* mit einem Klick auf *Standard ändern* als Standard definieren. Dann werden alle Wörter, die Sie über das Kontextmenü hinzufügen, in diesem Fachwörterbuch abgelegt. Nutzen Sie dieses Wörterbuch immer dann, wenn Sie an diesem Text weiterarbeiten. So vermeiden Sie, dass Ihr Standardbenutzerwörterbuch mit Fachbegriffen gefüllt wird, die in einem anderen Kontext nicht automatisch als korrekt gekennzeichnet werden sollen.

Besonders wichtig für die Rechtschreibprüfung des Textes ist die Zuweisung der richtigen Sprache. Nur wenn die Sprachzuweisung stimmt, kann die Rechtschreibprüfung korrekt arbeiten und es werden beispielsweise nicht englische Wörter mit der deutschen Rechtschreibprüfung kontrolliert und somit zwangsweise als fehlerhaft markiert. Im Lieferumfang von Office 2010 sind Wörterbücher für Deutsch, Englisch, Französisch und Italienisch enthalten, weitere Wörterbücher können Sie im Fachhandel in Form von »Office Language Packs« erwerben (siehe *http:// office.microsoft.com/de-de/language/office-language-packs-FX010211366.aspx*).

Um herauszufinden, ob für eine gewünschte Sprache das Language Pack auf dem Computer installiert ist, rufen Sie *Datei|Optionen|Sprache* auf. In der Liste der Kategorie *Bearbeitungssprache auswählen* führt Word alle aktivierten Sprachen auf. In der Liste können Sie über das darunter liegende Dropdown-Listenfeld weitere Sprachen hinzufügen. Sind für die in der Liste aufgenommenen Sprachen die Rechtschreibprüfung und zugehörige Funktionen (dazu gehört auch die Grammatikprüfung) vorhanden, wird die Sprache mit dem Hinweis ✌ Installiert gekennzeichnet. Fehlen die Sprachdateien, erscheint hier der Hinweis ✎ Nicht installiert.

Die Sprache weisen Sie Ihrem Text über *Überprüfen|Sprache|Sprache|Sprache für die Korrekturhilfen festlegen* zu (Abbildung 6.6). In dem Dialogfeld stehen alle von Word unterstützten Sprachen zur Auswahl – unabhängig davon, ob das jeweilige Wörterbuch überhaupt installiert ist. Schalten Sie bei der Zuweisung der Sprache unbedingt das Kontrollkästchen *Sprache automatisch erkennen* aus. Sonst analysiert Word Ihre Eingaben und schaltet die Sprachen selbstständig um – in der Praxis funktioniert dies erfahrungsgemäß leider nur allzu häufig nicht korrekt. Bestimmen Sie daher bei einem Sprachwechsel die Sprache immer selbst.

Abbildung 6.6 Weisen Sie Ihrem Text die passende Sprache zu

Damit Ihre Benutzerwörterbücher mit den unterschiedlichen Sprachen zurechtkommen, können Sie jedem Wörterbuch über das Dropdown-Listenfeld *Wörterbuchsprache* eine Sprache zuweisen (Abbildung 6.5). Wenn Sie beispielsweise ein Wörterbuch für englische und für französische Fachbegriffe anlegen, landen die per Kontextmenü in das Wörterbuch hinzugefügten Wörter abhängig von ihrer Sprache gleich im passenden Wörterbuch. Unterschiedliche Schreibweisen beispielsweise bei Orts- und Eigennamen in den verschiedenen Sprachen (beispielsweise »Singapur« kontra »Singapore«) oder Fachbegriffen (beispielsweise »Programm« kontra »program«) werden so nicht mehr als falsch gekennzeichnet.

Eng verbunden mit der Rechtschreibprüfung ist die Grammatikprüfung, bei der grammatikalisch falsch geschriebene Textpassagen mit einer grünen Wellenlinie unterstrichen werden. Die Vorgehensweise funktioniert nach dem gleichen Prinzip wie die Rechtschreibprüfung: Sie können entweder grün markierten Text mit der rechten Maustaste anklicken und die korrekte Schreibweise im Kontextmenü wählen. Oder die Grammatikprüfung über *Überprüfen|Dokumentprüfung|Rechtschreibung und Grammatik* zusammen mit der Rechtschreibprüfung starten.

Wenngleich einfache Dativ- und Genitivfehler sowie Einzahl-/Pluralfehler von der Grammatikprüfung meist korrekt erkannt werden: Die deutsche Grammatik ist so komplex, dass auch die mittlerweile weit entwickelten und sehr guten Prüfroutinen, wie sie in Word zu finden sind, an ihre Grenzen stoßen. Daher kann die Grammatikprüfung immer nur eine nützliche Hilfestellung sein, aber nicht das gewissenhafte Korrekturlesen abnehmen. Die Grammatikprüfung passt sich wie auch die Rechtschreibprüfung der zugewiesenen Sprache an. Im Unterschied zur Rechtschreibprüfung ist die Grammatikprüfung unveränderlich. Sie können also die darin enthaltenen Definitionen weder ändern noch erweitern.

Die Rechtschreib- und Grammatikprüfung von Word ist durchaus gründlich; sie ist aber in vielen Fällen machtlos. So kann man als Fehler markierte Stellen leicht im Dokument übersehen. Außerdem gibt es viele Fälle, bei denen die Prüfroutinen überfordert sind und nicht erkennen können, dass es sich um Fehler handelt. So kann die Rechtschreibprüfung beispielsweise nur feststellen, dass ein Wort gemäß dem Wörterbuch korrekt geschrieben ist, nicht aber, ob die Schreibweise mit dem Kontext im Dokument vereinbar ist. So scheitert die Rechtschreibprüfung zum Beispiel, wenn Sie statt »wider« das Wort »wieder« verwenden und umgekehrt, denn beide Wörter sind schließlich in den Wörterbüchern enthalten.

Der Grammatikprüfung sind, wie bereits erwähnt, hier noch viel engere Grenzen gesetzt. Das gründliche Korrekturlesen durch einen Korrektor ist deshalb zwingend notwendig. Sie selbst sind als Korrektor der eigenen Arbeit ungeeignet, da Sie Ihren Text viel zu gut kennen und somit Fehler übersehen.

6.2.2 Silbentrennung nutzen

Ein nützliches Hilfsmittel für ein ausgewogenes Schriftbild ist die Silbentrennung: Sie sorgt dafür, dass beim Einsatz von Blocksatz zwischen den einzelnen Wörtern keine großen Lücken entstehen oder dass beim Flattersatz (= linksbündige Ausrichtung des Textes) der rechte Rand einigermaßen ausgeglichen wird. Die Silbentrennung kann automatisch oder von Hand erfolgen. Sie wirkt sich standardmäßig auf das ganze Dokument (alle Abschnitte) aus.

Automatische Silbentrennung: Soll die Silbentrennung automatisch von Word übernommen werden, schalten Sie diese über *Seitenlayout|Seite einrichten|Silbentrennung* auf *Automatisch*. Anschließend trennt Word am Zeilenende selbstständig.

Manuelle Silbentrennung: Möchten Sie Trennstriche manuell festlegen, platzieren Sie die Einfügemarke zwischen den zu trennenden Buchstaben. Drücken Sie dann $\boxed{\text{Strg}}$+$\boxed{\text{-}}$. Sofern das Wort nicht am rechten Seitenrand steht, geschieht scheinbar nichts. Wenn Sie die Anzeige der Formatierungszeichen eingeschaltet haben (beispielsweise per $\boxed{\text{Strg}}$+$\boxed{*}$), wird als Hinweis auf den bedingten Trennstrich zwischen den Buchstaben ein abgewinkelter Trennstrich angezeigt: »¬«.

Sobald das Wort in den Randbereich wandert und der Trennstrich benötigt wird, verwandelt sich der abgewinkelte Trennstrich in einen normalen Trennstrich. In einem Wort lassen sich mehrere bedingte Trennstriche einfügen. Eine etwas aufwendige Alternative zum manuellen Einfügen von bedingten Trennstrichen ist die Word-eigene Funktion, die Sie über *Seitenlayout/ Seite einrichten/Silbentrennung/Manuell* aufrufen: Word prüft am Ende jeder Zeile, ob der Text getrennt werden kann, und fordert Sie zur Bestätigung der gewählten, von Ihnen veränderbaren Trennstrichposition auf (Abbildung 6.7).

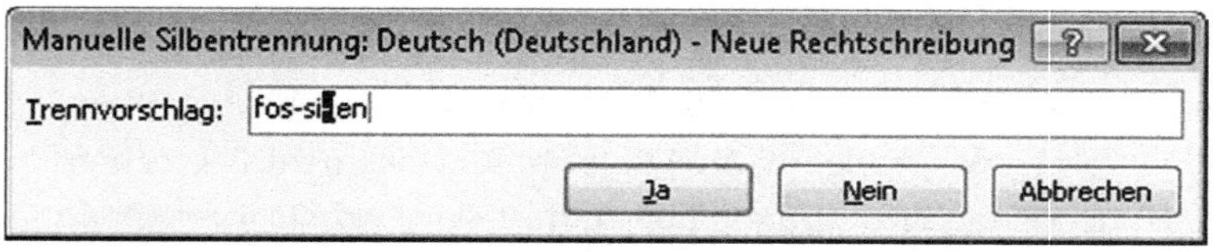

Abbildung 6.7 Word unterstützt das Setzen der bedingten Trennstriche

Kontrollieren Sie die Silbentrennung nochmals vor dem endgültigen Druck Ihrer wissenschaftlichen Arbeit bzw. vor dem Erstellen der PDF-Datei. So vermeiden Sie, dass Wörter falsch getrennt sind oder zu große Lücken entstehen. Aus ästhetischen Gründen sollten Sie übrigens dafür sorgen, dass nicht in mehr als drei aufeinanderfolgenden Zeilen Trennstriche erscheinen.

Die Silbentrennung passt sich wie auch die Rechtschreib- und Grammatikprüfung der gewählten Sprache an. In der Praxis hat sich die automatische Silbentrennung bewährt, wenngleich diese leider nicht immer fehlerfrei arbeitet und teilweise falsch trennt. Die Silbentrennung lässt sich nicht anpassen.

Falls Word ein Wort partout anders trennen will, markieren Sie das Wort und rufen *Überprüfen/Sprache/Sprache/Sprache für die Korrekturhilfen festlegen* auf (oder klicken Sie in der Statusleiste auf die Schaltfläche für Sprache). Schalten Sie in dem Dialogfeld das Kontrollkästchen *Rechtschreibung und Grammatik nicht prüfen* ein. Jetzt wird das Wort nicht mehr von Word getrennt und Sie können an der richtigen Stelle einen bedingten Trennstrich einfügen.

Sollen ganze Absätze wie etwa Überschriften von der Silbentrennung ausgenommen werden, wählen Sie für diese das Absatzformat *Keine Silbentrennung* über *Start/Absatz/Startprogramm für ein Dialogfeld/Zeilen- und Seitenumbruch.*

6.2.3 Thesaurus abfragen

Achten Sie bei der Schlusskontrolle auch auf Wortwiederholungen. Wenngleich sich die Wiederholung von Fachbegriffe in einer wissenschaftlichen Arbeit kaum vermeiden lässt, für viele Verben und Substantive gibt es eine ganze Reihe Synonyme, also gleichbedeutende Begriffe.

Falls Sie kein Synonym für eine störende Wortwiederholung parat haben, können Sie auf den Word-eigenen Thesaurus zurückgreifen (auch dieser ist wie die Rechtschreib- und Grammatikprüfung sowie die Silbentrennung von der zugewiesenen Sprache abhängig, siehe Abschnitt 6.2.1 »Rechtschreibung und Grammatik prüfen«). Klicken Sie die Wiederholung mit der rechten Maustaste an und wählen Sie im Kontextmenü den Befehl *Synonyme* (Abbildung 6.8). Falls der Thesaurus über Synonyme verfügt, öffnet sich eine Übersicht mit allen Synonymen. Ein Klick auf einen Eintrag genügt, und die Wortwiederholung wird durch das gewählte Synonym ersetzt.

Wenn Sie am Ende der Synonymliste auf den Befehl *Thesaurus* klicken oder *Überprüfen | Dokumentprüfung | Thesaurus* aufrufen, öffnet sich auf der rechten Seite der Aufgabenbereich *Recherchieren*. Hier werden zum einen alle gefundenen Synonyme angezeigt. Zum anderen werden zu den gefundenen Synonymen, die noch weitere Bedeutungen haben, weitere Synonyme aufgeführt. Auf diese Weise steht eine lange Liste möglicher Ersatzbegriffe zur Auswahl. Das Synonymwörterbuch von Word ist unveränderlich, Sie können also zum Beispiel keine eigenen Einträge hinzufügen.

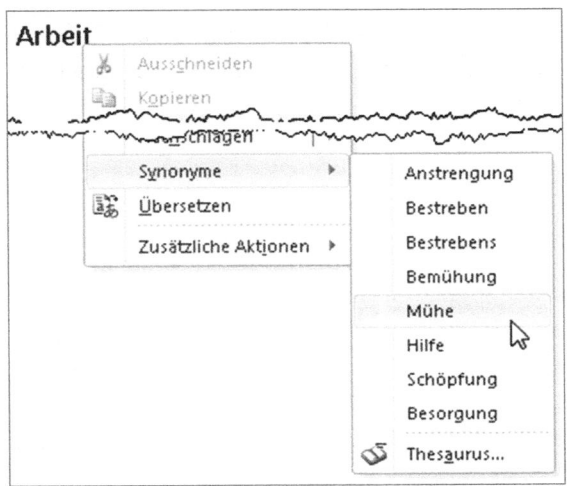

Abbildung 6.8 Wortwiederholungen vermeiden Sie mithilfe der Synonyme aus dem Word-Thesaurus

6.2.4 Übersetzen

Eine wissenschaftliche Arbeit grammatikalisch und sprachlich korrekt automatisch in eine andere Sprache übersetzen zu lassen, ist sicher der große Traum aller, die ihre Arbeit nicht nur in

Deutsch, sondern auch in einer anderen Sprache veröffentlichen müssen. Auch Word kann diesen Traum nicht verwirklichen, wohl aber das Übersetzen zumindest erleichtern. Klicken Sie *Überprüfen|Sprache|Übersetzen|Sprache für die Übersetzung auswählen* an. Im jetzt angezeigten Dialogfeld wählen Sie im Dropdown-Listenfeld *Übersetzen in* die Sprache aus, zu der Sie Übersetzungshilfen benötigen. Welche Sprachen zur Verfügung stehen, wird über *Rechercheoptionen|Aktualisieren/Entfernen* (*Überprüfen|Dokumentprüfung|Recherchieren*) festgelegt.

Wenn Sie eine Sprache gewählt und das Dialogfeld mit *OK* bestätigt haben, rufen Sie anschließend *Überprüfen|Sprache|Übersetzen|Übersetzungshilfe* auf. Daraufhin wird das Logo vor dem Menüeintrag als Hinweis für die eingeschaltete Funktion farbig hinterlegt. Wenn Sie ab sofort den Mauszeiger auf einem Wort platzieren, für das eine Übersetzung verfügbar ist, wird diese in einer QuickInfo oberhalb des Mauszeigers halbtransparent angezeigt. Erst wenn Sie den Mauszeiger nach oben verschieben, wird die QuickInfo komplett sichtbar (Abbildung 6.9). Sollen keine Übersetzungshilfen mehr erscheinen, wählen Sie im Menü den Befehl *Übersetzungshilfe* einfach erneut an.

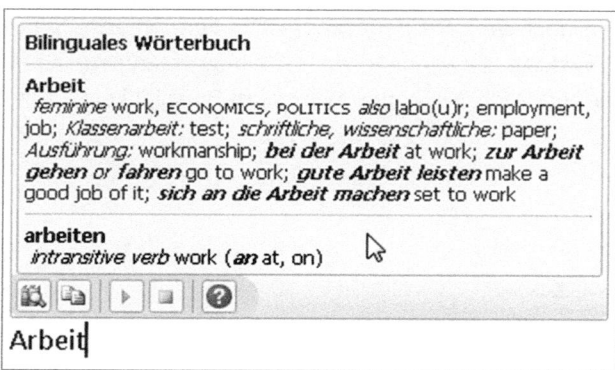

Abbildung 6.9 Die Übersetzungshilfe erscheint in der QuickInfo

Eine weitere Übersetzungshilfe bietet der Aufgabenbereich *Recherchieren*, den Sie über *Überprüfen|Sprache|Übersetzen|Ausgewählten Text übersetzen* einschalten. Beachten Sie, dass der Aufgabenbereich zur Übersetzung auf Onlinewörterbücher zugreift. Eine aktive Internetverbindung ist demnach für den erfolgreichen Einsatz dieser Funktion Voraussetzung. Auch hier gilt, dass die Übersetzungsfunktion lediglich eine Hilfestellung bietet und in vielen Fällen weder eine korrekte noch eine perfekte Übersetzung liefern kann.

6.3   Nachverfolgung und Kommentare

Wenngleich Sie einzelne, fertiggestellte Passagen Ihrer wissenschaftlichen Arbeit in aller Regel bereits während des Schreibens an Dritte zur Korrektur oder zum Kommentieren weitergeben:

Am Ende muss das ganze Werk vor der Abgabe oder Veröffentlichung nochmals intensiv Korrektur gelesen werden.

Erfolgt die Korrektur am Bildschirm, bitten Sie den Korrekturleser, dass er die Nachverfolgung einschaltet. Dann werden alle Änderungen entsprechend gekennzeichnet und Sie können sofort erkennen, wo was von wem geändert wurde. Die Übernahme oder das Ablehnen der Korrekturen ist mit wenigen Mausklicks erledigt.

6.3.1   Nachverfolgung vorbereiten

Bei der Nachverfolgung werden sämtliche Korrekturen namentlich gekennzeichnet. Dabei wird der Name genutzt, der in den Word-Optionen eingetragen ist. Damit die Korrekturen nicht mit Fantasienamen wie »Besitzer« oder »Anwender« gekennzeichnet werden, sollten auf dem Computer, auf dem die Korrekturen durchgeführt werden, der richtige Name und die dazugehörigen Initialen vermerkt sein. Bitten Sie daher den Korrektor, dass er dies auf seinem Computer sicherstellt. Dazu dienen die Felder Benutzername und Initialen unter *Datei|Optionen| Allgemein|Microsoft Office-Kopie* personalisieren (Abbildung 6.10).

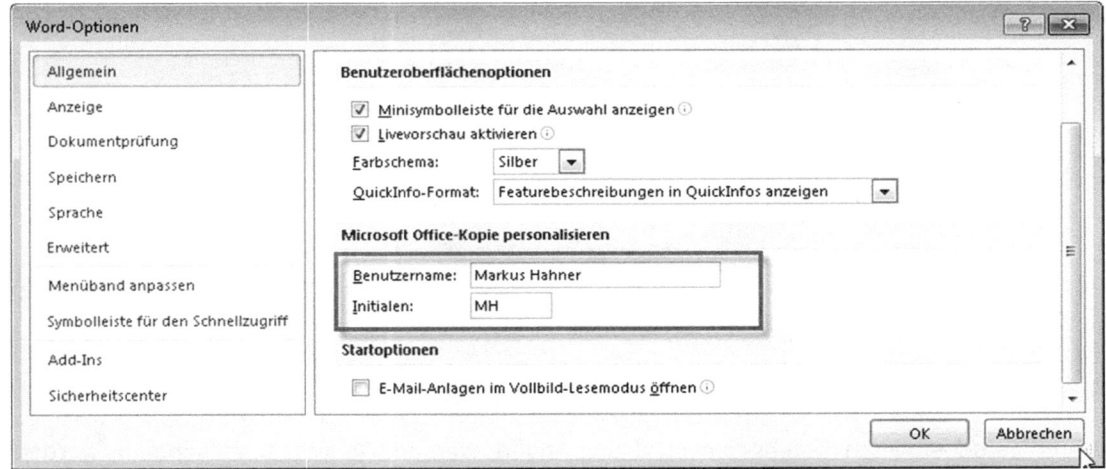

Abbildung 6.10 Wichtig für die Nachverfolgung: Benutzername und Initialen

Schalten Sie vor der Weitergabe Ihrer wissenschaftlichen Arbeit die Nachverfolgung ein. Klicken Sie hierzu unter *Überprüfen|Nachverfolgung* auf die Schaltfläche *Änderungen nachverfolgen* oder drücken Sie ⟨Strg⟩+⟨⇧⟩+⟨E⟩. Die Schaltfläche *Nachverfolgung* bzw. *Änderungen nachverfolgen* erscheint jetzt »gedrückt«. Wenn Sie das Dokument speichern, wird vermerkt, dass die Nachverfolgung eingeschaltet ist. Öffnet der Empfänger das Dokument, ist dort die Nachverfolgung sofort aktiv und alle seine Korrekturen und Ergänzungen werden entsprechend gekennzeichnet.

Ist ein Korrekturvorgang besonders wichtig, können Sie Ihr Dokument schützen und dabei fest-legen, dass die Nachverfolgung eingeschaltet ist und der Empfänger diese nicht ausschalten kann. Wählen Sie hierzu *Überprüfen/Schützen/Bearbeitung einschr.* Im jetzt angezeigten Auf-gabenbereich aktivieren Sie zuerst bei *2. Bearbeitungseinschränkungen* das Kontrollkästchen *Nur diese Bearbeitungen im Dokument zulassen* (Abbildung 6.11). Dann wählen Sie im darunter liegenden Dropdown-Listenfeld die Option *Überarbeitungen* aus. Zum Schluss klicken Sie bei *3. Schutz anwenden* auf die Schaltfläche *Ja, Schutz jetzt anwenden*. Daraufhin werden Sie in ei-nem Dialogfeld zur zweifachen Eingabe eines Kennworts aufgefordert. Ab sofort ist die Schalt-fläche *Änderungen nachverfolgen* inaktiv, Korrekturen am Dokument werden wie im folgenden Abschnitt 6.3.2 »Korrigieren mit aktivierter Nachverfolgung« beschrieben gekennzeichnet. Erst wenn im Aufgabenbereich *Formatierung und Bearbeitung einschränken* der Schutz über *Schutz aufheben* und Eingabe des Kennworts deaktiviert wird, wird die Nachverfolgung wieder ausge-schaltet.

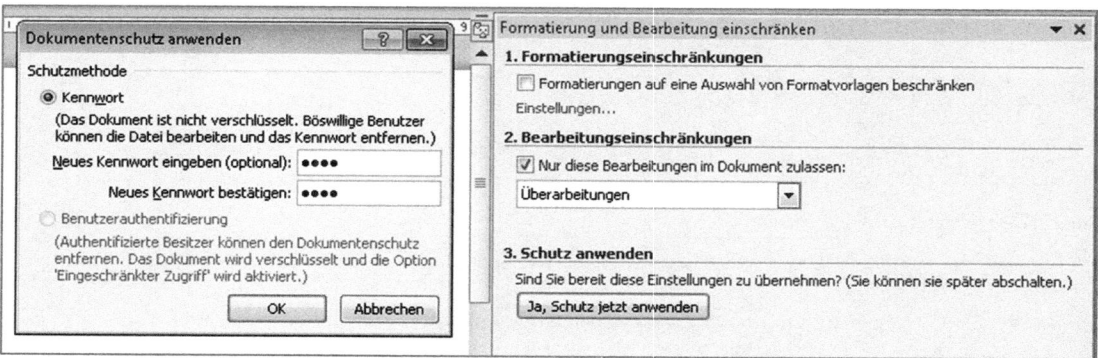

Abbildung 6.11 Die aktive Nachverfolgung lässt sich per Dokumentschutz erzwingen

6.3.2   Korrigieren mit aktivierter Nachverfolgung

Wenn Sie bei eingeschalteter Nachverfolgung Änderungen am Dokument vornehmen, werden diese standardmäßig wie folgt gekennzeichnet:

- **Löschungen:** Gelöschte Elemente wie Text, Bilder, Tabellen etc. werden durchgestrichen formatiert, sind aber weiterhin auf dem Bildschirm sichtbar. Die Zeilen, die gelöschte Text-passagen aufweisen, werden am linken Rand mit einer senkrechten Linie gekennzeichnet.
- **Einfügungen:** Eingefügte Elemente werden unterstrichen formatiert. Auch Zeilen mit einge-fügten Textpassagen werden am linken Rand mit einer senkrechten Linie versehen.
- **Formatierungsänderungen:** Änderungen an der Formatierung werden in der Ansicht *Entwurf* wie gewohnt direkt im Text angezeigt. In der Ansicht *Seitenlayout* erscheint zusätzlich ein Hinweis auf die geänderte Formatierung in Form einer Sprechblase am erweiterten rechten Rand – vorausgesetzt, unter *Überprüfen/Nachverfolgung/Markup anzeigen/Sprechblasen* ist

entweder *Überarbeitungen in Sprechblasen anzeigen* oder *Nur Kommentare und Formatierungen in Sprechblasen anzeigen* aktiviert, was standardmäßig der Fall ist.

Alle Änderungen werden in einer anderen Schriftfarbe hervorgehoben und sind somit deutlich sichtbar (Abbildung 6.12). Wenn Sie den Mauszeiger auf einer korrigierten Textpassage platzieren, erscheint eine QuickInfo mit dem Hinweis, wer (Name aus den Word-Optionen) wann (Computerzeit) welche (der markierte Text) Korrekturen vorgenommen hat.

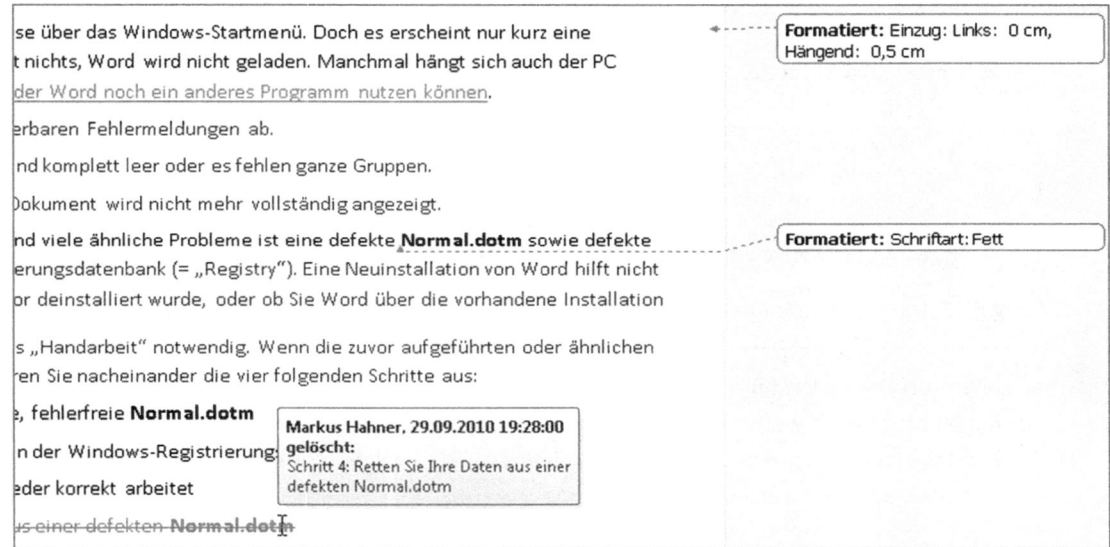

Abbildung 6.12 Änderungen am Dokument werden unterschiedlich gekennzeichnet

Damit Sie bei all den Unter- und Durchstreichungen den Überblick nicht verlieren, können Sie die Ansicht auf die von Ihnen geänderte Fassung beschränken: Auf der Registerkarte *Überprüfen* legen Sie in der Gruppe *Nachverfolgung* im Dropdown-Listenfeld *Für Überarbeitung anzeigen* die Darstellung fest (Abbildung 6.13). In der folgenden Übersicht wird davon ausgegangen, dass Sie unter *Überprüfen|Nachverfolgung|Markup anzeigen|Sprechblasen* den Eintrag *Überarbeitungen in Sprechblasen anzeigen* gewählt haben.

- **Abgeschlossen:** Das Dokument wird so angezeigt, als wären alle Ergänzungen und Streichungen fest im Text integriert.
- **Abgeschlossen: Markups anzeigen:** Das Dokument wird mit allen Ergänzungen und Streichungen angezeigt, die zu dem neuen Dokument führen. Ergänzungen werden direkt im Text und Löschungen in Sprechblasen angezeigt.
- **Original:** Das Dokument wird so angezeigt, als hätte es nie Ergänzungen oder Streichungen gegeben.

- **Original: Markups anzeigen:** Das Dokument wird mit allen Ergänzungen und Streichungen angezeigt, die zum Originaldokument führen. Ergänzungen werden als Sprechblasen und Löschungen direkt im Text angezeigt.

Beachten Sie, dass unter Zuhilfenahme dieser Optionen **nur die Darstellung** geändert wird! Die Korrekturen befinden sich nach wie vor im Dokument und werden erst durch die in Abschnitt 6.3.4 »Korrekturen übernehmen/ablehnen« beschriebenen Schritte übernommen bzw. abgelehnt.

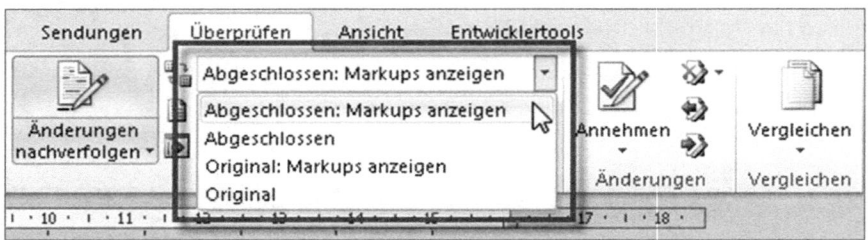

Abbildung 6.13 Die Darstellung der Korrekturen (»Markups«) lässt sich individuell regeln

---

Über die Schaltfläche *Markup anzeigen* unter *Überprüfen|Nachverfolgung* lässt sich die Anzeige der Korrekturen noch weiter beeinflussen. So können Sie hier festlegen, welche Korrekturen als Sprechblasen und welche direkt im Text erscheinen. Oder welche Korrekturen überhaupt als geändert hervorgehoben werden.

6.3.3 Kommentare verwenden

Ihre wissenschaftliche Arbeit soll deutlich sichtbar kommentiert werden? Der Text selbst darf sich dabei nicht verändern? Der Kommentar muss sowohl in der Layout- als auch in der Entwurfsansicht sofort sichtbar sein? Es muss jederzeit ersichtlich sein, wer wann die Kommentare eingefügt hat? Es müssen Kommentare von verschiedenen Bearbeitern möglich sein? Die Kommentare müssen bei Bedarf auch auf dem Ausdruck erscheinen? Es muss jederzeit ein kommentarloser Ausdruck möglich sein, ohne dass die Kommentare hierzu extra gelöscht werden? Die Kommentare müssen auch beim Speichern als PDF-Datei sichtbar sein? Für alle diese Aufgaben steht Ihnen die Kommentarfunktion auf der Registerkarte Überprüfen zur Verfügung:

Kommentar einfügen: Markieren Sie den Textbereich, den Sie kommentieren möchten. Oder platzieren Sie die Einfügemarke an die Stelle, auf die sich Ihr Kommentar bezieht. Starten Sie das Kommentieren mit *Überprüfen|Kommentare|Neuer Kommentar*. Beim Arbeiten in der Seitenlayoutansicht tragen Sie nun den Kommentartext auf der rechten Seite in der Kommentarsprechblase ein (Abbildung 6.14).

Wenn Sie in der Entwurfsansicht arbeiten, geben Sie den Kommentartext je nach Einstellung unter *Überprüfen|Nachverfolgung|Überarbeitungsbereich* am linken (Auswahl *Überarbeitungsbereich vertikal*) bzw. unteren Rand (Auswahl *Überarbeitungsbereich horizontal*) im Überarbeitungsbereich ein.

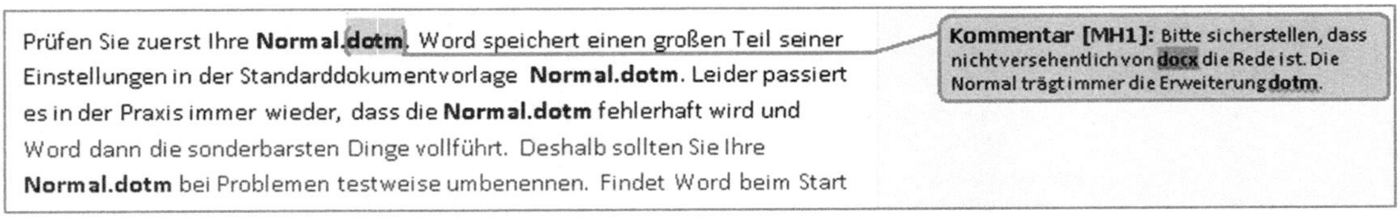

Prüfen Sie zuerst Ihre **Normal.dotm**. Word speichert einen großen Teil seiner Einstellungen in der Standarddokumentvorlage **Normal.dotm**. Leider passiert es in der Praxis immer wieder, dass die **Normal.dotm** fehlerhaft wird und Word dann die sonderbarsten Dinge vollführt. Deshalb sollten Sie Ihre **Normal.dotm** bei Problemen testweise umbenennen. Findet Word beim Start

Kommentar [MH1]: Bitte sicherstellen, dass nicht versehentlich von **docx** die Rede ist. Die Normal trägt immer die Erweiterung **dotm**.

Abbildung 6.14 In der Seitenlayoutansicht erscheinen Kommentare am rechten Rand

Kommentar löschen: Klicken Sie die zu löschende Kommentarsprechblase (Layoutansicht) bzw. im Überarbeitungsbereich den zu löschenden Kommentar (Entwurfsansicht) mit der rechten Maustaste an. Im Kontextmenü wählen Sie den Befehl *Kommentar löschen*, worauf der Kommentar ohne weitere Rückfrage verschwindet.

Kommentar prüfen: Wenn Sie in der Layoutansicht den Mauszeiger auf einer Kommentarsprechblase platzieren, erscheint ein Fenster mit den Informationen, wer den Kommentar wann eingefügt hat. In der Entwurfsansicht erscheinen diese Informationen in der Startzeile jedes Kommentars (Abbildung 6.15).

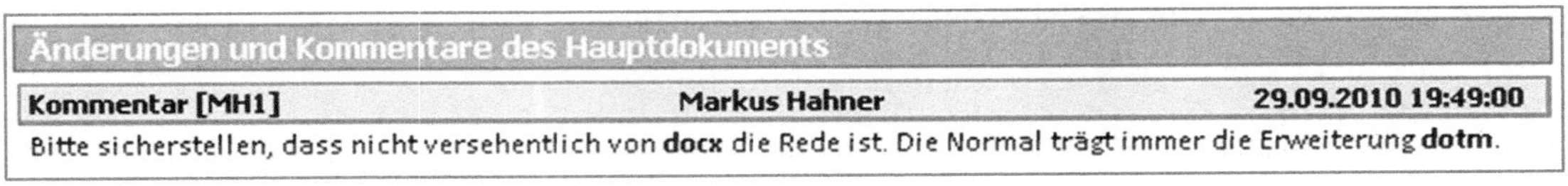

Änderungen und Kommentare des Hauptdokuments		
Kommentar [MH1]	Markus Hahner	29.09.2010 19:49:00
Bitte sicherstellen, dass nicht versehentlich von **docx** die Rede ist. Die Normal trägt immer die Erweiterung **dotm**.		

Abbildung 6.15 Jeder Kommentar speichert Autor und Uhrzeit

Kommentare drucken/beim Drucken unterdrücken: Starten Sie den Ausdruck, beispielsweise per Tastenkombination `Strg`+`P`. Daraufhin öffnet sich die Registerkarte *Drucken* in der Backstage-Ansicht. Im ersten Dropdown-Listenfeld der Rubrik *Einstellungen* aktivieren Sie nun den Befehl *Markup drucken*. Daraufhin erscheinen in der Druckvorschau alle Markups – sprich Kommentare sowie eventuell vorhandene Änderungsmarkierungen (Abbildung 6.16).

Sollen nur Kommentare gedruckt werden, müssen Sie vor dem Drucken unter *Überprüfen| Nachverfolgung|Markup anzeigen* mit Ausnahme der *Kommentare* die Anzeige aller weiterer Markups wie *Freihand, Einfügungen und Löschen etc.* ausschalten.

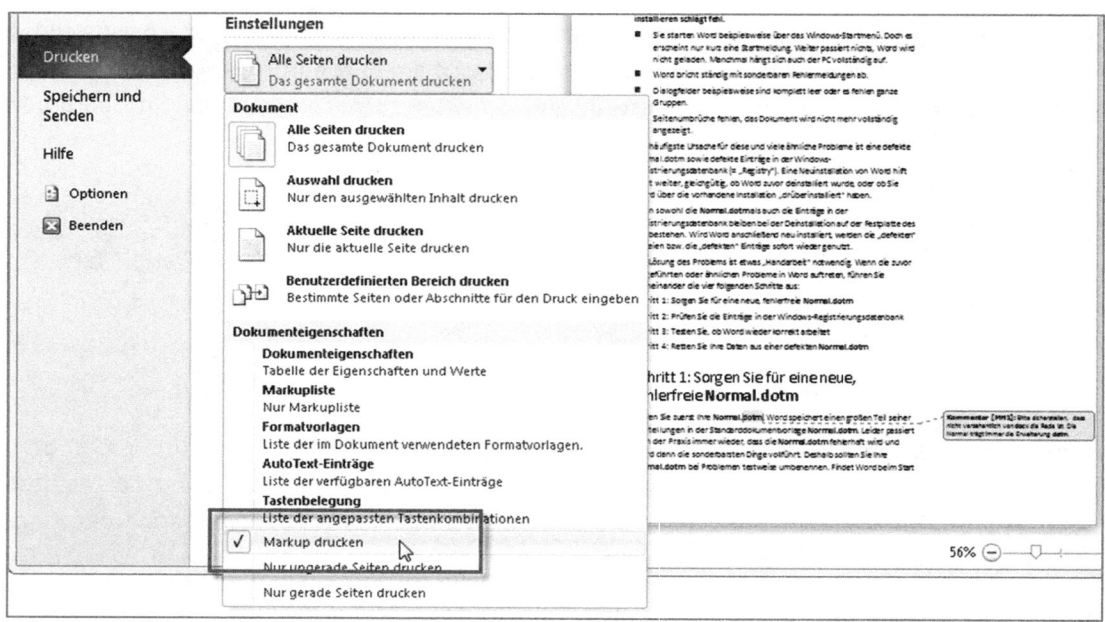

Abbildung 6.16 Legen Sie fest, ob beim Drucken Markups mit ausgegeben werden

6.3.4   Korrekturen übernehmen/ablehnen

Haben Sie Ihre wissenschaftliche Arbeit vom Korrektor zurückerhalten, müssen Sie die Korrekturen prüfen, übernehmen oder ablehnen:

1. Falls die Nachverfolgung eingeschaltet ist (die Schaltfläche *Änderungen nachverfolgen* unter *Überprüfen|Nachverfolgung* ist farbig hinterlegt), schalten Sie diese aus. Platzieren Sie die Einfügemarke an den Anfang des Textes. Wechseln Sie im Menüband zur Registerkarte *Überprüfen*.
2. Klicken Sie in der Gruppe *Änderungen* auf die Schaltfläche *Weiter* (Abbildung 6.17). Word springt nun direkt zur ersten Korrektur und markiert den korrigierten Text.

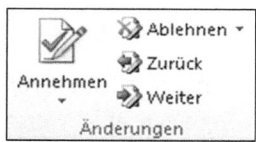

Abbildung 6.17 Die Gruppe *Änderungen* steuert die Übernahme der Korrekturen

3. Prüfen Sie, ob Sie die Änderung annehmen oder ablehnen wollen. Anschließend klicken Sie in der Gruppe *Änderungen* entweder auf die Schaltfläche *Annehmen* oder auf *Ablehnen*.

4. Wiederholen Sie die Schritte 2 und 3, um nacheinander alle Änderungen zu prüfen. Die Korrekturkennungen verschwinden dabei nach und nach aus Ihrem Dokument. Speichern Sie zum Schluss die endgültige, korrigierte Fassung Ihres Dokuments.

Nehmen Sie mit nur einem Schritt alle Korrekturen an: Es kann recht zeitaufwendig sein, alle Korrekturen einzeln zu überprüfen. Wenn Sie überblicken, dass alle Korrekturen übernommen oder abgelehnt werden sollen, können Sie die Aktionen auch auf einmal durchführen. Klicken Sie bei *Überprüfen|Änderungen|Annehmen* oder *Ablehnen* auf das kleine, nach unten weisende Dreieck unterhalb bzw. rechts neben der Schaltfläche. Daraufhin öffnet sich ein Menü, in dem Sie – je nach Symbol – auf *Alle Änderungen im Dokument annehmen* oder *Alle Änderungen im Dokument ablehnen* klicken (Abbildung 6.18).

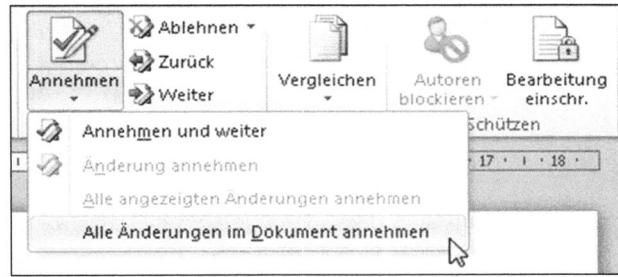

Abbildung 6.18 Änderungen lassen sich »am Stück« annehmen oder ablehnen

Blenden Sie nur die Korrekturen ein, die Sie gerade interessieren: Die Ansicht mit allen Änderungsmarkierungen kann bei vielen Korrekturen unübersichtlich sein. Richten Sie Ihren Blick auf das Wesentliche und machen Sie die Änderungen selektiv sichtbar: nur die Formatänderungen oder nur die gelöschten und eingefügten Texte. Besonders effektiv kann es sein, die Ansicht auf die Korrekturen einer einzelnen Person zu beschränken.

Eingestellt werden diese Einschränkungen über *Überprüfen|Nachverfolgung|Markup anzeigen*. Im Menü wechseln Sie den Status der einzelnen Optionen durch Anklicken: Sollen keine Formatänderungen angezeigt werden, klicken Sie zum Beispiel auf *Format*. Daraufhin verschwindet das Häkchen und die Funktion ist ausgeschaltet (Abbildung 6.19).

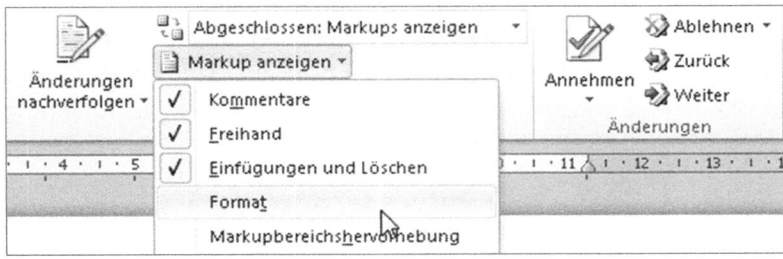

Abbildung 6.19 Nur Befehle mit Häkchen werden bei der Nachverfolgung angezeigt

Lassen Sie nur die Korrekturen einzelner Personen anzeigen: Gibt es mehrere Korrekturleser, die am gleichen Dokument Korrekturen durchgeführt haben? Dann wird jedem Korrektor automatisch eine andere Korrekturfarbe zugewiesen. In diesem Fall kann es schwer nachzuvollziehen sein, wer was geändert hat. Schalten Sie dann die Überarbeitung der unterschiedlichen Korrektoren selektiv ein und aus: Mit *Überprüfen|Nachverfolgung|Markup anzeigen|Bearbeiter* öffnet sich eine Übersicht aller Bearbeiter, deren Korrekturanzeige sich mit einem Klick ein- und ausschalten lässt.

Übernehmen Sie bestimmte Korrekturen in nur einem Schritt: Die letzten beiden Tipps können Sie auch kombinieren, um beispielsweise alle Korrekturen einer einzelnen Person auf einmal zu übernehmen bzw. abzulehnen. Dazu blenden Sie wie zuvor erläutert zuerst gezielt die Korrekturinformationen ein, die Sie im Ganzen übernehmen oder ablehnen wollen. Danach klicken Sie auf das Dropdown-Dreieck der Schaltfläche *Annehmen* bzw. der Schaltfläche *Ablehnen*. Im geöffneten Menü wählen Sie anschließend *Alle angezeigten Änderungen annehmen* bzw. *Alle angezeigten Änderungen ablehnen*.

6.3.5 Geänderte Dokumente im Nachhinein vergleichen

Liegen zwei scheinbar identische Dokumente vor, lassen sich diese »vergleichen«. Dabei zeigt Word die Änderungen des jeweils anderen Dokuments in Form von Änderungsmarkierungen an. Die betreffende Funktion finden Sie unter *Überprüfen|Vergleichen|Vergleichen|Vergleichen*. Im Dialogfeld *Dokumente vergleichen* bestimmen Sie die beiden zu vergleichenden Dokumente. Was beim Vergleichen genau überprüft werden soll, legen Sie in den Vergleichseinstellungen – diese sind nur sichtbar, wenn Sie auf die Schaltfläche *Erweitern* klicken – fest (Abbildung 6.20).

Mit einem Klick auf die Schaltfläche *OK* werden die beiden Dokumente anhand der festgelegten Optionen verglichen und das Ergebnis standardmäßig in mehreren Fenstern angezeigt. Ob bzw. welche Quelldokumente angezeigt werden, legen Sie im Dialogfeld *Dokumente vergleichen* bei *Änderungen anzeigen in* fest. Die Voreinstellung *Neuem Dokument* hat den Vorteil, dass Sie später sowohl das Original- als auch das überarbeitete Dokument unverändert angezeigt bekommen. Die Darstellung mit drei Fenstern erfordert zwar etwas Übung, sorgt aber für den maximalen Überblick. Zumal Word in einem vierten Fenster alle Korrekturen anzeigt und Sie alle Stände sofort auf einen Blick unter Kontrolle haben.

Um die Fülle der angezeigten Änderungen zu reduzieren, schalten Sie im Dialogfeld *Dokumente vergleichen* bei *Änderungen anzeigen auf* das Optionsfeld *Zeichenebene* ein. Dann wird bei einer Korrektur in einem Wort nur die korrigierten Zeichen und nicht das ganze Wort als Änderung gekennzeichnet.

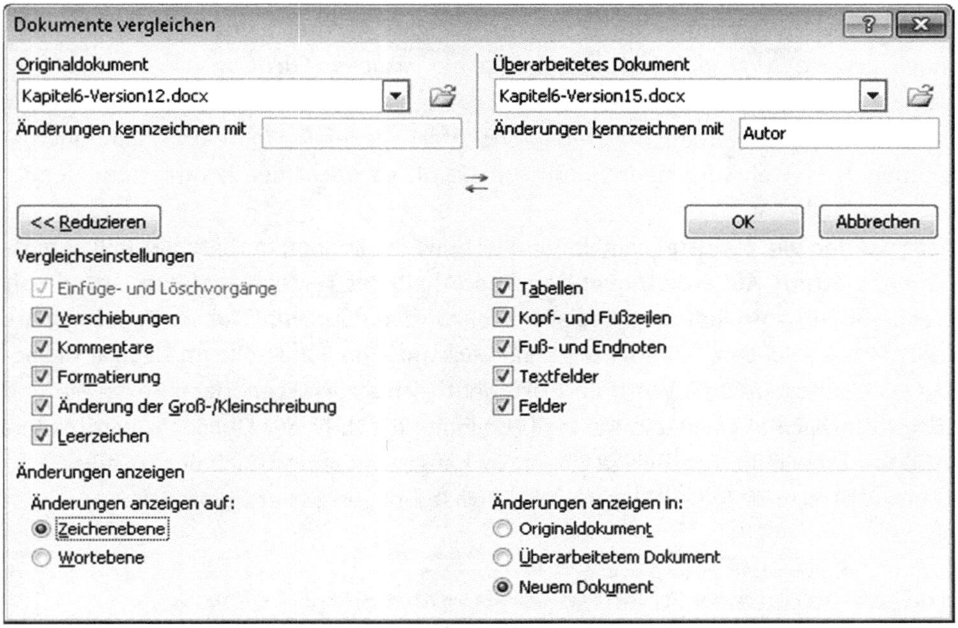

Abbildung 6.20 Legen Sie die vergleichenden Dokumentbestandteile fest

6.4 Suchen und Ersetzen

Besonderes Augenmerk bei allen Arbeiten, die sich über mehrere Wochen, Monate oder Jahre hinziehen, müssen Sie auf die einheitliche Schreibweise von Fachbegriffen, Eigennamen, Bezeichnungen usw. legen. Die Gefahr ist groß, dass sich im Laufe der Zeit unterschiedliche Schreibweisen wie »Umwelt Controlling«, »Umwelt-Controlling« oder »Umweltcontrolling« einschleichen. Prüfen Sie Ihre wissenschaftliche Arbeit deshalb zum Schluss nochmals eingehend auf Konsistenz. Unterstützung erhalten Sie durch die ausgezeichnete Suchen-und-Ersetzen-Funktion, die deutlich mehr als das reine Austauschen von einzelnen Buchstaben oder ganzen Wörtern beherrscht. Mithilfe der Suchen-und-Ersetzen-Funktion ist angefangen vom Suchen und Ersetzen beliebigen Textes über Absatzumbrüche, Tabstopps, (manuelle) Seitenwechsel, Formatierungen bis hin zur ausgeklügelten Platzhaltersuche eine umfangreiche Textbearbeitung möglich.

6.4.1 Per Navigationsbereich suchen

Sie sind in Ihrer wissenschaftlichen Arbeit auf der Suche nach den Textstellen, in denen der Begriff »Umwelt« Verwendung findet? Dann liefert Ihnen die Suche per Navigationsbereich einen schnellen Überblick:

1. Drücken Sie `Strg`+`F`. Daraufhin öffnet sich der Navigationsbereich und zeigt automatisch die dritte Registerkarte *Durchsuchen der Ergebnisse der aktuellen Suche* an.

2. Die Einfügemarke blinkt im Navigationsbereich im *Suchen*-Textfeld. Wenn Sie jetzt mit der Eingabe des Suchbegriffs beginnen, markiert Word sofort alle Stellen in Ihrem Dokument, die dem eingegebenen Text entsprechen. So müssen Sie oft gar nicht den kompletten Suchbegriff eingeben, ein Teil genügt.

3. Im Dokument werden alle Fundstellen gelb markiert und Sie können mithilfe der Bildlaufleiste im Dokument blättern. Außerdem zeigt Word unterhalb des Texteingabefeldes an, wie oft der betreffende Begriff vorhanden Ist. Des Weiteren wird auf der *Durchsuchen*-Registerkarte ein Textausschnitt der Fundstellen angezeigt. Ein Klick auf eine Fundstelle im Navigationsbereich genügt, und schon blättert Word im Dokument rechts zur zugehörigen Textstelle und hebt den Begriff farblich abweichend hervor (Abbildung 6.21). In der QuickInfo wird außerdem die Seitenzahl sowie die zugehörige Überschrift angezeigt (sofern sich der jeweilige Text unterhalb einer Überschrift, die auf Überschrift-Formatvorlagen basiert, befindet).

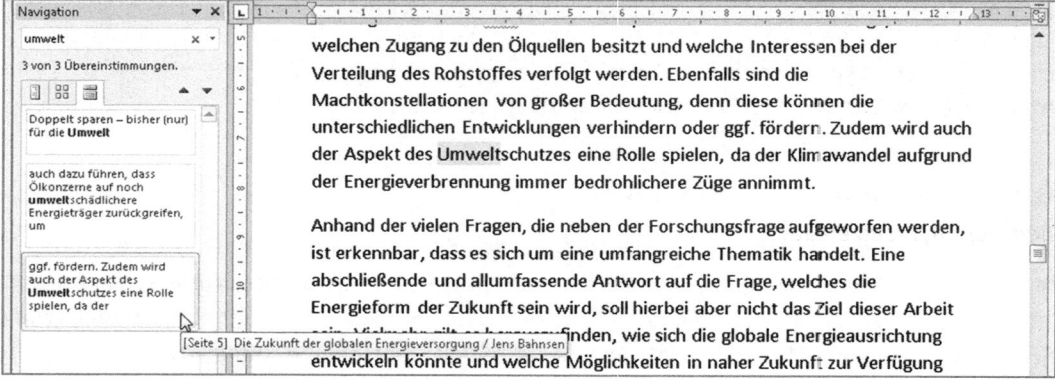

Abbildung 6.21 Im Navigationsbereich werden alle Fundstellen aufgeführt

4. Wenn Sie im Navigationsbereich zu einer der beiden ersten Registerkarten *Durchsuchen der Überschriften in Ihrem Dokument* oder *Durchsuchen der Seiten in Ihrem Dokument* wechseln, zeigt Word die Überschriften (als eine Art Gliederung) bzw. Seiten (als Miniaturansichten) im Navigationsbereich an, in deren Kontext der Suchbegriff vorkommt.

5. Sobald Sie in Ihrem Dokument eine Änderung durchführen, werden die Hervorhebungen im Dokument wieder entfernt.

Im *Suchen*-Textfeld ist auch die Eingabe der Sonderformatzeichen aus Abschnitt 6.4.3 »Absatzmarken, Umbrüche etc. suchen und ersetzen« erlaubt.

6.4.2 Mit der erweiterten Suche suchen und ersetzen

Sie möchten in Ihrer wissenschaftlichen Arbeit für eine einheitliche Schreibweise sorgen? Nutzen Sie hierzu die Suchen-und-Ersetzen-Funktion zum automatischen Austausch der falschen Schreibweise.

Klassische Suchen-Funktion: Da die Tastenkombination `Strg`+`F` bzw. die Schaltfläche bei *Start|Bearbeiten|Suchen* der Suche per Navigationsbereich zugewiesen ist (siehe Abschnitt 6.4.1 »Per Navigationsbereich suchen«), ist der Aufruf des klassischen Suchen-Dialogfeldes leider etwas umständlich:

- Öffnen Sie das *Suchen*-Dialogfeld per *Start|Bearbeiten* und klicken Sie auf das kleine Dropdown-Dreieck neben der Schaltfläche *Suchen*. Dann wählen Sie den Befehl *Erweiterte Suche*.
  Fügen Sie den Befehl *Erweiterte Suche* mit einem Rechtsklick und der Auswahl des Befehls *Zu Symbolleiste für den Schnellzugriff hinzufügen* in die Symbolleiste für den Schnellzugriff ein und nutzen Sie künftig diese Schaltfläche zum Suchen.
- Rufen Sie mit `Strg`+`H` das Dialogfeld *Suchen und Ersetzen* auf oder drücken Sie `F5`. Drücken Sie anschließend `Alt`+`S`, um zur *Suchen*-Registerkarte zu wechseln.
- Drücken Sie die Tastenkombination `Alt`+`B` und dann `U`.

Ersetzen-Funktion: Der Aufruf der Ersetzen-Funktion ist wie bei älteren Word-Versionen unverändert einfach geblieben: Drücken Sie `Strg`+`H` oder rufen Sie das Dialogfeld mit *Start|Bearbeiten|Ersetzen* auf.

Um beispielsweise »Umwelt Controlling« durch die korrekte Schreibweise »Umweltcontrolling« zu ersetzen, drücken Sie `Strg`+`H`. Im Dialogfeld *Suchen und Ersetzen* auf der Registerkarte *Ersetzen* tragen Sie im Textfeld *Suchen nach* die falsche Schreibweise ein. Im Textfeld *Ersetzen durch* folgt nun die korrekte Schreibweise (Abbildung 6.22).

Mit einem Klick auf die Schaltfläche *Erweitern* werden zusätzliche Optionen angezeigt, mit deren Hilfe Sie das Ersetzen gezielt steuern können. Möchten Sie sicherstellen, dass die Groß-/Kleinschreibung beim Ersetzen berücksichtigt wird und somit exakt nach der von Ihnen eingegebenen Schreibweise gesucht wird? Dann aktivieren Sie das Kontrollkästchen *Groß-/Kleinschreibung beachten*.

> Wenn Sie dieses Kontrollkästchen nicht einschalten und beispielsweise den Text »WA« durch »Wissenschaftliche Arbeit« ersetzen, erscheint der zu ersetzende Text in der gleichen Schreibweise wie der zu suchende Text – in Großbuchstaben: »WISSENSCHAFTLICHE ARBEIT«.

Haben Sie bei *Suche nach* ein einzelnes Wort eingetragen und möchten vermeiden, dass auch Wortkombinationen und generell Zeichenfolgen innerhalb eines Wortes gefunden und gegebenenfalls ersetzt werden? Schalten Sie in diesem Fall das Kontrollkästchen *Nur ganzes Wort* suchen ein (das Kontrollkästchen ist inaktiv, wenn sich im Textfeld *Suchen nach* mehr als ein Wort befindet). Sie erreichen auf diese Weise zum Beispiel, dass bei Verwendung des Suchbegriffs »Arbeit« zwar der Ausdruck »**Arbeit**« durch einen anderen Begriff ersetzt wird, aber Ausdrücke wie »**Arbeit**en«, »Haus**arbeit**« und »Vollzeit**arbeit**sverhältnis« unangetastet bleiben.

Eine weitere nützliche Option beim Suchen und Ersetzen verbirgt sich hinter den beiden Kontrollkästchen *Präfix beachten* und *Suffix beachten*. Soll der gesuchte Begriff am Anfang eines Wortes stehen, schalten Sie das Kontrollkästchen *Präfix beachten* ein. Bei der Suche nach »**forschung**« werden jetzt nur Begriffe wie »**Forschung**sbericht« oder »**Forschung**sergebnis« gefunden; nicht jedoch Begriffe wie »Sozial**forschung**« oder »Material**forschung**«. Schalten Sie hingegen das Kontrollkästchen *Suffix beachten* ein, verhält es sich genau umgekehrt, es wird also eine Suche nach dem entsprechenden Wortende durchgeführt.

Des Weiteren findet sich eine praktische Option in dem Kontrollkästchen *Interpunktionszeichen ignorieren*: Wenn Sie das Kontrollkästchen einschalten, wird beispielsweise bei Eingabe von »Prof Müller« auch »Prof. Müller« gefunden. Word ignoriert in diesem Fall die Satzzeichen wie Punkt oder Komma. Um überflüssige Leerzeichen beim Suchen und Ersetzen in den Griff zu bekommen, schalten Sie das Kontrollkästchen *Leerzeichen ignorieren* ein. Dann werden auch zwei durch Leerzeichen getrennte Wörter gefunden, zwischen denen sich im Text tatsächlich mehrere Leerzeichen befinden.

Wenn Sie beim Suchen nach einer Textstelle auf der Registerkarte *Suchen* auf die Schaltfläche *Weitersuchen* klicken, setzt Word den Vorgang standardmäßig von der aktuellen Position der Einfügemarke in Richtung Dokumentende fort. Mit jedem Klick auf die Schaltfläche wird nach der nächsten Fundstelle gesucht. Ist das Dokumentende erreicht und die Einfügemarke befand sich beim Start der Suche nicht am Dokumentanfang, wird der Vorgang automatisch am Dokumentanfang fortgeführt – bis die Position im Dokument erreicht ist, an der die Suche gestartet wurde. Die Suchrichtung legen Sie über das Dropdown-Listenfeld *Suchen* fest. Auf diese Weise ist auch eine Suche nach oben – in Richtung Dokumentanfang – möglich.

Um herauszufinden, wie oft ein bestimmtes Wort oder ein Wortteil in Ihrer wissenschaftlichen Arbeit vorkommt, können Sie natürlich die Suche per Navigationsbereich verwenden. Aber auch das Suchen und Ersetzen bietet eine Möglichkeit: Tragen Sie unter *Suchen nach* und *Ersetzen durch* jeweils das gleiche Wort ein und klicken Sie auf *Alle ersetzen*. Es erscheint eine Mitteilung, wie oft das Wort ersetzt wurde.

Eine weitere Alternative bietet die Registerkarte *Suchen* des Dialogfelds *Suchen und Ersetzen*: Wählen Sie über die Schaltfläche *Suchen in* den zu durchsuchenden Bereich. Alle Fundstellen werden markiert (siehe auch Info-Kasten auf Seite 42) und ihre Anzahl wird angezeigt.

Auch wenn das Dialogfeld *Suchen und Ersetzen* geöffnet ist, können Sie in Ihr Dokument klicken und dort Änderungen vornehmen. Um mit dem Suchen bzw. Ersetzen fortzufahren, klicken Sie einfach das Dialogfeld wieder an. Ist das Dialogfeld im Weg? Dann schließen Sie es und setzen die Suche per ⬆ + F4 fort – dabei wird nach dem zuletzt im Textfeld *Suchen nach* eingegebenen Text in der zuletzt gewählten Richtung gesucht. Alternativ dazu können Sie auch auf die Navigationsschaltflächen in der rechten unteren Ecke des Dokuments klicken. Dabei ist eine Suche sowohl nach oben als auch nach unten möglich (Abbildung 6.23).

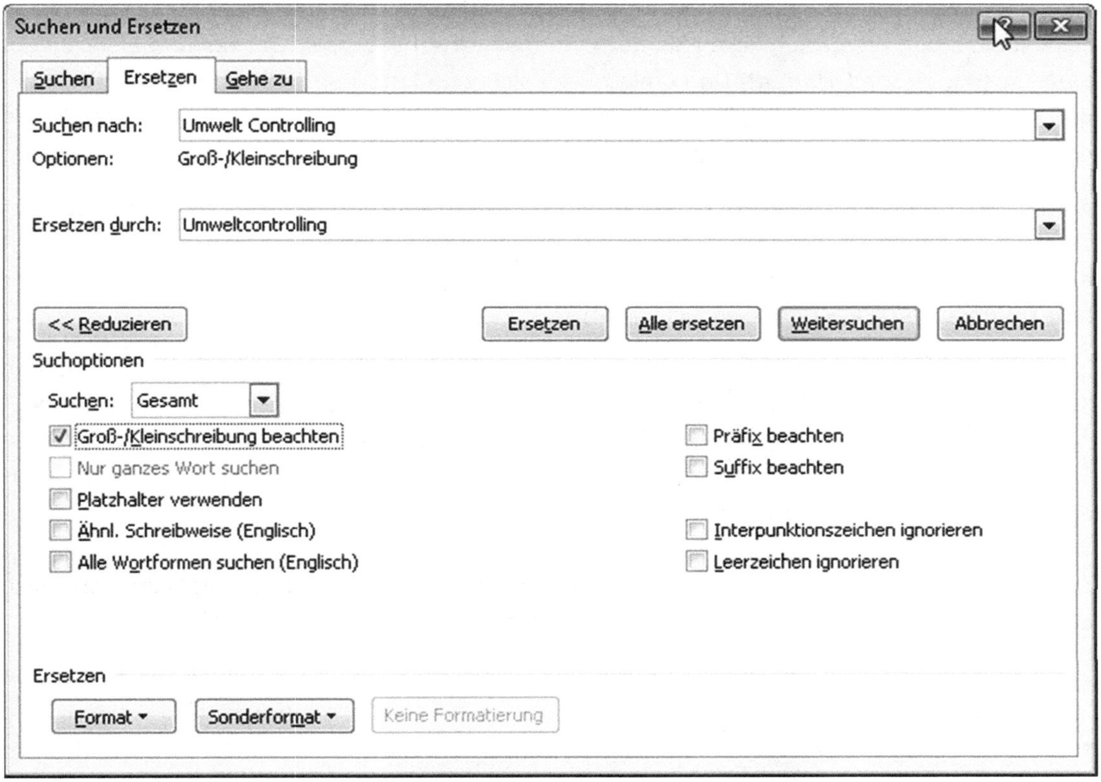

Abbildung 6.22 Nach dem Klick auf *Erweitern* bietet das Dialogfeld zusätzliche Optionen an

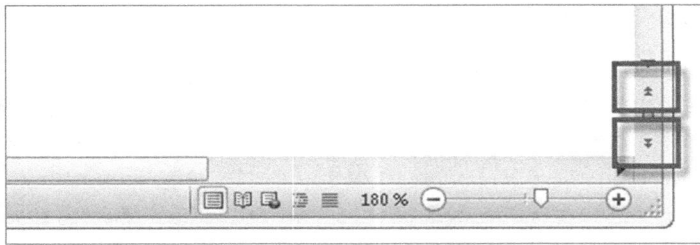

Abbildung 6.23 Setzen Sie die Suche mit einem Klick auf die Navigationsschaltflächen fort

6.4.3   Absatzmarken, Umbrüche etc. suchen und ersetzen

Beim Suchen und Ersetzen können Sie Buchstaben, Zahlen oder Interpunktionszeichen direkt in die Textfelder *Suchen nach* und *Ersetzen durch* eingeben. Dagegen lassen sich Absatzmarken, Tabstopps, manuelle Seitenumbrüche usw. nicht auf die gewohnte Art eintippen, da die jeweiligen Tasten mit Funktionen versehen sind. Beispielsweise springen Sie per ⇥ in das nächste Feld, anstatt ein Tabstoppzeichen einzufügen. Dennoch lassen sich auch diese Sonderformatzeichen suchen und ersetzen. Klicken Sie dazu im erweiterten Dialogfeld *Suchen und Ersetzen* auf die Schaltfläche *Sonderformat*. Daraufhin öffnet sich eine Liste mit den zur Verfügung stehenden Suchen- oder Ersetzenmöglichkeiten, wobei sich die Möglichkeiten des Suchens etwas von denen des Ersetzens unterscheiden.

Wenn Sie in der Liste beispielsweise den Eintrag *Absatzmarke* anklicken, wird im jeweiligen Textfeld für den Such- oder Ersatzbegriff das Kürzel »^p« eingefügt: Das Caretzeichen ^ steht dabei als Hinweis für ein Sonderformat und der Buchstabe »p« gibt an, dass eine Absatzmarke (»p« für englisch »paragraph«) gesucht wird.

In Tabelle 6.2 sind alle Sonderformate mit den dazugehörigen Kürzeln aufgeführt. Die einzelnen Kürzel können Sie sowohl über die Schaltfläche *Sonderformat* einfügen als auch manuell eingeben. In den Textfeldern für den Such- oder Ersatzbegriff lassen sich »normaler Text« und die Sonderformatzeichen beliebig kombinieren. Achten Sie bei der manuellen Eingabe der Sonderformatzeichen auf Groß-/Kleinschreibung!

- Um den Begriff »Wissenschaft« zu finden, der am Ende eines Absatzes steht, tragen Sie als Suchbegriff »Wissenschaft^p« ein.
- Sollen zwei Absatzmarken durch eine Absatzmarke – zum Löschen von überflüssigen Leerabsätzen – ersetzt werden, tragen Sie bei Suchen nach »^p^p« und bei Ersetzen durch »^p« ein.
- Sollen Daten, die durch Semikola »;« getrennt sind, Tabstopps als Trennzeichen erhalten, tragen Sie bei Suchen nach »;« und bei Ersetzen durch »^t« ein.
- Um in Ihrer wissenschaftlichen Arbeit alle Grafiken der Reihe nach zu kontrollieren, tragen Sie bei Suchen nach »^g« ein. So springen Sie mit jedem Klick auf die Schaltfläche *Weitersuchen* eine Grafik weiter.
- Möchten Sie einige Zeilen, die Sie beispielsweise aus einer Webseite kopiert haben und deren Zeilen durch Absatzmarken getrennt sind, in einen Endlostext umwandeln? Suchen Sie hierfür nach »^p« und ersetzen Sie die Fundstellen durch »nichts« (das Textfeld *Ersetzen durch* muss leer sein). So verschwinden alle Absatzmarken beim Ersetzen aller Fundstellen. Je nach kopiertem Text ist es hilfreich, bei *Ersetzen durch* ein Leerzeichen einzufügen.
- Haben Sie beispielsweise zwischen zwei Begriffen ein geschütztes Leerzeichen eingefügt, um zu vermeiden, dass am Zeilenwechsel »Dr.« vom Nachnamen »Müller« getrennt wird? Dann können Sie nach dem Namen wie folgt suchen: »Dr.^sMüller«.

- Sind Sie auf der Suche nach der Formel »x^y«? Da das Caretzeichen zur Kennzeichnung der Sonderformatzeichen dient, müssen Sie es zweifach eingeben: »x^^y«.
- Sind Sie auf der Suche nach Datumsangaben in der Form TT.MM.JJ? Dann lautet die Eingabe im Textfeld *Suchen nach* »^#^#.^#^#.^#^#«.

Sonderformat	Kürzel
Absatzbuchstabe (¶), also das druckbare Symbol, nicht die Absatzmarke	^v
Absatzmarke ⏎	^p
Abschnittsumbruch	^b
Bedingter Trennstrich Strg + -	^_
Beliebige Ziffer	^#
Beliebiger Buchstabe	^$
Beliebiges Zeichen	^?
Paragrafenzeichen (§)	^%
Caretzeichen ^	^^
Endnotenzeichen	^e
Feld (die Anzeige der Feldfunktionen muss hierzu mit Alt + F9 eingeschaltet sein)	^d
Fußnotenzeichen	^f
Gedankenstrich Strg + - (Minuszeichen auf dem numerischen Tastenfeld)	^=
Geschütztes Leerzeichen Strg + ⇧ + Leertaste	^s
Geschützter Trennstrich Strg + ⇧ + -	^~
Geviertstrich Alt + Strg + - (Minuszeichen auf dem numerischen Tastenfeld)	^+
Grafik	^g
Manueller Seitenumbruch Strg + ⏎	^m
Manueller Zeilenumbruch ⇧ + ⏎	^l
Spaltenumbruch Strg + ⇧ + ⏎	^n
Tabstoppzeichen ⇥	^t
Wortzwischenräume (findet generell Wortzwischenräume, auch solche aus mehreren Leerzeichen, dagegen findet Leertaste nur genau ein Leerzeichen)	^w
Durch den Inhalt der Zwischenablage ersetzen	^c
Durch den »Suchen nach«-Text ersetzen (durch sich selbst ersetzen bzw. nicht ändern)	^&

Tabelle 6.2 Sonderformate zum Suchen und Ersetzen

Sonderzeichen, die im Dokument einfach über *Einfügen|Symbole|Symbol* eingefügt werden, können darüber gar nicht und häufig auch nicht per Zwischenablage in das Dialogfeld *Suchen und Ersetzen* übernommen werden. In diesem Fall benötigen Sie den Zeichencode des Symbols. Sie finden ihn über *Einfügen|Symbole|Symbol* im Dialogfeld *Symbol* unten rechts. Beispielsweise für »❶« lautet er »2776«.

Befindet sich das Symbol bereits im Dokument, klicken Sie rechts daneben und drücken ⌨Alt+ ⌨C, um es durch den Code zu ersetzen, und nochmals ⌨Alt+⌨C, um den Code wieder durch das Symbol zu ersetzen.

Geben Sie den Code im Dialogfeld *Suchen und Ersetzen* ein und drücken Sie ⌨Alt+⌨X.

6.4.4 Formatierungen und Formatvorlagen suchen und ersetzen

Nicht nur Text lässt sich suchen und ersetzen, auch die meisten Formatierungen können Sie finden oder austauschen. Das Suchen und Ersetzen von Formatierungen und Formatvorlagen ist auch in Verbindung mit Text und Sonderformaten möglich.

Zuständig für das Suchen und Ersetzen von Formatierungen und Formatvorlagen ist im erweiterten Dialogfeld *Suchen und Ersetzen* die Schaltfläche *Format* (Abbildung 6.24). Mit einem Klick öffnet sich ein Menü mit den Befehlen zu den verschiedenen Formatbestandteilen wie *Zeichen* (Fett, Kursiv, Schriftart, Schriftgröße usw.), *Absatz* (Zeilenabstände, Zentriert, Rechtsbündig, Absatzabstände usw.), *Tabstopps* (Links, Rechts, Zentriert usw.) oder auch *Formatvorlage*.

Abbildung 6.24 Suchen von Formatierungen und Formatvorlagen

Wenn Sie in Ihrer wissenschaftlichen Arbeit mit Formatvorlagen arbeiten, können Sie schnell herausfinden, welchen Text Sie beispielsweise mit der Formatvorlage »Abkürzung« oder mit der Formatvorlage »Beschriftung« formatiert haben. Und bei Bedarf auch gleich die gefundene Formatvorlage durch eine andere ersetzen.

Das Suchen von Formatierungen, insbesondere von Schriftarten ist bei den Schlussarbeiten besonders wichtig: Wenn Sie Ihr Dokument in eine PDF-Datei umwandeln (siehe Abschnitt 6.5 »Drucken und PDF-Datei erstellen«), können Sie in Adobe Reader mit *Datei|Eigenschaften| Schriften* prüfen, welche Schriftarten in Ihrer wissenschaftlichen Arbeit zum Einsatz kommen. Werden dort Schriftarten aufgeführt, die Sie in Ihren Formatvorlagen gar nicht genutzt haben? Dann stammen diese meist aus Textpassagen, die Sie aus anderen Quellen kopiert haben (Zitate, Statistiken etc.) und denen Sie noch nicht Ihre eigenen Formatvorlagen zugewiesen haben. Jetzt können Sie in Word nach der störenden Schriftart suchen und so schnell die nachzubearbeitende Textstelle aufspüren.

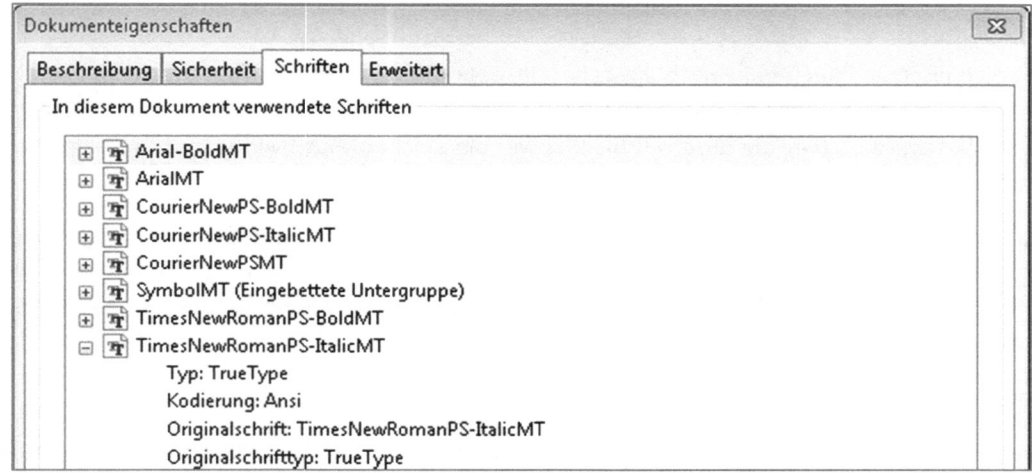

Abbildung 6.25 Prüfen Sie in Adobe Reader die verwendeten Schriften

6.4.5 Platzhaltersuche einsetzen

Für besonders komplexe Suchen-und-Ersetzen-Vorgänge steht Ihnen im erweiterten Dialogfeld *Suchen und Ersetzen* das auf den ersten Blick unscheinbare Kontrollkästchen *Platzhalter verwenden* zur Verfügung. Wenn Sie das Kontrollkästchen eingeschaltet haben, geben Sie im Textfeld *Suchen nach* bzw. *Ersetzen durch* in Form eines Musters an, was gesucht und ersetzt werden soll. Der Aufbau des Musters entspricht dabei folgenden acht Regeln:

- **Regel 1:** In einem Platzhalter geben Sie in eckigen Klammern eine Auswahl an Zeichen an, die an der entsprechenden Position im Suchbegriff stehen dürfen. Wenn Sie beispielsweise nach

  W[eo]rte

  suchen, wird sowohl »Werte« als auch »Worte« gefunden.

- **Regel 2:** Die Platzhaltersuche unterscheidet immer zwischen Groß- und Kleinschreibung. Nur wenn Sie sowohl die Groß- als auch die Kleinbuchstaben angeben, findet Word beide Schreibweisen. Mit

[Ww]issen

wird sowohl »Wissen« als auch »wissen« gefunden.

- **Regel 3:** Um in den eckigen Klammern nicht das ganze Alphabet aufzuführen, legen Sie »Folgen« fest. Wenn Sie beispielsweise nach einem kleingeschriebenen Buchstaben zwischen »a« bis »z« suchen, geben Sie Folgendes an:

[a-z]

Die Folge lässt sich auch bei Großbuchstaben »[A-Z]« oder Zahlen »[0-9]« nutzen. Unmittelbar hinter der Folge können bei Bedarf noch weitere Zeichen angegeben werden. So legt »[0-9+-:]« fest, dass hier die Ziffern 0 bis 9 sowie die Zeichen Plus, Minus und Doppelpunkt gesucht sind.

- **Regel 4:** Steht vor dem ersten Zeichen der eckigen Klammern ein Ausrufezeichen, legen Sie fest, dass die in der Klammer aufgeführten Zeichen an dieser Position nicht vorhanden sein dürfen. Sollen beispielsweise alle Kleinbuchstaben ausgeschlossen werden, lautet der Platzhalter

[!a-z]

- **Regel 5:** Um Rücksicht auf Tippfehler zu nehmen, bei denen beispielsweise Buchstaben nur einfach statt doppelt vorhanden sind, setzen Sie folgenden Platzhalter ein:

Wis{1;2}enschaft

Daraufhin wird sowohl »Wisenschaft« als auch »Wissenschaft« gefunden. Die Angabe definiert, wie oft das Zeichen vor der in geschweiften Klammern gesetzten Zahl vorhanden sein muss. In diesem Fall werden 1 bis 2 Vorkommen erwartet. Sollen alle Stellen mit mehr als zwei Wiederholungen (beispielsweise bei der Suche nach Absatzmarken oder Leerzeichen) gefunden werden, bleibt die zweite Angabe leer: »{2;}«.

- **Regel 6:** Eine spitze Klammer am Platzhalteranfang und/oder am Platzhalterende legt fest, dass der gesuchte Begriff mit dem gewünschten Platzhalter beginnen bzw. enden muss. Mit

<gruppe

finden Sie »gruppendynamisch«, aber nicht »Arbeitsgruppe«. Entsprechend führt

[Ss]onne>

zu Wörtern wie »Morgensonne« oder »Erde-Sonne«, nicht aber zu »Sonnenenergie« oder »Weltraum-Sonnenobservatorium«.

- **Regel 7:** Da bei der Platzhaltersuche die Zeichen [ ] { } ( ) < > \ @ ? ! * # zur Platzhalterdefinition selbst gehören, können Sie nach diesen Zeichen nicht direkt suchen. Damit Sie dennoch auch ein solches Zeichen berücksichtigen können, stellen Sie ihm einfach einen »\« voran. So finden Sie beispielsweise bei der folgenden Platzhaltersuche die eckige Klammer:

\[

- **Regel 8:** Runde Klammern dienen zum Zusammenfassen mehrerer Platzhalterbestandteile. Sie sind auf der Suche nach allen Textstellen, die mit »Jahr« beginnen und mit der Jahreszahl 2010 enden? Dann kommen Sie mit folgendem Platzhalter zum Ziel und finden sowohl »Jahr 2010« als auch »Jahresbericht 2010«:

(<J*) (2010>)

Das Sternchen dient hier – wie in den Suchfunktionen vieler Anwendungsprogramme – als »Joker« und bedeutet, dass hier beliebig viele Zeichen stehen können.

Mit der geschickten Zusammenstellung der Platzhalter steht und fällt die Platzhaltersuche. Nachfolgend einige Praxisbeispiele, die Ihnen bei häufig vorkommenden Suchaufgaben weiterhelfen:

Beliebige Zahlenkombinationen finden: Zur Überarbeitung einer Statistik sollen alle dreistelligen Zahlen gesucht werden, die zwischen 200 und 499 liegen. In diesem Fall lautet Ihre Eingabe bei *Suchen nach* wie folgt: [234][0-9][0-9][.,:;\!\?"']

Jede Kombination aus geöffneter und geschlossener eckiger Klammer steht bei der Platzhaltersuche als ein Zeichen. Der obige Platzhalter besteht demnach aus vier Zeichen. Welche Zeichen erlaubt sind, legen bei den ersten drei Kombinationen die Zahlen innerhalb der eckigen Klammern fest: Da das erste Zeichen nur aus einer 2, 3 oder 4 bestehen kann, die beiden nächsten Zeichen aber von 0 bis 9 alles enthalten dürfen, ergibt dies den Zahlenbereich von 200 bis 499. Damit beispielsweise nicht die ersten drei Ziffern der Jahresangabe 2002 gefunden werden, benötigen Sie als vierte Kombination eine weitere Angabe des Trennzeichens, das die Zahl vom nachfolgenden Text trennt.

Jahreszahlen suchen: Sind Sie auf der Suche nach den Jahreszahlen 2001 bis 2009? Dann nutzen Sie den folgenden Platzhalter: 200[1-9]

Hexadezimalzahlen finden: In technischen Auswertungen werden oftmals Zahlen im Hexadezimalformat wie »E2« oder »0B« benötigt. Der folgende Platzhalter hilft weiter: [0-9a-fA-F][0-9a-fA-F]

Vor- und Nachnamen tauschen: In einer Liste mit den Namen von Probanden muss der Vor- und Nachname vertauscht werden, damit Sie die Liste anschließend alphabetisch nach Nachnamen sortieren können? Wenn in jeder Zeile tatsächlich nur ein Vorname und ein Nachname steht, die durch jeweils ein Leerzeichen getrennt sind, lautet der Platzhalter zum Suchen wie folgt: (<[A-Z]*) (*[a-z]>)

Hierbei wird nach einer beliebigen Zeichenkette gesucht, die mit einem Großbuchstaben (= Anfangsbuchstabe des Vornamens) beginnt und beliebig lang ist (= *). Dann folgen ein Leerzeichen und anschließend der Platzhalter für den Nachnamen, der beliebig lang sein darf und mit einem Kleinbuchstaben endet. Der Ersetzenplatzhalter ist noch viel einfacher, da er sich auf den Suchenplatzhalter in umgekehrter Reihenfolge bezieht: \2 \1

Dabei wird zuerst das Ergebnis des zweiten Ausdrucks aus dem Suchenplatzhalter eingefügt, dann folgt ein Leerzeichen und anschließend wird das Ergebnis des ersten Suchenausdrucks eingesetzt – Vor- und Nachnamen werden vertauscht.

Interpunktionsfehler korrigieren: Fehlende Leerzeichen hinter Satzzeichen wie Punkt, Komma oder Ausrufezeichen werden auch bei intensivem Korrekturlesen immer wieder übersehen. Der folgende Platzhalter spürt alle Fälle, in denen das Leerzeichen fehlt, gezielt auf:
([a-zA-ZäöüßÖÄÜ])([.,:\!\?])([a-zA-ZäöüßÖÄÜ])

Gesucht werden hier in dem Platzhalter drei Zeichen, in deren Mitte sich ein Satzzeichen befindet. Soll mithilfe der Ersetzenfunktion auch gleich das fehlende Leerzeichen eingefügt werden, tragen Sie dort den folgenden Platzhalter ein: \1\2 \3

Der Ersetzenplatzhalter platziert die gefundenen Suchbestandteile in exakt der Reihenfolge, in der sie gefunden werden. Lediglich zwischen »\2« (= Satzzeichen) und »\3« (= nachfolgender Text) wird ein Leerzeichen eingefügt. Lassen Sie Word hier nicht automatisch suchen und ersetzen, sondern bestätigen Sie jeden Ersetzenvorgang manuell. Denn Word findet in diesem Fall auch Abkürzungen wie »z.B.« oder »m.E.« bzw. E-Mail-Adressen wie »info@arno-nyhm.de« oder Internetadressen wie »www.word-user.de« und würde ansonsten hier ebenfalls ein Leerzeichen einsetzen (was bei Abkürzungen laut Duden auch richtig wäre, aber in der Praxis kaum umgesetzt wird).

6.5   Drucken und PDF-Datei erstellen

Alles fertig, jetzt noch schnell drucken oder die PDF-Datei für die Druckerei zusammenstellen? Basiert Ihre wissenschaftliche Arbeit auf einer korrekt gestalteten Dokumentvorlage (siehe Kapitel 2 »Word-Arbeitsumgebung einrichten«), haben Sie für Verzeichnisse, Verweise und Seitenumbrüche die entsprechenden Word-Funktionen genutzt, sind die Abbildungen und Tabellen richtig platziert (siehe Kapitel 4 »Arbeit vorbereiten«), dann kann in der Tat nichts mehr schiefgehen.

6.5.1 Letzte Aktualisierung

Bevor Sie Ihr Dokument drucken oder in eine PDF-Datei umwandeln, gilt es ein letztes Mal, Ihre wissenschaftliche Arbeit zu aktualisieren. Wenn Sie Ihre Arbeit in gedruckter Form abgeben, wählen Sie jetzt den Druckertreiber aus, mit dem Sie gleich drucken werden. Drücken Sie nun Strg+P, wählen in der Backstage-Ansicht auf der Registerkarte *Drucken* im Dropdown-Listenfeld *Drucker* den Drucker aus und verlassen die Backstage-Ansicht mit einem Klick auf eine andere Registerkarte, beispielsweise *Start*. Dieser Schritt ist notwendig, da Word direkt mit dem Druckertreiber korrespondiert, was unmittelbar Einfluss auf die Seitenumbrüche in Ihrer wissenschaftlichen Arbeit hat. Deshalb muss zur letzten Aktualisierung zwingend der »endgültige« Druckertreiber eingestellt sein.

Schalten Sie nun die Anzeige der Formatierungszeichen beispielsweise mit Strg+* aus, sodass XE-Felder für den Index (siehe Abschnitt 4.7.6 »Ein Stichwortverzeichnis (Index) erstellen«) ausgeblendet werden und sich nicht mehr auf den Textumfang auswirken. Auch anderer, als »ausgeblendet« formatierter Text wird so unterdrückt.

Um nun alle Verzeichnisse und Verweise zu aktualisieren, markieren Sie die komplette Arbeit per Strg+A. Drücken Sie dann die Taste F9 zur Aktualisierung der Feldfunktionen. Da sich in Ihrer Arbeit auch Verzeichnisse befinden, erscheint für jedes Verzeichnis ein separates Dialogfeld mit der Frage, ob nur die Seitenzahlen oder das gesamte Verzeichnis aktualisiert werden soll. Wählen Sie jedes Mal das Optionsfeld *Gesamtes Verzeichnis aktualisieren* (siehe Abbildung 6.26).

Falls Sie ganz sichergehen wollen: Lassen Sie das Dokument nach der Aktualisierung markiert und drücken Sie erneut die Taste F9. Diesmal wählen Sie jedoch das Optionsfeld *Nur Seitenzahlen aktualisieren*. Da beim ersten Aktualisieren das Verzeichnis neu erstellt und somit eventuell länger oder kürzer geworden ist als zuvor, könnten sich die Seitenzahlen geändert haben.

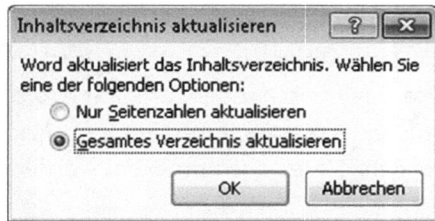

Abbildung 6.26 Zum Schluss werden alle Verzeichnisse aktualisiert

Blättern Sie jetzt am Bildschirm nochmals in Ruhe Seite für Seite durch. Verkleinern Sie hierzu die Seitendarstellung so, dass Sie immer eine oder sogar zwei Seiten auf einmal angezeigt bekommen. Die Kontrolle dient weniger dem Inhalt, sondern dem Layout Ihrer wissenschaftlichen Arbeit. Stimmt das Gesamtbild, sind die Abbildungen und Tabellen am richtigen Platz, passen

Kopf- und Fußzeile etc.? Lassen Sie sich nicht zu kleinen, absolut unwichtigen Korrekturen verleiten und greifen Sie nur bei offensichtlichen Fehlern ein.

6.5.2   Ausgabe auf dem eigenen Drucker

Drucken Sie Ihre wissenschaftliche Arbeit auf Ihrem eigenen Drucker aus? Dann halten Sie genügend Papier und Toner bzw. Tinte parat – und zwar unbedingt des jeweils gleichen Herstellers. Denn selbst der Farbton von weißem Standardkopierpapier kann sich von Hersteller zu Hersteller, selbst von Charge zu Charge leicht unterscheiden. Vergleichbares gilt für Tinte und Toner. Verzichten Sie also während des Ausdrucks darauf, Papier, Tinte oder Toner eines anderen Herstellers einzusetzen. Nur so ist sichergestellt, dass der Ausdruck wie aus einem Guss erscheint und der gute Eindruck Ihrer wissenschaftlichen Arbeit nicht durch Äußerlichkeiten gestört wird.

Lassen Sie die gedruckten Seiten nach dem Drucken einige Zeit liegen, sodass sie im Falle von Tintenstrahldruckern in Ruhe trocknen können. Bei Laserdruckern müssen die Seiten abkühlen, damit sie nicht aneinanderkleben. Bei beiden Druckverfahren gilt: Die zusätzliche Nässe (Tintenstrahldrucker) bzw. Hitze (Laserdrucker) hat zur Folge, dass das Papier dazu neigt, wellig zu werden. Dies legt sich jedoch nach ein bis zwei Tagen von ganz allein.

Bevor Sie Ihren Ausdruck binden oder heften, kontrollieren Sie auch hier nochmals, ob alle Seitenzahlen stimmen. Werfen Sie wie bei der letzten Kontrolle am Bildschirm (siehe Abschnitt 6.5.1 »Letzte Aktualisierung«) nochmals einen prüfenden Blick auf jede Seite – noch können Sie einzelne Seiten austauschen.

6.5.3   Ausgabe auf fremden Druckern oder fremden Computern

Wenn Sie Ihre wissenschaftliche Arbeit auf einem fremden Drucker (beispielsweise einem Farblaserdrucker der Hochschule) bzw. einem fremden Computer (im Copyshop) drucken, sollten Sie sich schon im Vorfeld den entsprechenden Druckertreiber besorgen, auf Ihrem Computer installieren und Ihren Ausdruck in der Seitenansicht in der Backstage-Ansicht unter *Datei|Drucken* genau prüfen. Denn wie in Abschnitt 6.5.1 »Letzte Aktualisierung« beschrieben, arbeitet Word eng mit dem Druckertreiber zusammen und bezieht daraus eine Menge Informationen. Nur wenn Sie Ihr Dokument mit exakt dem Treiber prüfen, mit dem Sie es auch drucken, werden Umbrüche etc. stimmen.

Hier lauert eine Falle: Bei veralteten Druckertreibern kann es vorkommen, dass grafische Teile des Dokuments partout nicht gedruckt werden. Auch dies können Sie durch die vorzeitige Installation der Treiber auf Ihrem Computer herausfinden.

Drucken Sie die Arbeit auf einem fremden Computer aus? Dann müssen Sie darauf achten, dass Sie neben der Word-Datei auch alle extern eingebundenen Abbildungen mitliefern. Tragen Sie ferner dafür Sorge, dass diese exakt auf dem gleichen Laufwerk im gleichen Ordner gespeichert werden wie auf Ihrem Computer. Sonst kann Word die Abbildungen nicht finden (siehe Abschnitt 4.5 »Abbildungen«) und Sie müssen mühsam alle Pfade korrigieren (wovon jedoch unbedingt abzuraten ist, da die Gefahr, dass sich zum Schluss noch Fehler einschleichen, viel zu groß ist).

Wenn Sie in Ihrer wissenschaftlichen Arbeit Schriften nutzen, die nicht zum Standardlieferumfang von Windows 7, Windows Vista, Windows XP bzw. Office 2010 gehören, müssen Sie auch diese im Gepäck haben und vor dem Öffnen Ihres Word-Dokuments auf dem Zielcomputer installieren (beachten Sie gegebenenfalls die Lizenzbedingungen). Zu guter Letzt gilt auch hier: Kontrollieren Sie nach dem Druck, ob alle Seiten vorhanden sind und alle Seitenzahlen etc. stimmen.

> Vermeiden Sie wann immer möglich das Drucken Ihres Word-Dokuments auf einem fremden Computer. Wandeln Sie das Dokument, wie es in den beiden folgenden Abschnitten beschrieben ist, in eine PDF-Datei um und nutzen Sie diese für den Druck.

6.5.4 PDF-Datei mit Word

Ihre wissenschaftliche Arbeit können Sie direkt aus Word heraus als PDF-Datei speichern.

1. Wählen Sie über *Datei|Speichern unter* als Dateityp *PDF (*.pdf)* oder gegebenenfalls *XPS-Dokument (*.xps)*. Oder wählen Sie *Datei|Speichern und Senden|PDF-/XPS-Dokument erstellen|PDF-/XPS-Dokument erstellen*.
2. Im Dialogfeld *Speichern unter* bzw. *Als PDF oder XPS veröffentlichen* stehen Ihnen zwei Qualitätsstufen zur Verfügung: *Standard (Onlineveröffentlichung und Drucken)* ist für den späteren Druck gedacht, *Minimale Größe (Onlineveröffentlichung)* für das Veröffentlichen der PDF-Datei im Internet.
3. Für das elektronische Veröffentlichen Ihrer PDF-Datei ist eine Einstellung wichtig, die Sie mit einem Klick auf die Schaltfläche *Optionen* erreichen: Hier muss das Kontrollkästchen *ISO 19005-1-kompatibel (PDF/A)* aktiviert werden (Abbildung 6.27).

Die Anforderungen an die PDF-Datei, die beispielsweise beim professionellen Buchdruck gestellt werden, kann die Word-eigene PDF-Funktion nicht leisten. Hier sind Sie in aller Regel auf Adobe Acrobat angewiesen (siehe Abschnitt 6.5.5 »PDF-Datei mit Fremdprodukten«).

In der PDF-Datei werden alle Schriftarten gespeichert, die Sie in Ihrer wissenschaftlichen Arbeit einsetzen. Somit ist der einwandfreie Ausdruck sichergestellt – unabhängig davon, ob Sie Ihren Computer oder einen fremden Computer einsetzen und unabhängig vom genutzten Drucker. Nicht nur beim Drucken, sondern auch beim Speichern als PDF-Datei gilt, dass Sie nochmals alles kontrollieren und prüfen, ob alles wie gewünscht dargestellt wird.

Abbildung 6.27 Für die Veröffentlichung ist die PDF/A-Option wichtig

6.5.5   PDF-Datei mit Fremdprodukten

Neben der Word-eigenen PDF-Funktion sind viele andere Tools für den PDF-Export am Markt zu finden. Bei den meisten Tools wird ein PDF-Druckertreiber installiert, der beim Druck die Umwandlung in eine PDF-Datei vornimmt. Einige dieser Tools integrieren sich über ein Word-Add-In im Menüband, sodass sich die Funktionen komfortabel nutzen lassen.

Der Vorteil dieser Tools wie beispielsweise Adobe Acrobat (hier ist mindestens Version 10 notwendig, ältere Versionen arbeiten nicht mit Office 2010 fehlerfrei zusammen!), PDFCreator oder Ghostscript liegt in zusätzlichen Funktionen: So lassen sich je nach Tool unterschiedliche Druckqualitäten der PDF-Datei einstellen, die PDF-Datei kann geschützt werden, um eine Entnahme von Text oder Bildern zu erschweren, es lässt sich auf Basis von Textmarken eine PDF-Dokumentstruktur erstellen etc.

7 Wissenschaftliche Arbeiten verwerten

Gleichgültig, ob Sie noch studieren, demnächst Absolvent sind oder im Wissenschaftsbetrieb arbeiten – immer wieder sind schriftliche Arbeiten anzufertigen. Diese heißen im EU-Jargon treffend auch »Deliverables« also »zu liefernde Ergebnisse«. Manche Deliverables müssen, andere können Sie abliefern.

Dieses Kapitel gibt Ihnen zahlreiche Tipps für Ihre Pflichtpublikationen. Außerdem möchte es dazu motivieren, das Vollbrachte häufiger dem interessierten Umfeld zu vermitteln. Denn der Gedanke, die eigenen Ergebnisse am Ende freiwillig zu verwerten, kommt allzu oft zu kurz – obwohl jeder Autor davon profitiert.

7.1 Motivation

In der Endphase einer wissenschaftlichen Arbeit lautet das Motto oft: »Augen zu und durch«. Fast jeder Autor bzw. jedes Autorenteam ist froh, die Frist halbwegs pünktlich einzuhalten. Kein Wunder, wenn die Freude am Erreichten weiteren Tatendrang erst einmal dämpft.

Doch jeder Autor mit der Pflicht zu publizieren kann sich keine Pause leisten – beispielsweise Doktoranden nach Fertigstellung der Dissertation und erfolgreicher Prüfung. Forschungsgruppen sind gegenüber ihrem Projektträger in aller Regel verpflichtet, die Ergebnisse auch der breiten Öffentlichkeit bekannt zu machen. Und wenn Sie dauerhaft von wissenschaftlicher Arbeit leben wollen, müssen Sie für die eigene Reputation und die Ihrer Hochschuleinrichtung regelmäßig Veröffentlichungen in Umlauf bringen.

Demgegenüber bleibt das Publizieren wissenschaftlicher Arbeiten in anderen Fällen ein freiwilliger Akt – und unterbleibt daher leider viel zu oft. Manchmal findet oder nimmt sich der Absolvent oder wissenschaftliche Mitarbeiter keine Zeit, um seine Arbeit aufzubereiten. Oder es fehlt nur das Know-how, wie und wo man seine Ergebnisse präsentieren kann.

Dabei eröffnet sich gerade jetzt die Chance, die Ergebnisse der eigenen Arbeit in konzentrierter Form zu verwerten. Jetzt ist Ihnen der Inhalt am besten präsent, Ihre Ergebnisse sind aktuell und stoßen auf das größte Interesse. Machen Sie etwas daraus, anstatt das Erarbeitete im stillen Kämmerchen sich selbst zu überlassen. Sie haben viel Zeit investiert und Ergebnisse vorzuweisen – es gibt gute Gründe, diese zu publizieren:

- Sie können auf Ihr Thema und sich selbst aufmerksam machen und Kompetenz zeigen.
- Aufmerksamkeit erzielt gleichzeitig auch Ihr Lehrstuhl, Institut oder Forschungsbereich.
- Für viele Studierende ist es eine der seltenen Gelegenheiten für eine Veröffentlichung. Vielleicht sogar die einzige und dazu eine, die sich im Lebenslauf gut macht – schließlich beweisen Sie Eigeninitiative.

- Manche Prüfungsordnung verlangt neuerdings von Absolventen neben der Abschlussarbeit als Prüfungsleistung zwingend auch eine Veröffentlichung oder ein Konzept, wie die Arbeit weitergeführt werden bzw. in welches neue Forschungsthema sie münden könnte.
- Erfahrungen beim Publizieren zu sammeln – zum Beispiel im Umgang mit Verlagen und der Presse –, hilft Ihnen im Hochschulumfeld wie auch im Beruf in der freien Wirtschaft.
- Sie durften öffentliche Mittel für Ihre Arbeit verwenden (Hochschulinfrastruktur, Forschungsgelder etc.) – nutzen Sie die Gelegenheit, der Allgemeinheit etwas zurückzugeben.
- Mit Publikationen lässt sich sogar etwas Geld verdienen; sei es über ein Verlagshonorar oder durch eine Vergütung der Verwertungsgesellschaften (siehe folgender Kasten).

Verwertungsgesellschaften nehmen stellvertretend für Urheber deren Urheberrechte wahr und verschaffen zum Beispiel Autoren einen finanziellen Ausgleich. Denn ein Autor selbst kann kaum nachvollziehen, wer sein Werk etwa in Form von Kopien nutzt. Die Verwertungsgesellschaft ist also ein Mittler zwischen Autor und Nutzern.

Um als Autor eine Vergütung von einer Verwertungsgesellschaft zu erhalten, müssen Sie sich bei der Verwertungsgesellschaft anmelden. Dann können Sie Ihre Werke regelmäßig per Papierformular bzw. online melden und dafür eine Nutzungs- bzw. Fotokopier- oder Reprografieentschädigung erhalten. Die Kontaktadressen der Verwertungsgesellschaften für Autoren im deutschsprachigen Raum lauten:

Deutschland: VG WORT, *http://www.vgwort.de*
Österreich: Literar-Mechana, *http://www.literar.at*
Schweiz: ProLitteris, *http://www.prolitteris.ch*

Fazit: Mit Abgabe einer wissenschaftlichen Arbeit haben Sie entweder die Pflicht oder es bietet sich Ihnen die Chance, die Früchte Ihrer Arbeit zu verwerten – auch in anderer Form als »nur« in Ihrer Abschlussarbeit, Ihrem Forschungsbericht oder einem »Pflichtartikel«. Sie können Ihre Ergebnisse in der Fachszene publik machen und/oder der Allgemeinheit präsentieren. Dabei gewinnen Sie Übung und Ihre Arbeit wird bekannt.

Vorab der vielleicht wichtigste Tipp fürs Publizieren: Überlegen Sie rechtzeitig, wo Sie veröffentlichen müssen und möchten. Denn Veröffentlichungen bei Konferenzen, in Fachzeitschriften oder in populären Magazinen haben immer Vorlaufzeit. Teils ist vorweg ein kurzes Proposal einzureichen, teils müssen zuerst die Kontakte zu Veranstaltern, Redakteuren, Journalisten oder Lektoren geknüpft sein. Je früher Sie die zeitlichen Vorgaben in Erfahrung bringen, umso leichter gelingt es, einen Beitrag zu platzieren oder Ihre Ergebnisse bei einer passenden Tagung zu präsentieren.

7.2 Publikationsformen wissenschaftlicher Arbeiten (Übersicht)

Ihre wissenschaftliche Arbeit können Sie abhängig vom Publikationstyp (vgl. Abschnitt 1.2) auf unterschiedliche Weise verwerten:

- Schriftliche (Abschluss-)Arbeit (so wie Sie diese in Kapitel 6 »Arbeit fertigstellen« zur Druckreife bringen)
- Eigenpublikation ohne ISBN, Eigenpublikation mit ISBN, Buch bei einem Verlag
- Fachartikel und Artikel in Publikumszeitschriften (von populärwissenschaftlichen Zeitschriften bis hin zu Wirtschaftsmagazinen)
- Pressemitteilung und Kurzinformation
- Vortrag, also eine wissenschaftliche Arbeit mündlich »publizieren«

7.2.1 Typische Publikationsformen im Wissenschaftsbereich

Welche der gängigen Publikationsformen Ihnen für welche Art wissenschaftlicher Beiträge und Werke zur Verfügung stehen, zeigt Ihnen die Übersicht in Tabelle 7.1:

Abzulieferndes Werk/Beitrag	Adressaten/Zielgruppe	Publikationsform
Arbeit im Studium, Abschlussarbeit • Seminar-, Haus-, Studien-, Semesterarbeit • Bachelor- und Masterthesis, Magister und Diplomarbeit • Dissertation, Habilitationsschrift	Je nach Hochschule und Art der Arbeit: • Prüfungsamt • Lehrstuhl, Institut • Fakultät, Dekanat	• Schriftliche Arbeit (siehe Kapitel 6 »Arbeit fertigstellen«)
	• Fachszene • Öffentlichkeit	• Eigenpublikation ohne ISBN • Eigenpublikation mit ISBN • Buch bei einem Verlag
Forschungsbericht	• Auftraggeber	• Eigenpublikation ohne ISBN
Buch (Konferenzband, Kompendium, Sammelband, Wissenschaftsbuch, Lehrbuch)	• Fachszene	• Eigenveröffentlichung ohne ISBN
	• Fachszene • Studierende	• Eigenveröffentlichung mit ISBN • Buchpublikation bei einem Verlag
Einzelkapitel eines Fachbuchs	• Fachszene	• Fachartikel
Beitrag in einem Sammelband		
Artikel in einer Fachzeitschrift		
Allgemein verständlicher Artikel	• Öffentlichkeit	• Artikel in Publikumszeitschrift
Allgemein verständliche Informationen	• Öffentlichkeit • Presse	• Pressemitteilung • »Kurzinformation«

Abzulieferndes Werk/Beitrag	Adressaten/Zielgruppe	Publikationsform
Vortrag	• Studierende, Dozenten • Fachpublikum	• (PowerPoint-)Präsentation

Tabelle 7.1 Publikationsformen je nach Art der Arbeit und Adressaten

In der Übersicht fehlt die elektronische Publikation. Unter welchen Umständen diese Publikationsform interessant ist, erläutert der folgende Abschnitt.

7.2.2 Überlegungen zum (elektronischen) Publizieren

Theoretisch haben Sie die Wahl, ob Sie nur in Papierform, in Papierform und zusätzlich elektronisch oder ausschließlich elektronisch publizieren. In der Praxis verringert sich die Auswahl allerdings je nach Pflichtvorgaben oder folgenden Überlegungen:

Publikationskultur: In den einzelnen Fachdisziplinen herrschen völlig verschiedene Publikationskulturen vor, die Sie nicht einfach ignorieren können. Juristen beispielsweise arbeiten bisher meist noch »papierorientiert«, während in weiten Bereichen der Physik elektronische Publikationen die wissenschaftliche Arbeit allein dominieren. Dies allerdings bedeutet nur selten, dass diese Publikationen ausschließlich in elektronischer Form verfügbar wären. Vielmehr werden viele elektronische Publikationen zuvor in der Printausgabe einer Fachzeitschrift veröffentlicht.

Große Wissenschaftsverlage wie der Springer-Verlag gehen inzwischen auch den Weg, die elektronische Version von Fachartikeln einer Printausgabe bereits verfügbar zu machen, wenn die Ausgabe zwar schon elektronisch fertiggestellt, aber noch nicht gedruckt worden ist (»online first publication«). An Hochschulen besteht immer häufiger die Pflicht, Abschlussarbeiten der Bibliothek in elektronischer Form abzuliefern.

Auffindbarkeit: Die Auffindbarkeit eigener Publikationen in Fachkreisen spielt eine große Rolle dabei, wo und wie Autoren publizieren. Beispielsweise bewerten Wissenschaftler mancher Fachgebiete die Auffindbarkeit ihrer Publikationen in Google Scholar (siehe 7.8.2 »Elektronisch publizieren und recherchieren im kommerziellen Umfeld«) als sehr wichtig, während dieses Angebot anderswo noch völlig unbekannt ist.

Welche elektronischen (Zeitschriften-)Kataloge und Datenbanken für Ihr Fachgebiet relevant sind, haben Sie bereits bei der Recherche Ihrer wissenschaftlichen Arbeit ermittelt. Prüfen Sie zusätzlich einmal, ob Ihre Veröffentlichungen auch über Dienste wie »Karlsruher Virtueller Katalog – KVK« (*http://www.ubka.uni-karlsruhe.de/kvk.html*) zu finden sind oder – bei Publikationen in Buchform – über die Nationalbibliothek Ihres Landes (siehe Tabelle 7.5).

Qualitätsprüfung und Reputation: Immer wieder in hochkarätigen Zeitschriften oder Schriftenreihen zu publizieren, ist für die Laufbahn von Berufswissenschaftlern entscheidend, für Absolventen hingegen zweitrangig. Einen guten Ruf genießen Zeitschriften, die per Gutachterverfahren (Peer Review) eingereichte Artikel vor dem Publizieren von Experten (Reviewer) prüfen lassen, um eine hohe Qualität sicherzustellen.

Entsprechendes gilt für Fachkonferenzen. Je angesehener die Reviewer oder das Programmkomitee sind, umso mehr Reputation erzielt ein veröffentlichter Beitrag. In vielen Fachgebieten haben bestimmte Verlage traditionell einen guten Namen, sodass eine Veröffentlichung hier mehr zählt als bei weniger bekannten Mitbewerbern.

Die Bedeutung von Zeitschriften innerhalb ihres Fachgebiets wird inzwischen mit Indikatoren bewertet. Bekannt ist zum Beispiel der »Impact Factor« (IF) (siehe *http://www.thomson reuters.com* unter den Links zu »Science« und dann »Scholarly Research, Publishing and Analysis«). Der Impact Factor einer Zeitschrift lässt sich unter *http://newisiknowledge.com* recherchieren, sofern die Hochschule einen Zugang zu den Journal Citation Reports von Thomson Reuters besitzt.

Aus der angloamerikanischen Forschungsszene stammend, erobern solche Indikatoren mittlerweile auch den deutschsprachigen Raum. Im Rahmen von Evaluierungen werden sie zur Leistungsbewertung von Lehrkräften und Lehrstühlen, zu Berufungsverfahren und sogar zur Vergabe von Forschungsmitteln herangezogen.

7.3 Schriftliche Arbeit

Mit schriftlichen Arbeiten im Studium (Seminar-, Haus-, Studien-, Semesterarbeit) üben Sie als Studierender das systematische Arbeiten und eignen sich die Grundlagen wissenschaftlichen Arbeitens an. Der Absolvent soll durch seine schriftliche Abschlussarbeit beim Bachelor-, Master-, Magister- oder Diplomstudium seine Fähigkeit zum wissenschaftlichen Arbeiten nachweisen.

In einer Doktorarbeit liegt die Messlatte insofern höher, als neue wissenschaftliche Erkenntnisse zu erarbeiten sind. Mit der Habilitationsschrift haben Sie als Habilitand zu beweisen, ein weiteres Forschungsgebiet auf höchstem wissenschaftlichem Niveau zu beherrschen.

Alle solche schriftlichen Arbeiten sind ein Muss. Der Gestaltungsspielraum ist gering, denn die Hochschule gibt normalerweise fest vor, wie Sie Ihre Arbeit abzuliefern haben. Wie Sie die Anforderungen mit Word erfüllen, haben Ihnen die bisherigen Kapitel gezeigt. Kapitel 6 erläuterte die Fertigstellung Ihrer schriftlichen Arbeit. Von dieser müssen Sie meist ein bis drei Belegexemplare in gedruckter Form abgeben. Immer häufiger ist das finale Werk zusätzlich als PDF-Datei abzuliefern und zu veröffentlichen (siehe Abschnitt 7.8 »Elektronische Veröffentlichung«). Die Übersicht in Tabelle 7.2 liefert Ihnen weitere Hinweise.

Schriftliche Arbeit	Publizieren vorbereiten	Vorgehen, Tipps
Seminar-, Haus-, Studien-, Semesterarbeit	• Gestaltungshinweise des Betreuers beachten • Perfektion wird nicht erwartet, verbessert aber die Note • Schlichte, saubere Gestaltung kommt meist besser an als der Versuch, die Arbeit besonders »schön« abzuliefern	• Selbst zu drucken ist leicht möglich • Die Abgabe in gehefteter Form, mit Spiralbindung, im Klemmhefter oder ähnlicher Form wird von den meisten Betreuern akzeptiert bzw. ist so vorgeschrieben
Bachelor-, Master-, Magister-, Diplomarbeit, (Staats-)Examensarbeit	• Anforderungen laut Prüfungsordnung und Vorgaben des Betreuers einhalten • Arbeit »handwerklich sauber« vorbereiten: konsistente Gliederung, einheitliches Literaturverzeichnis etc.	• Belegexemplare sind meist in gebundener Form abzugeben; nutzen Sie den Service eines Copyshops • Nach Probedruck prüfen: Fußnoten-, Überschriften-, Abbildungs-, Tabellennummerierungen
Dissertation, Habilitationsschrift (Belegexemplare für die Hochschule)	• Die Promotionsordnung legt die generellen Anforderungen fest • Die Vorgaben von Betreuer und Lehrstuhl/Institut beachten • Inhaltliche Korrektheit ist essenziell • Höchste Anforderungen an sprachliche, formale Korrektheit	• Setzen Sie unbedingt erfahrene Korrekturleser ein, die sich mit den neuesten deutschen Rechtschreib- und Grammatikregeln auskennen • Alle Nummerierungen in Text und Verzeichnissen im Probedruck prüfen

Tabelle 7.2 Schriftliche Arbeiten: Anforderungen und Tipps fürs Publizieren

> Wenn Sie Ihre Arbeit in einem Copyshop oder einer Digitaldruckerei drucken und binden lassen, dann liefern Sie Ihr Dokument dort unbedingt druckfertig ab! Immer wieder sieht man Kandidaten, die ihre Arbeit auf den letzten Drücker fertigstellen und kurz vor dem Endausdruck noch am Computer der Druckmaschine Änderungen im Dokument einfügen. Bei solchen »Last-Minute-Änderungen« ist das Risiko hoch, Fehler einzubauen. Gerade wer sehr knapp in der Zeit ist, muss ganz am Ende zumindest die exponierten Bestandteile der Arbeit (Titelseite, Inhaltsverzeichnis, Einleitung, Zusammenfassung) von Dritten noch einmal Korrektur lesen lassen.

7.4 Eigenpublikation im Selbstverlag (mit oder ohne ISBN)

Eine wissenschaftliche Arbeit als Eigenpublikation zu veröffentlichen heißt, auf die Unterstützung eines etablierten Verlags zu verzichten. Ob die Vorteile oder die Nachteile überwiegen, können nur Sie entscheiden. Zu den Entscheidungskriterien zählen Kosten, Renommee des Verlags, die mit einer Veröffentlichung in diesem Verlag verbundene Reputation, Verbreitungsmöglichkeiten und Werbung. Der Begriff »Selbstverlag« bedeutet nur, dass Sie Ihr Werk selbst herausgeben.

Falls Sie Ihre Publikation tatsächlich in Eigenregie herausbringen möchten, stellt sich sofort die Frage: Wollen Sie mit oder ohne ISBN (Internationale Standardbuchnummer) veröffentlichen? Die ISBN ist ein 13-stelliges (früher 10-stelliges) eindeutiges und maschinenlesbares Identifikationsmerkmal, das jedes Buch weltweit unverwechselbar kennzeichnet.

Bis vor einigen Jahren fand sich bei den meisten wissenschaftlichen Publikationen auf den Anfangsseiten mit den bibliografischen Angaben (= Titelei, Abschnitt 1.4.2 »Titelei«) der Hinweis: CIP-Einheitsaufnahme. CIP steht für »Cataloging in Publication«. Mit »Einheitsaufnahme« war gemeint, dass die Titelinformationen zu diesem Werk durch die Deutsche Nationalbibliothek in die Datenbank der Nationalbibliothek der USA (Library of Congress) eingetragen wurden. Die CIP-Einheitsaufnahme wurde inzwischen weitgehend durch die ISBN abgelöst. In vielen neuen Büchern finden Sie stattdessen den Hinweis »Bibliografische Information der Deutschen Nationalbibliothek«.

Hintergrund dazu ist die Pflicht, dass von jeder in Deutschland veröffentlichten Publikation zwei Exemplare (= Pflichtexemplare) an die Deutsche Nationalbibliothek abzuliefern sind. Dies dient dem Zweck, den Bestand an Publikationen aus Deutschland möglichst komplett zu erfassen. In den gesammelten bibliografischen Informationen können Sie im Internet unter *https://portal.d-nb.de/* recherchieren.

Eine ISBN ist die Voraussetzung, damit der Titel im Verzeichnis Lieferbarer Bücher (VLB) gelistet wird (*http://www.vlb.de*). Das VLB ist das Standardwerk des Buchhandels und die größte Datenbank für Publikationen jeder Art im deutschsprachigen Raum. Sowohl eine ISBN als auch ein Eintrag im VLB sind kostenpflichtig. Die Übersicht in Tabelle 7.3 zeigt, welche Überlegungen zur ISBN eine Rolle spielen:

Eigenpublikation	ohne ISBN	mit ISBN
Sinnvoll, wenn …	… die Nachfrage nach dem Werk direkt bei Ihnen oder der Hochschule bzw. einer ihrer Einrichtungen eingeht – sprich, wenn genügend Interessenten wissen, dass hier entsprechende Werke erscheinen. Mancher Lehrstuhl nutzt Eigenpublikationen, um seine Arbeit nach außen hin zu dokumentieren.	… Sie Ihr Werk im Buchhandel auffindbar machen möchten. Neben der ISBN ist dafür ein VLB-Eintrag hilfreich. Stellen Sie jedoch auch sicher, dass Ihr Werk im »Karlsruher Virtueller Katalog« (KVK) gelistet ist.
Vorteile	Beim Publizieren ohne Verlag bestehen keine formalen Hürden oder andere externen Anforderungen. Es fallen keine Kosten für ISBN und VLB-Eintrag an.	Mit ISBN und VLB-Eintrag kann eine Publikation von Interessierten leichter gefunden und erworben werden.

Eigenpublikation	ohne ISBN	mit ISBN
Nachteile	Um die Vermarktung und das Bekanntmachen der Verfügbarkeit Ihrer Publikation müssen Sie sich selbst bzw. die Hochschuleinrichtung kümmern.	ISBN und VLB-Einträge kosten Geld. Je nach Art der Eigenpublikation müssen Sie beides selbst besorgen und bezahlen.

Tabelle 7.3 ISBN-Nummer für Ihre Eigenpublikation: pro und kontra

7.4.1 Eigenpublikation ohne ISBN

Ein typisches Beispiel für Eigenpublikationen ohne ISBN sind sogenannte Arbeitspapiere, wie sie Einrichtungen im Wissenschaftsumfeld gern selbst herausgeben (im Unterschied zu von Verlagen aufgelegten Schriftenreihen). Solche Eigenpublikationen gehen typischerweise aus wissenschaftlichen Abschlussarbeiten, wie Doktorarbeiten und Habilitationen, hervor. Oder es wird über Forschungsprojekte berichtet, die aus Sicht der Herausgeber noch keinen finalen Stand erreicht haben – daher »Arbeitspapier«. Mancher Lehrstuhl dokumentiert damit seine Tätigkeiten nach außen hin. Andere Eigenpublikationen werden als Diskussionspapiere herausgegeben, um über dieses Medium zum Dialog mit Fachkollegen beizutragen.

> Eine Eigenpublikation ohne ISBN bietet die Möglichkeit zu publizieren, ohne die hohen formalen Anforderungen von Verlagen, Konferenzkomitees oder Redaktionen erfüllen zu müssen. So kann der Stand der eigenen Arbeit leichter veröffentlicht werden, ohne dass die endgültigen Ergebnisse schon feststehen. Und es können mitunter Kosten im Zusammenhang mit einer Verlagsveröffentlichung umgangen werden.

7.4.2 Eigenpublikation mit ISBN (vollwertige Printpublikation)

Um eine Publikation mit ISBN als Selbstverleger herauszugeben, müssen Sie zwar keinen gewerblichen Verlag gründen, doch sind mehrere Schritte zum Publizieren nötig.

ISBN: Beantragen können Sie eine ISBN bei Ihrer nationalen ISBN-Agentur, bei der Sie auch ISBN-Prüfziffern erhalten. In Deutschland kostet beides zusammen derzeit rund 90 Euro. Genaue Auskünfte zur Beantragung und zu den Preisen erhalten Sie bei den in Tabelle 7.4 aufgeführten Adressen.

Land	Nationale ISBN-Agenturen/ Verzeichnis lieferbarer Bücher		Webseite/E-Mail
Deutschland	MVB Marketing- und Verlagsservice des Buchhandels GmbH Großer Hirschgraben 17–21 60311 Frankfurt am Main		*http://www.german-isbn.org* *isbn@mvb-online.de*

Land	Nationale ISBN-Agenturen/ Verzeichnis lieferbarer Bücher	Webseite/E-Mail
Österreich	Hauptverband des Österreichischen Buchhandels (HVB) Grünangergasse 4 1010 Wien	*http://www.buecher.at* *sekretariat@hvb.at*
Schweiz	ISBN Agentur Schweiz Schweizer Buchhändler- und Verleger-Verband SBVV Alderstrasse 40 8034 Zürich	*http://www.swissbooks.ch* *isbn@swissbooks.ch*
Alle drei Länder	Verzeichnis Lieferbarer Bücher (VLB): MVB Marketing- und Verlagsservice des Buchhandels GmbH Großer Hirschgraben 17–21 60311 Frankfurt am Main	*http://www.vlb.de* eigene Ansprechpartner für D, A und CH

Tabelle 7.4 Kontaktdaten nationaler ISBN-Agenturen

VLB: Eine ISBN für Ihr Werk hilft Ihnen allein noch nicht viel weiter – Ihr Titel muss via Buchhandel und Onlinedatenbanken auch gefunden und vertrieben werden. Eine Möglichkeit dafür lief in der Vergangenheit über das Verzeichnis Lieferbarer Bücher (VLB) (siehe Tabelle 7.4). Viele Buchhändler nutzen das VLB zum Suchen verfügbarer, deutschsprachiger Titel. VLB-Angaben werden oft auch im Zwischenbuchhandel, Onlinebuchhandel und in einem zentralen Buchhandelsinternetportal (*http://www.buchhandel.de*) verwendet. Der VLB-Eintrag vergrößert also die Vermarktungschance Ihrer Publikation. Jeder Autor mit ISBN für sein Werk kann einen VLB-Eintrag selbst vornehmen. Der Haken liegt allerdings in der Mindestgebühr von derzeit 60 Euro, die zwar 20 Einträge erlaubt, aber ärgerlicherweise auch für nur einen einzigen Eintrag verlangt wird. Dies führt inzwischen dazu, dass Werke mit kleiner Auflage oft nicht mehr im VLB gemeldet werden. Das VLB ist daher weniger vollständig als noch vor Jahren, sodass heute nicht mehr jeder Buchhändler das kostenpflichtige VLB nutzt und die Wiederauffindbarkeit via VLB zunehmend leidet.

Pflichtexemplare: Eine weitere Anforderung beim Publizieren – auch für nicht gewerbliche Selbstverleger – ist in Deutschland das Liefern sogenannter Pflichtexemplare an die Deutsche Nationalbibliothek (zwei Exemplare; *http://www.d-nb.de*) und an die jeweilige Landesbibliothek (je nach Bundesland und Publikationsform ein oder zwei Exemplare, dies muss im Einzelfall erfragt werden). Um der gesetzlichen Pflichtablieferungsverordnung nachzukommen, brauchen Sie in aller Regel also drei bis vier Exemplare.

Ähnlich läuft es in Österreich: Auch hier besteht eine Ablieferungspflicht für Publikationen. Im Fall von Hochschulschriften müssen die Studierenden je nach Art der Abschlussarbeit ein oder zwei Exemplare an die Hochschul- bzw. Universitätsbibliothek liefern. Bei Dissertationen ist auch ein Exemplar an die Österreichische Nationalbibliothek (siehe Tabelle 7.5) zu liefern, worum sich in aller Regel die Hochschule kümmert. Bei Publikationen wie Fachbüchern erhält die Österreichische Nationalbibliothek zwei Exemplare und es ist je ein Exemplar an die Bibliothek des Bundeslandes sowie eine bestimmte Universitätsbibliothek in diesem Bundesland zu senden. Hiermit sind vier Exemplare fällig, wobei für Kleinauflagen Ausnahmen gemacht werden.

In der Schweiz hingegen gibt es Pflichtexemplarregelungen nur auf kantonaler Ebene, während Sie als Autor im Selbstverlag die Schweizerische Nationalbibliothek nicht beliefern müssen. Generell wird jedoch eine Lieferung im Interesse jedes Autors sein, da interessierte Personen die bibliografischen Angaben so leichter finden. Viele Verlage reichen ihre Publikationen freiwillig an die Schweizerische Nationalbibliothek weiter.

Land	Nationale Bibliothek	Webseite/E-Mail
Deutschland	Deutsche Nationalbibliothek Adickesallee 1 60322 Frankfurt am Main	*http://www.d-nb.de* *postfach@d-nb.de*
Österreich	Österreichische Nationalbibliothek Josefsplatz 1 1015 Wien	*http://www.onb.ac.at* *onb@onb.ac.at*
Schweiz	Schweizerische Nationalbibliothek Hallwylstrasse 15 3003 Bern	*http://www.nb.admin.ch* *info@nb.admin.ch*

Tabelle 7.5 Kontaktdaten der Nationalbibliotheken in Deutschland, Österreich und der Schweiz

7.4.3 Eigenpublikation mithilfe eines Print-on-Demand-Anbieters

Wenn Sie Ihr Werk zwar frei gestalten, sich aber nicht um ISBN, VLB-Eintrag und andere verlegerische Arbeiten kümmern möchten, können Sie auf den Dienst eines Anbietern wie Books on Demand GmbH (*http://www.bod.de*) zurückgreifen. Je nach »Angebotspaket« erhalten Sie mehr oder weniger Unterstützung beim Veröffentlichen. Diese kann sich auf das Erstellen einer digitalen Druckvorlage und den Verkauf per Onlineshop beschränken. Oder die Unterstützung umfasst auch das Beantragen einer ISBN, die Buchvermarktung, die Begleitung der Manuskripterstellung und den Versand von Pflichtexemplaren an die Nationalbibliothek und an Ihre Landesbibliothek – dafür wird dann mehr Geld verlangt.

Trotz einer fehlenden Reputation scheint sich diese Publikationsform im wissenschaftlichen Umfeld etwas zu verbreiten, beispielsweise weil das Veröffentlichen günstiger sein kann als über manch großen Verlag. Denn liegt bei Print-on-Demand-Anbietern eine digitale Druckvorlage erst einmal vor, wird anschließend jedes Buch bei Bestellung einzeln gedruckt und versandt. Hierdurch ist eine Auflage von lediglich einem einzigen Exemplar möglich, während klassische

Verlage bislang meist nur publizieren, wenn der Autor eine Mindestanzahl an Druckexemplaren abnimmt.

In puncto Kosten braucht die Eigenpublikation mithilfe eines Print-on-Demand-Anbieters den Vergleich zur reinen Eigenpublikation nicht zu scheuen: Wer bei seiner nationalen ISBN-Agentur für das im Selbstverlag erstellte einzelne Werk eine ISBN-Nummer und einen VLB-Eintrag bestellt, zahlt meist mehr als über einen Print-on-Demand-Anbieter. Dies hängt unter anderem mit den Mengenrabatten bei Abnahme einer großen Anzahl an ISBN-Nummern, ISBN-Prüfziffern sowie der Mindestgebühr für einen VLB-Eintrag zusammen.

7.5 Buchpublikation bei einem Verlag

Publizieren Sie ein Werk mithilfe eines Verlags, übernimmt dieser meist das Marketing und wirbt für Ihr Werk. Gerne veröffentlichen Hochschulinstitute ihre Forschungsarbeiten bei angesehenen Fachverlagen in Schriftenreihen.

Haben Sie als Absolvent die Möglichkeit, in einer Schriftenreihe zu veröffentlichen, ist Ihrer Arbeit eine gewisse Aufmerksamkeit sicher. Eine Veröffentlichung in der eigenen Schriftenreihe des betreuenden Professors oder Lehrstuhls wird verständlicherweise gern gesehen. Es bleibt gleichwohl Ihre Entscheidung, bei welchem Verlag Sie Ihre Arbeit einreichen. Eine gern gewählte Alternative zu großen, bekannten Verlagen stellen auf Fachgebiete spezialisierte Kleinverlage dar. Diese bieten oft erheblich günstigere Konditionen und räumen dem Autor meist mehr Honoraranteil sowie parallele Vertriebsrechte für sein Werk ein.

Das inhaltliche und sprachliche Lektorat zählt ebenfalls zu den Verlagsleistungen – selten bei Dissertationen und Habilitationen, fast immer bei Fach- und Lehrbüchern. Auch um einen zugkräftigen Titel und verkaufsfördernden Einband kümmert sich der Verlag. Er gestaltet zudem die Titelei mit bibliografischen Angaben und beschafft ISBN sowie VLB-Eintrag. Im Idealfall erhalten Sie sogar Unterstützung bei Anträgen an Ihre Verwertungsgesellschaft.

Fachlektoren leisten wertvolle Hilfe beim Überarbeiten und Korrigieren eines Buches. Wundern Sie sich nicht, wenn Sie von einem erfahrenen Lektor auch Korrekturvorschläge erhalten, die Ihnen zunächst nicht passen. Diese aufzugreifen lohnt sich bei sprachlich-grammatikalischen Anregungen jedoch fast immer. Achten Sie aber darauf, dass keine Inhalte verfälscht werden – Sie allein stehen dafür gerade, dass die Endversion fachlich korrekt ist.

7.5.1 Publizieren vorbereiten

Wenn Sie bei einem Verlag veröffentlichen möchten, klären Sie im Vorfeld Folgendes:

- **Verlag**: In jedem Fachgebiet gibt es Verlage, die traditionell Bücher und Schriftenreihen veröffentlichen. Manche Verlage sind stärker international ausgerichtet als andere. Manche veröffentlichen rein wissenschaftlich orientierte Werke wie Konferenzbände, andere konzentrieren sich auf allgemein verständliche Werke und bedienen den Lehrbuchmarkt. Bringen Sie Ihre Wunschverlage für die Kontaktaufnahme in eine Reihenfolge.

- **Ansprechpartner**: Klären Sie mit dem Ansprechpartner – in aller Regel ein Lektor, Redakteur oder Produktmanager –, ob der Verlag an einer Veröffentlichung Ihres Themas bzw. Titels interessiert ist. Äußern Sie Ihre Vorstellungen, aber seien Sie bereit, Zugeständnisse zu machen. Jeder Verlag muss wirtschaftlich denken und kann bei Weitem nicht alles umsetzen, was akademisch sinnvoll erscheint.
- **Umsetzung**: Ist ein Verlag für Ihre Publikation gefunden, klären Sie mit dem Ansprechpartner Fragen wie Umfang, Titel/Untertitel, Termine und Gestaltungsrichtlinien.
- **Honorar**: Die Honorarfrage ist kritisch, wenn die Vorstellungen deutlich auseinanderliegen. Haben Sie als Autor bereits einen Namen und kommen mit einem topaktuellen Thema, ist Ihre Verhandlungsbasis eine andere als etwa bei einem Doktoranden, dessen Werk ein reines Nischenthema behandelt, das nur andere Experten näher interessiert.

Daher ist die Bandbreite zwischen »Honorar erhalten« und »Bezahlen fürs Publizieren« sehr groß. Hängen Sie Ihre Erwartungen nicht zu hoch, denn viele Verlage stehen unter hohem wirtschaftlichen Druck.

Einnahmen für Ihr Werk können Sie erzielen, indem Sie es nach Erscheinen der Verwertungsgesellschaft Ihres Landes melden (vgl. Tippkasten in Abschnitt 7.1 »Motivation«). Die Vergütungshöhe lässt sich im Voraus leider nicht zuverlässig schätzen. Für Dissertationen kann der Betrag im Bereich mehrerer Hundert Euro, aber auch über 1 000 Euro liegen – die Mühe der Anmeldung wird sich häufig lohnen. Und sie zahlt sich für jeden Autor aus, der regelmäßig publiziert. Dies trifft übrigens auch dann zu, wenn Sie im Ausland publizieren, denn die nationalen Verwertungsgesellschaften haben gegenseitige Verträge.

Weitere finanzielle Möglichkeiten bieten sich eventuell, wenn Ihre Abschlussarbeit sehr gute Noten erhielt. An einigen Hochschulen ist dafür eine finanzielle Anerkennung beispielsweise über Stiftungen vorgesehen. Haben Sie in Deutschland eine Dissertation, der alle Gutachten übereinstimmend ein »summa cum laude« bzw. die Höchstnote bescheinigen, oder eine Habilitation abgeliefert? Dann können Sie zusammen mit einem Verlag bei der »Förderungs- und Beihilfefonds Wissenschaft der VG WORT GmbH« einen Druckkostenzuschuss beantragen (siehe *http://www.vgwort.de/* und dort nach »Förderungsfonds« suchen).

- Wer für sein Werk ein Honorar erhält, darf heutzutage nicht mehr als 10 bis 12 Prozent des Nettoverkaufserlöses erwarten. Steht die erwartete Reputation im Vordergrund, ist es eine Überlegung wert, selbst eine geringere Honorarhöhe zu akzeptieren.
- Doktoranden und Habilitanden haben für das Publizieren ihrer Arbeit bei einem Verlag einen Druckkostenanteil zu bezahlen. Dieser variiert von 200 Euro für in diesem Fall nur wenige

Autorenexemplare bis hin zu 4 000 Euro bei namhaften Verlagen und einer Aufnahme in eine bekannte Schriftenreihe.

- Manche Verlage bieten Ihnen als Autor ein Honorar, das an eine gewisse Bedingung geknüpft ist. Dabei kann es sich um eine bestimmte Anzahl verkaufter Bücher handeln, die erreicht werden muss, um in den Genuss des Honorars zu kommen (zum Beispiel Verlag Dr. Hut, siehe *http://www.dr.hut-verlag.de*, ab dem fünften Buch). Oder es kann ein vom Autor zu entrichtender Aufpreis sein (beispielsweise EUL Verlag, *http://www.eul-verlag.de*), was sich bei gutem Verkauf Ihres Werkes lohnt. Rechnen Sie in diesem Fall aus, wie viele Exemplare beim geplanten Verkaufspreis mindestens über die Ladentheke gehen müssen, damit Sie den Aufpreis wieder einspielen. Besprechen Sie mit Ihrem Betreuer an der Hochschule und dem Ansprechpartner im Verlag, ob der Absatz einer solchen Menge verkaufter Exemplare realistisch erscheint.

- Bei einigen Verlagen ist der Einsatz verlagseigener Word-Dokumentvorlagen mit den darin enthaltenen Formatvorlagen zwingend vorgeschrieben. Dies soll bewirken, dass solche Bücher einheitlicher und hochwertig aussehen und sich besser vermarkten lassen. Arbeiten Sie in diesem Fall möglichst von Anfang an mit der für die Publikation benötigten Dokumentvorlage. Wenn Sie dies nicht beachten, müssen Sie Ihr Werk vor Abgabe an den Verlag komplett neu formatieren.

- Andere Verlage sind offener bezüglich der Form des Manuskripts und akzeptieren ein Werk weitgehend in der vom Autor abgelieferten Version. Einige Doktoranden und Habilitanden bevorzugen diese Variante, wenn bereits die Hochschule das Layout für ihr Werk vorgibt. In diesem Fall ist es natürlich weniger Arbeit, das Werk nicht auch noch auf die Formatierungsvorgaben eines Verlags umarbeiten zu müssen.

Kann die abgelieferte Version direkt verwendet werden, entfällt die Umwandlung der wissenschaftlichen Arbeit in ein neues, nach Verlagsvorgaben gestaltetes Word-Dokument.

Erfahrungsgemäß beschäftigen sich viele Autoren nur ungern mit dem Urheberrecht. Bevor Ihr Werk jedoch von einem Verlag publiziert wird, sollten Sie sich mit dem Thema »Schutz geistigen Eigentums« auseinandersetzen. Grundlegend im deutschen und österreichischen Gesetz verankert ist der Gedanke, dass ein Urheber, wie in Ihrem Fall der Schöpfer einer wissenschaftlichen Arbeit, immer das alleinige Verwertungsrecht am Werk besitzt (= Urheberrecht). Dieses ist – entgegen verbreiteter Meinung – nicht übertragbar (außer im Erbfall). Der Urheber kann anderen jedoch Nutzungsrechte an seinem Werk einräumen oder Vereinbarungen zu dessen Verwertung treffen.

Wenn Sie also beispielsweise in einer vorliegenden Vertragsvorlage einen Hinweis finden, »das Urheberrecht ist abzutreten«, widerspricht dies geltendem Recht. Kein seriöser Verlag in Deutschland oder Österreich würde dies so formulieren – in der Schweiz dagegen lässt sich das Urheberrecht auch unter Lebenden übertragen. Das deutsche Urheberrechtsgesetz (UrhG) enthält zahlreiche weitere Regelungen wie zum Beispiel den Umgang mit Bearbeitungen:

Nach §23 UrhG darf ein Werk nur dann in bearbeiteter oder umgestalteter Form veröffentlicht oder verwertet werden, wenn der Autor einwilligt. Solche Hinweise zeigen: Es lohnt sich, die rechtlichen Zusammenhänge bei Publikationen zumindest grob zu kennen. Ein Einstieg findet sich leicht über Dutzende juristische Internetseiten, aber durchaus auch bei Wikipedia.

7.5.2 Weitere Tipps für Buchpublikationen

Weitere praktische Hinweise und Tipps für die verschiedenen Buchpublikationsformen gibt Ihnen die Übersicht in Tabelle 7.6:

Buch	Beachten Sie dies im Vorfeld	Tipps zum Schreiben
Wissenschaftsbuch, Kompendium	• Beachten Sie die vom Verlag vorgegebenen Richtlinien zu Dokumentgestaltung und Layout unbedingt. • Wenn der Verlag eine Dokumentvorlage vorgibt, sollten Sie diese benutzen, um sich Nacharbeit zu ersparen. • Sind Sie selbst Herausgeber? Dann geben Sie den Autoren klare Gestaltungsrichtlinien für alle Beiträge und Kapitel an die Hand. • Bei mehreren Autoren oder Herausgebern: Die Autoren- bzw. Herausgeberschaft unbedingt im Vorfeld klären, besonders auch die Frage, in welcher Reihenfolge Autoren und Herausgeber genannt werden sollen.	• Halten Sie Konventionen der Fachsprache ein. • Eine zugkräftige Schriftenreihe und namhafte Mitautoren können von Vorteil sein.
Konferenz-, Tagungsband (Proceedings), Sammelband		• Wenn Sie als Herausgeber vom Verlag aus Vorgaben machen dürfen bzw. sollen: Stellen Sie eine einheitliche Dokumentvorlage für alle Autoren bereit, die jeder in Word benutzen muss.
Lehrbuch		• Achten Sie auf einen didaktisch gelungenen Aufbau. • Verwenden Sie eine möglichst klare und einfache Sprache. • Arbeiten Sie verstärkt mit Abbildungen und Beispielen. • Teilweise sind Marginalien erwünscht, teilweise kann dies gerade nicht der Fall sein.

Tabelle 7.6 Buchpublikationen: Anforderungen und Tipps fürs Publizieren

Lektoren, Redakteure und Produktmanager bei Verlagen sind im Umgang mit den Autoren Leid gewohnt. Wenn es Ihnen gelingt, die gesetzten Termine und Fristen pünktlich einzuhalten, hinterlassen Sie einen guten Eindruck und haben beim nächsten Veröffentlichungswunsch umso bessere Karten. Wenn Sie selbst Mitherausgeber des Buches sind, müssen Sie Ihre Autoren vermutlich kräftig zu rechtzeitiger Lieferung motivieren, um die Terminziele zu erreichen. Doch das lohnt sich. Denn wenn Sie auch noch die Formatierungsvorgaben einhalten, wird es seitens des Verlags sicherlich heißen: »Gerne wieder«.

Angenommen, Sie haben als Herausgeber eines Sammelbands die ehrenvolle Aufgabe, viele Einzelbeiträge in einem Word-Dokument zusammenzuführen. Aber die Autoren geben ihre Dokumente mit fremden Formatvorlagen ab, die nicht zu der vorgegebenen Dokumentvorlage gehören. Dann müssen Sie oft genug selbst nacharbeiten, anstatt das Dokument dem Verantwortlichen zur Überarbeitung zurückgeben zu können.

Gehen Sie in diesem Fall wie folgt vor: Markieren Sie den Text des fremden Beitrags mit `Strg`+`A` und kopieren Sie ihn per `Strg`+`C` in die Zwischenablage. Zur Übernahme des Textes in Ihr Word-Dokument klicken Sie dann auf der Registerkarte *Start* in der Gruppe *Zwischenablage* auf das kleine nach unten zeigende Dreieck der Schaltfläche *Einfügen*. In dem geöffneten Menü wählen Sie den Befehl *Inhalte einfügen*. Daraufhin erscheint ein Dialogfeld, in dem Sie auf den Eintrag *Unformatierten Text* doppelklicken. Daraufhin wird der reine Text ohne jegliche Formatierungen in Ihr Dokument eingefügt. Anschließend weisen Sie im neuen Text Absatz für Absatz die passenden Formatvorlagen zu. Dies ist deutlich schneller und weniger fehleranfällig, als einen fremden Text eins zu eins mit allen unpassenden Formatierungen zu übernehmen und so ein »Problemdokument« zu erzeugen, bei dem Ärger vorprogrammiert ist.

7.6 Fachartikel

Während es für Studierende und Absolventen etwas ganz Besonderes ist, erstmalig einen Fachartikel zu schreiben bzw. als Mitautor aufzutreten, sollte regelmäßiges Publizieren eine Routineangelegenheit für alle sein, die von der wissenschaftlichen Arbeit leben. Zwischen diesen beiden Extremen bewegen sich Doktoranden, die nicht auf der wissenschaftlichen Schiene weiterarbeiten werden. Sie können ihre Ergebnisse während der Anfertigung und direkt nach Fertigstellung der Dissertation zusätzlich in Fachbeiträgen veröffentlichen. Unser Rat lautet: Sie haben sich die Arbeit gemacht, nutzen Sie die Gunst der Stunde!

7.6.1 Wann und wo wollen Sie den Fachartikel veröffentlichen?

Ein guter Zeitpunkt, einen Fachartikel zu schreiben, ergibt sich mit Erreichen eines Projektmeilensteins, des Projektabschlusses oder des Abschlusses einer wissenschaftlichen Arbeit. Denn dann haben Sie handfeste Ergebnisse vorzuweisen. Jetzt können Sie entweder selbst aktiv werden, indem Sie beispielsweise eine Redaktion oder einen Verlag ansprechen. Oder Sie nutzen eine Gelegenheit, die sich etwa ergibt, wenn Sie

- einen »Call for Papers« für eine interessante Konferenz oder ein Symposium erhalten,
- aufgefordert werden, einen Artikel zu einem Sammelband beizusteuern,
- die Redaktion einer Fachzeitschrift von sich aus Kontakt mit Ihnen aufnimmt.

> Wissenschaftliche Autoren schreiben Artikel, weil jede erfolgreiche Veröffentlichung weitere Reputation bringt, die Anzahl der eigenen Veröffentlichungen erhöht oder eine Berichtspflicht erfüllt wird. Außerdem dienen Veröffentlichungen mittlerweile dem Leistungsnachweis und beeinflussen teilweise sogar das Gehalt (bei Professoren). Ein Druck zu Veröffentlichungen geht auch von Projektträgern wie der EU, der Deutschen Forschungsgemeinschaft (DFG) oder dem Bundesministerium für Bildung und Forschung (BMBF) aus.
>
> Gleichzeitig ist das Verfassen eines Fachartikels die perfekte Gelegenheit, den Stand Ihrer Arbeiten bzw. von Teilen daraus zusammenzufassen. Aus der anschließenden Diskussion mit Fachkollegen erhalten Sie Rückmeldungen und Anregungen, mit denen Sie Ihre Arbeit verbessern können.

7.6.2   Veröffentlichung in einer Fachzeitschrift

Falls Sie in einer Zeitschrift publizieren möchten, sollten Sie zuerst die Idee und den roten Faden für den Inhalt Ihres Artikels grob festlegen. Dies erleichtert die Auswahl, bei welcher Zeitschrift Sie den Artikel bzw. eine Kurzfassung (»extended abstract«) einreichen können.

In jedem Fachgebiet existieren viele deutsch- und englischsprachige Zeitschriften. Unter diesen gibt es jeweils meist zwei bis drei Zeitschriften und Journale, die einen besonders guten Ruf und Bekanntheitsgrad haben. Versuchen Sie, einen Beitrag dort zu lancieren, wenn Sie wirklich interessante Ergebnisse vorzuweisen haben.

Ansonsten reichen Sie die Idee zu Ihrem Artikel bei den Redaktionen nicht ganz so namhafter und verbreiteter Zeitschriften ein. Vergessen Sie nicht die Möglichkeit, in fachlich zwar weniger anspruchsvollen Medien mit jedoch großer Verbreitung zu veröffentlichen. Die Übersicht in Tabelle 7.7 zeigt die Spanne der Möglichkeiten:

Verbreitung/Auflage	Wissenschaftlicher Bekanntheitsgrad der Zeitschrift	
	niedrig	hoch
Niedrig	• Verbandszeitschriften und Ähnliches mit geringer Auflage	• Angesehene Zeitschriften mit spezieller, eng gefasster Ausrichtung
Hoch	• Allgemein verständliche Zeitschriften mit hoher Verbreitung	• Renommierte Topzeitschriften eines Fachgebiets

Tabelle 7.7 Die Bandbreite an Fachzeitschriften, dargestellt nach Verbreitung und Ansehen

Der Ruf angesehener Fachzeitschriften kommt nicht von ungefähr: Bevor Ihr Artikel angenommen wird, durchläuft er dort einen Review-Prozess. Mehrere, meist namhafte Fachleute (Reviewer) prüfen Ihren Artikel auf inhaltliche und formale Qualität. Diese Form der Qualitätssicherung leisten alle namhaften Wissenschaftsverlage. Auch bei der Auswahl von Beiträgen zu

Konferenzen ist meist ein Komitee mit Experten der jeweiligen Szene aktiv. Unter Umständen erhalten Sie Hinweise zur Überarbeitung Ihres Entwurfs.

Wird ein Artikel oder Entwurf nicht angenommen, nehmen Sie es nicht persönlich. Überarbeiten Sie den Artikel entsprechend, bevor Sie ihn an anderer Stelle einreichen. Dabei helfen Ihnen die Kommentare der Reviewer. Gewöhnlich werden Ihnen die Kommentare mehr oder weniger ausführlich zusammen mit der Ablehnung mitgeteilt.

Die heutige Hochschullandschaft ist von vielen Evaluierungsrunden geprägt, manch Betroffener spricht bereits von »Evaluiereritis«. In die Bewertung von Lehr- und Forschungskräften und bei Berufungen fließen die Anzahl und Qualität von Publikationen ein. Zur Bewertung verwendet man in immer mehr Fachgebieten Indikatoren wie den sogenannten »Science Citation Index« (= Wie oft wurden Ihre Artikel zitiert?) und den »Impact Factor« (= eine Angabe zur Bedeutung einer Fachzeitschrift, *http://www.thomsonreuters.com*). Indikatoren wie diese erwecken den Anschein von Objektivität, obwohl ihr Zustandekommen durchaus diskussionswürdig ist.

Mangels Alternativen kommen Indikatoren dennoch zum Einsatz und haben dann folgende Auswirkung: Die in Forschung und Lehre Beschäftigten bemühen sich, in Zeitschriften zu publizieren, die laut Rankings gemäß Impact Factor weit vorn liegen. Da die bekannten Indikatoren und Rankings hauptsächlich von amerikanischen Firmen erstellt werden (beispielsweise Institute for Scientific Information, heute zu Thomson Reuters gehörend, oder Google), liegen englischsprachige Zeitschriften weit vorn. Kein Wunder, wenn die deutschsprachige Szene solche Zeitschriftenrankings zumindest in manchen Fachgebieten inzwischen kritisch diskutiert.

Um eigene Artikel besser zu platzieren, lohnt es sich, auch Beiträge aus den jeweiligen Zeitschriften zu zitieren, in denen Sie veröffentlichen – solche Artikel werden so nicht nur eher angenommen, sondern sind in Zitationsdatenbanken wie dem Science Citation Index selbst besser auffindbar.

7.6.3 Papier oder elektronisch?

Vielleicht haben Sie sich schon gefragt, ob Sie einen Artikel statt in der Printversion der Zeitschrift eines Wissenschaftsverlags nicht genauso gut bei einer frei verfügbaren elektronischen Zeitschrift veröffentlichen könnten (vgl. Abschnitt 7.8.4 »Publizieren nach dem Open-Access-Prinzip«). Nur wenige Wissenschaftler nutzen diese Möglichkeit bisher. Die meisten sind hingegen der Auffassung, dass Publikationen auch in Papierform vorhanden sein müssten, sonst wären sie nicht zitierbar. Hintergrund dafür ist die Sorge, dass rein elektronisch veröffentlichte Artikel unter Umständen nicht dauerhaft archiviert werden und dass der Text verändert werden könnte, ohne dass ein sicherer Beleg der Originalfassung für jedermann verfügbar wäre.

Selbst Zeitschriften, die fast nur noch in elektronischer Form ausgeliefert werden, genießen größeres Vertrauen, wenn gedruckte Exemplare erhältlich sind. Um die Ausgaben solcher Zeitschriften schneller verfügbar zu machen, offerieren Wissenschaftsverlage den Inhalt mancher Zeitschriften inzwischen parallel zur Drucklegung auch in elektronischer Form (beispielsweise beim Springer-Verlag als »online first publication« bzw. »Online-First-Artikel«).

7.6.4   Mit oder ohne Mitautoren veröffentlichen?

Eine grundsätzliche Überlegung beim Verfassen von Fachartikeln lautet: Soll, will und kann ich allein veröffentlichen? Oder publiziere ich mit weiteren Autoren gemeinsam?

Im Fall gemeinsam durchgeführter Forschungsarbeiten ist die Antwort klar. Hier ist lediglich festzulegen, in welcher Reihenfolge die Autoren als Verfasser erscheinen. Haben alle den gleichen Beitrag geleistet, kann die Reihenfolge alphabetisch ausfallen. Bei mehreren Veröffentlichungen im gleichen Team ist es fair, die Reihenfolge jeweils zu wechseln.

Als Absolvent, Doktorand und Habilitand empfiehlt es sich, Veröffentlichungen mit dem Lehrstuhl abzusprechen. Oft hilft es der Publikation, wenn der betreuende Professor als Mitautor oder Erstautor aufgeführt ist: Manchmal ist ein bekannter Name die Eintrittskarte, um das Interesse eines Verlags zu gewinnen. Wenn Sie Ihren Betreuer mit an Bord holen – in Wirklichkeit ist es oft umgekehrt –, profitieren Sie normalerweise von seiner Erfahrung, selbst wenn die Hauptarbeit beim Vorbereiten des Artikels bei Ihnen liegt. Die Leistung eines erfahrenen Betreuers kann darin liegen, die richtige Idee zu liefern, wie Sie das Thema aufbereiten müssen, damit es in der Fachszene ankommt. Oder der Betreuer sorgt für einen überzeugenden Aufbau des Beitrags und eine klare Argumentation. Vielleicht ist es auch der vorhandene Kontakt zu einem Verlag oder Konferenzveranstalter, den der Betreuer hat. Oft genug haben Sie also mehr davon, einen Artikel nicht als Alleinautor zu veröffentlichen.

Umgekehrt gehört eine Nichtnennung Ihrer Person durch einen Betreuer nicht mehr in die heutige Zeit: Wenn Sie die Ergebnisse produziert haben oder an ihrer Erstellung beteiligt waren und am Beitrag mitarbeiten, sollten Sie als Mitautor auftauchen. Alles andere darf man getrost als Unsitte bezeichnen. Es ist Ihr gutes Recht, im Fall des Falles auf einer Nennung als Mitautor zu bestehen.

Der Vorteil als Alleinautor zu publizieren liegt darin, den Ruhm dann allein zu ernten. Doch so haben Sie auch die gesamte Arbeit allein zu leisten. Für die wissenschaftliche Reputation von Doktoranden und Habilitanden ist die eine oder andere Veröffentlichung ohne Mitautoren allerdings hilfreich für die weitere Laufbahn – unter anderem, weil Sie so dokumentieren, den Inhalt des Artikels eigenständig erarbeitet zu haben.

7.6.5   Wie wird der Kontakt hergestellt?

Am bequemsten ist die Kontaktaufnahme, wenn Sie über einen Call for Papers die Kurzfassung eines Artikels beim Programmkomitee einer Konferenz einreichen können. Meistens finden Sie alle Informationen zu einer Konferenz auf der entsprechenden Internetseite. Dann müssen Sie nur noch die bereitgestellten Informationen genau studieren, um das Thema zu treffen und die gesetzte Frist einzuhalten. Nach Annahme Ihres Beitrags haben Sie die Langfassung des Artikels anzufertigen und zu einer bestimmten Deadline abzuliefern.

Die Gelegenheit, einen Artikel einem Sammelband beizusteuern, erhalten Sie in aller Regel, wenn Sie einen der Herausgeber kennen bzw. dieser Ihre Arbeit schätzt und Sie auffordert, ein Thema zu bearbeiten. Falls Sie nur zufällig vom Entstehen eines Sammelbands erfahren, können Sie natürlich auch aktiv mit den Herausgebern Kontakt aufnehmen.

Haben Sie vor, in einer Fachzeitschrift zu publizieren, müssen Sie Kontakt mit dem herausgebenden Verlag aufnehmen. Suchen Sie dazu zunächst dessen Internetseite auf. Oft finden sich hier die Kontaktdaten von Ansprechpartnern oder es werden Formulare bereitgestellt, in denen Sie Angaben über sich und Ihren geplanten Artikel machen. In diesem Fall kontaktiert Sie anschließend ein für Ihr Fachgebiet zuständiger Verlagsmitarbeiter. Auch bei kleineren Verlagen empfiehlt sich ein Blick auf die Internetseiten, denn meist finden Sie hier spezielle Hinweise für Autoren.

7.6.6   Fachartikel schreiben

Die folgenden Tipps helfen Ihnen, Ihren Fachartikel so zu schreiben, dass er beim Leser gut ankommt:

- Prüfen Sie, wie typische Artikel dieser Zeitschrift aussehen; recherchieren Sie in bisherigen Ausgaben den Stil der Zeitschrift und passen Sie Ihren Text entsprechend an.
- Fragen Sie sich, wer die Leser sind, und verwenden Sie einen geeigneten Schreibstil. Beispielsweise brauchen Sie für Fachkollegen nichts extra zu vereinfachen und können die üblichen Fachbegriffe verwenden. Wenn sich der Artikel an ein breiteres Publikum wendet, müssen Sie hingegen manche Fachbegriffe näher erläutern.
- Beachten Sie unbedingt die Formatierungsvorgaben des Verlags. Oft wird eine Word-Dokumentvorlage bereitgestellt und soll natürlich genutzt werden.
- Binden Sie anschauliche Abbildungen in den Text ein. Das hilft dem Leser beim Verständnis und zwingt Sie, Sachverhalte auf den Punkt zu bringen.
- Kontrollieren Sie den Text vor der Drucklegung unbedingt noch einmal ganz genau, selbst wenn Ihr Artikel von einem Fachlektor redigiert wurde. Schließlich besteht die Gefahr, dass beim Korrigieren Inhalte versehentlich sinnentstellt werden, doch für dessen Korrektheit sind allein Sie (und die Mitautoren) verantwortlich.

Ist der Artikel gedruckt und halten Sie ihn in den Händen, darf Sie dies mit Stolz erfüllen. Normalerweise erhalten Sie von einem Verlag routinemäßig ein oder mehrere Belegexemplare des Artikels bzw. Werkes. Bleibt eine Lieferung aus, haken Sie nach.

7.7 Artikel in Publikumszeitschriften

Publikumszeitschriften wenden sich an breite Zielgruppen und erzielen höhere Auflagen als reine Fachzeitschriften. Daher gibt es gute Gründe, in Zeitschriften wie Nachrichtenmagazinen, populärwissenschaftlichen Zeitschriften oder Wirtschaftsmagazinen zu publizieren:

- Ihr Thema wird einem größeren Publikum als nur Fachkollegen bekannt gemacht.
- Sie werben für Ihr Thema, ein neues Produkt oder den Lehrstuhl (Öffentlichkeitsarbeit).
- Sie ergänzen Ihre Publikationsliste um Zeitschriften mit Breitenwirkung.
- Machen Sie sich einen Namen und beeinflussen Sie so Ihre spätere Laufbahn positiv.
- Informieren Sie die Menschen Ihrer Region über Ihre Tätigkeiten.
- Wecken Sie das Interesse für einen Studiengang bei Schulabgängern.
- Holen Sie Feedback ein; vielleicht kommt es zudem zu Praxiskontakten und Anfragen.

Für manche Autoren ist es außerdem eine perfekte Übung, Themen regelmäßig für jedermann einfach und verständlich aufzubereiten.

> Publikationen bei Publikumszeitschriften werden zwar nicht in »offiziellen« Indikatoren für Leistungsbewertungen erfasst. Doch wenn Sie solche Publikationen und die entsprechende Auflage in Ihrem Leistungsnachweis mit auflisten, können Sie damit breitenwirksame Aktivitäten dokumentieren – dies kann ein Pluspunkt bei einer Evaluation sein.

7.7.1 Wer ist Autor?

Was ist Ihnen wichtiger: generell über Ihr Thema zu informieren, auch ohne namentlich aufzutauchen? Oder unbedingt selbst als Autor aufzutreten?

Im ersten Fall können Sie versuchen, Journalisten für Ihr Thema zu begeistern. Denn die beherrschen den nötigen einfachen Schreibstil. Mitarbeiter der Lokalredaktion ihrer Tageszeitung sind oft dankbar, wenn sie über ein interessantes, nicht alltägliches Thema berichten können. Oft genug wird eine Redaktion angenehm überrascht sein, aus dem Hochschulumfeld einen Vorschlag für einen Presseartikel zu erhalten. Denn Hochschulangehörige reagieren erfahrungsgemäß eher träge, wenn Journalisten vor Ort über Forschungsthemen berichten möchten. Für anspruchsvolle Themen lohnt sich die Kontaktaufnahme mit Fach- und Wissenschaftsjournalisten. Sie sind geübt im verständlichen Aufbereiten komplexer Sachverhalte und besitzen gute Kontakte zu populärwissenschaftlichen Magazinen.

Möchten Sie selbst der Autor sein, nehmen Sie Kontakt zu der Redaktion einer Zeitschrift Ihrer Wahl auf. Hierzu sollten Sie bereits einen roten Faden für den geplanten Artikel ausgearbeitet haben. Sie müssen in drei Sätzen erklären können, worum es in dem Artikel geht, welche Zielgruppe er ansprechen soll und was der Neuigkeitswert und Nutzen für den Leser ist. So vorbereitet erhöhen Sie die Chancen, dass die Redaktion zustimmt, dass Sie den Artikel selbst verfassen. Dann sollte auch ein angemessenes Autorenhonorar kein Thema sein. Rechnen Sie aber damit – vor allem wenn Sie bisher wenig Erfahrung mit Publikumszeitschriften haben –, dass die Redaktion Ihren Textentwurf zunächst »zerlegt«. Mit Bemerkungen wie »zu kompliziert«, »kürzer«, »Begriffe erklären« und ähnlichen Hinweisen. Dann ist Nacharbeit angesagt und so mancher Wissenschaftler stellt nun fest: Es ist einfacher, Fachartikel zu schreiben als Artikel für Otto Normalverbraucher.

7.7.2 Schreibstil in Publikumszeitschriften

Schauen Sie sich vor dem Schreiben genau an, wie die Artikel in der Zeitschrift Ihrer Wahl aufgebaut sind und welchen Stil die Redaktion pflegt. Der Schreibstil in einer Publikumszeitschrift ist nicht nur deutlich weniger fachlich gehalten, sondern muss auch sehr allgemein verständlich sein. Dies erreichen Sie wie folgt:

- Einfache, klare, kurze Sätze verwenden
- Komplizierte Sachverhalte in mehrere Textblöcke aufteilen
- Jeden Satz, jeden Abschnitt und jedes Kapitel in sich logisch aufbauen (Regel: »first things first«)

Achten Sie zur Übung einmal in Artikeln der Tagespresse oder in Zeitschriften wie »Der Spiegel« oder »Focus« bewusst auf Formulierungen und Satzbau. Eine ähnliche Schreibweise wird vermutlich auch in Ihrem Fall verlangt sein.

> Die Wahrscheinlichkeit, dass ein Lektor beim Korrigieren Inhalte unabsichtlich verfälscht, ist bei Publikumszeitschriften höher als bei Fachzeitschriften – ein Lektor steckt hier weniger tief im Thema als ein Fachlektor. Wenn möglich, lassen Sie sich die letzte Version vor dem Druck zeigen und prüfen Sie sie auf inhaltliche Korrektheit.

7.8 Elektronische Veröffentlichung

Immer mehr wissenschaftliche Publikationen sind in elektronischer Form verfügbar. Mit Sicherheit haben Sie selbst schon etliche Veröffentlichungen aus dem Internet heruntergeladen. Die meisten dieser Publikationen wurden zuvor in Papierform veröffentlicht und sind nun zusätzlich als PDF-Datei verfügbar. Nur wenige Bücher, Artikel und Informationen werden bislang ausschließlich elektronisch publiziert.

Der Reiz elektronischer Publikationen liegt für Autoren darin, die eigene Arbeit kostengünstig und schnell zu verbreiten. Gleichzeitig ist die Publikation mit dem Hochladen auf eine Internetseite sofort online verfügbar und Interessenten können sie – vorausgesetzt, die Publikation ist zu finden – einsehen und herunterladen. Für Leser sind elektronische Publikationen attraktiv, weil sie die Recherche erleichtern. In einer komplett elektronisch verfügbaren Publikation kön-

nen Sie mithilfe einer Volltextsuche Stichwörter leicht finden. Doch selbst wenn nur das Inhaltsverzeichnis und ein Abstract verfügbar sind, bedeutet dies zusätzlichen Komfort beim Recherchieren.

7.8.1 Elektronische Publikationsformen – Übersicht

Um wissenschaftliche Arbeiten in elektronischer Form zu veröffentlichen, nutzen Autoren zurzeit im Wesentlichen folgende Wege:

- Verlage und Verlagsplattformen
- Publikationsserver im Hochschulumfeld
- Open-Access-Angebot
- Elektronische Eigenpublikation
- Spezielle Internetplattformen

Die folgenden Abschnitte nennen Ihnen die jeweiligen Möglichkeiten und Besonderheiten.

Auch nach 20 Jahren Internet stellen elektronische Publikationen meist nur eine Zweitverwertung dar. Viele Berufswissenschaftler misstrauen der rein elektronischen Publikation noch
(siehe Abschnitt 7.6.3 »Papier oder elektronisch?«). Eine Printversion mit folgender oder paral-
leler elektronischer Veröffentlichung kombiniert dagegen die Vorteile beider Publikationsformen:

Hohe Glaubwürdigkeit durch die Printversion (vor allem bei einem vorangehenden Review-
Prozess beim Fachverlag), bessere Zitierfähigkeit und dauerhafte Archivierung.

Schnelle Verfügbarkeit und weite Verbreitung der Downloadversion – hierdurch steigen die
Chancen für den Autor, zitiert zu werden. Dies wiederum wirkt sich positiv auf Leistungsnach-
weise aus, die über Indikatoren wie den Citation Index zu erbringen sind.

7.8.2 Elektronisch publizieren und recherchieren im kommerziellen Umfeld

Für **Autoren** sieht der »klassische« Weg zur elektronischen Publikation so aus: Zuerst veröffentlichen Sie in Papierform bei einem Fachverlag. Anschließend offeriert der Verlag diese Publikation direkt über seine Internetseite oder eine verlagsübergreifende Plattform. Unter Umständen
besitzen Sie als Autor trotz Printpublikation bei einem Verlag noch die digitalen Verwertungsrechte an Ihrem Werk. Dann können Sie das Werk eventuell über eine andere Plattform als die
des Verlags elektronisch publizieren. Dass Publikationen im kommerziellen Umfeld ausschließlich elektronisch angeboten werden, kommt bislang selten vor.

Die **Nutzer** elektronischer Beiträge (Fachartikel, Konferenzbandbeiträge, Kapitel aus Büchern,
ganze Bücher) beziehen diese meist kostenfrei über ihre Einrichtung, an der sie studieren oder
arbeiten. Voraussetzung dafür sind entsprechende Abonnements bzw. Lizenzverträge der

(Hochschul-)Bibliotheken. Dann besteht Zugang zu zahlreichen Zeitschriften in elektronischer Form (E-Journals) und zu kompletten Werken (Monografien, Sammelbände etc.). Für Recherchezwecke sind die Kurzinformationen sowie die Kurzfassung (Abstract) zu einem Titel fast immer kostenlos per Download erhältlich. Je nach Lizenzverträgen können die Nutzer Inhalte dann als Volltext herunterladen, in der Regel als PDF-Dateien.

Neben dem Zugang über Bibliotheken besteht die Möglichkeit, elektronische Artikel und Bücher (E-Papers und E-Books) bei Verlagen oder Verlagsplattformen selbst online zu kaufen und herunterzuladen. Alle großen internationalen Verlage bieten ihre Publikationen über eigene Internetseiten in elektronischer Form an (beispielsweise Elsevier, Springer-Verlag oder Wiley). Kleinere Wissenschaftsverlage – allein in Deutschland existieren mehr als 600 davon (*http://www.was-verlage-leisten.de/content/view/148/58/*) – verkaufen ihre Publikation teils ebenfalls direkt oder bieten sie über Partner wie ciando an (siehe Tabelle 7.8).

Recherche: Selbstverständlich können Sie bei all diesen Quellen nach elektronischen Publikationen recherchieren. Die Suchmasken unterscheiden sich, je nachdem, ob Sie direkt in Verlagsbeständen recherchieren oder etwa über die Suchmöglichkeiten an der Hochschule darauf zugreifen. Unabhängig davon baut die Firma Google unter dem Namen »Google Scholar« gerade einen umfassenden, kostenlos verfügbaren Recherchedienst auf. Google Scholar macht nichts anderes als viele Bibliothekskatalogdienste im Hochschulumfeld auch: Wissenschaftliche Publikationen aller Art werden unter einer einheitlichen Suchmaske auffindbar gemacht. Der von Google erfasste Bestand an wissenschaftlicher Literatur ist je nach Fachgebiet noch so unterschiedlich, dass einerseits manche Wissenschaftler noch nie von Google Scholar gehört haben, während andere auf die Auffindbarkeit ihrer Publikation hier großen Wert legen.

In der Wissenschaftspraxis sind die Plattformen der Wissenschaftsverlage (Springer-Verlag mit *http://www.springerlink.com* oder Elsevier mit *http://www.sciencedirect.com*) unentbehrlich, ganz gleich, ob der Zugang direkt oder über Hochschulen erfolgt.

Vertriebsplattformen wie ciando spielen eine gewisse Rolle beim Bezug von E-Books im Fach- und Sachbuchbereich. Die Nutzung von Google Scholar zum Auffinden von Publikationen ist zwar kostenlos, gleichwohl verfolgt Google kommerzielle Interessen, ohne allerdings selbst Inhalte bereitzustellen. Hier ein Überblick (siehe Tabelle 7.8) für die ausgewählten Beispiele:

Plattformname • Internetseite • Betreiber	Elektronisches Angebot	Recherche-möglichkeiten	Elektronisches Publizieren als Autor möglich?	Weitere Hinweise
SpringerLink • *http://www.springerlink.com* • Springer-Verlag GmbH	• Bücher, Buchreihen • Zeitschriften • Nachschlagewerke	• Inhaltsverzeichnis, Abstract • Volltextsuche meist möglich	• Ja, für Autoren beim Springer-Verlag (Buchautoren und Zeitschriftenautoren)	• Manuskriptrichtlinien für Autoren

Plattformname • Internetseite • Betreiber	Elektronisches Angebot	Recherche- möglichkeiten	Elektronisches Publizieren als Autor möglich?	Weitere Hinweise
Google Scholar • *http://scholar. google.de* • Google Inc.	• Links zu wis- senschaftli- chen Beiträ- gen aller Art aus unter- schiedlichs- ten Quellen	• Autoren-, Titel-, Zitationssuche • Links zu Abstracts oder Volltexten, wenn diese im In- ternet vorhanden	• Nein, Google Scholar macht Bei- träge nur auffind- bar und agiert als Suchmaschine für wissenschaftliche Quellen	• Je nach Fach- gebiet sehr unterschied- liche Bedeu- tung
ciando • *http://www. ciando.com* • ciando GmbH	• Bücher	• Kapitelübersicht, Kurzinformation, Inhaltsverzeichnis, Leseprobe • Volltextsuche möglich	• Ja, sofern kein Ver- lagsvertrag die Publikation blo- ckiert • Mustervertrag • Lieferung im PDF- Format	• Diverse Vertriebs- partner • Autoren- honorar

Tabelle 7.8 Ausgewählte Recherche- und Veröffentlichungsmöglichkeiten über kommerzielle Platt- formen für elektronische Publikationen

7.8.3   Publikationsserver im Hochschulumfeld

Immer mehr Hochschulen bieten Autoren aus den eigenen Reihen an, wissenschaftliche Doku- mente über einen Publikationsserver im Internet zu veröffentlichen und frei zugänglich zu ma- chen. Verbreitet ist in Deutschland die Plattform OPUS (Online-PUblikations-Server, *http:// opusdev.bsz-bw.de*). Interessenten können über solche Plattformen wissenschaftliche Arbeiten suchen und diese herunterladen.

Publizieren: Publiziert werden zum einen Dissertationen und Habilitationen und neuerdings vermehrt auch andere Abschlussarbeiten. Zum anderen werden Autoren gebeten, Publikatio- nen bei Fachverlagen nach einiger Zeit auch über Hochschulserver verfügbar zu machen (= Autorenkopie). Eine Ablieferung zu erzwingen ist den Bibliotheken bislang allerdings kaum möglich. Dies gilt auch für Master-, Magister- und Diplomarbeiten, da solche Arbeiten eine Prü- fungsleistung darstellen und der Autor einer Veröffentlichung zustimmen muss.

Umgekehrt publizieren die Hochschulen nicht jede Arbeit automatisch. Vielmehr müssen be- stimmte Qualitätskriterien erfüllt sein, wie etwa durch eine (sehr) gute Note belegt. Bachelor- arbeiten werden teilweise nicht auf Hochschulpublikationsservern veröffentlicht.

Erfolgreich eingereichten Dissertationen und Habilitationen unterstellt man hinreichende Quali- tät, da diese Arbeiten zuvor begutachtet wurden. Arbeiten mit einer befriedigenden Note, bei Dissertationen »rite«, werden allerdings nicht überall publiziert.

Hochschulen arbeiten auf der Ebene von Bundesländern bzw. Kantonen zusammen, um vorhandene elektronische Publikationen nach einheitlichen Standards bereitzustellen.

Auf Bundesebene bemühen sich verschiedene Initiativen, Qualitätsstandards für Publikationsserver anzubieten (zum Beispiel *http://www.dini.de*). Ein wichtiges Ziel ist dabei, die technischen Grundlagen für öffentlich frei zugängliche Publikationen zu schaffen.

Das elektronische Publizieren von Dissertationen funktioniert inzwischen an vielen Universitäten gut. Oft bieten sich den Doktoranden zwei Möglichkeiten, wie an der RWTH Aachen (*http://www.bth.rwth-aachen.de/opus/allgemein.html*):

- »Pflichtveröffentlichung«: Sie erfolgt in ausschließlich elektronischer Form bei gleichzeitiger Ablieferung von sechs gedruckten Archivexemplaren.
- Zusätzliche Veröffentlichung in elektronischer Form: Die Abgabe der (gedruckten) Pflichtexemplare erfolgt wie bisher nach der geltenden Promotionsordnung. Zusätzlich zur gedruckten Form wird die Dissertation durch die Bibliothek auch elektronisch veröffentlicht.«

Recherchieren: Hochschulen ermöglichen Hochschulangehörigen auch hochschulübergreifende Internetrecherchen. Ein entscheidender Grund dafür sind die hohen Kosten für wissenschaftliche Zeitschriften. Außerdem ist es für Hochschulbibliotheken günstiger, wenn die Nutzer Publikationen elektronisch abrufen, anstatt sie wie früher in Papierform auszuleihen.

Bekannte hochschulübergreifende Recherchemöglichkeiten bieten beispielsweise die Elektronische Zeitschriftenbibliothek (EZB) und der Karlsruher Virtuelle Katalog (KVK). Innerhalb von Bundesländern arbeiten Hochschulbibliotheken eng zusammen, um sich die Last teurer Zeitschriftenabonnements zu teilen.

Der Vorteil für Sie als Nutzer: Sie können in Dutzenden bis zu Hunderten von Zeitschriften blitzschnell recherchieren – wer das Zeitalter der manuellen Fernleihe noch kennt, weiß dies besonders zu schätzen.

Nachfolgend drei verbreitete Publikations- bzw. Recherchemöglichkeiten aus dem Umfeld von Hochschulen (siehe Tabelle 7.9):

Plattformname • Internetseite • Betreiber	Elektronisches Angebot	Recherche-möglichkeiten	Elektronisches Publizieren als Autor möglich?	Weitere Hinweise
Publikationsserver von Hochschulen • Meist die Hochschulbibliothek oder das Rechenzentrum der Hochschule • Beispiel OPUS = Publikationsserver, entwickelt von der Universität Stuttgart: *http://elib.uni-stuttgart.de*	• Publikationen der Hochschulangehörigen • Dissertationen, Habilitationen • Andere Abschlussarbeiten	• Nach diversen Suchfeldern (Person, Jahr, Schlagwort, Institution etc.)	• Ja, als Angehöriger der jeweiligen Hochschule • Teils ist eine Veröffentlichung via Hochschule verpflichtend für Absolventen	• Hochschulbibliotheken verpflichten sich zunehmend den Grundsätzen des Open Access (= freier Zugang zu Publikationen)
EZB: Elektronische Zeitschriftenbibliothek • *http://rzblx1.uni-regensburg.de/ezeit* • Universitätsbibliothek Regensburg	• Zeitschriften	• Allgemeine Angaben zur Onlineausgabe der jeweiligen Zeitschrift • Je nach Zeitschrift: Nur Inhaltsverzeichnis oder voller Text	• Nein	• Einfache Kennzeichnung, welche elektronischen Zeitschriften frei zugänglich sind und welche nicht • Voller Zugriff auf manche nicht frei zugängliche Zeitschrift via Hochschule
KVK: Karlsruher Virtueller Katalog • *http://www.ubka.uni-karlsruhe.de/kvk.html* • Universitätsbibliothek Karlsruhe	• Bücher jeder Art • Zeitschriften	• Zugriff über den KVK auf den Datenbestand von zahlreichen Bibliotheks- und Buchhandelsverzeichnissen weltweit (zurzeit über 500 Millionen Titel)	• Nein, der KVK entspricht einfach einer einheitlichen Suchmaske für viele verschiedene Hochschulkataloge	• Der KVK fungiert als Metakatalog und bietet einen einheitlichen Zugang zu wissenschaftlichen Volltextzeitschriften • Voller Zugriff auf manche nicht frei zugängliche Zeitschrift via Hochschulbibliothek

Tabelle 7.9 Ausgewählte Veröffentlichungs- und Recherchemöglichkeiten über nicht kommerzielle Plattformen für elektronische Publikationen

Wenn der Karlsruher Virtueller Katalog (KVK) erfolgreich als Suchmaske für viele andere elektronische Bibliotheken fungiert, wozu dann überhaupt in originalen elektronischen Katalogen suchen? Ganz einfach: Die übergeordnete Suchmaske verwendet nur Suchfelder, die in allen benutzten Katalogen verfügbar sind. Originale Kataloge bieten oft mehr Suchfelder, sodass Sie Ihre Suche noch präziser eingrenzen können.

Tipps für das Publizieren: Wenn Sie eine wissenschaftliche Arbeit oder einen Fachartikel über Ihre Hochschule elektronisch veröffentlichen möchten oder müssen, achten Sie auf folgende Punkte:

- Rechtliche Aspekte: Am einfachsten ist die rechtliche Lage, wenn Sie ausschließlich über den Hochschulpublikationsserver veröffentlichen. Die Hochschule wird einen Autorenvertrag mit Ihnen schließen wollen, in dem alle Bedingungen geregelt sind (vom Speichern des Dokuments über das Verfügbarmachen für die Öffentlichkeit bis hin zum Drucken durch einen Nutzer). Vorsicht ist angesagt, wenn Sie bereits über einen Verlag veröffentlicht haben oder dies planen. Dann müssen Sie sicherstellen, dass Sie das Recht besitzen bzw. behalten, digitale Autorenkopien bereitzustellen. Der Verlag muss dies explizit erlauben, sonst dürfen Sie nicht über den Hochschulserver zusätzlich publizieren.
- Bereitstellen Ihres Dokuments: Beachten Sie die von Ihrer Hochschule vorgegebenen Publikationsstandards wie das gewünschte Ablieferungsformat für die Originaldateien, das Präsentationsformat (meist PDF-Format), die Lieferung von Schlagwörtern und einer Kurzzusammenfassung (deutsch) bzw. eines Abstracts (englisch) sowie weitere Vorgaben.
- Service für Autoren: Viele Hochschulbibliotheken unterstützen Autoren, die ihre Werke über den Hochschulpublikationsserver veröffentlichen möchten. Beispielsweise existieren Kursangebote für das Publizieren selbst oder auch zu Schreibtechniken; des Weiteren werden Word-Dokumentvorlagen angeboten oder bei rechtlichen Fragen Hilfe geleistet.
- Druck über Hochschulverlage: Manche Hochschulen bieten einen Druckservice für die elektronische Publikation, meist Print-on-Demand. Beachten Sie dabei rechtliche Dinge und vergewissern Sie sich, dass Ihre Printausgabe Nachweisdiensten gemeldet wird.

Tipps für das Recherchieren auf Publikationsservern von Hochschulen: Neben den in Tabelle 7.9 genannten Recherchemöglichkeiten existieren weitere nützliche Suchmöglichkeiten im Internet:

- *http://elib.uni-stuttgart.de/opus/*
  OPUS-Metasuche nach elektronischen Hochschulschriften an deutschen Hochschulen
- *http://www.base-search.net*
  Multidisziplinäre Suchmaschine für wissenschaftliche Internetquellen (Anbieter: Uni Bielefeld)

- *http://metager.de/index-hss.html*
  Deutschsprachige Suchmaschine, speziell auch zum Finden wissenschaftlicher Quellen gedacht (Anbieter: Leibniz Universität Hannover)

7.8.4   Publizieren nach dem Open-Access-Prinzip

Unter dem Begriff »Open Access« werden wissenschaftliche Publikationen der Öffentlichkeit elektronisch frei zugänglich gemacht. Dies ist der Versuch, eine Alternative zu traditionellen Vertriebswegen der Wissenschaftsverlage aufzubauen, und zwar meist wie folgt:

- Die »Grüne Strategie« der Selbstarchivierung entspricht dem Ansatz öffentlich zugänglicher Publikationsserver, wie in Abschnitt 7.8.3 »Publikationsserver im Hochschulumfeld« beschrieben. Die Wissenschaftler publizieren hier über die Hochschule selbst, wobei deren Bibliothek für die dauerhafte Archivierung, Auffindbarkeit der Publikationen und Einhaltung von Mindeststandards sorgt.
- Die »Goldene Strategie« des Open-Access-Publishing soll hohe Qualitätsansprüche erfüllen. Beispielsweise ist ähnlich wie bei angesehenen Printzeitschriften ein Peer-Review-Prozess für die Publikationen vorgesehen. Allgemein nimmt das qualitätsgeprüfte Publizieren im Open-Access-Bereich zu.

Wissenschaftsverlage versuchen inzwischen, den Open-Access-Gedanken mit ihrem kommerziellen Geschäftsmodell zu vereinen: Der Autor oder seine Institution hat dem Verlag einen gewissen Betrag zu bezahlen, dann wird die Publikation dauerhaft gebührenfrei für interessierte Leser zum Download angeboten.

Tabelle 7.10 nennt zwei bekannte Beispiele für Publikationsplattformen nach dem Open-Access-Prinzip. Für reine Recherchezwecke ist auch die Suchmaschine OAlster der University of Michigan (*http://www.oclc.org/oaister/*) zu erwähnen, über die Millionen von Open-Access-Artikeln auffindbar sind.

Plattformname • Internetseite • Betreiber	Elektronisches Angebot	Recherche-möglichkeiten	Elektronisches Publizieren als Autor möglich?	Weitere Hinweise
Directory of Open Access Journals (DOAJ) • *http://www. doaj.org* • Universität Lund, Schweden	• Über 5 400 elektronische Zeitschriften	• Über DOAJ gelangt der Interessent zur Homepage der Zeitschrift • Dort unterschiedliche Suchmöglichkeiten, oft inkl. Volltextsuche	• Nein, kein Publizieren direkt bei DOAJ, sondern nur in den hier gelisteten Open-Access-Zeitschriften	• Die Reputation einer Veröffentlichung entspricht in aller Regel nicht der eines Fachverlags

Plattformname • Internetseite • Betreiber	Elektronisches Angebot	Recherche-möglichkeiten	Elektronisches Publizieren als Autor möglich?	Weitere Hinweise
SpringerOpen • *http://www.springeropen.com/* **Springer Open Choice** • *http://www.springer.com/openchoice/* Jeweils: Springer-Verlag GmbH, Heidelberg	• SpringerOpen: Publikation in reinen Open-Access-Online-Ausgaben von Springer und BioMed Central, derzeit rund 200 Zeitschriften • Open Choice: Mit Open-Access-Lizenz ausgestattete Publikationen aus dem Bestand des Springer-Verlags	• Volle Recherche-möglichkeiten	• Ja • Der Autor oder seine Institution hat eine Open-Access-Gebühr zu bezahlen (SpringerOpen ca. 800 – 1 500 € je Publikation; Open Choice: 2 000 €)	• Beiträge in SpringerOpen-Zeitschriften werden einem Peer-Review-Prozess unterzogen
Publikationsserver der Hochschulen	• Siehe Tabelle 7.9			

Tabelle 7.10 Beispiele für Publikationsmöglichkeiten im Sinne des Open-Access-Modells (Stand 10/2010)

Möchten Sie nach dem Open-Access-Modell publizieren, müssen Sie sich um zwei Dinge kümmern:

- **Die Finanzierung**, wenn Sie eine kostenpflichtige Plattform nutzen wollen: Für Wissenschaftler, deren Institution zahlendes Mitglied der Plattform ist, erfolgt die Publikation entweder kostenlos bzw. mit reduzierter Gebühr. Oder Autor und Institution teilen sich die Kosten. Zuweilen ist der nötige Betrag auch im Budget eines Projekts vorgesehen. Außerdem existieren einige Fördermöglichkeiten, zum Beispiel über die Deutsche Forschungsgemeinschaft (DFG) oder den Schweizerischen Nationalfonds (SNF). Andernfalls müssen Sie die Summe selbst aufbringen oder in einem kostenfreien Open-Access-Journal publizieren.
- **Die Verwertungsrechte**: Wenn Sie Ihr Werk als Open-Access-Publikation verfügbar machen möchten, müssen Sie das Onlineverwertungsrecht dafür (noch) besitzen (siehe Kasten auf Seite 289). Dies gilt insbesondere, wenn Sie Ihre Arbeit vorher oder parallel als Printwerk publizieren wollen. Zulässig ist eine nochmalige Verwertung aber nur, wenn Sie dem Herausgeber keine ausschließlichen Nutzungsrechte einräumen. Dazu ist in einem Verlagsvertrag ein Zusatz nötig, der Ihnen eine parallele Onlineverwertung Ihrer Publikation ermöglicht. Viele Verlage erlauben mittlerweile das Bereitstellen auf nicht kommerziellen Publikationsservern (Repositorien), manche tun sich schwer damit. Manche Verlage verlangen im Fall einer zusätzlichen Veröffentlichung im Open-Access-Verfahren eine Gebühr.

Im umgekehrten Fall der Erstveröffentlichung in einer Open-Access-Ausgabe müssen Sie dem Herausgeber ebenfalls bestätigen, dass Sie die Verwertungsrechte besitzen und der Beitrag nirgendwo anders erschienen ist. Zumindest im nichtkommerziellen Umfeld ist allerdings durchaus Usus, dass Open-Access-Herausgeber den Autoren eine anderweitige Verwertung erlauben, vorausgesetzt, der Erscheinungsort der Erstveröffentlichung wird genannt.

Die Nutzungsrechte im Open-Access-Umfeld werden immer häufiger über das Lizenzmodell »Creative Commons« (CC) geregelt. Im Unterschied zum üblichen Copyright legen Sie hier als Urheber gezielt Bedingungen fest, unter denen Ihr Werk genutzt und weiterverbreitet werden darf. Auch bei Creative Commons ist der Urheber immer zu nennen. Aber als Urheber bestimmen Sie, ob Ihr Werk kommerziell genutzt und ob es geändert werden darf. So haben Sie einerseits den Schutz durch das klassische Urheberrecht, können andererseits aber für Interessenten gezielt Nutzungsrechte festlegen. Umgekehrt wissen Sie, welche Rechte Ihnen ein anderer Autor entsprechend Creative Commons zusteht – ohne dass Sie dies mit ihm extra regeln müssten, wie es im Fall des üblichen Urheberrechts nötig wäre.

Vertiefende Informationen finden Sie auf folgenden Internetseiten:

Open Access: *http://www.open-access.net/*
Creative Commons: *http://de.creativecommons.org/, http://creativecommons.at/,*
                      http://www.creativecommons.ch/

7.8.5 Elektronische Eigenpublikation

Hochschuleinrichtungen stellen Artikel und Arbeitspapiere oft direkt über die eigene Internetseite elektronisch zur Verfügung. Auch Autoren nutzen die Möglichkeit, Artikel über ihre persönliche Homepage zum Download anzubieten, beispielsweise über Links ihrer Publikationsliste. Vorsicht, wenn Sie dies beabsichtigen: Sie müssen das Recht zur Veröffentlichung besitzen. Sollten Sie Ihr Werk bereits über einen Verlag veröffentlicht haben, müssen Sie mit diesem klären, ob einer elektronischen Publikation auf Ihrer eigenen Internetseite etwas entgegensteht.

7.8.6 Spezielle Internetportale

Viele Studierende nutzen diverse Internetportale wie *http://www.diplom.de*, um eigene Arbeiten – von der Hausarbeit bis zur Diplomarbeit – möglichen Interessenten als E-Book online anzubieten. Die angebotenen E-Books sind für Interessenten kostenpflichtig. Für den Autor erfolgt die elektronische Publikation in aller Regel kostenlos, er wird am Verkaufserlös beteiligt. Wer ein aktuelles, brisantes Thema behandelt hat, kann über Autorenhonorare von bis zu 50 Prozent für E-Books mit dem Verkauf bereits weniger Exemplare durchaus ein kleines Zubrot erwirtschaften. Manche Portale bieten auch den Vertrieb einer Printversion an, dies allerdings verständlicherweise zu deutlich geringeren Honoraren.

7.9 Pressemitteilung und Kurzinformationen als Publikationsform

Die Zusammenarbeit mit der Presse wird im Hochschulumfeld nicht immer erschöpfend genutzt. Mit Pressearbeit können Sie jedoch viel öffentliche Aufmerksamkeit erreichen. Dabei sollten Sie an der Hochschule den Dienstweg einhalten. Unabhängige Autoren und freie Institute können Pressemitteilungen selbst verfassen und verbreiten. Erfahren Sie nun, wie Pressemitteilungen entstehen und an die Presse kommen. Dann folgen knappe Hinweise für das Aufbereiten wissenschaftlicher Informationen.

> Selbst der Inhalt von Seminar- oder Bachelorarbeiten ist manchmal eine Meldung wert. Versetzen Sie sich in die Lage eines interessierten Laien und fragen Sie sich: »Bietet eine Kurznachricht zu meinem Thema, an der geeigneten Stelle platziert, einen Neuigkeitswert oder direkten Nutzen für manchen Leser?« Wenn Sie dies bejahen können, dürfen Sie über eine kleine Publikation an passender Stelle nachdenken.

7.9.1 Den Dienstweg nutzen

An Hochschulen obliegt die Außendarstellung dem Rektor bzw. Präsidenten, der die Pressearbeit an die Pressestelle (auch: Pressereferat) delegiert. Für die Öffentlichkeitsarbeit müssen sich Institute, Lehrstühle und alle Hochschulangehörigen daher mit ihrer Pressestelle abstimmen. Es gibt also einen klaren Dienstweg. Was sich umständlich anhört, funktioniert in der Praxis meist reibungslos und hat seine Vorteile:

- Die Mitarbeiter der Pressestelle sind erfahren im Umgang mit den Medien und kennen geeignete Verbreitungskanäle.
- Die Pressestelle hat ein Gespür für aktuelle Themen und wie sie vermittelt werden müssen, damit die Presse sie aufnimmt und der Leser den Inhalt versteht. Die Pressestelle ist den Journalisten meist näher, als Sie es sein können.
- Eine Pressemitteilung muss nicht nur für Sie, sondern auch für die allgemeine Öffentlichkeit interessant klingen. Den Text von Wissenschaftlern in ein für jedermann verständliches Deutsch zu bringen, können Pressereferenten oft besser als die Fachautoren selbst.

Daher brauchen Sie den Text für die Pressemitteilung oft gar nicht selbst zu schreiben. Sie geben den Mitarbeitern der Pressestelle einfach einen sogenannten »Waschzettel«, der alle Fakten, Daten, Namen und Zahlen zum Thema enthält. Ihre Ansprechpartner werden auf Grundlage dieses Waschzettels und eines Gesprächs mit Ihnen einen Entwurf erstellen, den Sie, wenn es die Zeit zulässt, vor der Veröffentlichung eventuell noch einmal durchschauen.

Pressemitteilungen an der Hochschule entstehen bei besonderen Gelegenheiten, wie sie folgende Beispiele darstellen:

- Eine Abschlussarbeit wurde aufgrund bester Noten ausgezeichnet.
- Ein Institut hat einen Forschungspreis gewonnen.
- Ein Forschungsprojekt wurde erfolgreich abgeschlossen.
- Ein Jubiläum findet statt.
- Die Zusammenarbeit mit einem namhaften Unternehmen wurde angestoßen.

Pressemitteilungen können so zustande kommen:

- Sie gehen aktiv auf die Pressestelle zu. Oft ist man für Vorschläge dankbar. Sie sollten erklären können, in welchem Zusammenhang Ihr Thema relevant ist. Die Pressestelle braucht immer einen sogenannten »Aufhänger« für eine interessante Schlagzeile.
- Ein Journalist oder Redakteur von Presse, Rundfunk oder Fernsehen wurde auf Sie oder Ihre Einrichtung aufmerksam und spricht Sie direkt an. Er möchte zum Beispiel ein Exklusivpressegespräch mit Ihnen führen. Informieren Sie dann vorher Ihre Pressestelle.
- Die Pressestelle hat den Pressekontakt zu Ihnen vermittelt. Seien Sie offen für ein Interview und halten Sie verständliches Informationsmaterial in schriftlicher Form bereit.

Fazit: Wenn Sie als wissenschaftlicher Mitarbeiter einer Hochschule den Nutzen der Pressearbeit erkennen, dann suchen Sie regelmäßig das Gespräch mit Ihrer Pressestelle.

> In Schweden betrachtet man Öffentlichkeitsarbeit – neben Forschung und Lehre – als selbstverständliche Aufgabe von Wissenschaftlern. Diese müssen den Mehrwert ihrer Arbeit als Gegenleistung für erhaltene staatliche Gelder der Allgemeinheit vermitteln. Hoffentlich verbreitet sich dieser Gedanke auch im deutschsprachigen Raum stärker.

7.9.2   Zum Verfassen von Pressemitteilungen

Erfahren Sie hier, wie Pressemitteilungen typischerweise aufgebaut sind und was Sie beim Schreiben beachten müssen. Dies hilft Ihnen einerseits zu verstehen, wie Ihre Ansprechpartner der Pressestelle vorgehen, sowie Informationsmaterial besser vorzubereiten. Wenn Sie andererseits eine Pressemitteilung selbst verfassen sollen, ahnen Sie, was Sie erwartet. Ziehen Sie in diesem Fall zusätzlich einschlägige Werke und/oder Fachleute zurate.

Zweck einer Pressemitteilung ist es, Journalisten und Redakteuren kurze, sachliche und interessante Informationen über Neuigkeiten zu liefern. Dies geschieht im Bemühen, die Öffentlichkeit über eigene Aktivitäten zu informieren sowie Verständnis, Vertrauen und Aufmerksamkeit dafür zu wecken.

Der Inhalt einer Pressemitteilung wird dementsprechend sachlich und objektiv geschrieben. Als Mindestanforderung sollte eine Pressemitteilung die in Tabelle 7.11 zusammengestellten sechs »W-Fragen« beantworten helfen.

W-Frage		Beispiel
Wer	Wer ist beteiligt?	• Hochschule, Institut, Lehrstuhl, andere Einrichtungen • Forschungsgruppe, Projektpartner, Forschungsträger • Personen: Vorname, Name, Titel, Funktion
Was	Was geschah? Was wurde getan?	• Sache, Thema • Ereignis, Veranstaltung etc.
Wann	Wann ereignete es sich?	• Zeitpunkt, Tag, Uhrzeit, Periode
Wo	Wo geschah es?	• Ort des Geschehens
Warum	Warum kam es dazu?	• Ursachen, Ziele, Begründungen, Entwicklungen etc.
Wie	Wie geschah es?	• Art des Geschehens, Umstände etc.

Tabelle 7.11 Die sechs »W-Fragen« einer Nachricht

In welcher Reihenfolge Sie die W-Fragen beim Schreiben anwenden, bleibt Ihnen überlassen. Die Faustregel lautet: Verwenden Sie die W-Frage mit dem spannendsten Inhalt zur Einleitung und ergänzen Sie die anderen Fragen bzw. Antworten passend dazu.

Auf Grundlage der W-Fragen entsteht meist ein Text mit folgendem typischen Aufbau:

- **Titel (Headline):** Eine Pressemitteilung beginnt immer mit einer zugkräftigen Überschrift. Diese wird in aller Regel von einer Redaktion selbst festgelegt. Wenn Sie aber eine gute Idee haben, wie Ihr Thema »knackig« und prägnant zu vermitteln ist, setzen Sie diese Überschrift vor Ihren Text.
- **Untertitel (Subhead):** Dem Titel folgen als Einleitung ein bis zwei Sätze, die den Kern der Nachricht wiedergeben.
- **Anreißer (Abstract):** Nun folgt ein normalerweise fünf- bis zehnzeiliger Anreißer, der neugierig machen soll und einen klaren Überblick zum Text bieten muss. Die Antworten auf die sechs W-Fragen sollten sich hier in Kurzform wiederfinden.
- **Restlicher Text:** Ergänzen Sie die weiteren Informationen entsprechend ihrer Bedeutung (das Wichtige zuerst). So kann der Redakteur den Text leicht von hinten kürzen. Wer nicht bis zum Ende liest, erhält dennoch die wichtigsten Informationen.
- **Kontakt:** Nennen Sie Ihre Kontaktadresse nach dem Text – auch dann, wenn die Pressemitteilung einen Briefkopf trägt.
- **Grafik, Foto:** Grafiken und Fotos, die den Text veranschaulichen, machen eine Pressemitteilung interessanter. Digitalfotos sollten in 18 cm Breite bei 300 dpi vorliegen. Sind Personen

abgelichtet, müssen diese zuvor einer Veröffentlichung zustimmen (»Recht am eigenen Bild«). Ausnahme sind Fotos von öffentlichen Veranstaltungen.

Der **Schreibstil** von Pressemitteilungen lässt sich mit einigen Stichwörtern umschreiben: sachlich, objektiv, einfach, verständlich, prägnant, kurz und an die Zielgruppe angepasst.

Textlänge einer Pressemitteilung: Eine Pressemitteilung sollte generell kompakt sein und idealerweise auf eine DIN-A4-Seite passen.

> Stöbern Sie im Internet nach Vorbildern zum Vorbereiten Ihrer Pressemitteilung. Mit Kenntnis einiger formaler und inhaltlicher Regeln sowie einer Vorlage fällt Ihnen das Schreiben sicher leichter. Doch unterschätzen Sie den Aufwand nicht: Um eine gute Pressemitteilung zu erstellen, ist einige Übung notwendig.

7.9.3   Pressemitteilungen verteilen

Klären Sie bereits im Vorfeld, wer die Adressaten der Pressemitteilung sein sollen, damit Sie die richtigen Informationen zusammenstellen können bzw. den Text passend schreiben.

An Hochschulen werden alle Pressemitteilungen über die Pressestelle veröffentlicht. Was Sie selbst ergänzend tun können, ist Folgendes:

- Link setzen: Die Pressestelle Ihrer Hochschule publiziert Pressemitteilungen normalerweise auf der hochschuleigenen Internetseite. Fragen Sie, ob Sie zusätzlich einen Link zur Pressemitteilung auf Ihrer eigenen Internetseite setzen dürfen.
- Eigene Kanäle nutzen: Hat die Pressestelle eine Pressemitteilung über Ihre Arbeit veröffentlicht, können Sie selbst für weitere Verbreitung sorgen. Etwa indem Sie Fachkollegen, Fachredakteuren und anderen Multiplikatoren den entsprechenden Link senden.
- Auf Anfragen reagieren: Journalisten und Redakteure werden mitunter von der Pressestelle Ihrer Hochschule an Sie vermittelt oder sie kommen von sich aus auf Sie bzw. Ihre Einrichtung zu. Bereiten Sie dann passende Informationen (Stichwort »Waschzettel«) vor und nutzen Sie die Chance, einen vielleicht langfristigen Kontakt aufzubauen – anstatt Anfragen im Sand verlaufen zu lassen, worüber mancher Journalist klagt.

Sie selbst möchten eine Pressemitteilung publizieren? Dann gilt es, rechtzeitig Erfolg versprechende Verbreitungswege zu finden:

- Nutzen Sie offen zugängliche Presseportale im Internet. So können Sie beispielsweise bei PresseAnzeiger.de (*http://www.presseanzeiger.de*) kostenlos Pressemitteilungen veröffentlichen.
- Sprechen Sie die Lokalredaktion Ihrer Tageszeitung an. Die Tagespresse vor Ort ist für Themen außerhalb des üblichen Tagesgeschehens oft dankbar. Einen Beitrag bei einer großen

überregionalen Zeitung zu platzieren, kann mit einem spannenden Thema und langfristiger Vorbereitung gelingen.

- Suchen Sie den Kontakt zur Fachpresse und zu Wissenschaftsjournalisten. Im Ingenieurwesen etwa sind die »VDI nachrichten« ein bekanntes Medium. Zeitschriften dieser Art existieren auch in anderen Fachgebieten.

- Bauen Sie gute persönliche Kontakte zu Redakteuren und Journalisten auf und pflegen Sie den Kontakt – dies bringt im Umgang mit der Presse auf Dauer am meisten.

> Ein Pool für wissenschaftliche Pressemitteilungen ist die Internetseite des Informationsdienstes Wissenschaft (*http://www.idw-online.de*). Publizieren können auf dieser »Plattform für Pressearbeit« allerdings nur die Pressestellen wissenschaftlicher Einrichtungen. Als Privatperson steht Ihnen die Webseite jedoch für Recherchen offen und Sie finden viele interessante Beispiele.

7.9.4 Dateiformate

In welchem Dateiformat geben Sie Ihren »Waschzettel« oder eine Pressemitteilung am besten zur Pressestelle oder an Redaktionen weiter? Wenn keine besonderen Wünsche bekannt sind, orientieren Sie sich an üblichen Standards. Die Redakteure und Journalisten sollten es beim Übernehmen Ihres Textes möglichst einfach haben:

- **Reine Text-E-Mail:** Wird aus einer solchen E-Mail Text übernommen, stören keine lästigen Formatierungen wie bei einer HTML-E-Mail. Ihr E-Mail-Programm muss allerdings so eingestellt sein, dass beim Versand nicht automatisch Zeilenumbrüche eingefügt werden.

- **Word-Dokument:** Ein unformatierter Word-Text ist vielen Redaktionen am liebsten. Speichern Sie Ihren Text – sofern Sie nicht sicher sind, dass der Empfänger bereits mit Word 2010 oder 2007 arbeitet, vorsichtshalber als Word-97-2003-Dokument. Eine Docx-Datei kann der Empfänger sonst unter Umständen nicht öffnen.

- **TXT-Dokument:** Manche, aber nicht alle Redaktionen und Pressestellen nehmen auch Textdateien im TXT-Format gern an.

- **PDF:** Falls Sie eine Pressemitteilung als PDF-Datei versenden möchten, verzichten Sie gänzlich auf einen Dokumentschutz. Denn in der Redaktion wird man Text per »Kopieren/Einfügen« aus dem Dokument entnehmen wollen. Sehen Sie im Ausgangsdokument weitgehend von Formatierungen ab. Oder senden Sie Ihren Text zusätzlich zur PDF-Datei direkt als E-Mail-Text (siehe oben) oder als Word-Dokument mit.

- **Bilddateien:** Versenden Sie Text und Bilder immer als eigene Dateien und betten Sie die Bilder keinesfalls in ein Word-Dokument ein! Das JPG-Format ist als Bilddateiformat bei der Pressearbeit am häufigsten anzutreffen. Wer in Ausnahmefällen – beispielsweise bei großformatigen, bearbeiteten Bilddateien – eine TIFF-Datei versenden möchte, sollte auf die Dateigröße achten. Überschreitet sie zehn MB, fügen Sie besser einen Downloadlink zur Bilddatei in Ihre E-Mail ein, anstatt die Datei als Anhang zu versenden. Dies empfiehlt sich auch, falls ein Spamfilter beim Adressaten E-Mail-Anhänge löscht.

Haben Sie den Text an Ihre Pressestelle oder eine Redaktion versandt, müssen Sie sich mitunter etwas gedulden. Redaktionen und Journalisten erhalten zahlreiche E-Mails und arbeiten oft unter hohem Zeitdruck. Wenn Sie nach einiger Zeit vermuten, Ihre Pressemitteilung könnte liegen geblieben sein, haken Sie telefonisch nach. Bleiben Sie dabei stets freundlich und unaufdringlich und versuchen Sie erst gar nicht, Druck auszuüben. Schließlich ist Ihre Pressemitteilung ein Informations-»Angebot« – Sie wollen etwas veröffentlichen, während die andere Seite aus einem großen Angebot auswählt. Wer im Lauf der Zeit einen guten Draht zu Journalisten aufbaut, hat es naturgemäß einfacher.

7.9.5   Kurzinformationen selbst erstellt

Mit Kurzinformationen zu Ihrer wissenschaftlichen Arbeit haben Sie etwas in der Hand, wenn Journalisten und andere Interessenten überraschend oder geplant über Ihr Vorhaben informiert werden wollen. Kurzinformationen haben einen werbenden Charakter oder sie sind sachlich gehalten.

- **Flyer (Handzettel):** Im Unterschied zur Pressemitteilung darf ein Flyer nach Werbung aussehen. Was in der wissenschaftlichen Präsentation eher verpönt ist, dürfen Sie hier gezielt einsetzen: Farben, pfiffige Effekte, Fotos und anderes mehr. Der fertige Flyer sollte eine Neugier weckende Mischung aus Information und gelungenem Layout darstellen.
- **»Einseiter«:** Für manchen Anlass ist es besser, Interessenten auf einer DIN-A4-Seite eine nüchtern wirkende Zusammenfassung, wie ein Management Summary, anzubieten. Der Aufbau gliedert sich in ein kurzes Abstract, das für manche Zielgruppe auch in Englisch vorhanden sein sollte. Dann folgt der Text. Gilt bei einer Pressemitteilung das Prinzip »das Wichtigste zuerst«, so kann der Einseiter sich nach der fachlichen Logik richten oder den Aufbau der wissenschaftlichen Arbeit abbilden. Die Information auf nur einer einzigen Seite anzubieten, ist natürlich kein Muss.

In beiden Fällen ist es für den Wiedererkennungseffekt unbedingt erforderlich, das Logo Ihrer Institution und/oder das Projektlogo unterzubringen. Denken Sie immer daran, Ihre Kontaktadresse deutlich sichtbar zu nennen.

7.10   Verwertung in PowerPoint-Präsentationen

Gleich, ob Sie eine Seminararbeit oder den Stand Ihrer Dissertation beim Doktorandenseminar vorstellen oder auf einer Konferenz vortragen – das Präsentieren einer wissenschaftlichen Arbeit ist eine mündliche »Publikation« vor Publikum. Wie Sie hochwertige PowerPoint-Präsentationen erstellen, erläutern Praxisratgeber wie »Microsoft Office PowerPoint – Das Ideenbuch für kreative Präsentationen jetzt auch für PowerPoint 2007« (Schiecke, D., Becker, T.,

Walter S., Simon, U. (2009); Microsoft Press Deutschland). Im Wissenschaftsumfeld sollten Sie neben bekannten Faustregeln für gute PowerPoint-Präsentationen auf Besonderheiten achten:

Anzahl der Folien: Rechnen Sie mit etwa zwei bis drei Minuten je Folie. Wenn Sie mehr Folien zeigen, artet Ihre PowerPoint-Präsentation in einen Schnelldurchlauf aus. Den Zuhörern fällt es dann schwer, den Inhalt der Folien zu erfassen und in Verbindung mit Ihren mündlichen Erläuterungen zu verstehen.

Präsentationshintergrund: Treiben Sie es nicht zu bunt. In Forschung und Lehre kommt eine schlichte Gestaltung durchweg besser an, wobei »schlicht« nicht heißt, dass die PowerPoint-Präsentation dröge wirken soll. Verwenden Sie Farben gezielt zum Hervorheben oder Abgrenzen von Informationen. Benutzen Sie nicht mehr als zwei bis drei Schriftarten und zwar vorzugsweise serifenlose Schriftarten.

Animationen und Effekte: Das Gleiche gilt für die vielfältigen Animationsmöglichkeiten von PowerPoint – gehen Sie für wissenschaftliche PowerPoint-Präsentationen eher sparsam damit um. Nutzen Sie Animationseffekte in erster Linie, um komplexe Sachverhalte schrittweise zu erläutern und Informationen in zuschauergerechten Portionen zu vermitteln.

Text je Folie: Bevorzugen Sie klare, treffende Aussagen in Stichwortform; vermeiden Sie lange Textpassagen. Sorgen Sie für eine interessante Mischung aus Stichwörtern, aussagekräftigen Grafiken und Tabellen. Speziell die Folienüberschriften sollten griffig formuliert sein und das Interesse wecken.

Inhalt: Bringen Sie keine Inhalte auf Folien, die Sie nicht hundertprozentig beherrschen. Die Faustregel lautet hier, nur Stichwörter zu nennen, zu denen Sie Fragen auch noch zwei »Ebenen« tiefer gehend kompetent beantworten können. Alle Tabellen erstellen Sie am besten grundsätzlich selbst – Sie wären nicht der Erste, der dem versammelten Publikum nicht erklären kann, wie die Zahlen zustande kamen …

Schreibstil: Verwenden Sie besser einen sachlichen Argumentationsstil als zu dick aufzutragen. Marketingorientierte Präsentationen haben ihre Berechtigung. Doch bei Vorträgen in einem wissenschaftlichen Umfeld werden Ihnen zu blumige Präsentationen (Stichwort »Buzzwords«) schlimmstenfalls als Versuch ausgelegt, über dünne Ergebnisse oder mangelndes Fachwissen hinwegzutäuschen.

Grafiken: Legen Sie Ihre Grafiken übersichtlich und leicht verständlich an. Verzichten Sie auf ein zu verspieltes Design und nichtssagende ClipArt-Grafiken. Gestalten Sie Abbildungen eher nüchtern und ohne 3-D-Effekte, es sei denn, diese veranschaulichen den Inhalt besser.

Nehmen Sie einen Laserpointer mit, denn nicht immer ist vor Ort ein Exemplar vorhanden. Es wirkt unprofessionell, wenn Sie mit Ihren Fingern auf die Folien zeigen müssen.

Notizen zu Folien: Wenn Sie in PowerPoint Notizen zu Ihren Folien erstellt haben, können Sie diese an Ihrem Notebook anzeigen lassen, während die Präsentation am Beamer als Vollbild ohne Notizen erscheint. Dies funktioniert in PowerPoint 2010 und 2007, indem Sie auf der Registerkarte *Bildschirmpräsentation* den Befehl *Referentenansicht* aktivieren. Drucken Sie Ihre PowerPoint-Präsentation mit Notizen auch auf Papier aus. So können Sie den Vortrag auch bestehen, falls die Technik versagt (Stromausfall, Hardwaredefekt etc.).

Internet: Wird Ihre PowerPoint-Präsentation auch im Internet veröffentlicht? Dann wandeln Sie sie vorher unbedingt in eine geschützte PDF-Datei um. Es geht weniger darum, dass Ihnen möglicherweise Inhalte »geklaut« werden – dann stellen Sie den Vortrag besser erst gar nicht ins Internet. Vielmehr besteht die Gefahr, dass Ihr Vortrag nachträglich geändert werden könnte. Der verfälschte Inhalt würde dann unter Umständen Ihnen zugeschrieben.

Quellen im Internet

Nachfolgend finden Sie sämtliche in diesem Buch genannten Internetadressen aufgelistet.

Microsoft Word	
»Einfügen und Formatieren von Feldfunktionen in Word«	http://office.microsoft.com/de-de/word-help/einfugen-und-formatieren-von-feldfunktionen-in-word-HA010100426.aspx#BM6
»Feldreferenz«, mit Erläuterung der zugehörigen Schalter	http://office.microsoft.com/de-de/word-help/CH006104723.aspx
»Schalter«, Erläuterung der allgemeinen Feldschalter	http://office.microsoft.com/de-de/word-help/CH006104732.aspx
»Feldfunktionen: CITATION-Feld«	http://office.microsoft.com/de-de/help/field-codes-citation-field-HA010215707.aspx?CTT=5&origin=HA010216843
»Field codes: BIBLIOGRAPHY field«	http://office.microsoft.com/en-us/word-help/field-codes-bibliography-field-HA010216843.aspx
»Bibliography & Citations 102 – Building Custom styles«, Blogbeitrag des Word-Entwicklerteams zum Anpassen der Vorlagen für Quellennachweise und Literaturverzeichnis	http://blogs.msdn.com/b/microsoft_office_word/archive/2009/04/29/bibliography-citations-102-building-custom-styles.aspx
»Behind The Curtain: Styles, Doc Defaults, Style Sets, And Themes«, Blogbeitrag des Word-Entwicklerteams zu Formatvorlagen, Dokumentstandards, Formatvorlagen-Sets und Designs	http://blogs.msdn.com/microsoft_office_word/archive/2008/10/28/behind-the-curtain-styles-doc-defaults-style-sets-and-themes.aspx
»Wie Word für Windows temporäre Dateien verwendet« (»Description of how Word creates temporary files«)	http://support.microsoft.com/kb/211632/de (http://support.microsoft.com/kb/211632/en-us)

Microsoft Office	
»Wiederherstellen nicht gespeicherter Versionen in Office 2010«	http://office.microsoft.com/de-de/word-help/wiederherstellen-nicht-gespeicherter-versionen-in-office-2010-HA010356735.aspx?CTT=1
»SmartArt Graphics«, SmartArt-Grafiken zum kostenlosen Download – von Microsoft	http://office.microsoft.com/en-us/templates/CT101636101033.aspx

Microsoft Office

Microsoft Office: »Lok3 diagrams«, SmartArt-Grafiken zum kostenlosen Download – von Scott Sherman:	*http://diagrams.loki3.com/index.html*
»Office 2010-Sprachoptionen«, Office Language Packs	*http://office.microsoft.com/de-de/language/office-language-packs-FX010211366.aspx*
»Locale identification numbers for language-specific files« (LCID)	*http://office.microsoft.com/en-us/infopath-help/locale-identification-numbers-for-language-specific-files-HP010030570.aspx?CTT=5&origin=HA010215707*

Wissenschaftliche Arbeit

»Die Informationsseite rund um Design!«	*http://www.designguide.at/*
»Das Lexikon der westeuropäischen Typographie«	*http://www.typolexikon.de/*
Society of Indexers: »FAQs about indexes and indexing«	*http://www.indexers.org.uk/index.php?id=234*
»Volltextsuche oder Stichwortverzeichnis, was ist besser?« (Informationen zum Beruf des Indexers), PDF-Datei	*http://www.d-indexer.org/ress/bibl/Mueller-Hillebrand_Volltext_oder_Stichwortverzeichnis_tekom03.pdf*

Publikation

Books on Demand GmbH	*http://www.bod.de*
Ciando GmbH	*http://www.ciando.com*
Creative Commons	*http://de.creativecommons.org/,* *http://creativecommons.at/,* *http://www.creativecommons.ch/*
Deutsche Nationalbibliothek	*http://www.d-nb.de*
Diplomica Verlag GmbH	*http://www.diplom.de*
Directory of Open Access Journals (DOAJ)	*http://www.doaj.org*
Elsevier	*http://www.sciencedirect.com* *(http://www.elsevier.com/wps/find/homepage.cws_home)*
EUL Verlag	*http://www.eul-verlag.de*
Hauptverband des Österreichischen Buchhandels (HVB)	*http://www.buecher.at*

Publikation	
Informationsdienst Wissenschaft	*http://www.idw-online.de*
ISBN Agentur Schweiz, Schweizer Buchhändler- und Verleger-Verband SBVV	*http://www.swissbooks.ch*
MVB Marketing- und Verlagsservice des Buchhandels GmbH	*http://www.buchhandel.de, http://www.german-isbn.org*
Österreichische Nationalbibliothek	*http://www.onb.ac.at*
Presse Anzeiger	*http://www.presseanzeiger.de*
Qualitätsstandards für Publikationsserver	*http://www.dini.de*
Schweizerische Nationalbibliothek	*http://www.nb.admin.ch*
Springer Open Choice	*http://www.springer.com/openchoice/*
Springer-Verlag, SpringerLink	*http://www.springerlink.com*
Springer-Verlag, SpringerOpen	*http://www.springeropen.com/*
Thomson Reuters, »Impact Factor«, »Science Citation Index«	*http://www.thomsonreuters.com (Impact Facto: http://newisiknowledge.com)*
Verlag Dr. Hut	*http://www.dr.hut-verlag.de*
Verwertungsgesellschaft Literar-Mechana	*http://www.literar.at*
Verwertungsgesellschaft ProLitteris	*http://www.prolitteris.ch*
Verwertungsgesellschaft VG WORT	*http://www.vgwort.de*
Verzeichnis Lieferbarer Bücher (VLB)	*http://www.vlb.de*
Was Verlage leisten	*http://www.was-verlage-leisten.de/content/view/148/58/*

Recherche	
Bielefeld Academic Search Engine	*http://www.base-search.net*
Elektronische Zeitschriftenbibliothek (EBZ)	*http://rzblx1.uni-regensburg.de/ezeit*
Entwicklungs-Portal für den Hochschulschriftenserver OPUS	*http://opusdev.bsz-bw.de*
Google Scholar	*http://scholar.google.de*
Hochschulschriftenserver der Universität Stuttgart (OPUS)	*http://elib.uni-stuttgart.de/opus/*
Karlsruher Virtueller Katalog KVK	*http://www.ubka.uni-karlsruhe.de/kvk.html*
Katalog der Deutschen Nationalbibliothek	*https://portal.d-nb.de/*

Recherche	
MetaGer	*http://metager.de/index-hss.html*
OAIster	*http://www.oclc.org/oaister/* *(http://www.oclc.org/de/de/default.htm)*
Open Access	*http://www.open-access.net/*
Opus, RWTH Aachen	*http://www.bth.rwth-aachen.de/opus/allgemein.html*
Wikipedia	*http://de.wikipedia.org*

Software	
IrfanView, Bildbetrachtung, -bearbeitung	*http://www.irfanview.de*
Snagit, Screen-Captures	*http://www.snagit.de*
XML Notepad 2007	*http://www.microsoft.com/downloads/de-de/* *(Downloads für englischsprachige Versionen)*
Zitierstil-Creator« von PraWi	*http://www.prawi-officewelt.de*
Zotero, Tool zum Archivieren	*http://www.zotero.org*

Stichwortverzeichnis